应用型本科院校规划教材/经济管理类

Corporate Strategic Management

企业战略管理

主　编　王绚皓　陈江波　于　欣
主　审　陈荣铎

内容提要

企业战略管理理论是整合性的、最高层次的管理理论,对于企业应对激烈的竞争、求得生存和可持续发展具有重大的现实意义。

本书由浅入深、循序渐进,在对企业战略管理理论进行概述的基础上,依循企业战略管理过程而展开系统阐述,脉络清晰、简洁易懂。每章配有名人名言、复习思考题以及时代感强的案例分析和阅读资料,方便读者理论学习和实践应用。

本书针对应用型本科院校的经济及管理类专业本科学生为主要阅读对象,也可以供其他高校经管类专业本科、专科学生以及企业家、企事业各级管理工作者阅读和培训使用。

图书在版编目(CIP)数据

企业战略管理/王绚皓,陈江波,于欣主编.
—哈尔滨:哈尔滨工业大学出版社,2011.8(2016.7重印)
应用型本科院校规划教材
ISBN 978-7-5603-3327-4

Ⅰ.①企… Ⅱ.①王… Ⅲ.①企业管理:战略管理—高等学校—教材 Ⅳ.①F270

中国版本图书馆 CIP 数据核字(2011)第 121488 号

策划编辑　赵文斌　杜　燕
责任编辑　苗金英
出版发行　哈尔滨工业大学出版社
社　　址　哈尔滨市南岗区复华四道街 10 号 邮编 150006
传　　真　0451-86414749
网　　址　http://hitpress.hit.edu.cn
印　　刷　哈尔滨工业大学印刷厂
开　　本　787mm×960mm　1/16　印张 18.75　字数 408 千字
版　　次　2011 年 8 月第 1 版　2016 年 7 月第 4 次印刷
书　　号　ISBN 978-7-5603-3327-4
定　　价　32.80 元

(如因印装质量问题影响阅读,我社负责调换)

《应用型本科院校规划教材》编委会

主　任　　修朋月　　竺培国
副主任　　王玉文　　吕其诚　　线恒录　　李敬来
委　员　　（按姓氏笔画排序）
　　　　　　丁福庆　　于长福　　王凤岐　　王庄严　　刘士军
　　　　　　刘宝华　　朱建华　　刘金祺　　刘通学　　刘福荣
　　　　　　张大平　　杨玉顺　　吴知丰　　李俊杰　　李继凡
　　　　　　林　艳　　闻会新　　高广军　　柴玉华　　韩毓洁
　　　　　　藏玉英

序

哈尔滨工业大学出版社策划的"应用型本科院校规划教材"即将付梓,诚可贺也。

该系列教材卷帙浩繁,凡百余种,涉及众多学科门类,定位准确,内容新颖,体系完整,实用性强,突出实践能力培养。不仅便于教师教学和学生学习,而且满足就业市场对应用型人才的迫切需求。

应用型本科院校的人才培养目标是面对现代社会生产、建设、管理、服务等一线岗位,培养能直接从事实际工作、解决具体问题、维持工作有效运行的高等应用型人才。应用型本科与研究型本科和高职高专院校在人才培养上有着明显的区别,其培养的人才特征是:①就业导向与社会需求高度吻合;②扎实的理论基础和过硬的实践能力紧密结合;③具备良好的人文素质和科学技术素质;④富于面对职业应用的创新精神。因此,应用型本科院校只有着力培养"进入角色快、业务水平高、动手能力强、综合素质好"的人才,才能在激烈的就业市场竞争中站稳脚跟。

目前国内应用型本科院校所采用的教材往往只是对理论性较强的本科院校教材的简单删减,针对性、应用性不够突出,因材施教的目的难以达到。因此亟须既有一定的理论深度又注重实践能力培养的系列教材,以满足应用型本科院校教学目标、培养方向和办学特色的需要。

哈尔滨工业大学出版社出版的"应用型本科院校规划教材",在选题设计思路上认真贯彻教育部关于培养适应地方、区域经济和社会发展需要的"本科应用型高级专门人才"精神,根据黑龙江省委书记吉炳轩同志提出的关于加强应用型本科院校建设的意见,在应用型本科试点院校成功经验总结的基础上,特邀请黑龙江省9所知名的应用型本科院校的专家、学者联合编写。

本系列教材突出与办学定位、教学目标的一致性和适应性,既严格遵照学科体系的知识构成和教材编写的一般规律,又针对应用型本科人才培养目标及与之相适应的教学特点,精心设计写作体例,科学安排知识内容,围绕应用讲授理论,做到"基础知识够用、实践技能实用、专业理论管用"。同时注意适当融入新理论、新技术、新工艺、新成果,并且制作了与本书配套的PPT多媒体教学课件,形成立体化教材,供教师参考使用。

"应用型本科院校规划教材"的编辑出版,是适应"科教兴国"战略对复合型、应用型人才的需求,是推动相对滞后的应用型本科院校教材建设的一种有益尝试,在应用型创新人才培养方面是一件具有开创意义的工作,为应用型人才的培养提供了及时、可靠、坚实的保证。

希望本系列教材在使用过程中,通过编者、作者和读者的共同努力,厚积薄发、推陈出新、细上加细、精益求精,不断丰富、不断完善、不断创新,力争成为同类教材中的精品。

黑龙江省教育厅厅长

2010年元月于哈尔滨

前　言

　　企业战略管理理论是管理学科的一个新的重要分支,是整合性的、最高层次的管理理论。它是建立在管理基础理论、职能管理理论之上,在经济的高速发展和复杂的、激烈的市场竞争的管理实践中逐渐丰富和发展起来的。它于20世纪70年代诞生后,逐渐为众多企业管理者所广泛应用。

　　当今世界,以经济全球化为核心的全球化趋势给企业带来了前所未有的机遇,同时也带来了巨大的挑战和激烈的竞争。企业战略管理的实践表明,研究和应用该理论的理念、思想和方法,对于企业的生存与发展以及国家经济的繁荣已经和正在起到重要作用。它对于企业的管理和发展具有的重大现实意义就在于,可以帮助企业应对激烈的竞争,避免"昙花一现",求得生存和可持续发展。

　　"企业战略管理"作为一门独立的管理课程,最早在美国哈佛大学商学院的工商管理硕士课程中率先开设,后引入我国,成为高校管理类专业的专业核心必修课程,在管理专业学科体系中占据着重要地位。1996年,国家教委(教育部的前身)"管理类专业教学指导委员会"把该课程列为管理类专业培养计划的主干课程之一。它旨在从教授纯理论的职能性管理知识,转变到开发个人管理技能的综合课程,培养学生的综合分析和决策能力,以造就成功的企业战略管理者。由于该学科诞生于国外,故在教材的选取上,很多资料来源于国外原版教材,而专门针对应用型本科高等院校的教材还不多见。

　　本书针对应用型本科高等院校中经济及管理类学科各个专业的本科学生为主要阅读对象,也可以供其他高校的本科、专科学生以及有志于研究企业战略管理的企业家、企事业各级管理工作者阅读和培训使用。

　　本书采取了由浅入深、循序渐进的研究方法,力求博采众家之长,又有自己的独到见解,做到理论阐述简洁易懂、理论体系清晰完整、突出读者综合能力的培养。为此,结合理论,每章配有名人名言、复习思考题以及生动、时代感强的案例分析和阅读资料,既方便了教师的讲授、学生的学习,又能使自学的读者易于理解理论和实践应用。与此同时,本书在内容上还反映了本学科理论前沿的最新研究成果和管理实践的热点问题:核心竞争力理论、战略与企业社会责任关系理论、竞合理论、蓝海战略理论等。

本书在借鉴前人的研究成果的基础上,有如下创新和特色:体例结构依循企业战略管理过程而展开循序渐进的研究,脉络清晰;理论阐述清晰完整但不庞杂,既详略得当、又突出重点;在保持理论完整性的同时,注意简洁地阐述,能使学生在有限的时间内快速掌握知识;提出企业应主动承担起社会责任并将其纳入企业的战略管理之中,以此来推动社会的和谐发展;增加了企业文化理论的内容,指出企业文化与企业战略的匹配性影响企业战略的实施效果;案例分析和阅读资料紧跟时代脉搏,有利于学生实践与创新能力的培养。

本书分为四篇共十章。其中,第一章、第二章、第九章、第十章由哈尔滨德强商务学院王绚皓编写,第五章、第六章、第七章由哈尔滨商业大学广厦学院陈江波编写,第三章、第四章、第八章由东北农业大学成栋学院于欣编写。全书由哈尔滨德强商务学院王绚皓主持编写和统稿,哈尔滨德强商务学院陈荣铎主审。

在写作中,本书借鉴和引用了国内外学者的研究成果和有关报纸、杂志以及互联网的资料,在此对有关作者一并表示衷心感谢。

由于时间仓促和编者的水平有限,书中难免存在不足和疏漏之处,恳请学者和读者批评指正。

编　者
2011 年 5 月

目 录

第一篇 企业战略管理导论

第一章 企业战略管理概述 3
引导案例 断臂求生,柯达数字化战略转型 3
第一节 企业战略管理的概念、特点和作用 6
第二节 企业战略管理的本质 14
第三节 企业战略管理体系 16
第四节 企业战略管理理论的发展历程 18
本章小结 23
思考题 24
案例分析 我国光伏企业大举进军美市场,美硅谷光伏企业被迫调整战略 24
阅读资料 中国企业十年战略:成长与困惑 26

第二章 企业使命与社会责任 30
引导案例 汶川地震考量企业履行社会责任的理念和能力 30
第一节 企业使命 31
第二节 企业愿景 37
第三节 企业的社会责任 39
第四节 企业的战略目标 45
本章小结 48
思考题 49
案例分析 阿美科(AMEC)地质和环境公司超越"零事故" 50
阅读资料 "真诚到永远"孵化企业社会责任——海尔:做优秀的企业公民 ... 51

第二篇　企业环境分析

第三章　企业外部环境分析 ········· 57
　　引导案例　国家电网公司紧抓大有作为的战略机遇期 ········· 57
　第一节　企业外部环境概述 ········· 59
　第二节　宏观环境因素分析 ········· 60
　第三节　微观环境因素分析 ········· 63
　第四节　竞争对手分析 ········· 69
　本章小结 ········· 72
　思考题 ········· 73
　　案例分析　德钢百亿战略的诱惑 ········· 73
　　阅读资料　百事的健康转型 ········· 75

第四章　企业内部条件分析 ········· 78
　　引导案例　3M公司应对创新与效率之间的对立 ········· 78
　第一节　企业资源与企业能力分析 ········· 79
　第二节　企业核心竞争力分析 ········· 89
　第三节　企业内部条件分析方法 ········· 91
　第四节　企业战略与环境、能力的匹配 ········· 96
　本章小结 ········· 98
　思考题 ········· 99
　　案例分析　惠普重新定义核心竞争力 ········· 100
　　阅读资料　宏达电子的蓝海策略——不紧盯对手 ········· 102

第三篇　企业战略选择

第五章　公司战略选择 ········· 107
　　引导案例　雅戈尔从一体化战略到多元化战略 ········· 107
　第一节　企业成长战略 ········· 109
　第二节　公司成长战略的实施方式 ········· 116
　第三节　企业防御战略 ········· 123

第四节　战略选择过程……………………………………………………… 127
　本章小结……………………………………………………………………… 131
　思考题………………………………………………………………………… 132
　　案例分析　米高梅破产带来的启示………………………………………… 133
　　阅读资料　巨人集团从多元化的失败走向多元化的成功………………… 135

第六章　经营单位的竞争战略选择…………………………………………… 138
　　引导案例　零售大王阿尔迪"只放一只羊"……………………………… 138
　第一节　基本竞争战略……………………………………………………… 140
　第二节　不同产业结构下的竞争战略……………………………………… 147
　第三节　不同市场竞争地位下的竞争战略………………………………… 155
　第四节　竞合战略与蓝海战略……………………………………………… 161
　本章小结……………………………………………………………………… 169
　思考题………………………………………………………………………… 170
　　案例分析　香飘飘与喜之郎的竞争之战…………………………………… 170
　　阅读资料　北客的蓝海战略………………………………………………… 173

第七章　企业国际化竞争战略………………………………………………… 175
　　引导案例　海尔国际化的三个战略阶段…………………………………… 175
　第一节　企业国际化经营概述……………………………………………… 177
　第二节　国际化经营的环境因素分析……………………………………… 182
　第三节　国际化经营的战略选择…………………………………………… 188
　第四节　国际市场进入方式的选择………………………………………… 191
　本章小结……………………………………………………………………… 197
　思考题………………………………………………………………………… 198
　　案例分析　"蛇吞象"——吉利收购沃尔沃……………………………… 198
　　阅读资料　肯德基中国市场本土化全扫描………………………………… 202

第八章　企业战略评价方法 ································· 204
　　引导案例　"战略德隆"的兴衰 ··························· 204
　第一节　战略评价概述 ······································ 206
　第二节　波士顿矩阵法 ······································ 208
　第三节　行业吸引力——竞争能力分析法 ····················· 212
　第四节　生命周期法 ·· 214
　本章小结 ·· 216
　思考题 ·· 216
　　案例分析　娃哈哈的发展之路 ······························ 216
　　阅读资料　为何众多企业战略雷同 ·························· 219

第四篇　企业战略执行

第九章　企业战略实施 ·· 223
　　引导案例　联想：双拳战略见奇效 ·························· 224
　第一节　企业战略实施的有效性 ······························ 225
　第二节　战略与组织结构 ···································· 231
　第三节　战略管理的领导者 ·································· 240
　第四节　战略与企业文化 ···································· 249
　本章小结 ·· 252
　思考题 ·· 254
　　案例分析　以强大的文化驱动力打造"百年杭钢" ············ 254
　　阅读资料　他将比韦尔奇更受尊崇 ·························· 259

第十章　企业战略控制 ·· 261
　　引导案例　三星：变革管理战略铸就电子消费巨头 ············ 261
　第一节　战略控制的类型及过程 ······························ 263
　第二节　战略控制原则和方法 ································ 266
　第三节　战略变革过程 ······································ 270
　第四节　战略变革的有效管理 ································ 271

本章小结 ·· 275
思考题 ·· 275
  案例分析 太平洋保险:IT撑起企业战略转型 ····················· 276
  阅读资料 后危机时代企业战略如何布局 ····························· 280
参考文献 ·· 282

第一篇 企业战略管理导论

　　企业战略管理理论是整合性的、最高层次的管理理论。企业战略管理的目的是提高企业对外部环境的适应性,应对激烈的竞争所带来的机遇和挑战,使企业求得生存与可持续发展。

　　本篇是企业战略管理导论部分,分为两章来研究。第一章是对企业战略管理理论的概述,阐述了企业战略管理的基本概念、作用和本质,企业战略管理体系,理论的发展历程等内容,使读者对战略管理理论体系有总体和宏观的把握,便于对后续章节的学习和理解。第二章阐述了企业战略管理的起点——确定企业使命,推动社会和谐发展的理念——企业主动承担社会责任并将其纳入企业的战略管理之中,企业使命与企业愿景的关系,企业的战略目标等内容。

第一章 Chapter 1

企业战略管理概述

宜未雨而绸缪,毋临渴而掘井。

——中国明末清初思想家朱用纯《朱子家训》

【教学目标】
1. 了解战略的定义;
2. 理解明茨伯格对战略的独特认识;
3. 掌握企业战略管理的概念;
4. 理解企业战略管理的特征;
5. 掌握企业战略管理的作用;
6. 掌握企业战略管理的性质;
7. 掌握企业战略管理的层次;
8. 掌握企业战略管理过程的内容及内在联系;
9. 了解企业战略管理系统;
10. 了解企业战略管理理论的主要学派和发展历程。

【引导案例】

断臂求生,柯达数字化战略转型

当照相从胶片变成了数码,当照片从冲洗变成了存盘,昔日影像行业霸主柯达开始了长达七年的战略转型。

时隔五年,伊士曼柯达公司董事会主席兼首席执行官彭安东(AntonioM. Perez)日前再次造访中国。这位领导着柯达进行转型的掌门人表示:"通过长达数年的战略转型,如今一个全新数码化的柯达已基本形成。"据彭安东介绍,目前柯达的数字化转型工作已经完成了80%。去年,柯达75%的业务与60%的利润来自数字业务,计划到2014年其绝大部分的收入将来自数字业务,彻底完成转型。

发明数码相机,竟成自掘坟墓

早在1975年,柯达就研发成功了世界上第一台数码相机,但是柯达在这个新时代并未造就如同胶片一样的辉煌。随着数字时代对传统胶片市场的快速侵蚀,胶片业在2001年左右遭遇了前所未有的生存危机,消费市场以每年10%的速度急速萎缩,柯达、富士、乐凯这些曾经风光无限的传统胶片业巨头们经历了巨大的产业阵痛。当索尼、佳能、尼康、三星等厂商在这一时期迅速进入数码相机领域攻城略地,柯达却错失了数字发展的黄金时期,于2003年才提出"全力进军数码领域"。

2003年柯达公司遭遇了最危险的时期,其主营胶片业务持续下滑,且没有挽回的机会。据彭安东介绍,2003年底,柯达90%的收入来自胶片业务,数字应用的收入仅10%,而且100%的利润来自胶片,数字业务盈利情况并不乐观。

重新洗牌,开始战略转型

2003年4月,彭安东进入柯达公司,他的任务就是领导柯达在全球范围内完成重大业务转型,从一家以胶片为主的单一业务公司转型为一家以数码业务为主的多元化公司。自此,柯达开始了艰难但大刀阔斧的数码转型之路。

柯达的战略转型主要经历了三个阶段:

第一阶段,通过全球并购成立图文影像集团。柯达认为,自己的优势是在长期发展中积累的材料和色彩领域的核心领先技术,因此转型起点就选择在了商业印刷领域。从2003年9月至2005年6月,柯达两年斥资25亿美元收购了5家公司,组成柯达图文影像集团,为客户提供从智能商务扫描、印前和工作流程到数码和胶印输出服务。

第二阶段,专注数码印刷出售医疗影像业务。柯达有着110年历史的医疗成像业务占了公司2005年销售额的两成,2006年第一季度给公司带来约40%的税前利润。为了把精力集中在增长显著的数码印刷上,柯达最终以25.5亿美元的价格将医疗影像业务出售给加拿大的一家投资公司,并将这一笔资金投入到数码印刷的研发和业务拓展中。

第三阶段,根据数码业务发展需要重新布局生产线。在用了三年的时间将业务、产品和市场重新洗牌后,柯达所做的最后一步就是完成生产线的重新布局,同时控制生产成本,实行精益生产。此时,柯达把目光集中到了中国,首先将板材药水生产和喷墨头维修服务转移到无锡工厂,接着将上海工厂转产高端的计算机直接制版和印刷设备,并在2006年底在中国厦门投资9 600万美元,成立全球最大的先进CTP板材生产厂。

这样一路走来的柯达,从2003年数码业务在柯达全部营业收入中所占比例不足30%,发展为目前产品线上有超过75%的数码产品。七年来,柯达的数码业务保持了两位数的年增长率,2009年更是在外界不利的经济环境下逆市而升,数码业务增长12%。彭安东说:"现在,柯达的数码产品收入占总收入的七成,毛利率更高的商用业务收入占总收入的六成,并且还有一系列能创造现金流的传统业务。"

两条腿走路,商用产品成重点

按照柯达公司的发展战略,未来柯达将以影像产品和服务为根基,发展成为一家更平稳的多元化全球公司。其中,中国将成为柯达全球战略的重要一环。

目前,柯达业务体系主要包括三大板块,即图文影像、消费数码影像和商业胶片,而大部分产品可分为面对消费者市场和面对商用市场,分别由消费数码影像集团和图文影像集团两个团队运营。"同时'靠两条腿走路',步伐会更快更稳。"彭安东这样形容道。

在消费产品业务领域,柯达提供胶片、影像输出、数码相机、数码相框、数码摄像机等产品,在图文影像业务领域,柯达产品分为商用扫描、印前数码制版机器和版材(CTP)以及工作流程软件、数码印刷三部分。"商用产品是柯达新的战略重点。"彭安东说。显然,与另一昔日胶片巨头富士进入日化市场、拉近与消费者距离不同,柯达已开始更多地扮演B2B的角色。

"以中国为支点,柯达可以撬动整个世界市场。"面对未来,彭安东对中国市场寄予厚望,"中国将是柯达全球发展的坚实的基础,为柯达全球的进一步转型提供有效的动力。"

目前柯达在中国的四家公司已经全部转产,并预计产能明年将达到最大化。柯达将进一步强化其在上海的亚太区总部的功能,并且将大量研发任务战略性地转移到其位于上海的亚太区研发中心。同时,位于厦门的生产基地经过转型,将成为柯达全球一个重要的数码产品生产基地,同时承担了亚太地区运营中心的职能,是柯达全球价值链和供应链中的重要环节。

记者手记:柯达的启示

柯达用长长的"胶卷"记录下了自己一个世纪的辉煌,不过它早已定格在过去。数字时代不可阻挡,柯达断臂求生,重启复苏之路,未来能否再造辉煌,还需拭目以待,毕竟它已经错失最佳发展时期,在技术发展上还有长长的一段路要追赶。

但柯达战略转型的实施过程和所得到的经验,或许能够给正处于加快经济转型升级关键时期的我国企业带来一些有益的启示。

首先,注重产业发展规律及时实施转型升级。柯达战略转型的经验告诉我们,随着科学技术的发展,产品生命周期在逐渐缩短,因此,企业应及时对产业生命周期的变化做出调整,避免出现产品和企业被替代的危机。

其次,注重依托原有优势开发新业务。柯达公司在战略转型前仔细地分析了其专利库中的技术,选择与市场紧密结合并可以快速应用的技术作为产品转型的核心。柯达从传统影像全面进入数码印刷等专业领域时,将色彩管理技术直接应用于可以快速产生效益的行业。

柯达经验表明,企业转型应注重对现有资源的利用,依托自身原有优势引进新技术,发展新业务。

再次,注重转型过程中新旧业务的平衡。从柯达的案例可以看出,柯达公司在实施数码转型过程中注重传统与数码业务的平衡是转型战略成功的重要因素。柯达在全球范围推广的精益生产理念,对相纸、商用胶片等传统业务进行有力的成本控制,使成本下降的速度高于传统业务萎缩的速度,从而保证了传统业务的盈利性。传统业务的发展保证了大力发展数码业务所需要的高额现金流,从而为公司的转型步伐提供了安全稳定的保障。

最后,注重战略转型过程中企业应当承担的责任。柯达公司在转型过程中十分注重企业应当承担的责任。当企业进行调整时,一些传统业务面临收缩,原有员工面临裁减。对于不得不裁减的员工尽可能以高于当地标准给予安置。因此,柯达转型过程中没有出现大的动荡。在转型过程中柯达注重对新旧业务发展的平衡,优秀员工和主要管理人员继续在公司工作,使得企业在战略转型期间得以平稳过渡。

柯达经验表明,企业高度关注企业应当承担的经济、社会和环境等全面的责任,有助于企业战略与产品结构转型的平稳过渡。

(资料来源:刘宝亮. 断臂求生,柯达数字化转型[N]. 中国经济导报,2010-10-12(B03).)

经济全球化带来了前所未有的机遇,同时也带来了巨大的挑战和激烈的竞争。即使是像柯达公司这样成功的企业也遭受了生存的危机。那么,企业怎样才能在滔天巨浪的"商海"中搏击,不被"巨浪"打翻,而是"勇立潮头"呢?答案就是,企业必须实施战略管理,以求得生存和发展。正如古圣贤孟子所说:"生于忧患,死于安乐。"如果一个企业没有战略的思想、没有忧患意识、对于企业所处的环境没有清醒的认识、没有选择合适的企业战略,那么这个企业迟早要被时代所淘汰。本章将就企业战略管理的基本内容、基本概念等进行阐述,使读者对战略管理有总体和完整的认识,以便加深对后续各章节具体内容的学习和理解。

第一节　企业战略管理的概念、特点和作用

一、战略的定义

(一)战略的起源

"战略"原本是军事方面的术语,后来被引入企业界。

在中国古代,"战略"一词起源于兵法,古称韬略,指将帅的智谋。《辞海》中解释为:"军事名词,对战争全局的筹划和指挥。"《中国大百科全书·军事卷》中解释为:"指导战争全局的方略。"最初,"战略"一词在使用时,"战"和"略"是分开的,分别指"战斗和战争"、"策略、计划和筹略"。"战略"在中国古代的著名史书《左传》、《史记》中都有使用记载。中国古代著名的军事家孙子的军事著作《孙子兵法》就是具有代表性的有关战略的经典名著。其战略原则除了被广泛运用于古今中外的军事领域以外,还在现代被引入企业界,为企业家们所推崇,运用于商业领域的竞争中。

在西方,"战略"一词也起源于军事界。它来源于希腊文,含义是"将军",原指将帅本身,后来指军事指挥中的活动。《韦氏新国际英语大词典》把"战略"解释为:"军事指挥官克敌制胜的科学与艺术。"《简明不列颠百科全书》的解释为:"在战争中利用军事手段达到战争目的的科学和艺术。"

简言之,战略就是预见性的、全局性的谋划。与之对应的中国古代成语"未雨绸缪"反映了其深刻的内涵。

最先把"战略"的概念引入企业界的是美国管理学家阿尔弗雷德·钱德勒(Chandler)。他于 1962 年,在《战略与结构》(Strategy and Structure)一书中首次提出了"战略"一词,由此揭开了现代企业战略研究的序幕。

(二)企业战略的概念

1.明茨伯格对战略含义的独特认识

管理学家亨利·明茨伯格(Henry Mintzberg)借鉴市场营销学中的四要素(4P'S)提法,即产品(Product)、价格(Price)、渠道(Place)和促销(Promotion),归纳总结出人们对于战略的五个方面的定义(5P'S)。这五个定义是对战略从不同角度而进行的阐述。明茨伯格认为,人们在不同场合以不同的方式赋予战略不同的内涵,说明人们可以根据需要来接受不同的战略概念。只不过在使用战略的概念时,人们只引用其中的一个而已。战略的五个方面定义是:战略是一种计划、战略是一种计谋、战略是一种模式、战略是一种定位、战略是一种观念。

(1)战略是一种计划(Plan)

该定义是指,战略是一种有意识的、有预见性的行动方针或程序。根据这个定义,战略具有两个方面的含义:一是战略是在企业开展经营活动之前制订的;二是战略是企业战略管理人员有意识、有目的开发的管理活动。成语"未雨绸缪"就是战略最好的诠释。

(2)战略是一种计谋(Ploy)

该定义是指,战略是要对竞争对手构成威胁并战胜对手的谋略。将战略视为计谋主要是指通过公布企业的战略或战略意图,向对手宣布本企业的竞争意愿和决心以及相应将采取的竞争性行动,以期形成对竞争对手的威胁。

(3)战略是一种模式(Pattern)

阿尔弗雷德·钱德勒在《战略与结构》一书中指出,战略是企业为了实现战略目标进行竞争而进行的重要决策、采取的途径和行动以及为实现目标对企业主要资源进行分配的一种模式。它强调战略重在行动,否则只是空想。

(4)战略是一种定位(Position)

该定义是指,战略是一个企业在竞争环境中所处的位置或地位。明茨博格指出,战略可以包括产品及过程、顾客及市场、企业的社会责任与自我利益等任何经营活动及行为。而最重要的是,战略应帮助组织在环境中正确确定自己的位置,从而使上述各项行为在正确的定位之下来进行。

(5)战略是一种观念(Perspective)

该定义是指,战略是一种思维方式,是一个企业对于客观的竞争世界固有的认识方式,是企业价值观、企业文化等抽象概念的总和。它强调战略过程的集体意识,要求企业成员共享战略观念,形成一致的行动。

2. 企业战略的定义

战略管理学家钱德勒(A. D. Chandler)、伊戈尔·安索夫(Igor Ansoff)、安德鲁斯(K. Andrews)、奥迈(K. Ohmae)等人都对战略的定义进行过表述。比如,汤姆森(Tomson. S.)认为:"战略是预先性的(预谋战略),又是反应性的(适应性战略)。"综合研究者们关于战略的起源与含义的分析,本书将企业战略的定义概述为:企业战略是企业面对复杂、多变的经营环境,为求得长期生存和持续发展而进行的全局性的谋划。企业战略是为实现其使命和愿景而确定的企业行动方向和资源配置的纲要,是制订企业各种目标、规划的基础。

3. 企业战略的构成要素

安索夫在1965年出版的《企业战略》一书中认为,企业战略的构成要素有四个方面的内容:①企业经营范围(确定企业的产品与市场领域);②企业的成长方向(在上述企业产品与市场领域中,企业经营活动应该向什么方向发展);③竞争优势(在两个层面展开:企业家洞察力和判断力可以使企业获得成功的优势、业务一线执行力可使企业保持优势的持续);④协同效应(企业多项管理因素的有效组合可以比各个因素单独作用产生更大的效果,即1+1>2)。

同一时期,哈佛大学的安德鲁斯则将企业战略的四个构成要素界定为:市场机会、社会责任、公司实力、个人价值观和渴望。其中前两者是企业的外部环境因素,后两者是企业的内部因素。他还认为,企业应该通过更好地配置资源,形成独特的能力,以获得竞争优势。

二、企业战略管理的概念

(一)企业战略管理概念的提出

企业"战略管理"这一概念最初是由美国管理学家、被誉为战略管理"鼻祖"的安索夫在1972年发表的《战略管理概念》(*The Concept of Strategic Management*)一文中提出的。

(二)有关企业战略管理定义的研究

众多国内外研究者们从不同的角度对企业战略管理的含义提出了不同的看法。比较经典的观点有以下两种流派:

1. 广义的战略管理

广义的战略管理指,运用战略对整个企业进行管理,其代表人物为安索夫。

安索夫在1976年出版的《从战略规划到战略管理》(*From Strategic Planning to Strategic Management*)一书中指出,战略管理是"企业高层管理者为保证企业的持续生存和发展,通过对企业外部环境与内部条件的分析,对企业全部经营活动所进行的根本性和长远性的规划与指导"。他认为,战略管理与以往经营管理的不同之处在于:战略管理是面向未来,动态地、持续地完成从决策到实现的过程。这个观点与管理巨匠德鲁克"决策和行动,才是经理人工作的最后产品"的观点具有高度的一致性。

2. 狭义的战略管理

狭义的战略管理指,对战略的制订、实施、控制和修正进行的管理,其代表人物为著名的美国学者斯坦纳。

斯坦纳在 1982 年出版的《企业政策与战略》一书中认为:企业战略管理是确定企业使命,根据企业外部环境和内部经营要素确定企业目标,保证目标的正确落实并使企业使命最终得以实现的一个动态过程。

(三)本书对企业战略管理的定义

综合国内外学者的研究成果,本书把企业战略管理定义为:企业为求得长期生存和持续发展,确定其使命,根据其外部环境和内部条件确定企业战略,为保证战略的实现进行谋划并付诸实施和控制的动态管理过程。

从这个定义可以看出,企业战略管理的目的是使企业能够长期生存和可持续发展;战略管理的起点是确定企业使命;战略管理的前提是对企业的内外部环境进行分析;战略管理的核心是制订战略和实施战略;企业战略管理是一个动态的全过程的管理活动。

三、企业战略管理的特征

企业战略管理与传统的职能管理(如生产管理、财务管理、人力资源管理、市场营销等)有很大的区别。与传统的企业职能管理相比,企业战略管理具有以下主要特征:

1. 全局性

企业战略管理的着眼点是企业的全局,是企业总体的活动及其持续发展。虽然这种管理也包括和涉及企业的局部活动,但这些局部活动是作为总体活动的有机组成部分在企业战略管理中出现的。企业战略管理的全局性体现在对各个局部的、职能的管理活动进行整合和系统化。

2. 长远性

企业战略管理关注的是对企业未来相对较长时期(通常在五年以上)的总体发展的筹划。虽然这种谋划是以企业当前的内外部环境为出发点,并且对企业当前的生产经营等活动有指导和约束作用,但是这些都只是企业总体战略的一个组成部分而已。从这一点来说,企业战略管理是面向未来的管理。

3. 动态性

企业战略管理不是静态的、一次性的管理,而是一种不间断的、循环往复性的动态管理过程。虽然在企业战略制订以后,在一段时期内要保持一定的稳定性,以便于实施;但是从长远来看,它绝不能一成不变,它更需要的是根据企业外部环境的变化、企业内部条件的改变,以及战略执行结果的反馈信息等,而进行新一轮战略管理。这种动态性还体现在企业对外部环境的适应性以及企业的创新性上。

4. 协调性

企业战略管理虽然注重企业长远发展,但还要关注企业长期发展与短期发展的协调统一。另外,企业战略实施是以足够的资源为保证的,所以,企业战略管理还要做好统筹规划,对企业的各种资源进行合理配置。企业战略管理还要寻求企业的资源、经营活动与其外部环境的协调与匹配性。

5. 系统性

企业战略管理把企业作为一个开放的系统进行管理,这就需要考虑企业内外部环境中的诸多因素。既要注重企业内部各种因素的系统性,又要注重外部系统中宏观环境和微观环境等各种因素对企业的影响,以取得竞争优势和企业的可持续发展。

6. 层次性

企业战略管理主要是在三个层面上展开的,即公司层、职能层、经营层。各个层次的内容、关注点以及采取的具体战略是既有区别又有联系、相辅相成的。

四、企业战略管理的层次

由于企业战略结构可以分为不同的层次,故而,企业战略管理也要分为不同的层次。在本书的第三篇"企业战略选择"中,将分别具体阐述不同层次如何进行战略选择问题。

(一)战略的层次

战略存在于不同的管理层次,一般来说,在大型多元化经营的公司中,战略可以分为三个不同的层次,即公司战略(Corporate Strategy)、经营(业务)战略(Business Strategy)、职能战略(Functional Strategy)。

1. 公司战略

公司战略是企业总体的、最高层次的战略。它是针对公司整体的和所有业务的战略,是企业最高管理层指导和控制企业一切行为的最高行动纲领。它由企业的最高管理层制订。

2. 经营战略

经营战略是针对各个具体业务领域的战略,所以又被称为事业部战略,由企业内各事业部或经营单位制订。它是在企业公司战略的指导下,各个战略经营单位(Strategy Business Uint,SBU)制订的部门战略,是公司层战略之下的子战略。

战略经营单位是指大型企业内部的单位,是从事经营活动最基本的独立事业单位,它为同一市场提供某种产品或服务。它必须符合下列标准:①一个战略经营单位要有具体的任务,即要有自己的经营范围;②经营的范围内能有自己的市场,并在这个市场范围内有同行业的竞争者;③一个战略经营单位相对于公司中的其他战略经营单位来说,要有相对的独立性;④一个战略经营单位的经理人员必须全权控制此经营单位的活动。

3. 职能战略

职能战略是职能部门的管理人员针对诸如生产、市场营销、财务、研究与开发、人力资源等各个职能制订的战略。

企业中的以上三个战略层次,互相作用、紧密联系、有机结合,每一个层次构成下一个层次的微观战略环境;同时低一级的战略为上一个层次的战略目标的实现提供保障和支持。如图1.1所示。

图1.1　企业中的战略层次图

(二)企业战略管理的层次

企业要针对以上三个不同层次的战略展开企业战略管理。

1. 公司层战略管理

公司层战略管理是针对企业总体的、最高层次的战略的管理。它关注和解决的管理问题是确定企业选择在哪些行业和经营领域进行生产经营活动的问题,包括:企业使命的确定;战略经营单位的划分以及战略事业的发展规划;企业整体业务组合和核心业务的战略决策及其管理;公司资源在不同经营单位之间如何分配的战略决策及其管理;建立整个公司战略控制与协调机制的决策及其管理。

企业总体战略的主要特点是以抽象概念为基础,在制订和实施的明确程度上不够具体;因其对其他层次的战略具有导向作用,关系到整个公司的战略管理成败,故所承担的风险性很大;需要付出的成本很高;制订需要的时间长;其评价主要以价值判断为主,需要大量的外部资源投入;所起的作用是开创性的;其总体战略的制订与战略管理的主要人员是企业的高层管理人员。公司总体战略的选择包括发展战略、稳定发展战略、防御战略和组合型战略四种类型。这四种类型将在本书第五章、第七章中具体阐述。

2. 经营层战略管理

经营层战略管理的核心内容是各个战略事业单位(SBU)在企业公司战略的指导下,制订和实施本部门的竞争战略。这些战略的选择和实施所涉及的主要问题是资源配置以及在选定的业务范围内或在某一个市场-产品区域内如何取得超过竞争对手的竞争优势。经营战略的特点介于企业战略和职能战略特点之间。与企业战略相比,经营(事业部)战略是局部性战略,具有较小风险性、较少的成本和不太高的预期收益;与职能战略相比,其风险、成本及预期收益又相对较高。

根据波特等学者的理论,经营层战略的选择包括低成本战略、差异化战略、集中化战略、混合型战略。本书将在第六章中详细阐述。

3. 职能层战略管理

职能层战略管理是职能部门管理人员根据企业总体的公司战略,针对企业各职能部门运行的特点所实施的生产与运作战略管理、市场营销战略管理、财务战略管理、研究与开发战略管理、人力资源战略管理等活动。

职能层战略管理的特点是,相对于公司层战略管理和经营层战略管理而言,属于执行型和作业性的,具有时间相对较短、更加具体的、衡量程度的定量化和操作性强等特点。公司层战略管理和经营层战略管理的目的是"做正确的事情"(Do the right things),而职能层战略管理则是"将事情做好"(Do the things right)。

职能层战略管理的重点是发挥协同作用和优化资源配置。要发挥各个职能部门的优势,并加以整合,提高企业资源的利用率和工作效率和效益,以支持公司层战略管理目标和经营层战略管理目标的实现。值得注意的是,职能层战略管理的制订与实施虽然是由各个职能部门来完成,但是,一个成功的企业战略管理的实现必须注重各个职能协同效应的产生。即:各个职能部门要从公司整体战略目标出发,充分进行交流与沟通,制订出协调一致、互相促进的职能战略并加以成功管理。只有这样才能使经营业务获得强有力的支撑。

(三)企业战略管理的各个层次的协调统一

企业战略管理活动是企业中的以上三个战略管理层次的协调统一的过程。所以,从这一点上说,企业战略管理是一个"系统工程"。这三个层次的战略管理是互相作用、紧密联系、有机结合的,低一级的战略管理为上一个层次的战略目标的实现提供保障和支持。各个企业由于其规模、所处的环境、企业文化、行业特点和技术水平的不同,可以建立或简单或复杂的三个层次战略管理的不同组合模式。但是无论这些模式如何不同,只要能形成一个协调一致、密切合作、互相支撑的战略模式,就能取得理想的企业整体战略管理效果;反之,如果各个层次的战略管理"各自为政",即使单个的战略是最优秀的,也会导致企业整体战略管理的失败。

五、企业战略管理的作用与现实意义

(一)企业战略管理的作用

在世界经济不断高速发展的过程中,特别是经济全球化带来的愈演愈烈的企业之间竞争和没有硝烟的战场——"商战"中,越来越多的企业认识到企业战略管理的重要性。与此同时,企业管理的实践也促成了企业战略管理学科的产生和发展。从企业战略管理的理论研究和实践意义两个方面来分析,企业战略管理的主要作用就是提高企业的竞争力,求得生存与可

持续发展。换句话说,企业战略管理的成功与否关系到企业的生死存亡。具体表现在以下几个方面:

1. 指明企业前进方向

美国经济学家乔尔·罗斯(Joel Ross)曾说过:"没有战略的企业就像一艘没有舵的船一样只会在原地转圈,又像个流浪汉一样无家可归。"战略管理的首要任务是确定企业使命,这就指明了企业发展的方向,企业能够"扬帆远航",而不是"原地转圈"。正如美国著名的战略管理学家安德鲁斯指出的:"重要的不是怎么做事,而是努力去做正确的事。"

2. 增强企业凝聚力

企业战略管理工作,运用其明确的企业使命和科学的管理过程把包括各级管理者在内的全体员工的智慧和力量团结在一起、激发员工的积极性和创造性、形成推动企业前进的凝聚力。

3. 增强企业环境适应性

"物竞天择、适者生存"。战略管理重视对企业外部经营环境的分析和研究。以此为基础做出的战略决策,摒弃了盲目性,使战略管理者对当前企业的生存环境有清醒的认识,增强紧迫感。战略分析可以让企业更好地把握外部环境所提供的机会、避开威胁、迎接挑战,增强企业经营活动对外部环境的适应性。

4. 提高管理优化程度

战略选择、制订以及实施的过程,是企业经营管理不断完善的过程。在这个过程中,战略管理将近期目标(作业性目标)与长远目标(战略性目标)相结合,把总体战略目标同局部的战术目标统一起来,提高了管理活动的统一性和协调性。同时,企业战略还对日常生产经营活动发挥其纲领性和指导性的作用,使得企业的各种资源能进行合理配置,各个层面的战略管理都有序进行,从而提高企业管理的优化程度,进而增强管理的效益和效率,为企业绩效提高做出贡献。

(二)中国企业实施战略的现实意义

当今中国企业面临前所未有的巨大挑战。如前所述,全球化特别是中国加入 WTO 给中国企业的发展带来了前所未有的机遇,但是同时也带来了巨大的挑战。这些挑战来自多方面,其中最重要的是来自中国企业与发达国家企业在企业战略管理上的差距。为了保证在激烈的国际竞争中立于不败之地,中国企业必须更新观念、加大进行战略研究和战略管理的力度。

具体来讲,实施成功的企业战略管理将有利于中国企业适应瞬息万变的国际国内环境和竞争格局,整合并提高企业核心竞争力,抵御国外商业"大鳄"对国内市场的入侵,应对当今世界科学技术迅猛发展,及时掌握市场活动的变动规律性,应对愈发难以预测的竞争风险,减少重大的战略性决策盲目性,实施跨国经营、积极参与国际竞争与合作的需要。总之,企业战略管理将有利于中国企业求得自身生存而非灭亡,企业发展而非萎缩,走上良性循环的发展之路。

第二节 企业战略管理的本质

在了解了战略和战略管理的相关内容之后,有必要掌握企业战略管理的本质到底是什么,即企业战略管理研究内容或者说该学科的性质是什么;企业战略管理的最终目的是什么;企业战略管理与职能管理有什么区别和联系;企业战略管理由谁来实施,等等。

一、企业战略管理的学科性质

企业战略管理理论是管理学科的一个新的重要分支,是整合性的、最高层次的管理理论。

自20世纪初泰罗创立科学管理至今,企业管理理论不断发展,各种管理学说和派别纷纷涌现。学者们按照其内容以及所涉及的范围和影响的程度,将管理理论从低到高依次分为以下三个不同的层次:

1. 管理基础

该层次的理论是管理中带有共性的基础理论、基本原则和基本技术。它主要包括管理数学、管理经济学、管理心理学、管理学原理、组织行为学以及管理思想等。

2. 职能管理

该层次的理论研究的是将管理基础与特定的管理职能相结合,以提高组织职能部门的效率。它主要包括生产运作管理、市场营销管理、人力资源管理、财务管理、研究与开发管理等。

3. 战略管理

该层次的理论是管理理论的最高层次的管理。因为它不仅要以管理基础和职能管理为基础,还融合了政治学、法学、社会学、经济学等方面的知识,涉及企业整体性、方向性的管理问题。

从以上分类我们可以清楚地看出,在战略管理理论出现之前的职能管理理论是从企业管理的某一局部的角度来讨论管理问题。事实上,职能管理理论中的每个学科至今为止仍在纵深研究和发展。这种解剖式的理论的优点是,有利于管理理论的发展以及管理的细致化和丰富化;缺点是可能使管理者"只见树木不见森林",忽略了企业的管理活动应该是一个整体的、协调一致的、不可分割的有机体。企业战略管理理论的产生就能解决这一问题。它从企业整体的、全局的角度出发,综合运用职能管理理论,处理涉及企业整体的和全面的管理问题,使企业的管理工作达到整体优化的水平,进而提高企业的整体绩效。

二、企业战略管理的目的

企业战略管理的目的是提高企业对外部环境的适应性,使企业做到可持续生存与发展。

企业战略管理的过程是企业主动地去适应不断变化的世界政治、经济、技术和社会环境的过程。企业怎样才能成为市场竞争中的常胜将军?一个好的企业战略选择必然是在进行了科学的战略分析以后而形成的。全球化给企业带来了前所未有的机遇,但是同时也带来了巨大的挑战。从每年企业的破产数量和世界500强企业的交替更迭就能够窥见一斑。企业战略管理可以避免出现"小老树"式企业(寿命较长,但竞争力长期较弱、规模长期较小),"过山车"式企业(发展极其不稳定、大起大落),"流星"式企业(迅速崛起、快速消亡)。

正如达尔文的生物进化论告诉我们的:"物竞天择、适者生存。"企业应该像自然界中的有机体一样,根据环境的变化而及时做出战略调整,这样才能做到首先生存,不被竞争对手"吃掉";然后是要求得发展,并且是可持续的发展。"为了生存而竞争是自然界的主导原则。也许我们更应该建议大多数的企业家去向生物学家而不是向经济学家请教。"这是世界管理大师阿诺尔特·魏斯曼2001年在《市场营销战略》(Marketing strategies)中的忠告。

企业战略管理就是要使企业综合考虑企业内外部的各种因素的动态变化,从战略上进行总体的谋划并有效实施,持续地满足利益相关者的不同需求,这样才能把企业"做强"、"做大"、"做久",实现可持续发展。这也是科学发展观思想在企业管理中的体现。

三、企业战略管理的主体

企业战略管理的主体——企业战略管理者是企业高层管理人员。战略管理是企业高层管理人员最重要的活动和技能。

虽然企业战略管理的实施需要企业全体员工的参与,但是在企业战略制订以及实施和控制中,其主体是企业高层管理人员。高层管理人员的特殊地位使得他们有权力分配资源、制订和实施决策。他们的有效管理活动才能保证战略管理的有效推进和整体的战略实施。

美国学者罗伯特·卡茨将管理工作对管理者的能力要求划分为三个方面,即技术能力(战术能力)、人际能力(社会能力)和思维能力(战略能力)。如图1.2所示,对于企业中不同管理层的管理者的能力要求是不同的。从图中可以看出,低层管理人员所需要的能力主要是技术能力和人际能力,而与之鲜明对照的是高层管理者必须具有更强的战略能力。这是保证其管理工作有效性的最重要因素。

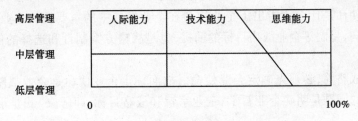

图1.2 对不同层次管理者能力的要求

第三节　企业战略管理体系

企业战略管理体系构成是由多个方面组成的协调统一体,比如前面阐述过的企业战略管理各个层次的协调统一,还有企业战略管理过程以及企业战略管理系统的协调统一。

一、企业战略管理过程

如前所述,企业战略管理是一个确定其使命,根据外部环境和内部条件设立企业的战略目标,为保证目标的实现进行谋划并付诸实施和控制的一个动态管理过程。一个规范的、全面的战略管理过程可以分解为四个阶段:确定企业使命、企业环境分析、企业战略选择、企业战略执行。故而,本书的阐述就是沿着这一脉络展开的。下面的图式直观地反映了这一过程。如图1.3所示。

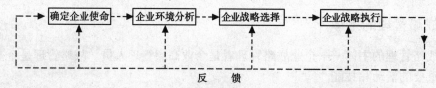

图1.3　企业战略管理过程

企业战略管理过程各个阶段的内容和联系是:战略管理的起点是确定企业使命;战略管理的依据是对企业的内外部环境进行分析;战略管理的核心是制订与选择合适的战略;战略执行(包括实施与控制)反映了战略管理的效果,是战略管理的直接目的所在,也是战略管理成败的关键;企业战略管理是一个动态的、全过程的管理活动。

(一)确定企业使命

管理大师彼得·鲁克认为:"使企业遭受挫折的唯一最重要的原因,恐怕就是人们很少充分地思考企业的使命是什么。"指出了企业使命在企业发展中的重要性。企业使命指明了企业发展的战略方向,是制订企业战略目标的前提,也是战略方案制订和选择的依据,还是企业分配资源的基础。

企业在制订战略前,必须先确定企业使命。故而确定企业使命是企业战略管理的起点。这个阶段要解决的问题是明确企业哲学、企业宗旨和战略目标,即解决"我是谁"、"我应该做什么"的问题。

(二)企业环境分析

1. 企业环境分析的目的

企业环境分析是企业战略选择的基础和依据。它是企业对其所处的现实和未来的战略环境进行分析、评价、预测的过程。只有全面地、客观地分析和掌握外部环境的变化,才能做到"知彼知己",才能使战略的制订和实施"百战不殆"。即解决"我可以做什么"和"我有能力做什么"的问题。

2. 企业环境分析的内容

企业环境分析包括两个方面的内容:企业的外部环境分析和企业的内部环境或条件的分析。其中企业的外部环境分析通常包括下列因素:政治-法律因素、经济因素、技术因素、社会人文因素、自然资源因素以及企业所处行业中的竞争状况等企业无法控制但可以预测和适应的因素。外部环境分析目的是"知彼",即找出企业的发展机会以及环境对企业发展构成的威胁。

企业的内部条件分析包括企业的资源与能力两个方面。由于这些条件是企业能够控制的因素,是企业完成战略管理的基本素质,所以是企业经营的基础,是制订战略的出发点、依据和条件,是竞争取胜的根本所在。企业的内部条件分析的目的是"知己",即掌握资源和能力状况并加以整合,形成核心竞争力,以便于在选择战略时扬长避短,有效地发挥自身优势。

(三)企业战略选择

企业战略选择是企业战略管理的核心内容,是在企业周密的战略分析的基础之上,运用各种管理评价工具,对各项战略进行定性和定量的评价,制订和选择出适合本企业战略的过程。这个过程要分别在公司层、经营层、职能层展开,并进行协调与整合。即解决"我如何去做"或"我采取什么方法去做"的问题。

(四)企业战略执行

企业战略执行是战略管理的直接目的所在,也是企业战略最终成败的关键。一个企业的战略确定以后,必须付诸行动才能实现。战略执行分为实施与控制两个方面。一方面,在实施时要按照既定的战略具体去落实;另一方面,必须根据实际外界环境的变化和内部具体操作的信息反馈不断修正偏差,采取必要的措施改进和完善原来战略不合理与不适合的部分。如果有重大偏差需要修订,就会促成所谓的战略变革发生,企业将制订新的战略方案,进行新一轮的战略管理过程。基于此,企业战略管理是一个循环往复的、不间断的、动态的管理过程。当然,这个循环往复并不是简单的重复,是在原来的基础上的改革与创新的过程。

二、企业战略管理系统

企业战略管理系统是指企业按照战略管理过程的要求而设立的战略管理组织、机构、制度等的总称。

(一)影响战略管理系统设计的因素

不同的企业对于企业战略管理系统的规范性程度要求是不同的。斯坦纳认为,一个战略管理系统需要具有多大程度的规范性,取决于以下因素:组织的规模、占主导地位的管理风格、企业环境的复杂性、生产过程的复杂性、企业面临问题的实质以及计划系统的目的等。[①]

(二)战略管理系统设计的模式

一般来说,战略管理系统设计的模式有以下四种:

1. 自上而下的模式

先由公司总部的高层管理者制订整个公司的战略,并对各个部门提出达成战略的指导,然后各个事业部再根据本部门的实际情况以及公司的要求或指导来发展和具体实施这一战略。该模式的优点是:企业的高层可以把握整个企业的战略方向不偏离既定目标。该模式的缺点是:企业高层对各个部门可能无法提出针对性较强的指导,而因指挥不当,打乱了企业的战略实施计划;不利于调动经营层和职能层的各个部门战略设计的积极性。

2. 自下而上的模式

公司高层管理者对各个经营层和职能层的部门不做出任何指导原则,而是要求各个部门先提交本部门的战略计划。该模式的优点是:公司总部对各个部门的约束少,调动了他们战略思考的积极性和创造性。该模式的缺点是:失去指导的各个部门可能由于水平、能力以及资源掌握不足而没有能力承担起战略设计的重任,从而影响了企业战略计划的完整性和先进性。

3. 上下结合的模式

在制订战略的过程中,公司总部的高层管理者与各个事业部的管理者经常联系和对话,并让各个经营层和职能层的部门管理者参与公司战略的制订活动。这种模式被很多大型的分权制企业所采用。该模式的最大特点是:能激发和积聚各个方面的创造性,取得协调统一的效果,能高效率地制订出企业适用的战略。

4. 小组计划模式

企业的高层管理者组成一个计划小组,由总裁负责,定期地共同讨论和处理企业面临的战略问题。该小组的工作内容、成员的构成以及处理问题的方式非常灵活。这种模式被很多集权制企业所采用。该模式成功的前提是,该企业的总裁与战略计划小组的成员之间有良好的沟通,鼓励成员之间积极参与企业战略管理。

第四节 企业战略管理理论的发展历程

一、企业战略管理理论的主要学派

管理学家钱德勒于1962年在《战略与结构》一书中首次提出了"战略"一词,揭开了现代企业战略研究的序幕。另一位战略管理学家安索夫于1965年出版了第一本有关战略的专著

---

① STEINER G A. Strategic Planning[M]. New York:Free Press,1979:54.

《公司战略》(Corporate Strategy)。安索夫还于 1972 年发表的《战略管理概念》一文中首次提出了企业"战略管理"这一概念。

此后,管理学研究者们基于不同的理论基础、研究方法和研究角度,对企业战略管理进行了广泛的研究,形成了不同的理论流派。管理学家明茨伯格曾在《战略历程——纵览战略管理学派》一书中把战略管理理论归纳为十个学派,即:设计学派、计划学派、定位学派、企业家学派、认知学派、学习学派、权力学派、文化学派、环境学派、结构学派。这些学派对战略的主要研究侧重点和代表人物及其作品分别是①:

1. 设计学派(Design School)

设计学派将战略形成看做一个有意识的、深思熟虑的思维的过程。即当战略形成一个完整的观念时,设计过程才算结束,并且只有当这些独特的、内容丰富的、明确而简单的战略完全制订好之后,才能被贯彻。设计学派将企业的战略管理分为战略制订和战略实施两部分。它还认为,企业战略的形成必须由企业高层经理负责。该学派起源于塞兹尼克(Selznick)于 1957 年出版的《经营中的领导能力》(Leadership in Administration)和钱德勒(Chandler)于 1962 年出版的《战略与结构》(Strategy and Structure)一书。另一个代表作品、也是该学派真正动力之源是哈佛商学院的基础教科书《企业政策:内容和案例》(Business Policy:Text and Cases)的出版。该学派还建立了作为该学派重要基础之一的、著名的 SWOT 战略分析模型。

2. 计划学派(Planning School)

计划学派和设计学派产生于同一时期。计划学派将战略形成看做一个正式的过程。该学派提出的战略制订过程模型与设计学派基本一致,只是更强调步骤上的正规性,更强调战略制订的分解和组合过程。计划学派主张战略产生于一个受控的、有意识的正式规划过程,该规划过程被分解成清晰的步骤,每个步骤都采用核查清单进行详细的描述,并由分析技术来支持。该学派最有影响力的著作是安索夫于 1965 年出版的《公司战略》。

3. 定位学派(Position School)

定位学派将战略形成看做一个分析的过程。即只有少数的关键战略在某一既定行业被重视并符合要求,这些战略可以用来防御现存和潜在的竞争对手。定位学派把这种逻辑运用到各个行业中,最终得出基本的总体战略,并称之为通用战略。战略形成过程是一个基于分析计算基础之上的对通用战略的选择过程。定位学派起源于早期的军事著作。学者们通常认为是公元前 400 年左右的《孙子兵法》以及 19 世纪克劳塞维茨(Clausewitz)的作品。企业战略定位观出现于 20 世纪 70 年代。在 20 世纪 90 年代中期,由于全球经济结构、产业结构和市场结构的突变,战略定位观成为主导的战略观。对战略定位观有突出贡献和影响的是哈佛大学商学院教授迈克尔·波特(M. Porter)于 1980 年出版的《竞争战略》一书。

---

① 亨利 明茨伯格,布鲁斯 阿尔斯特兰德,约瑟夫. 战略历程——纵览战略管理学派[M]. 刘瑞红,徐家宾,郭武文,译. 北京:机械工业出版社,2002.

4. 企业家学派(Entrepreneurial School)

企业家学派将战略形成看做一个预测的过程。该学派认为,具备战略洞察力的企业家是企业成功的关键。企业家学派的最大特征在于强调领导的积极性和战略直觉。存在于企业领导人心中的战略,既是一种观念,又是一种特殊的长期的方向感,是对组织未来的远见。该学派起源于经济学,代表人物有Schumpeter、Cole等经济学学者。

5. 认知学派(Cognitive School)

认知学派将战略形成看做一个心理的过程,强调知觉认识过程。该学派认为,战略形成是发生在战略家心里的认识过程,这个过程存在于战略者的头脑之中;战略实质上是人脑的直觉和概念。故而,战略表现为决定人们如何处理环境输入信息的方法——概念、计划、纲要和框架。由于战略者往往不处于企业基本活动的第一线,所以,战略的变化往往会被延误;因为战略对个人认知具有依赖性,所以,不同战略者之间在战略风格上存在较大差异。代表人物是西蒙(Simon)和March等学者。

6. 学习学派(Learning School)

学习学派将战略形成看做一个渐进学习自然选择形成的过程。即当面对复杂而变化的外表环境时,战略家们应该做的事情就是不断学习。该学派认为,组织环境具有的复杂和难以预测的特性,经常伴随着对战略而言必不可少的知识库的传播,同时排斥有意识的控制,战略的制订首先必须采取不断学习过程的形式,在这一过程中,战略制订和实施的界限变得不可辨别。该学派的代表人物及其作品有奎因于1980年出版的《应变战略:逻辑渐进主义》(*Strategy for Change: Logical Incrementalism*)、彼得·圣吉(Peter Senge)于1990年出版的《第五项修炼》(*The Fifth Discipline*)、Nonaka和Takeuchi于1995年合著的《知识创新的公司》(*The Knowledge-Creating Company*)等。

7. 权力学派(Power School)

权力学派将战略形成看做一个权力作用或者协商的过程,认为包括组织内部各个矛盾着的集团之间和互为外部环境的组织之间的协商。权力学派理论特别适用于处于重大变革时期的大型成熟企业和采取直线职能制或事业部制的企业。代表人物有Allison、Pfeffer和Astley等。

8. 文化学派(Cultural School)

文化学派将战略形成看做一个集体思维的过程。该学派认为,战略形成是建立在组织成员的共同信念和理解基础之上的社会交互过程。该学派起源于莱恩曼(Rhenman)于1973年出版的《长远规划的组织理论》(*Organization Theory for Long Range Planning*),莱恩曼和诺曼(Nornman)于1977年合著的《管理中的成长》(*Management for Growth*)。

9. 环境学派(Environment School)

环境学派将战略形成看做一个适应的过程,强调外部环境的推动。该学派认为,外部环境作为一种向组织施加的综合力量,是战略形成过程中的中心角色,而不仅仅是一种影响因素。

组织必须适应这些环境力量,否则会被淘汰。该学派的理论有两个发展方向:一个是"随机制宜理论"(又称为"权变理论"),另一个是"规制理论"。

权变理论要求企业必须发挥主观能动性,因为企业可以在一定的环境条件下,对环境的变化采取相应的对策以影响和作用于环境,争取企业经营的主动权。规制理论强调企业必须适应环境,因为企业所处的环境往往是企业难以把握和控制的,因而企业战略的制订必须充分考虑环境的变化,了解和掌握环境变化的特点,只有如此,企业才能在适应环境的过程中找到自己的生存空间,并获得进一步的发展。

该学派的代表人物是汉纳(Hanna)、弗里曼(Freeman)和Pugh等学者。

10. 结构学派(Configuration School)

结构学派将战略形成看做一个转变的过程。该学派分为两个方面:一个方面是把组织及其周围的环境的状态描述为结构,另一个方面把战略形成过程描述为一个转变的过程。如果说结构是一种存在状态,那么战略制订就是从一个状态到另一个状态的转变过程。换句话说,转变是结构的必然结果。该学派起源于钱德勒于1962年出版的《战略与结构》一书。该书中提出了企业战略和结构发展的四个阶段:资源积聚阶段、资源使用的合理化阶段、连续发展阶段和对扩张资源的使用合理化阶段。在结构和战略的关系上,钱德勒认为,结构总是追随战略的,即企业应该根据战略的特性和需要设计自己的组织结构形式,并随着战略的变化及时调整。由于企业的环境在不断变化,企业的目标和战略就不可能始终保持不变。战略的变化必然带动组织内各项结构关系的变化,因此组织变革是不可避免的。其他做出重要贡献的学者有麦吉尔大学经营方针研究小组的明茨伯格、米勒(Miller)和Snow等学者。

二、企业战略管理理论的发展历程

企业战略管理是管理学理论体系中新兴的理论。从其发展历程来看,企业战略管理是在管理基础理论之上发展而来的。学者们一般认为企业计划理论是企业战略管理理论的基础之一。在20世纪50年代之前的管理先驱者们对企业计划理论的研究做出了贡献。突出的代表人物是亨利·法约尔(Henri Fayol)和泰勒(Frederick Winslow Taylor)。

法约尔在其《工业管理与一般管理》一书中指出:"管理就是实行计划、组织、指挥、协调和控制。计划就是探索未来,制订行动计划……"他把计划职能放在管理五个职能之首的重要位置,并提出"管理应当预见未来",将预测作为一切计划行动的开始,同时提出了制订行动计划是企业领导人最重要的工作。这些观点与企业战略管理中关于战略的含义和管理过程、内容等有吻合的部分和启迪的作用。

被称为"科学管理之父"的泰罗,则提出了要将管理的计划职能和作业职能分开的观点。他推行的做法是在组织机构中单独设立计划部。受当时经济、社会和技术等因素的制约,那时的企业被看成一个封闭的系统,与外界没有太多的联系和交流。因此,法约尔和泰罗对"计划"的认识是狭隘的,是只针对企业内部的规划。安索夫认为,从20世纪初至40年代末这段时期,西方企业中所采用的管理技术和管理系统是相对简单的,主要有财务控制、短期预算、资金预算和目标管理。

综合国内外学者的观点,企业战略管理理论的发展经历了以下三个阶段:

(一)长期规划时代(20世纪50年代初~60年代初)

长期规划理论是战略管理理论的雏形。该理论认为过去的情况必将持续到未来,未来是可以预测出来的,所以它以对环境的预测和制订长期计划为重点。该理论的做法是根据历史情况,通过趋势外推法对企业未来环境的变化做出预测,从而制订出企业的长期计划以应对变化。这一时期,企业主要的战略管理活动是通过合并来实现企业经营的多元化、跨国经营、向前一体化等战略。

该理论产生的原因是,这个时期,西方企业的外部环境发生了很大的变化。这些变化是:①消费需求结构发生了变化。人们从对"量"的需要,转向了对"质"的要求。②科学技术水平不断提高。技术革命加快、技术革新周期缩短,新技术、新工艺不断出现,加剧了企业间的竞争。③跨国公司迅速发展,全球性竞争日益激烈。④社会、政府和顾客提高了对企业的要求和限制。以上这些变化使得企业面临严峻挑战,迫使企业管理者们寻求新的管理方法,从而产生了"长期规划"管理理论。

(二)战略规划时代(20世纪60年代初~70年代初)

战略规划理论是在长期规划理论基础上发展而来的。战略规划理论以适应环境变化,制订长远发展战略或规划企业的行动方案为重点,目的是寻求外部环境和企业的最佳配合。战略规划的做法是首先对企业的外部环境进行分析,寻找出发展的趋势,发现对企业发展构成的威胁和新的发展机会,以使潜在的利润最大化。

战略规划理论的产生是由于原来长期规划理论实施的前提受到了挑战而无法继续实施。该时期,由于外部环境的复杂性及其各种环境因素交互作用,使得企业难以预测环境的变化;同时,政府严格的管制和各种调节政策的实行,使企业失去了对环境的控制。

(三)战略管理时代(20世纪70年代初~)

战略管理理论之所以能取代战略规划理论,是因为它既包含了战略制订,又包括了战略实施过程和对实施过程进行的控制,以及对战略管理成功进行的评价。它是一种动态的管理过程。

战略管理理论以主动应对环境突变及出现的机会和威胁,制订和实施战略并重为重点。它认为,单纯周期性计划不能完全适应环境变化的需要,企业能力是个变数。即使一个战略再优秀,如果企业没有能力去实施,那也只是"纸上谈兵"。因此,战略的实施,即企业是否有能力将其所制订的战略付诸行动,与战略的制订同等重要。

这一时期,战略管理理论有了很大的发展。越来越多的管理学界、经济学界的学者和企业管理者纷纷积极参与深入研究和实践,大大丰富了其研究内容,拓展了实际应用领域的广度。

现在,日益激烈的全球化竞争中成功的经验和失败的教训推动着企业战略管理理论研究和实践仍然在继续进一步发展,还有很多新的课题等待学者们和企业家们去探索。这也是本门学科的生命力所在。

本 章 小 结

企业战略管理理论的发展是管理学界、经济学界的学者和企业管理者对于日益激烈的全球化竞争中企业发展成功的经验和失败的教训的深入研究和实践的结果。

企业战略管理的主要作用,是提高企业的竞争力,求得生存与可持续发展。企业战略管理的成功与否关系到企业的生死存亡。具体表现在指明企业前进方向、增强企业凝聚力、增强企业环境适应性、提高管理优化程度等方面。

战略是全局性的谋划。"战略"原本是军事方面的术语,后来被引入企业界。美国管理学家钱德勒最先把"战略"的概念引入企业界。他于1962年在《战略与结构》一书中首次提出了"战略"一词,由此揭开了现代企业战略研究的序幕。

亨利·明茨伯格借鉴市场营销学中的四要素(4P'S)提法,归纳总结出人们对于战略的五个方面的定义(5P'S),即战略是一种计划、战略是一种计谋、战略是一种模式、战略是一种定位、战略是一种观念。

企业战略管理是企业为保证其持续生存和发展,确定其使命,根据外部环境和内部条件设立企业的战略目标,为保证目标的实现进行谋划并付诸实施和控制的一个动态管理过程。

企业战略管理具有全局性、长远性、动态性、协调性、系统性、层次性的主要特征。

在大型多元化经营的公司中,战略管理可以分为三个不同的层次,即公司战略管理、经营(业务)战略管理、职能战略管理。企业战略管理活动是企业中的以上三个战略管理层次的协调统一的过程。企业战略管理是一个"系统工程"。这三个层次的战略管理是互相作用、紧密联系、有机结合的,低一级的战略管理为上一个层次的战略目标的实现提供保障和支持。只要能形成一个协调一致、密切合作、互相支撑的战略模式,就能取得理想的企业整体战略管理效果。

企业战略管理的本质可以从三个方面来理解:企业战略管理的学科性质——企业战略管理理论是管理学科的一个新的重要分支,是整合性管理理论,是最高层次的管理理论。企业战略管理的目的是提高企业对外部环境的适应性,使企业做到可持续生存与发展。企业战略管理的主体是企业高层管理人员。战略管理是企业高层管理人员最重要的活动和技能。

一个规范的、全面的战略管理过程可以分解为四个阶段:确定企业使命、企业环境分析、企业战略选择、企业战略执行。本书的阐述就是沿着这一脉络展开的。

影响战略管理系统设计的因素有:组织的规模、占主导地位的管理风格、企业环境的复杂性、生产过程的复杂性、企业面临问题的实质以及计划系统的目的等。战略管理系统设计的模式有四种:自上而下的模式、自下而上的模式、上下结合的模式、小组计划模式。

企业战略管理理论的发展经历了长期规划时代(20世纪50年代初~60年代初)、战略规划时代(20世纪60年代初~70年代初)、战略管理时代(20世纪70年代初~)三个阶段。在其发展过程中,企业战略管理理论的研究形成了十个主要学派:设计学派、计划学派、定位学派、企业家学派、认识学派、学习学派、权力学派、文化学派、环境学派、结构学派。

丰富的企业战略管理实践仍在继续推动着企业战略管理理论研究继续进一步地深入发展,还有很多新的课题等待学者们和企业家们去探索。

思 考 题

1. 什么是战略？明茨伯格对战略的独特认识是什么？
2. 什么是企业战略管理？
3. 企业战略管理有哪些主要特征？
4. 图示企业中的战略层次,并简要分析企业各个层次战略管理的内容及其联系。
5. 企业战略管理的作用是什么？具体表现在哪些方面？
6. 企业战略管理具有什么性质？
7. 简述企业战略管理理论经历的几个阶段。
8. 企业战略管理理论有哪几个主要学派？
9. 简述企业战略管理层次的内容和关系。
10. 图示并简要说明对不同层次管理者能力的要求。
11. 图示企业战略管理过程并简要分析其各个阶段的作用。
12. 什么是企业战略管理系统？其设计的四种模式是什么？

【案例分析】
我国光伏企业大举进军美市场,美硅谷光伏企业被迫调整战略

几十年前,美国打造了硅谷,当今,中国在打造太阳能谷。无论是宣称今年在美国市场上销售量或将超过100兆瓦的英利绿色能源公司,还是宣布其位于美国亚利桑那州工厂投产的尚德电力控股有限公司,还是在今年3~4季度就将为美国提供总量超过13兆瓦单晶太阳能电池的晶澳太阳能公司,都是美国硅谷的太阳能企业的"眼中钉"。《纽约时报》接连撰文称,生存在硅谷的太阳能企业感受到了中国太阳能企业对它们的威胁。

几年前,硅谷涌出了一批太阳能公司,如Solyndra、纳米太阳能公司(Nanosolar)和MiaSolé等,这些公司一度想通过技术创新、缩减成本来助推太阳能经济。这些公司多脱胎于电脑芯片和硬件企业,成立之初都吸引了数十亿美元的风险投资。它们想造化成全球太阳能行业的英特尔和苹果公司。而现在,当它们开始投产时,才发现时过境迁,太阳能行业的状况已经被中国公司改变了。中国公司的迅速崛起和快速占领市场远超出大多数人的预期。那些曾经自信能够智取各国太阳能竞赛的硅谷公司已经意识到,要想仍在太阳能领域生存就要调整战略,找

到适合自己的位置。

MiaSolé首席执行官约瑟夫(Joseph Laia)说："太阳能市场发生的巨大变化,简直不敢相信。"尽管这些公司获得公共和私营部门的大量资金支持,但面临的挑战依然巨大。Solyndra此前曾从投资者那里筹集到了10多亿美元的资金,其第二太阳能电池板生产厂(Fab 2)还获得了联邦政府提供5.35亿美元的贷款担保。

"像Solyndra这样的公司才是将来经济增长的真正动力。"今年5月份,美国总统奥巴马在视察Solyndra公司的演讲中提到。但就在Solyndra工厂建设期间,来自中国企业的竞争已经将太阳能组件价格压低了40%。Solyndra不得不提前2个月在9月13日开始生产太阳能面板,并加大营销力度。Solyndra负责业务流程的执行副总裁本·比尔曼(Ben Bierman)说："毫无疑问,我们只能被迫降低成本、尽快批量生产。"

中国光伏企业的快速发展和进入美国市场,让本想投资位于硅谷太阳能公司的资本望而却步。美国清洁技术投资公司(Cleantech Group)指出,2010年的第三季度,太阳能公司的风险投资从去年同期的4.51亿美元降到了1.44亿美元。Solyndra和MiaSolé都是专注于铜铟钾硒太阳能(CIGS)生产的企业。不同于传统的硅基太阳能电池的是,CIGS可以印在柔性材料或玻璃上,虽然这种电池将光能转换成电能的效率较低,但其生产成本将大大低于生产传统硅基组件的成本。但是,问题在于,生产这种太阳能电池需要有高端的技术和全新的专业生产技术,而这些都需要大量资金。

彭博社旗下的新能源财经(Bloomberg New Energy Finance)表示,中国太阳能电池板制造商已经占据了美国加利福尼亚市场的40%。截止到2009年底,美国累计光伏装机容量达1 650兆瓦,加州装机容量占美国总装机容量的60%,排名第一,第二名为新泽西州,占比仅为10%。除了加州,美国的其他地区如哥伦比亚、夏威夷、新泽西都是不容忽视的光伏市场,一旦这些市场的潜力被挖掘出来,必然带动光伏企业出货量的爆发式增长。多家光伏企业在争抢美国太阳能市场这块大蛋糕。

面对激烈的竞争,AQT等硅谷太阳能公司正在不断地寻找新的策略。Sunnyvale也从投资者那里筹集了1 500万美元资金,并将进一步削减生产太阳能电池的成本。

AQT并没有新建一个厂,而是收回了20世纪70年代的租赁建筑。"我们在8个星期左右就搬到这里,投资100万美元开始生产20兆瓦太阳能电池生产线。"AQT首席执行官Michael Bartholomeusz说。

距AQT一英里远的另一家新创公司Innovalight已经完全停产太阳能电池组件,开始研发硅墨水纳米技术,在传统太阳能晶硅片上刷上一层这种"墨水",就可以增加太阳能电池的效率。

Innovalight在2008年安装了10兆瓦的生产线后,公司高管们决定,与其与中国企业竞争,不如把硅墨水纳米技术卖给他们。

面对中国的廉价劳动力、低息贷款等压力,Innovalight首席执行官Conrad Burk说："创新将成为美国的核心战略,尽管它未必有同样大的规模,但我们把技术出口到中国,可为国家创造更多高收入的就业机会。"

作为企业可持续发展的一部分,沃尔玛9月份同硅谷的太阳能安装商SolarCity签署协议,要在沃尔玛的大卖场安装15兆瓦的太阳能光伏板,并要求其中大部分产自像MiaSloea这样的薄膜公司。即便是这样,Solarcity的执行官林登·里沃还是承认,他的公司也将安装大量传统太阳能板,而这些太阳能板几乎都是中国制造。

(资料来源:周晓梦.我国光伏企业大举进军美市场,美硅谷光伏企业被迫调整战略[N].中国能源报,2010-10-18(011).)

讨论题:
1. 美国硅谷光伏企业为什么被迫调整战略?
2. 中国光伏企业主要优势是什么?中国企业应该如何保持持续的竞争优势?

【阅读资料】

中国企业十年战略:成长与困惑

即将过去的十年,我国经济快速发展,许多企业经受了金融危机的考验,销售额不仅超过了百亿,有的甚至还突破了千亿大关。从按营业收入排名进入财富500强的大陆及港澳企业数看,2000年为9家,2001年为12家,2010年达到了46家。面对马上到来的下一个十年,我国许多改革开放以来建立的企业均将进入而立之年,需要考虑伴随着规模的扩大,如何实现心智与机制的成熟?需要探思未来发展之路,是否还能保持原有的扩张速度?清楚回答这些问题,可为我国企业的未来经营提供更好的指导,值得每位管理者认真思考。

企业发展:理性与感性

企业发展,基于理性的思考,应该以做强为根本,而做强不可能快速,更不可能什么都做,必须有所聚焦、学会取舍。基于感性的行动,人们更可能为了抓住快速做大的一切机会,而相对忽略稳步积累、逐渐做强的考量。毕竟在当前现实社会环境中,做大对企业当前的名气、地位、利益、影响可能产生立竿见影的效果。例如,伴随着企业规模的扩大,其企业家的政治地位有可能水涨船高,成为各级政府的人大代表、政协委员等,从而更易争取到各种社会资源与政策优惠。尽管从长期看,最终决定企业生存的还是市场而不是市长,依靠的还是做强、做稳、做久,但短期看,做大、做快、做多的确不无好处。

大与强 显然,企业发展的过程始终面临着做大与做强的考量。做大关注的是产能扩张与市场规模,而做强涉及的是产品质量与创新实力。从长期看,企业最好能够同时做到既大又强,只是考察现实,要做到大与强兼顾似乎并不容易,在全球金融危机中出现那么多的需要政府救助的大公司就是一个证明。考虑到受人们精力与企业资源稀缺等制约,不可能同时做到既大又强时,到底应该先强后大,还是先大后强,这值得人们慎重思考与选择。从理性逻辑看,人们心中都清楚,应该先强后大,毕竟强才是生存之根本;但从感性本能看,人们的行为会更偏爱先大后强,因为做大更具可衡量性也看得见些。

快与稳 做大或做强都需要时间,可以用来衡量这一过程进度的指标有速度快慢之分。若只讲企业规模而不论实际效益,则还是有可能做到快速扩张的,只需加大各类资源的投入,不断寻找各种机会进行投资、结盟、并购等即可。但若想实现规模与效益的同步快速提升,这就并不容易做到了,因为此时要求有企业管理能力与效率改善的配套跟进,而这是需要时间过程的不断探索、磨合与积累的,不可能做到快速。对于这一点,冷静思考时人们心中也都清楚,只是面对摆在面前的现实扩张机会的诱惑,若手中又正好不缺投入所需的资源,此时人们无意之中就会产生机不可失、时不我待的紧迫感,结果为追求快速发展而忽略经营稳健性。

取与舍 从企业成长历程看,对于刚创业的小企业来说,毕竟实力不强,只能顺应市场,需要珍惜与争取各种可能的机会,以求自身的更快发展;对于颇具规模的大公司来说,积累了一定实力后,就需考虑自身业务定位,舍弃一些诱惑,集中力量进行特色创新,以引领市场需求。在这里,"取"是对眼前做加法,更多地关注当前机会的争夺;"舍"需要对眼前做减法,更多地聚焦于未来机会的开拓。对大公司来说,若过度关注了"取"而没有学会"舍",就会出现在资源、市场、能力等方面与其他同类企业的冲突,容易形成恶性的同质竞争,结果引起赢利水平下降。为此,随着企业的不断发展壮大,需要从努力做加法逐渐转变成为学会如何做减法,也就是能够抗拒诱惑,舍弃一些当前机会而更专注于自身特色建设。

即兴行为:光荣与梦想

由以上分析可见,在处理企业规模与经营效益、发展速度与业务稳健、重视机会与专注特色的关系上,人们在即兴行为上会出于眼前利益的考虑,更多地关注规模扩张、速度提升、机会把握。这种主要受欲望驱动的行为倾向,会在企业中形成规模、速度、机会至上的绩效观,使得人们无意中变得更为急功近利,试图抓住一切可能机会、不断加快扩张速度、比拼业内规模领先地位。对于机会、速度、规模的过度关注,尽管短期内也许会给企业带来更大的名气、甚至影响现实利益,但却会在不经意间相对忽视业务持续改善与创新突破,从而妨碍企业经营特色构建,影响长期效益与业务稳健性。

现实中,受机会诱惑或主导、只重扩张与速度的企业家,在抓住机会、加速做大的本能冲动主宰下,会忽视甚至忘掉投资、结盟、并购等扩张行动可能存在的潜在风险与陷阱,结果更易一意孤行,听不进不同意见或劝告,从而导致严重不良的决策后果。例如,据相关媒体的采访报道,2004年TCL并购法国汤姆逊彩电业务时,曾聘请摩根斯坦利为投资顾问、波士顿为咨询顾问。摩根斯坦利对并购持中性看法,波士顿持反对意见,认为风险偏大;TCL内部的两位元老级人物对并购投反对票,并奉劝李东生不要签并购协议。只是当时的李东生,做大的愿望压倒了一切,他从并购中更多地看到的是一个国际化的难得机会。事后的实践表明,这一并购不仅没有成为机会,而更多的仅仅是一种拖累。

类似地,在2005年明基并购德国西门子手机案中,当时靠代工起家的明基,一直在寻找做大规模、创出品牌的机会。对此,董事长李耀有着很强的时间紧迫感,做梦都想着为明基的未来发展添加新的引擎——手机,以完善明基的产业布局。他甚至觉得:"错失并购西门子,恐怕七八年之内明基手机再也不会有大出息。"正是出于"并购西门子手机就能给明基插上品牌国际化的翅膀,让速度加快10年"的梦想,他认为,尽管投资会带来风险,但不投资的风险或许更大。所以,在论及并购的最坏猜想时,他说强迫自己不往这方面去想,并且认为他人所犯的并购失败错误自己是可以避免的。

最终的结果表明,尽管李耀当初为并购准备了2亿欧元,但是,一年后,砸进去6亿多欧元,仍没有停止德国西门子手机的亏损,还使明基的其他业务也受到了拖累。不得已,明基最后只好断臂求生,对在德国的公司申请破产保护。在亲身经历过惨痛教训后,李耀发出了由衷的感叹:"企业的发展,有些是无法跨越的。"从TCL并购法国汤姆逊彩电、明基并购德国西门子手机这两个例子中,都可以看到决策者即兴冲动的行为特征,无意中忽略或误判了项目的潜在风险。为做大机会所诱惑,为增长欲望所主导,在仓促之中,缺少了冷静的理性思考,过高地估计了自身的经营能力,自然无法取得效率与效益的真正改善。

快速扩张：机会与陷阱

对于企业发展来说，实现快速扩张的最为便捷的方法就是并购。采取并购的做法，表面上看兼具上规模、抢速度、抓机会的特点，能够一举多得，是一种帮助企业攻城略地、满足增长冲动、实现版图扩张的有效途径，只是实际上其中潜藏着许多易被人们忽视的陷阱。

首先，从并购方的角度看，目标公司的选择就是一个难题。若是目标公司的业务发展前景良好，结果就有可能会因为并购出价太高而不划算；而若业务发展前景不好，则并购后又有可能成为拖累。这一点，已被大量的并购实例所证明。问题在于，既然如此，为什么现实中仍有这么多的并购案发生？这除了并购能够满足主要决策者个人利益驱动或政治企图外，还有一个重要原因就是存在所谓的"傲慢假说"，也就是说，并购企业的管理者认为自己会比被并购企业的管理者更能干，更有眼光，更有可能化腐朽为神奇，而实际上这一判断并不靠谱。

第二，从消灭竞争的角度看，在市场饱和、供过于求的情况下，并购同行企业后，表面上看似乎可以减轻竞争压力、稳定市场价格，而实际上如果企业所追求的目标没有改变，还是希望不断扩大销售规模，那么并购前的同行争抢顾客行为，在并购后就会演变成公司内部多部门、跨区域的争抢顾客情况，结果仍然会带来市场秩序的混乱。例如，在国内水泥产业中，基于整合行业市场秩序、缓解价格竞争压力的考虑，就曾有业内巨头花大价钱并购了众多同行企业，只是问题在于，完成并购后集团领导的骨子里还是希望扩大自己企业的产品销量与市场份额，最后由于整个水泥市场需求基本饱和、行业总体产能过剩，集团下属各企业之间为完成业务考核指标、出现了竞相促销的市场抢夺战。

第三，从业务运行的角度看，为了应对更大规模、更快速度、更多机会的挑战，必然要求企业具备更强的能力。只是问题在于，对于任何企业来说，做事的能力往往都是体现在其人才队伍身上的，而人才素质的提升必须经历一个不断实战积累的过程，不可能一蹴而就。所以，因并购而导致的企业快速变大所提出的人才队伍要求，是绝大多数公司所不可能满足的，结果伴随着并购而来的快速做大，自然就会出现品牌、声誉、管理稀释的现象，甚至引发更为严重的产品质量与安全危机，从而导致企业经营效益与人均盈利水平的下降。例如，中国乳业最近十年来，伴随着央视广告等营销拉动、同业公司间的并购重组、轻资产的品牌快速扩张，行业巨头规模越来越大，而产品质量、恶性竞争丑闻却越来越多，可见其中的各大企业对于自身内部管理与行业整体良性互动已经完全失控。

第四，就并购行动本身来看，通常是签约容易整合难。并购后的整合之难，关键在于其中涉及人性冲突，人们对于名利权的追求，若各方都想当第一、都想多得益、都想占高位，这其中的每一抉择均事关面子得失、涉及个人情感，并非简单的理性分析就能妥善解决，此时到底该怎么办？并购整合后的企业决策到底谁说了算？当因价值观等不一导致看法分歧时该如何化解？原先各自不同的企业内部制度、规程、惯例该如何融合调整？若人们事先对此没有充分的考虑，并购后就会面临艰难的磨合问题。例如，最近见诸报端的有关吉利集团李书福与沃尔沃分歧的扑朔迷离报道背后，至少让人看到了并购后各方当事人在"由谁说了算、怎么做更好"上的争议，而协调或化解此类争议的修炼则正是目前人类整体所缺乏的。

未来之路：反思与启示

临近 2010 年末，看到有最近消息报道，万科提前 4 年实现销售额破千亿元。显然，随着中国经济整体规模的发展，就营业收入与业务规模上看，未来必然会有越来越多的企业进入百亿、千亿俱乐部，出现在财富 500 强的排行榜单上。但若注意到过去十年先后出现的众多类似达能与娃哈哈、蒙牛与伊利、360 与 QQ、国美黄光裕与陈晓的江湖恩怨纷争，又不免让人担忧，在企业做大之后，人们将如何进一步提升内涵，逐渐学会与人分享、实现业态共生，在这方面，环顾全球化时代各国争端不断，似乎本位利益至上仍在政治精英与业内大佬内心深深扎根，显见物质文明未能自然伴生精神文明，未来形势不容乐观，那种不惜鱼死网破的恶性竞争歪招、甚至杀敌三千自损一万的偏执傻招，也仍将会出现！

从防止恶性竞争、实现利益分享的角度看，任何企业都不能规模至上，相互之间应该形成业态共生机制。必须看到，作为一般规律，企业做大的过程总是先受规模经济性的作用，随着规模变大而出现人均盈利递增的情况，但在超过某一临界点后，再受到收益递减规律的作用，也就是随着规模做大后瓶颈制约的出现，会出现随着规模扩大收益减少、效率下降，从而引发人均盈利反而递减的情况。这主要是由于进一步做大后，总会面临同业市场竞争加剧、资源供应紧张、管理能力不足等挑战，从而引发人均或资产报酬率下降的后果。所以，如何在企业产能相对稀缺时确保质量，在市场相对垄断时约束产能，从而做到将产业链上下游经营的主动权，也就是瓶颈约束点牢牢地掌控在自己手中，这是当下盈利良好的企业在不断做大过程中需要未雨绸缪、给予特别关注的问题。

要防止仅凭个人激情与本能冲动而进行大规模的投资决策，从而引发行业整体为做大而做大的无序盲动。企业经营企业须以安全盈利、管理可控为根本，要坚守的底线是："宁可盈利不做大，不要做大不盈利！"特别需要防止的是，因为一时头脑发热，为当前机会所诱惑，结果："努力做大企业，使得管理复杂化，而终致自己无法掌控！"从长期的角度看，企业经营是长跑，不可能持续赚快钱。要认识到世界上聪明的人很多，不只是你一个人特别聪明，所以，仅凭机遇盈利不可能重复，单靠天赋赚钱很难持续，关注运营机制完善、专注长期积累很重要。为此，时间太短、速度太快容易出泡沫，需要经营者有步步为营、持续专注、长期投入的精神，以利在市场上积累口碑信誉，实现真正的特色创新、多元共存。

基于以上考虑，企业经营必须平衡专注与舍弃之间的关系，特别要防止企业在做大的过程中，逐渐变得管理复杂，如机构膨胀、流程繁琐、文牍主义等，致使企业内部各种华而不实的活动剧增，却相对忽视了为顾客所提供的真正价值是什么。考虑到人性贪婪、欲望无限之局限，长期指数增长不可能持续，特别是对于那些在过去快速发展中积累了相当实力的企业来说，必须看到昨天的辉煌增长很难在明天重复，未来发展需注意重大决策的议事规程建设，以防范无意中可能产生的财大气粗、自以为是，以减少因个人激情冲动而可能引发的盲目投资。未来之路，随着我国市场体制发育的完善，企业规模的不断扩大，企业必将经历从凭机遇挣快钱向着凭实力挣慢钱的转变，如何集中精力，关注研发，稳扎稳打，既不刻意为做大而做大，又不为迅速暴富所心动，一步一个脚印地踏实前行，从而将企业发展的管理控制点牢牢地掌握在自己手中，以真正实现企业做强、做稳、做久之目标，自然会成为企业管理的要点。

（资料来源：项保华.中国企业十年战略：成长与困惑[J].管理学家，2011，1(77).）

第二章 Chapter 2

企业使命与社会责任

使企业遭受挫折的唯一最重要的原因,恐怕就是人们很少充分地思考企业的使命是什么。

——[美]管理学家 彼得·德鲁克

【教学目标】

1. 掌握企业使命的定义和内容及其作用;
2. 了解决定企业使命的因素;
3. 了解企业愿景概念及其特征;
4. 了解企业社会责任理论的提出及发展;
5. 理解企业履行其社会责任的意义;
6. 掌握企业的社会责任的内容;
7. 了解中国企业在承担社会责任方面的发展现状;
8. 掌握企业战略目标的概念;
9. 了解企业战略目标体系的构成;
10. 理解企业目标体系的制订过程;
11. 掌握企业战略目标的制订原则。

【引导案例】

汶川地震考量企业履行社会责任的理念和能力
——江苏黄埔再生资源利用有限公司履行社会责任的实践

当人们的生命财产安全受到威胁、当大灾难降临的时候,正是考验人们的勇气、胆识和力量的时候。江苏黄埔再生资源利用有限公司在董事长陈光标的带领下,以其高度的社会责任感和优秀的企业能力为企业履行社会责任、推动社会和谐发展作出了榜样。

陈光标多年来积极支持慈善公益事业,至2008年已累计捐赠到位款物7.8亿元,仅2007年,他就捐赠1.8亿元,被授予"中国首善"称号。2008年,陈光标被中共中央、国务院、中央军委联合授予"全国抗震救灾模范"称号。陈光标还是2010年中国最佳商业领袖奖的获得者。

2008年5月14日,即汶川地震发生后的第三天,陈光标组织并率领了国内首只自发的、民间的抗震队伍——由推土机、挖土机、吊车等60辆重型机械设备和120名操作手组成的抢险队,千里驰援救灾一线,抵达了灾情最严重的绵阳、北川一代,并全面展开大规模的抢险救灾行动。其调度速度之快、能力之强令军事专家也惊叹不已。

该企业由于从事再生资源的利用,经常进行废旧设施爆破、建筑拆除等工作,平时的主要业务就是跟建筑废墟打交道,所以他们带来的具有丰富拆除经验的人员和大型专业设备,对于震区的救援工作来说无疑是"雪中送炭"。

2008年10月21日,他又将5 000台全新教学电脑和人民币1 000万元捐赠给四川汶川地震灾区,用于在地震灾区设立教学基金,奖励优秀教师、优秀学生和援助贫困学生,同时为因灾致残的群众提供救助。陈光标在捐赠仪式上表示,从地震发生的那一刻起,他的心就和灾区人民跳动在一起,从地震救援到灾后恢复重建,他走遍了四川灾区所有的受灾县和重点乡镇,他对灾区人民怀有深厚的感情,今天的捐赠也是为了完成他在地震救援期间的一个心愿。

(根据以下资料整理,有增删,标题为编者拟定。李灏妤.陈光标又向四川捐资[N].人民政协报,2008-10-24(B04);吴伯凡,阳光,等.企业公民:从责任到能力[M].北京:中信出版社,2010:59.)

在引导案例中,我们看到了"社会责任"、"理念"等关系到企业战略成功与否的概念。作为一个有使命感和社会责任感的企业,在遇到国家和人民生命财产安全受到威胁的大灾难面前能挺身而出,反映了该企业积极履行社会责任的理念,同时也反映了该企业有能力做到这一切。这样的企业无疑是一个成功的企业、优秀的企业。本章我们就要学习这些与企业战略管理的成功运作密切相关的"企业使命"、"企业愿景"以及"社会责任"、"战略目标"等内容。

第一节 企业使命

确定企业使命是企业战略管理的起点。在分析战略环境、选择正确的战略措施并实施之前,要解决的首要问题就是"确定企业使命",即解决"我是谁"、"我应该做什么"、"我如何做"的问题。正如管理大师彼得·德鲁克(Peter·Drucker)曾说过的:一个企业不是由它的名称、规章制度或公司章程定义的,而是由它的使命来定义的。只有明确界定了企业使命,才能制订出明确的战略目标。德鲁克还提出了企业使命应该解决的三个经典命题:"我们的企业是个什么样的企业?""我们的企业将是个什么样的企业?""我们的企业应该是个什么样的企业?"①

一、企业使命的概念

(一)企业使命的定义

企业使命(Mission)是企业存在的目的或者理由,以及企业存在的基本方式,是企业在社会进步和社会、经济发展中所应担当的角色和责任。它包括两个方面的内容:企业哲学和企业宗旨。

(二)企业使命的作用

1. 指明企业发展的战略方向

企业使命的确定过程,会从总体上引起企业发展方向、发展路径的变化,使企业发生战略性的改变。

明确企业发展方向可帮助企业界定战略的边界,排除某些严重偏离企业发展方向、前景不明的投资领域,从而做到目标明确、力量集中,保证企业内各公司经营目标的一致性。

2. 是制订企业战略目标的前提,也是战略方案制订和选择的依据

企业使命是确定企业战略目标的前提。因为只有明确地对企业使命进行定位,才能正确地树立起企业的各项战略目标。企业使命是战略方案制订和选择的依据,是指企业在制订战略过程中,要根据企业使命来确定自己的基本方针、战略活动的关键领域及其行动路径、程序等。

3. 是企业分配资源的基础

明确的企业使命,可以指导企业正确合理地把有限的资源分配在关键的经营领域和经营活动上。

4. 有助于协调企业利益相关者的关系、更好地承担社会责任

由于企业的各个利益相关者对企业使命都有不同要求,如公众比较关心企业的社会责任,股东比较关心自己的投资回报,政府主要关心税收与公平竞争,地方社团更关心安全生产与稳定就业,职工比较关心自己的福利及晋升。一个良好企业使命的表述,使公众对企业的政策有清楚的了解,并得到信任、好感和合作,可以协调好他们之间的关系、在不同程度上满足不同利益相关者的需要。使企业政策能够符合公众的需求,从而企业与公众都能获得利益,还能使企业更好地承担自己的社会责任。

5. 有助于提高企业凝聚力

企业使命反映了企业领导人的企业观,可以吸引志同道合的人才加入企业。企业使命通

---

① 肖海林.企业战略管理[M]北京:中国人民大学出版社,2008:46.

过对企业存在的目的、经营哲学、企业形象的定位而为企业明确经营方向、树立企业形象、营造企业文化,从而为企业战略的实施提供激励,提高企业凝聚力。

国际商用机器公司(IBM)前董事长华森谈企业哲学重要性时说:"一个伟大的组织能够长久生存下来,最主要的条件并非结构形式或管理技能,而是我们称之为信念的那种精神力量,以及这种信念对于组织的全体成员所具有的感召力。"

二、企业使命的内容

关于企业使命的含义,众多的学者有各种各样的概念界定,有广义和狭义之分。大多数学者认可的企业使命的内容包括两个方面:企业哲学和企业宗旨,或者说是企业核心价值观和企业核心目的。

(一)企业哲学

1. 企业哲学的定义

企业哲学是一个企业的核心价值观,是一个企业为其经营活动方式所确立的价值观、态度、信念和行为准则,是企业在社会活动及经营过程中起何种作用或如何起这种作用的一个抽象反映。

企业哲学是一个企业重要的和永恒的信条。一个优秀的企业哲学,不仅对企业的战略管理活动起到指导作用,还对企业成员具有凝聚力的作用。企业哲学一旦确定,无论环境如何改变,都要始终如一地坚持这些信念而不去改变。如:松下电器公司经营哲学的纲领是:作为工业组织的一个成员,努力改善和提高人们的社会生活水平,要使家用电器像"自来水"那样廉价和充足。

2. 企业哲学的确立原则

柯林斯和波拉斯认为,企业哲学或者说核心价值观的确立应把握以下几个方面:①

①出自内在的信念、立场和主张。

②自己决定。企业所拥有的价值观应由自己决定,而非依赖于当前的环境、竞争的要求或管理的时尚等因素。

③直言不讳。不迎合市场的变化而改变。

④抓住真正的核心。有远见卓识的企业,其核心价值观的表述,是最基本的、最深入的表述,不能超过五条。

另外,本书作者还认为,企业哲学要具有通俗性和鼓舞性。企业宗旨表述的语言要通俗易懂,不要用生僻晦涩的词,这样才容易被全体成员所接受;另外,要具有激励性,有激发组织成员工作的积极性和工作热情的作用。如迪斯尼公司的企业哲学是:给人们带来快乐和幸福。

---

① 肖海林.企业战略管理[M].北京:中国人民大学出版社,2008:46.

格雷斯顿面包房(Greyston Bakery)是一家为纽约市多家高级餐厅供应面包的企业。1982年,伯尼·格拉斯曼(Bernie Glassman)创建这家企业的地点是纽约州扬克斯市(Yonkers)最贫穷的地区,创建目的是提供就业。今天,这家企业不仅雇用了一百多名员工,还建立了一个由盈利和非盈利企业组成的网络,包括为无家可归者提供住所和为单身母亲提供公寓。该企业不是慈善机构,而是成功企业,也是正在成长的企业。其所有者认为,企业的生存不是为了盈利,而盈利则是为社会做出贡献。他们把其企业哲学简单地表达为:"我们不是为了做巧克力小方饼而雇用员工,我们是为了雇用员工而做巧克力小方饼。"

(二)企业宗旨

1. 企业宗旨的定义

企业宗旨是企业的核心目的,指企业现在和将来应从事什么样的事业活动,以及应成为什么性质的企业或组织类型。

相对于企业哲学而言,企业哲学稳定性更强,而企业宗旨需要定期分析并根据企业所处的竞争地位、环境、顾客需求等方面的变化而予以调整。确立企业宗旨的作用在于,如果没有具体的企业宗旨,就不能制订出清晰的战略目标和达到目标的战略。

2. 企业宗旨的内容

德鲁克在其著作《管理:任务、责任和实践》中说:为了了解什么是一个企业,我们必须从企业的宗旨开始。企业的宗旨必须在企业本身之外。事实上,企业的宗旨必须在社会之中,因为工商企业是社会的一种"器官"。企业的宗旨只有一种适当的定义,这就是创造顾客。德鲁克还曾经指出:世界上有三种企业,一种是使事情发生的企业,这是一流的企业——创造需求;第二种是看着事情发生的企业,这是二流的企业——跟踪需求;第三种企业是不知道发生了什么事情的企业,这是三流的企业——只能满足需求。

企业宗旨就是要从两个方面分析:一是我们的企业现在是什么样的企业;二是我们的企业将来应该是什么样的企业。①

(1)企业是什么的分析

即分析现在的顾客。分析的目的是明确企业现在所从事的业务活动,企业的性质是什么,以及在企业性质不变的情况下,企业的事业能有什么发展。具体要分析清楚:①谁是顾客?顾客分布如何?②如何去接近顾客?③顾客购买什么?④顾客为何来购买?⑤顾客的价值观是什么,即顾客购买商品时期望得到什么?

(2)企业应该是什么的分析

即分析和确定潜在的顾客。分析的目的在于了解企业有什么新机会,以及可以创造些什么机会,以便明确企业的战略应该如何改变。具体需要分析:①市场发展趋势及市场潜力如

---

① 杨锡怀,王江.企业战略管理[M].3版.北京:高等教育出版社,2010:138.

何;②目前顾客的哪些需求还不能靠现有产品和服务得到充分满足;③随着经济的发展、消费风尚的改变或竞争的推动,市场结构会发生什么样的变化;④何种革新将改变顾客的购买习惯;⑤企业的经营业务是否适当,是否应根据外部环境的变化来改变其经营业务。

3. 企业宗旨的确立原则

(1)以"需求为导向",而非"以产品为导向"

立足顾客或市场的需求特别是创造需求来概括企业的存在目的,可以使企业围绕满足不断发展的需求开发出众多的产品和服务,获得新的发展机会(见表2.1)。

表2.1 以产品为导向与以需求为导向企业宗旨的比较

公 司	"产品导向"表述	"需求导向"表述
化妆品公司	生产化妆品	创造魅力和美丽
通信公司	出售电话设备	提供信息沟通工具
石油公司	出售石油和天然气	提供能源
游乐园	提供娱乐场所	组织娱乐休闲活动
办公设备公司	生产办公设备	提供办公效率改进的帮助

(2)避免两种倾向:过于狭隘或过于空泛

企业宗旨的表述范围既不能太宽也不能太窄。范围太宽可能在语言上太模糊而显得空洞无物、不着边际,从而丧失了企业的特色;范围太窄,会由于语言上的局限而失去指导意义,束缚管理者的思路,从而失去与目标市场相似领域中的重要战略机会而限制企业的发展。最好的办法是,在企业目前产品需求的基础上提高1~2档的抽象水平进行措辞,这样做既有利于企业进一步的发展,又不至于失去具体的业务方向(见表2.2)。

表2.2 不适宜的和适宜的宗旨表述

公 司	不适宜的表述	适宜的表述
制笔公司	提供信息传递服务(太宽) (注:把电话公司的业务也包括了)	提供信息记录手段 (注:简单直白,但确切)
电影公司	生产影片(太窄) (注:限制了企业往相关领域的发展)	提供文化娱乐服务 (注:如可向电视音像方面发展等)
制药公司	生产药品(太窄)	帮助人类战胜疾病(注:默克公司的企业使命表述)
化妆品公司	生产女士化妆品(太窄)	丰富女性人生(注:玫琳凯化妆品有限公司的企业使命表述)

三、决定企业使命的因素

1. 利益相关者的诉求

企业确定使命的时候,要充分考虑企业利益相关者的要求和期望。弗里德曼认为:"一个组织的利益相关者,就其定义而言,是指能够影响该组织完成其目标或受其影响的任何群体或个人。"

这些企业利益相关者能够对企业的战略决策、战略政策、行动或目标施加影响或能够受到影响,他们是决定企业使命的因素。学者们普遍认为,企业利益相关者至少可以分为三大类,它们分别是:资本市场利益相关者(股东和公司的主要资本提供者,如银行等金融机构),产品市场利益相关者(顾客、供应商、政府、竞争者、当地社区、商业协会、维权组织、普通公众),组织内部利益相关者(董事会;全体员工,包括管理层和非管理人员)[①]。每一个利益相关者集团都希望从企业获取到期望的价值。而且,不同的利益相关者集团的目标往往不相同,甚至互相冲突(见表2.3)。

表2.3 各主要利益相关者的目标

主要利益相关者	主要期望或关注的目标
董事会	企业未来的发展前景
股东	股价升值、分红增加
员工	薪酬合理、职业发展
顾客	优质的产品和服务
供应商	保持合作、履行合同
竞争者	遵守规则、公平竞争
政府	守法经营、按章纳税、支持经济发展
当地社区	安排就业、保护环境、协助社区建设
商业协会	协作机会、活动经费
普通公众	发展技术、贡献社会

2. 企业外部环境和内部能力

企业确定使命的时候,还要分析和考虑企业所处的竞争环境,包括宏观的和微观的产业环境的变化。企业的资源和能力大小也是决定因素之一。

[①] 迈克尔 A 希特,R 杜安 爱尔兰,罗伯特 E 霍斯基森.战略管理:竞争与全球化[M].北京:机械工业出版社,2006:17.

3. 企业家的价值观和洞察力

企业在初创阶段,其使命的确立,与创业家的核心价值以及把握商业机遇洞察力有着密不可分的关系。

4. 企业文化

反映一个企业核心价值观的企业文化也会影响其使命的确定。

第二节 企业愿景

对于"企业使命"、"企业愿景"(Vision)这两个概念,在企业战略管理的理论研究和实践中,有多种界定和表述。有的偏重前者、有的偏重后者,还有的互相包含或表述前后矛盾,而且,这两个概念还经常混用。这主要是因为这两个概念都涉及了企业核心价值观、核心目的、企业远景、企业哲学、企业宗旨、企业定位等内容以及不同的内容组合。

一、企业愿景的概念

对于企业愿景的概念界定与表述有广义和狭义之分。广义的企业愿景包括企业使命,而狭义的不包括企业使命。根据肖海林教授的研究总结,国外的学者大多采用广义的概念,而国内学者大多采用狭义的概念。①

(一)具有代表性的广义的愿景概念

法米萨诺的观点是,强有力的公司愿景包含三个要素,即目标——聚集公司每位员工力量的长期目标;宗旨或使命——驱使公司存在和经营的理由;价值——指导公司朝向目标前进的原则。②

科特认为,愿景是指对未来的一种规划,并用直接或间接的方式来说明人们为什么应该努力创建这样的未来。③

柯林斯和波拉斯认为,一个构思良好的愿景规划包括两个主要部分:核心经营理念和生动的未来前景。④

(二)具有代表性的狭义的愿景概念

徐二明认为,愿景(他用的是"远景"一词)是为企业描述未来的发展方向,回答企业要成

---

① 肖海林.企业战略管理[M]北京:中国人民大学出版社,2008:41.
② 【美】罗杰 法米萨诺.战略管理[M].北京:机械工业出版社,2005:32.
③ 【美】詹姆斯 G 柯林斯,杰瑞 I 波拉斯. 构建公司的愿景规划[M]//约翰 科特.变革.北京:中国人民大学出版社,1999:20.
④ 【美】詹姆斯 G 柯林斯,杰瑞 I 波拉斯. 构建公司的愿景规划[M]//约翰 科特.变革.北京:中国人民大学出版社,1999:20.

为一个什么类型的公司、要占领什么样的市场位置、具有什么样的发展能力等问题。①

黎群认为,愿景包含两层内容,其一是"愿望",指有待实现的意愿;其二是"景象",指具体生动的图景。②

肖海林认为,愿景是企业期望经过长期的努力所要实现的未来发展状况,典型的愿景由大胆的长期目标及对实现目标后企业将会是什么样子的生动描述构成,即:愿景＝愿望＋景象＝大胆的长期目标＋预期状态的生动描述。③

（三）本书对愿景概念的认识

本书基本采纳的是狭义的概念。但又不完全等同于一些学者的观点。本书认为:愿景是企业从其使命出发描绘的企业所要创造的未来发展景象和境界。借用彼得·圣吉的话就是要表达"我们想要创造什么?"愿景是企业使命的具体化表述。企业使命是企业的核心价值观和核心目的的概括,所以它基本上是稳定的,而愿景要随着企业环境的变化有阶段性的变化、具有灵活性。但愿景又不等同于战略目标,它比战略目标更面向长远的未来。

明确的企业愿景能引领企业战略的实现。正如联想集团董事局主席柳传志所说的:"如何核心领导人没有共同的愿景,企业的前景就比较危险。"还有人在谈到愿景的作用时形象地表述为:"没有行动的愿景是白日梦,没有愿景的行动将是噩梦。"④

二、企业愿景的特征

愿景的特征主要有：

①清晰性,一个企业要对自己的未来有清醒的认识和清晰的描绘。

②独特性,每个企业的愿景从形式到内容都是唯一的。

③可想象性,愿景给人们对企业的发展未来有想象的空间。

④可行性,愿景要以现实为基础而不是建立在海市蜃楼之上,它是可以实施的计划和可以达到的目标。

⑤灵活性,相对于企业的使命来说,愿景有阶段性的调整和规划,所以可以比较灵活地进行阶段性调整。

⑥可沟通性,愿景的制订要企业全体成员共同实施,所以要能够对其内容和如何实施进行沟通。

⑦激励性,愿景是企业全体成员共同美好的愿望,是可以达到、但必须付出艰苦努力才能实现的梦想,所以它可以激励人们为了实现愿景而奋斗。

---

① 徐二明.企业战略管理[M]北京:中国经济出版社,2002:2.
② 黎群.战略管理[M]北京:清华大学出版社,北京交通大学出版社,2006:17.
③ 肖海林.企业战略管理[M]北京:中国人民大学出版社,2008:41.
④ 马瑞民.新编战略管理咨询实务[M].北京:中信出版社,2008:108.

正因为愿景具有如上所述特征,每个成功的企业,都善于把企业愿景有机地融入企业文化,成为激励和凝聚全体成员为企业发展贡献力量的强大动力。

三、企业使命、愿景与战略目标的关系

麦肯锡咨询公司认为,企业使命回答的问题是"企业为什么存在";企业愿景回答的问题是"企业希望发展成什么样";战略目标回答的问题是"企业应该如何做,即击败现有及潜在竞争者的计划"。①

第三节 企业的社会责任

企业作为重要的社会成员之一,对于社会的发展负有不可推卸的责任和义务。在界定其使命的时候,每个企业都无一例外的要涉及一个"责任"的问题,即企业应该承担哪些社会责任。企业的社会责任(Corporate Social Responsibility,CSR)是指企业在谋求股东利润最大化之外所负有的维护和增进社会利益的义务。

一个好的企业战略理念即企业使命应该将商业价值与社会价值、商业利益与公众利益结合起来,主动承担起社会责任,将其纳入企业的战略管理之中,并以此来推动社会的和谐发展。

一、企业社会责任理论的提出及发展

(一)企业社会责任理论的提出

1924年,美国人谢尔顿最早提出了公司社会责任这个概念。1953年,第一本对"企业社会责任"进行系统化和理论化阐述的书籍问世。这本名为《商人的社会责任》的书,是霍华德·鲍恩(Howard Bowen)受美国基督教会联合委员会的委托所著,为"基督教伦理和经济生活"丛书六卷本中的一卷。该书第一次正式将企业和社会联结起来,提出企业除了赚取利润以外,还应该承担"社会责任",如通过捐赠、慈善等活动来帮助穷人、有需要的人以及回馈社会大众。

(二)企业社会责任理论的发展

在20世纪美国民权运动和立法的不断推动之下,"企业社会责任"理念得到了广泛的传播。1979年,阿奇·卡罗尔(Archie Carroll)提出了著名的三维模型,推动了该理论的发展。该模型扩展了原来"企业社会责任"概念的内涵,认为企业的社会责任是一个整体,包括了经济责任(含赢利)、法律责任、伦理道德责任,以及其他方面的责任。

到了20世纪70年代,受环保运动的影响,"企业社会责任"理论将原来的三维修改为财务、社会和环境。提出企业要承担社会责任,就是要实现财务、社会和环境的"三重盈余"。从

---

① 马瑞民.新编战略管理咨询实务[M].北京:中信出版社,2008:129.

20世纪90年代开始,"三重盈余"理论成为企业社会责任的主流理论,并且从美国、欧洲向全球范围广泛传播。

企业社会责任理论在"三重盈余"的基础上,在"利益相关者"理论的推动下,开始出现新的变化。变化之一是,"责任"的概念和框架泛化,远远超出了一般意义的"社会"一词所涵盖的范围,从而降低了其本身作为概念的有效性;变化之二是,该理论中的责任,有强加意味,含有浓重的"附加"、"负担"的意味。因而,近年来,有许多学者、企业开始采用"企业公民"这个概念。

美国波士顿学院给出的企业公民定义是:"企业公民是指一个公司将社会基本价值与日常商业实践、运作和政策相整合的行为方式。一个企业公民认为公司的成功与社会的健康和福利密切相关,因此,它会全面考虑公司对所有利益相关人的影响,包括雇员、客户、社区、供应商和自然环境。"

《21世纪商业评论》主编吴伯凡认为:"企业公民,就是自觉地把自己归属于社区共同体、社会共同体和人类共同体的企业。""企业公民是企业(商业利益主体)与公民(社会责任主体)的有机结合体,企业公民行为是让商业价值与公共价值同时发生实践。①"他形象地把好企业公民比喻为"蜜蜂型企业",即"像蜜蜂那样,让谋求自身利益的行为(为自己采花蜜)与回馈环境、创造公共价值(为花朵授花粉)同时发生,让自己的行为既是一种有道德的自利行为也是一种自利性的道德行为。"

研究者们从以下三个角度对社会责任的动因进行了研究:①经济学视角:其理论基础是利益相关者理论,即企业对利益相关者必须承担包括经济责任、法律责任、道德责任、慈善责任在内的多项社会责任;②法理学视角:企业公民理论;③社会学视角:构建和谐社会,即企业承担社会责任是社会和谐的内在要求。

1997年社会责任国际组织(SAI)发起并联合欧美跨国公司和其他国际组织,制订了全球首个道德规范国际标准——SA8000——社会责任国际标准。

二、企业履行其社会责任的意义

1. 推动社会和谐发展

胡锦涛总书记在APEC会议上明确指出,企业应该自觉将社会责任纳入经营战略,遵守所在国法律和国际通行的商业习惯,追求经济效益和社会效益的统一。

一些著名的企业家以乐善好施、以慈善回报社会为荣,并逐渐形成风尚,推动社会和谐发展。如世界第一个亿万富翁、开创了史无前例的联合事业——托拉斯、早期西方著名的石油大王洛克菲勒,一生共捐款5.5亿美元,创建了芝加哥大学和洛克菲勒医学研究院,捐款成立了1 600所学校,设立了以"提高全世界人们福利水平"为宗旨的洛克菲勒基金会。

---

① 吴伯凡,阳光,等.企业公民:从责任到能力[M].北京:中信出版社,2010:5.

当今世界首富、微软创始人比尔·盖茨与妻子创办的"比尔与梅琳达·盖茨基金会"是目前世界上最大的慈善基金会;捐款建立67所面向少数族裔和低收入阶层子弟的中学,捐款1.68亿美元帮助非洲国家防治疟疾等。

2. 推动企业可持续发展

温家宝总理在谈及三鹿奶粉事件时,说过一句耐人寻味的话:"企业家身上应该流着道德的血液,而不能只流淌利润的血液。一个企业要做大做强,必须关心社会,承担必要的社会责任。"①

近年来,越来越多的学者和企业家从理论研究和管理实践的角度证明了,企业的赢利目标与承担社会责任并不矛盾。2006年,迈克尔·波特在《哈佛商业评论》上发表了《战略与社会:竞争优势与企业社会责任的关系》一文。他指出企业履行其社会责任与企业自身的发展并不矛盾,恰恰相反,社会责任的承担应该成为企业战略的重要组成部分。他认为,企业与社会是相互依存的关系,成功的企业离不开和谐的社会,反之亦然,二者是唇齿相依的关系。企业只有找到与社会共同发展的契合点,才能踏上通往可持续发展之路。

借鉴迈克尔·波特、吴伯凡等学者的研究成果,一个优秀的企业或者说一个好的"企业公民",其企业战略理念即企业使命就应该将商业价值与社会价值、商业利益与公众利益结合起来,主动承担起社会责任,将其纳入企业的战略管理之中,并以此来推动社会的和谐发展。与此同时,良好的德商,能使企业具有良好的声誉而获得更多的商机和大众的信赖,促使企业走向成功。反之,像安然、三鹿集团等自作聪明的企业,由于其企业道德缺失,损人不利己,致使企业遭受了灭顶之灾。

作为一个优秀的企业,首先应该认识到其应该承担的社会责任;其次应该认识到承担责任与实现企业利润并不矛盾,所谓"利人"才能"利己";第三要主动承担责任,将商业价值与社会价值、商业利益与公众利益结合起来。

三、企业的社会责任的内容

企业的社会责任应该体现在以下三个方面:①不伤害的责任,即预防和弥补企业对社会造成潜在的负面影响,如环境污染等;②增加现有价值的责任,即以其创造的商业价值积极回报社会,包括给顾客提供物美价廉的商品或慈善捐助等;③增加未来价值的责任,即造福未来,这是最难做到的。从战略管理的角度讲,只有这样,才能推动企业和社会的可持续发展。

囿于篇幅,本书仅从企业战略管理所涉及的利益相关者的角度,来探讨企业作为一个社会责任主体应该对哪些社会成员承担社会责任以及承担什么责任的问题。在第一节中,我们探讨了决定企业使命的因素,即企业利益相关者。企业对利益相关者必须承担包括经济责任、法律责任、道德责任、慈善责任在内的多项社会责任。具体来讲,企业应主要考虑包括但不限于

---

① 何勇."道德血液"不应缺失[N].人民日报,2008-10-23(人民时评).

对以下利益相关者的社会责任:

(一)企业对员工的责任

企业的员工是企业重要的资源之一——人力资源。人力资源的开发、保护与企业的战略管理成败密切相关,企业应该把员工放在重要的地位,对员工负有重大责任。在员工关系管理上,企业首先要依法办事,认真履行《劳动法》的规定。根据《劳动法》的规定:员工有报酬获取权、休息休假权、劳动安全卫生保障权、受教育权、社会保险、福利权等。即企业对员工负有法律责任。除此之外,企业还对员工负有道德责任,如关爱他们的身体和心理健康、安全及职业发展等。在国内外有许多企业,特别是跨国公司,已经尝试设立首席员工健康与安全官。如华为公司于2008年设立了首席员工健康与安全官,统一负责员工健康与保障工作,还设立了健康指导中心,为员工提供健康和心理咨询。

另外,企业主动创造良好的企业文化,引导员工建立共同的价值观体系,以此带领大家共同完成企业使命和战略目标,是对员工真正心灵的负责。获得2009年中国最佳雇主荣誉的10个企业普遍认为:"员工的知识水平、技能和个人关系是公司的宝贵资产。他们积极引导员工对于经营战略达成共识,确保持续性的沟通,并且建立高效的企业文化。最佳雇主的人力资源制度有以下几个功能:提高员工敬业度,激励员工努力工作创造更好的绩效;保留优秀的员工;吸引优秀的员工加入企业;加强与员工的沟通;特别是在裁员的情况下,要处理好员工关系。"①

(二)企业对顾客或消费者的责任

企业利润的实现要依靠消费者的购买来最终实现。所以,顾客或消费者被企业称为"上帝"。企业对消费者负责,才能赢得信赖和支持;反之,如果对消费者不负责,企业最终将无法存在。《中华人民共和国消费者权益保护法》中明确规定了消费者的9项权利和经营者的10项义务。经营者为消费者提供其生产、销售的商品或者服务,应该遵守《消费者权益保护法》、《产品质量法》等相关的法律规定。

企业应该承担的基本责任有:经营者应当接受消费者的监督;保证其提供的商品或者服务符合保障人身、财产安全的要求;向消费者提供有关商品或者服务的真实信息,不得作虚假宣传;提供商品应明码标价,标明其真实名称和标记;提供商品或者服务时,应当按照国家有关规定出具购货凭证或者服务单据;保证在正常使用商品或者接受服务的情况下其提供的商品或者服务应当具有的质量、性能、用途和有效期限;提供商品或者服务,按照国家规定或者与消费者的约定,承担包修、包换、包退或者其他责任;不得以格式合同、通知、声明、店堂告示等方式做出对消费者不公平、不合理的规定,或者减轻、免除其损害消费者合法权益应当承担的民事责任;不得侵犯消费者的人身自由。

---

① 邵丽蓉.面对金融危机最佳雇主有何"绝招"[N].人才市场报,2009-04-18(A07).

(三) 企业对环境和资源保护的责任

企业在使用自然资源的同时,要承担起对资源和环境保护及合理利用的责任。这不仅关系到人类现实的利益,还关系到子孙后代的生存和发展问题,是保持社会和我们的星球可持续发展的重要问题。企业在考虑重大战略决策时,要注意预防和弥补企业对社会造成潜在的,如环境污染等方面的负面影响。自觉地节约资源、保护资源、节能减排、保护环境和生态平衡。《OECD 跨国公司行为准则》(2000 年修订版)中规定:"企业应以谋求可持续发展为前提,切实关注环境保护。"中国政府也积极鼓励和引导企业履行环境责任。《国务院关于印发国家环境保护"十一五"规划的通知》中明确指出:"要督促企业履行保护环境的责任。"认可、遵行在社会与环保方面的准则是现在 CSR 未来的全球性讨论主题。环保已成为全球发展的趋势,成为企业重要的竞争战略,企业公民承担起这一社会责任,也是一种在现代企业竞争中的生存之道。1997 年 12 月起,各国签订《京都协议书》,规定温室气体排放量。通用电气的绿色创想计划、英国石油的找碳计划等都是注重企业环保的责任的具体表现。

(四) 企业对当地社区的责任

除了对所在的社区环境保护负有责任以外,还要积极安排就业、协助社区建设、社区服务、繁荣社区经济。积极主动地为当地的经济建设和文化繁荣做出贡献。"员工志愿者"行动是企业履行社区责任的一个重要表现形式。志愿服务是企业组织员工利用自己的时间、资源、技能为社区提供非赢利、无偿、非职业化的福利性服务。在中国,由安利、微软等跨国企业引入的该行动影响和带动了本土企业如苏宁电器、腾讯、中国移动、华远地产等企业的开展。志愿服务现在已经成为一种潮流。《公益时报》于 2009 年 9 月 16 日对此报道指出:"员工志愿促成 CSR(企业社会责任)第二春。"

(五) 企业对社会公益事业的责任

企业的发展来自各个方面的支持,所以,在企业有能力的时候,一定要负起回馈社会、帮助公众共同富裕、共建繁荣和谐社会的责任。这是一种自愿的道德型的义务,来自被称为"企业家的良知",但同时也反映了该企业是有能力、有责任感的好"企业公民"。

1. 企业对社会福利的责任

这是企业履行对社会公益事业的责任的初级阶段。企业直接进行慈善捐助,设立慈善基金会,积极为残疾人或缺乏劳动技能者提供就业和培训的机会等。

2. 企业对社会公益事业的责任

这一阶段的企业是比较成熟的企业,他们热心公益活动并非为了粉饰自己,而是真正把其当成自己作为一个良好的企业公民应该做的事情去承担责任。如遇到重大的突发事件,利用企业自身的优势积极主动地想办法挽救人员或损失;积极帮助被救助对象重新建立自我能力。

四、中国企业在承担社会责任方面的发展现状

在党和政府的积极倡导和推动下,越来越多的中国企业以承担社会责任为己任,从理念上对此重视、并努力自觉地在实践中去探索。特别是在应对金融危机过程中,不是忽视了社会责任,反而更加重视社会责任。越来越多的企业还努力把承担社会责任与企业战略管理有机结合,增强了企业的核心竞争力。这必将推动企业的可持续发展和社会的和谐发展。

根据2010年6月5日在"第五届企业社会责任国际论坛"上发布的第三份"中国企业社会责任实践基准报告"显示,当今中国企业社会责任主要有如下特点:[①]

1. 中国企业社会责任实践进步明显

从企业社会责任实践的四大方面来看,在责任竞争力典型实践方面水平提升明显,在战略与治理、利益相关方关系管理、社会责任信息披露方面则与去年基本持平;从企业规模来看,领袖型(大型)企业社会责任实践要明显好于成长型(中小型)企业。

2. 中西部地区企业越来越重视企业社会责任

从自愿参与企业社会责任评估的地区分布来看,中西部地区企业的比重越来越高,中西部地区自愿参与评估企业覆盖的省区也越来越多。

3. 各类企业承担社会责任各具特色

不同类型企业对社会责任都高度重视,又各有特色。相比而言,外资及港澳台企业在战略与治理、利益相关方关系管理方面明显好于其他企业,国有及国有控股企业在社会责任信息披露方面明显占优势,民营企业在社会责任典型实践方面相对于前两年有较大幅度的提升。

4. 将社会责任理念融入企业战略管理

在战略与治理方面,企业开始将社会责任理念融入公司管理体系中。企业对社会责任的理解不断深化,越来越多的企业开始追求经济、社会和环境多元化目标,将社会责任融入发展战略、目标和日常经营中,部分企业设立了专门的社会责任管理机构,负责企业社会责任工作。

5. 社会责任报告成为企业披露社会责任信息的重要渠道

社会责任报告已成为企业披露社会责任信息、与利益相关方沟通的重要渠道和工具。参评企业发布社会责任报告的比率明显高于去年,通过网站发布企业社会责任报告是最主要的渠道。

6. 履行社会责任理念的转变

责任竞争力实践开始由讳言经济利益向社会、环境效益和经济效益并重转变。企业履行社会责任,同时还能增强公司竞争力,这使得企业履行社会责任具有较好的持续性。特别是与企业的主营业务相联系时,就会形成可持续的发展模式。

---

① 贾学颖. 中国企业社会责任呈七大亮点[N]. 中国财经报,2010-06-08(07).

7. 有待进一步加强的方面

企业对环境、供应商、社区、民间组织等利益相关方履行责任有待进一步加强。企业在降污减排、环境管理、资源利用与节约等方面有比较好的表现,但需要进一步加强生态系统保护、环境保护意识与能力建设方面的努力。

此外,还有一个好的趋势是:企业发布社会责任报告数量逐年增加。① 在我国,第一个发布社会责任报告的企业是壳牌(中国)公司于1999年发布的,第二个是中国石油天然气股份有限公司于2001年发布的企业健康安全环境报告。截止到2005年,在中国发布社会责任报告(或企业公民报告)的只有7家企业。2006年3月,国家电网发布内资企业的社会责任报告受到中央政府的充分肯定后,各类报告纷纷涌现。2006年全年发布了18份报告,被媒体称为创中国企业责任报告元年。以后各年稳步上升。据统计,中国企业在2009年共计发布了631份社会责任报告,是2008年的3.73倍,发布报告数量呈井喷态势。社会责任履行情况信息的公开披露,反映了政府、新闻媒体和大众的合力推动,更反映了企业在承担社会责任的自律和自觉。

随着企业社会责任履行的管理实践的展开,我国企业和学术界在这方面的研究工作广泛和深入开展,各种研究成果日渐丰富。这必将推动企业在履行社会责任的深度和广度方面的进一步发展。

第四节 企业的战略目标

一、企业战略目标的概念

如果企业不把美好的使命和愿景转化为可测量的、可执行和可操作的战略目标体系,那么,企业使命就只能是一个美好的梦想。

战略目标是企业使命和愿景的具体化,是企业在一定的时期内,执行其使命时所预期达到的业绩成果。长期的战略目标实现期限通常超出企业一个现行的会计年度。

与企业的战略目标相反的概念是企业的战术目标,它是短期的、执行性的目标,是为实现企业长期的战略目标而进行规划设计的,其时限通常在一个会计年度内。

二、企业战略目标体系的构成

企业战略目标是一个由各种类型的目标构成的、完整的体系。如果按照目标的层次来划分,可以分为总体目标、中层目标和基层目标。按照预期实现的时间来划分,可以分为长期目标、中期目标和短期目标。按照目标的业务性质来划分,可以分为为顾客服务的目标、盈利的

---

① 吴伯凡,阳光,等.企业公民:从责任到能力[M].北京:中信出版社,2010.

目标、人力资源及员工福利目标、社会责任目标、企业文化发展目标等。

由于受各个企业的企业使命和愿景不同、所处的环境不同、所处的行业不同、高层管理者的价值观不同、企业文化不同等因素的影响,每个企业的战略目标体系建立会有不同的特色。一些学者的研究成果指出了目标体系大致应该包括的内容。以下介绍两种有代表性的分类方法。

(一)德鲁克的目标分类

德鲁克把企业战略目标归纳为四个层次结构,包括七个方面的内容:
①基本目标层次:企业的获利能力;生产率。
②社会责任层次:公共责任。
③市场战略层次:革新;市场信誉产品。
④结构层次:物质资源和财力资源;经理的绩效和态度。

(二)贝叶斯的目标分类

贝叶斯将企业战略目标归纳为四类内容,由11个具体目标组合而成。企业战略目标的四类内容为:盈利能力,为顾客、客户或其他受益者的服务,职工的需要和福利,社会责任。11个具体目标为:顾客服务目标、财力资源目标、人力资源目标、市场目标、组织结构目标、物质设施目标、产品目标、生产率目标、盈利能力目标、研究与开发目标、社会责任目标。

三、企业目标体系的制订过程

企业目标体系的制订过程基本需要经过六个步骤(见图2.1)。
①最高管理层宣布企业使命。
②确定达到这个使命的长期战略目标。
③目标分解,建立短期执行性的战术目标。
④每个经营单位或事业部确立本单位的长期、短期战略目标。
⑤每个经营单位或事业部的职能部门制订本单位的长期、短期战略目标。
⑥把目标落实到每个员工。

四、企业战略目标的制订原则

1. 关键性原则

战略目标应该是关系到企业发展全局性的主要问题,避免只见树木不见森林。

2. 明确性原则

战略目标应该清晰表述,不可模棱两可。

3. 可行性原则

战略目标应该适合该企业的情况,具有可操作性,既不能好高骛远脱离实际、又不能不思进取定得过低。

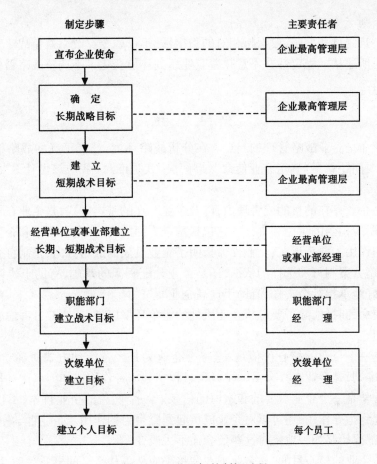

图 2.1 企业目标的制订过程

4. 可衡量性原则

即战略目标要定量化,要用数量指标或质量指标来表示,便于检查和评价。

5. 一致性原则

一致性原则又称为平衡性原则,即战略目标要与企业的使命和愿景保持一致,并为其实现提供支撑;企业的战略经营单位和职能部门的目标要与企业总部的目标协调一致,从纵向上具有系统的一致性;战略目标组合中的每个分目标之间要相互协调和支持,不能互相矛盾和脱节,从横向上具有一致性和系统性。

6. 激励性原则

战略目标要具有先进性和挑战性,要经过艰苦的努力才能实现,只有这样,才能充分挖掘企业人才的潜能,保证企业的顺利发展。

7. 稳定性原则

战略目标一旦制订和发布,要保持相对的稳定性,不可朝令夕改以避免战略管理与实施的混乱和员工的无所适从。稳定性并不意味着企业遇到环境变化了不调整战略目标。稳定性与灵活性并不矛盾。

本 章 小 结

确定企业使命是企业战略管理的起点。在分析战略环境、选择正确的战略措施并实施之前,要解决的首要问题就是"确定企业使命",即解决"我是谁"、"我应该做什么"、"我如何做"的问题。

企业使命是企业存在的目的或者理由,以及企业存在的基本方式,是企业在社会进步和社会、经济发展中所应担当的角色和责任。它包括两个方面的内容:企业哲学和企业宗旨。

企业使命的作用主要表现在:企业使命指明了企业发展的战略方向,是制订企业战略目标的前提,也是战略方案制订和选择的依据,还是企业分配资源的基础,有助于协调企业利益相关者的关系,更好地承担社会责任,有助于提高企业凝聚力。

企业确定使命的时候,除了要分析企业所处的竞争环境以外,还要充分考虑企业利益相关者的要求和期望。

企业哲学是一个企业的核心价值观,是一个企业为其经营活动方式所确立的价值观、态度、信念和行为准则,是企业在社会活动及经营过程中起何种作用或如何起这种作用的一个抽象反映。企业哲学是一个企业重要的和永恒的信条。一个优秀的企业哲学,不仅对企业的战略管理活动能起到指导作用,还可以对企业成员起到凝聚力的作用。企业哲学一旦确定,无论环境如何改变,都要始终如一地坚持这些信念而不去改变。

企业宗旨是企业的核心目的,指企业现在和将来应从事什么样的事业活动,以及应成为什么性质的企业或组织类型。相对于企业哲学而言,企业哲学稳定性更强,而企业宗旨需要定期分析并根据企业所处的竞争地位、环境、顾客需求等方面的变化予以调整。确立企业宗旨的作用在于,如果没有具体的企业宗旨,就不能制订出清晰的战略目标和达到目标的战略。

企业宗旨包括两个方面的分析:一是我们的企业现在是什么样的企业;二是我们的企业将来应该是什么样的企业。企业宗旨的确立原则是:以需求为导向,而非以产品为导向;避免两种倾向:过于狭隘或过于空泛。

企业使命的决定因素主要包括:利益相关者的诉求、企业外部环境和内部能力、企业家的价值观和洞察力、企业文化。

愿景是企业从其使命出发,描绘企业所要创造的未来发展景象和境界。愿景具有的特征主要有:清晰性、独特性、可想象性、可行性、灵活性、可沟通性、激励性、长远性等。

企业的社会责任(CSR)是指企业在谋求股东利润最大化之外所负有的维护和增进社会利益的义务。企业社会责任的概念最早由美国人谢尔顿于1924年提出。第一本对"企业社会责任"进行系统化和理论化阐述的书籍是霍华德·鲍恩于 1953 年所著《商人的社会责任》一书。企业履行其社会责任的意义主要表现在推动社会和谐发展及推动企业可持续发展两个方面。

企业的社会责任的内容主要包括:企业对员工的责任、企业对顾客或消费者的责任、企业对环境和资源的保护的责任、企业对当地社区的责任、企业对社会公益事业的责任。

中国企业履行社会责任现状具有如下特点:中国企业社会责任实践进步明显;中西部地区企业越来越重视企业社会责任;各类企业承担社会责任各具特色;将社会责任理念融入企业战略管理;社会责任报告成为企业披露社会责任信息的重要渠道;履行社会责任理念的转变;企业发布社会责任报告数量逐年增加。

战略目标是企业使命和愿景的具体化,是企业在一定的时期内,执行其使命时所预期达到的业绩成果。长期的战略目标实现期限通常超出企业一个现行的会计年度。

企业战略目标是一个由各种类型的目标构成的、完整的体系。按照目标的层次来划分,可以分为总体目标、中层目标和基层目标。按照预期实现的时间来划分,可以分为长期目标、中期目标和短期目标。按照目标的业务性质来划分,可以分为为顾客服务的目标、盈利的目标、人力资源及员工福利目标、社会责任目标、企业文化发展目标等。

制订企业战略目标应遵循以下原则:关键性原则、明确性原则、可行性原则、可衡量性原则、一致性原则、激励性原则、稳定性原则。

思 考 题

1. 什么是企业使命?
2. 企业使命有什么作用?
3. 什么是企业哲学?简述确立企业哲学的原则。
4. 什么是企业宗旨?简述企业宗旨的内容。
5. 运用案例对企业宗旨的确立原则进行分析。
6. 简述决定企业使命的因素。
7. 如何理解愿景概念和特征?
8. 举例说明企业履行其社会责任的意义。
9. 试述企业的社会责任的内容。
10. 中国企业在承担社会责任方面的发展有什么特点?
11. 什么是企业战略目标?
12. 企业战略目标体系是如何构成的?
13. 图示企业目标体系的制订过程。
14. 简述企业战略目标的制订原则。

【案例分析】

阿美科(AMEC)地质和环境公司超越"零事故"

获得2009年美国安全管理最佳公司的企业之一的阿美科地质和环境公司(以下简称阿美科公司),位于美国宾夕法尼亚州,是北美顶级环境工程和提供建筑、修缮服务咨询的公司。该公司的企业哲学是"超越零事故。"

公司安全健康环境总裁伊文斯基说:"很多公司,在目前的经济大环境下,经常采取的管理战略就是,以完成工作为目标,采取多种方式,压缩成本,用最低价的标的赢得发展机会。但是阿美科公司的战略是,首先确认这项工作是否安全,在得到肯定的回答后,才出价竞标。安全从工作的第一天起就计入了经营成本。"

阿美科公司在全世界共有4 546名雇员、140个分支机构,向全球提供工程建设、环境咨询、建筑材料测试等项服务。各分支机构拥有的共同的企业哲学和企业愿景是"超越零事故"。伊文斯基说:"'超越零事故',就是说安全必须整合进所有阿美科公司的分支机构,超越我们的作业场所,进入到我们的家乡、社区和家庭。""超越零事故"理念包括3个模块和6个要素。

3个模块

第一,公司坚信安全行为最终影响雇员的生活,包括事业和个性。

第二,安全是一种选择、也是一种态度,公司倡导积极的安全态度和良好的安全文化。

第三,公司发展战略提出了公司的整体安全法则,包括密闭仓室许可、安全驾驶、高处工作规程、吊运、锁定和标定等。

6个要素

①时刻保持谨慎。花费一些时间和精力注意观察,遇事首先思考安全。如果没有时间思考安全,什么也不做是最好的选择。

②遵守制度。安全规程是用来防范雇员受到伤害的,忽略安全规程是不可饶恕的。如果某条规程不清晰或是操作性不强,那么雇员有权利立即向上级报告。

③安全评估。工作前,必须进行必要的安全评估,辨识工作中潜在的风险,制订相应的对策措施。如果雇员有疑问,必须马上向上级汇报。常规工作的风险评估,需要定期重复进行。

④强化避险。如果雇员认为自身或他人的安全受到威胁,有权利和责任采取行动停止作业。雇员应该毫不犹豫地行使这项权利。

⑤动态管理。如果发现实际的工作同计划相比有变化或背离,雇员必须停止工作,重新进行风险评估,预测需要采取的措施。

⑥正确穿戴个人防护用具。工作时,雇员必须根据风险评估的要求,正确穿戴完整的个人防护用具。该公司管理层提醒,在任何环境下,雇员必须遵守公司的安全法则、牢记公司的安全要素。公司鼓励雇员根据个人的经验,向公司提出安全方面的建议和意见。公司有一个安全内部网络,网络构架包括一个网站、数据库、报告系统、培训系统和建设项目管理系统和安全竞赛系统。雇员有权利检验个人防护用具的舒适性、使用简易程度和功能性。伊文斯基说:

"安全不仅停留在公司口号上,而且与公司共生共荣。公司向员工学习,听取员工意见。比如,雇员不愿穿戴个人防护用具,可能是因为用具的舒适度较差,所以我们必须赋予雇员自主选择个人防护用具的权利。"

(资料来源:曲华锋,译.2009年美国安全管理最佳公司(上)[J].现代职业安全,2010,9:79-81.有删改)

讨论题:
1.试分析阿美科公司的"超越零事故"企业哲学的内涵。
2.谈谈该公司的企业哲学对企业战略管理的启示。

【阅读资料】

"真诚到永远"孵化企业社会责任
——海尔:做优秀的企业公民

2010年6月7日,海尔集团在上海世博园荣获世界贸易中心协会颁发的"全球可持续发展杰出成就奖"。同时,海尔受世界贸易中心协会馆之邀,隆重揭幕"海尔物联之家"展区。约300平方米的展区生动展现了海尔为全球消费者提供的绿色物联生活解决方案,将"智能物联"与"可持续发展"理念创新结合,演示了绿色科技在日常生活中的先进应用,并通过世博会的平台呈献给全球消费者。

创业26年,"真诚到永远"默默奉献于企业社会责任(CSR),作为一个全球化企业,海尔的企业社会责任(CSR)之路越走越踏实、深远和广阔。企业公民与企业社会责任相联系,优秀企业公民是指那些自觉而又圆满地履行社会责任的企业。海尔正全力做优秀的企业公民。

海尔CSR战略理念和框架

海尔集团首席执行官张瑞敏曾亲自撰文《海尔是海》,提出:"海尔应像海,为社会、为人类做出应有的贡献。只要我们对社会和人类的爱'真诚到永远',社会也会承认我们到永远,海尔将像海一样得到永恒的存在。"

大海最为被人类称道的是年复一年默默地做出无尽的贡献,袒露无私的胸怀只因"生而不有,为而不恃"的不求索取,其自身也得到了永恒的存在,这种存在又为海中的一切提供生生不息赖以生存的环境和条件。这一理念贯穿于海尔发展的26年中……"真诚到永远"从创业伊始就开始孵化海尔坚定的企业社会责任观。

创业26年以来,在"真诚到永远"的理念指导下,张瑞敏带领海尔集团在快速发展的同时,一贯积极投身于社会公益事业,用真情回报社会,以海的品格年复一年地为社会默默奉献。目前,海尔集团单用于环境、教育事业、扶贫救灾助残的捐款、捐物等款物价值已超过5亿元。

26年来,海尔经过了4次战略调整,从1984年的名牌战略,到后来的多元化发展战略、国际化发展战略,再到今天的全球化品牌战略,始终不变的是永不止步的责任践行。从构建"零缺陷"的质量意识到"零烦恼"的服务体系,再到"零距离"的客户关系,海尔将公司发展战略与践行社会责任有机地结合起来,不断追求经济、社会和环境的综合价值最大化。

海尔企业内部有一个共识,就是企业有两项资产,一是人,包括其创造力和技能;二是环境,就是周围的生态系统是重要的资产。

海尔提出建立环保优势的战略。企业可以把环保和可持续思维转化为利润。这包含两方面,一是控制下行潜在风险,主要通过环保成本和环保风险考虑的;二是创造上行的潜在收益,就是环保收益和环保形象,它不仅是一种责任,更是一种企业战略。

海尔企业社会责任战略框架有三部分支撑,海尔要成为优秀的企业公民,海尔的 CSR 理念是 Eco - Life,即绿色生活。该理念包含三部分。第一,绿色 Green,包括绿色产品、绿色企业、绿色文化。第二,关怀 Care,包括希望小学、抗震救灾、慈善捐助。第三,生活 Life,即成为全球消费者美好住居生活方案的提供商。

海尔的 CSR 战略实施之一:绿色

打造绿色核心竞争力,实现永续发展,绿色已经深入海尔企业内部。海尔以"绿色生活"为理念,全面实施"绿色产品、绿色企业、绿色文化"的可持续发展战略,倡导低碳生活方式。作为全球白色家电第一品牌,海尔坚持家电行业的可持续发展,为全球消费者创造"物联 + 绿色"的美好住居生活体验。

2010 年 5 月 27 日,海尔与挪威企业签署绿色能源合作协议。这是上海世博会传出开幕以来的绿色最强音,海尔集团与挪威领先的环保技术供应商 FramTech 正式签署节能环保协议,全面引入全球领先的绿色科技。未来,双方将在低碳技术、能源优化技术等多个领域共同合作,持续引领中国绿色产业发展。此举不仅标志着海尔这个全球最大的白色家电品牌在环保节能领域迈上新台阶,更成为中国绿色节能事业的里程碑。"海尔是具有领先战略头脑和负责态度的国际化企业,能与海尔在节能环保达成合作,也让节能绿色产业的全球化进程前进了一大步。"在挪威馆的签约仪式上,挪威企业相关负责人表示。

坚持和谐、可持续发展,降低能耗,减少排放,保护环境,既是时代发展的趋势,也是海尔未来发展战略的基础。作为绿色生活的倡导者,海尔长期以来都在关注地球和人类可持续发展。在国内,海尔是通过节能认证产品最多、规格最全的企业;在国外,海尔达到了欧盟、美国能源之星标准,获得多个国家的环保节能补贴,为全球消费者提供了创新型的绿色产品和服务。可以说,海尔的绿色环保产品和服务已深入人心。

多年来,海尔在绿色环保理念的指引下,通过自身流程再造,逐步将传统产品生产线打造成了一条"绿色生命线",现在的海尔从产品研发设计,到采购、制造、物流、使用,再到产品废弃、回收和循环,都实现"绿色化",实现产品生命周期内的环境负面影响最小、资源再利用率最大化。

海尔的 CSR 战略实施之二:关怀

海尔是海。创业 26 年以来,在"真诚到永远"的理念指导下,首席执行官张瑞敏带领海尔集团在快速发展的同时,一贯积极投身于社会公益事业,用真情回报社会,以海的品格年复一年地为社会默默奉献,海尔心系青少年的成长和教育,持续在全国贫困地区援建希望小学。

奥运期间,海尔启动"一枚金牌一所希望小学",51 枚金牌,51 所海尔希望小学。据统计,海尔用于希望工程捐款捐物共 5 083 万元,捐建学校达 129 所(含 1 所中学)。海尔每年在希望小学开展"征文"、运动会等活动,鼓励小朋友健康成长。海尔还投资制作了 212 集动画片《海尔兄弟》,进行儿童启蒙教育。2009 年 11 月,海尔启动了主题为"爱心激励希望,信心铸就未来——榜样一句话寄语全国希望小学"公益活动。2010 年 5 月,海尔发起了"海尔希望小学走进世博"公益活动。这些活动都旨在帮助希望小学孩子们真正养成自强自立的乐观品质,可以和其他孩子一样健康快乐地成长。

面对自然灾害,海尔当仁不让,体现了一个全球化企业的社会责任感。2008 年四川汶川地震,为支持四川抗震救灾,海尔集团启动"重建家园"计划,截至目前,海尔已累计投入 1 937 万元支援灾区重建。海尔集团 CEO 张瑞敏第一时间赶到北川,看望受灾学生。2008 年古巴连续遭受飓风袭击,遭受 50 年以来最严重的自然灾害。海尔集团向古巴捐助冰箱、彩电、电脑等物资,总价值约为 15 万美元。2009 年中国台湾水灾,海尔在"跨越海峡的爱心——援助台湾受灾同胞赈灾晚会"上宣布向台湾同胞捐款 200 万元人民币,帮助受灾同胞早日恢复正常生活。

投身公益,海尔完善体系。海尔一直认为做公益慈善不能依靠一时兴起,必须依靠一个系统来解决。1999 年 6 月,海尔集团出资 300 万元,建立了"海尔爱心救助基金",每年将 8 万元利息捐赠,用于支持残疾儿童康复工程。2009 年 5 月,海尔集团出资 1 亿元建立"青岛市慈善总会·海尔集团公司慈善基金",每年用其增值部分定向支援受灾、贫困地区希望小学建设及其他慈善救助。NBA 篮球学院,作为 NBA 赞助商,海尔邀请 NBA 教练,来到中国为中国青少年指导篮球,提高中国青少年的篮球技能,获得了社会各界的广泛好评。2006 年,海尔澳大利亚公司与澳大利亚西老虎(橄榄球)队联合资助了悉尼乳腺癌基金会海尔公益活动。2009 年 5 月,《福布斯》中文版在上海公布"2009 中国慈善榜"榜单,海尔集团和海尔集团首席执行官张瑞敏榜上有名。2009 年 7 月,中华慈善总会授予海尔"中华慈善企业突出贡献奖"。2009 年 11 月,共青团中央和中国青少年基金会授予海尔集团首席执行官张瑞敏"希望工程 20 年特殊贡献奖"。

海尔的 CSR 战略实施之三:生活

随着外部环境的改变,海尔的品牌定位也因此进行了转型。目前海尔的品牌定位是:成为第一竞争力的美好住居生活解决方案服务商。未来海尔的发展方向将是绿色的、创新的、时尚的、科技的。在未来的征程中,海尔要成为全球各个市场消费者喜爱的本土化知名品牌,为全球消费者提供家居解决方案,创造美好生活体验。

信息化时代,海尔正面临着三个变化,即转变:从"企业的信息化"向"信息化的企业"转变;转型:从制造业向服务业转型;转化:向建立"人单合一"的双赢文化转化。

从"企业的信息化"向"信息化的企业"转变,企业的信息化是以企业为主的价值判断,信息化的企业是以用户为考虑的价值判断。

从制造业向服务业转型,以前海尔是制造销售一个产品,现在面向消费者提供服务,原来是销售产品,现在把提供服务方案作为海尔未来的发展方向。海尔不是卖一个单纯的产品,而是卖一个解决方案,不是卖洗衣机,而是卖洗衣服的解决方案,海尔才有了不用洗衣粉的洗衣机、静音洗衣机。

企业存在的意义在于创造客户价值。面对客户越来越"个性化"的价值主张,海尔始终坚持以客户为是,自以为非,通过持续不断的创新,履行着创造美好住居生活的责任理想。从以企业为中心到以用户为中心转变、从制造商向美好住居生活解决方案的服务商转型、从传统的管理文化向建立人单合一的双赢文化转化,海尔不断地挑战着自我。目的只有一个,既快又准地提供物超所值的产品和服务,帮助用户实现想要的生活。海尔有一句话,你给我一个概念,我还你一套产品;你给我一个毛坯房,我还你一个温馨的家。正是由于对消费者需求的深刻理解和准确把握,海尔创造出了全套的物联网家电、一站式全套服务、星级增值服务等客户需求,为社会的发展做出了突出的贡献。

建立人单合一的双赢文化。海尔在做一个尝试,海尔是一个 6 万人的企业,变成我们每个人都是一个企业,现在海尔已经做到 4 000 多个自主经营体,都是一个个独立的核算体,完全为客户创造价值来获取报酬的。

美好的未来要依靠员工去创造。海尔内部有一个共识:员工是企业唯一可以增值的资产,也是最重要的资产。在依靠员工创造美好生活的同时帮助员工成长、促进员工成功,是海尔社会责任的突出表现。海尔创造性地使用了"人单合一双赢"模式和"倒三角"的组织结构,把员工从过去被动地听领导的指挥、完成领导确定的目标,变成和领导一起听用户的指挥、创造用户需求,共同完成为客户创造价值的市场目标。管理者最重要的任务不是下指标,而是按照员工的需求,帮助整合资源,帮助员工成功。"人单合一双赢"模式和"倒三角"的组织结构,体现了真正的"人本主义",在为员工提供了更有挑战性的工作的同时,也极大地激发了员工的主动性和创造性,为员工个人发展和迅速成长提供和创造了有利条件,也为海尔创造美好生活的责任理想打下了坚实的基础。

从1984年创业至今,海尔由一个濒临倒闭的集体街道小厂,发展成为全球白色家电第一品牌。海尔的成长离不开社会的关怀,成长的海尔也将一如既往地向社会奉献真诚。肩负社会责任,真诚到永远,做优秀的企业公民。

认可、遵行在社会与环保方面的准则是现在CSR未来的全球性讨论主题。环保已成为全球发展的趋势,环保已经成为企业重要的竞争战略,成为企业公民既是一种社会责任,也是一种在现代企业竞争中的生存之道。关注环保,为新世界做好准备,现在政府都在行动——1997年12月起,各国签订《京都协议书》,规定温室气体排放量,企业也在行动——通用电气的绿色创想计划、英国石油的找碳计划,公民也在行动——关注环保,从一点一滴做起,为环保做出贡献。

当下海尔也在大力致力于环保事业。履行企业公民的责任,应对环保问题未雨绸缪、主动承担环境保护责任、推进环保技术的开发与普及,在绿色环保和社会公益事业方面有所作为,实现"从绿到金"的跃进。中国经济对于世界是十分重要的。没有一个可持续发展的中国,就不可能有一个可持续发展的世界。持续发展的中国如何影响世界,持续发展的中国企业将是演绎此新世界的主角。

承担新世界企业社会责任,做优秀的企业公民、全球公民,海尔依旧在努力。

(资料来源:程景.创业26年,"真诚到永远"孵化企业社会责任——海尔:做优秀的企业公民[N].中国企业报,2010-07-29(006).)

第二篇　企业环境分析

　　现代企业的生产经营活动日益受到企业所面临的环境的作用和影响,企业与环境之间存在着密切的联系。一方面,环境是企业赖以生存的基础。企业经营的一切要素都要从外部环境中获取,如人力、材料、能源、资金、技术、信息等,没有这些要素,企业就无法进行生产经营活动。同时,企业的产品也必须通过外部市场进行营销,没有市场,企业的产品就无法得到社会承认,企业也就无法生存和发展。同时,环境能给企业带来机遇,也会造成威胁。问题在于企业如何去认识环境、把握机遇、避开威胁。另一方面,企业是一种具有活力的社会组织,它并不是只能被动地为环境所支配,而是在适应环境的同时也对环境产生影响,推动社会进步和经济繁荣。企业与环境之间的基本关系,是在局部与整体的基本架构之下的相互依存和互动的动态平衡关系。

　　因此,企业在制订与实施战略目标之前必须研究其所处的战略环境,做到"知己知彼",主动适应环境,以求得生存和发展。因此,企业的战略环境分析是企业战略选择的基础和依据。

　　企业环境是指与企业生产经营有关的所有因素的总和,它可以分为外部环境和内部环境两大类。企业外部环境是影响企业生存和发展各种外部因素的总和;企业内部环境又称企业内部条件,是企业内部资源与能力的总和。本篇将从企业的外部环境和内部环境两个方面展开分析。

第三章 Chapter 3

企业外部环境分析

物竞天择,适者生存。

——【英国】生物学家 达尔文

【教学目标】
1. 掌握环境分析在战略管理中的重要意义;
2. 了解企业外部环境的内容及特点;
3. 掌握 PEST 分析方法;
4. 掌握波特的五种竞争力量模型;
5. 理解如何进行战略群体分析;
6. 了解竞争对手分析的主要内容。

【引导案例】

国家电网公司紧抓大有作为的战略机遇期

"十二五"乃至今后一个时期,我国经济社会发展仍处于可以大有作为的重要战略机遇期。国家电网公司"十二五"发展路线图该如何描绘?参加公司2010年第四季度工作会议的代表们,结合"十二五"公司和电网发展规划报告进行了热烈讨论,思考在聚焦、在深入、在升华。

公司发展发挥最大潜能

只有认清形势,才能准确判断。本次会议上,公司就"十二五"发展进行的有针对性的、前瞻性的展望和部署,激发出势不可当的进取热情。竞争形势迫使我们加快发展。百舸争流,不进则退。国内外各种竞争日益激烈。谋发展,只有奋起直追、迎头而上。

与会代表普遍认为,"十一五"以来,公司深刻认识我国经济社会发展的阶段性特征和能源可持续发展的内在要求,准确把握企业和电网发展的规律,形成了以建设"一强三优"现代公司、推进"两个转变"为核心的战略框架,逐渐走上科学发展轨道。"十二五"期间,应怀有强烈的紧迫感、危机感和使命感,一以贯之地坚持、深化公司发展战略。

"构建'三集五大'体系,是构建新型电网企业运营体系,增强价值创造能力和核心竞争力的重大变革。"刘振亚总经理的阐述,为"十二五"期间公司实现科学发展指明了方向和途径。

知名国情研究专家胡鞍钢判断,未来10年,中国发展的机遇和挑战均前所未有,但机遇大于挑战,挑战有可能转化为新的机遇。

宝贵机遇激励我们加快发展。"十一五"期间,电网发展和公司发展都迈上了新台阶,未来仍需我们乘势而上。经过国际金融危机洗礼,我国经济社会正保持较快增长,而工业化、城镇化的过程尚未完成,给发展提供了基本动力和空间。华北电网有限公司总经理孙刚认为,机遇稍纵即逝,挑战无处不在,我们要找准关键领域,争取早出成绩,多出成绩。

已有的发展基础支撑我们加快前进步伐。公司已连续六年获得中央企业业绩考核A级,世界500强排名升至第8位,初步实现了由传统企业向现代企业的战略转型。在跨越发展中,公司对科学发展规律的认识更加全面深刻。应当看到,公司管理体制机制与快速发展的电网生产力仍有不相适应之处,亟待创新。发展绝非量的累加,而要经过日积月累的进步,最终达到质的飞跃。

一位代表深有感触地说,站在两个五年规划的交替点上,我们发展潜力巨大。要新中求新,不断进步。循规蹈矩不行,缺乏胆气也不行。

电网发展瞄准最先进水平

"十一五"期间,国家电网发展迅速。这是我国电网史上发展最好、最快的时期。在公司第四季度工作会议上,刘振亚提醒大家,要看看铁路、公路网"十二五"是如何谋求跨越式发展的,将我们的发展提升到更高水平。

居安思危,保持清醒头脑,对于科学发展十分重要。全面建设小康社会,要求电网发展程度与之匹配。"十一五"期间,公司与多个省、自治区、直辖市的党委、政府,就能源、电力和电网发展重大问题多次交换意见,电网规划获得了地方党委、政府的充分认可。浙江省电力公司总经理费圣英说:"'十二五'期间,我们仍要切实考虑社会进步因素,使电网规划与经济社会发展规划相结合。"

转变电力发展方式,优化电源结构和布局,是实现我国电力工业可持续发展的必然选择,需要加快实施"一特四大"战略。西北地区代表认为,"十二五"期间,加快发展特高压电网,是保证我国能源长期、稳定、安全供应的重要内容。

应对气候变化,适应能源形势变革,为促进清洁能源大规模开发及电力消纳,服务电动车产业发展,满足分布式电源及微网接入,应加快建设坚强智能电网,大力提高电网输电能力、供电可靠性和安全稳定水平。国网信息通信有限公司总经理刘建明认为,正在转变发展方式的国家电网,将在更多领域造福社会。

打造服务民生的电网平台,需要加强配电网建设,以改善民生为重点,提高电力保障能力。北京市电力公司总经理朱长林说:"下一步,我们要不断加大配电网投入,满足群众日益增长的需求。"

刘振亚在报告中指出,到2015年,"国家电网的资源配置能力、运行效率、安全水平、科技水平全面进入国际先进行列"。"十二五"期间,国家电网投资规模、工程建设规模都是前所未有的,宏伟目标如何实现?

"只求速度、不讲质量的发展不是科学发展。"刘振亚一语中的。他强调,要从规划源头抓起,在电网发展全过程推行资产全寿命周期管理和全面质量控制,求好也求快。总之,向世界最先进水平攀登。

(资料来源:姚雷,白明辉,王大鹏,许鹏.紧抓大有作为的战略机遇期[N].国家电网报,2010-10-23(A01).)

第一节 企业外部环境概述

一、外部环境的含义

(一)外部环境的定义

企业环境包括外部环境与内部环境两部分。企业外部环境是影响企业生存和发展各种外部因素的总和,它由存在于组织外部、通常不易为企业高层管理人员所控制的变量所构成,对企业各项活动具有直接或间接作用。

(二)外部环境的特点

企业的外部环境与企业相互作用和影响,对企业客观地起到制约作用,具有以下特点:

1. 外部环境的唯一性

每个企业所面临的外部环境都是唯一的。这要求企业必须对外部环境具体情况具体分析,并形成本企业独特的战略风格。

2. 外部环境的变化性

企业的外部环境始终处于变化之中。这要求企业环境分析过程具有动态性,企业战略选择也要根据外部环境的变化及时做出修正和调整。

3. 外部环境的复杂性

当今世界,企业所处的环境因素越来越复杂,稳定性和可测性越来越差、动荡程度越来越高。这对企业战略管理提出了更高的要求。

二、外部环境的分类

根据外部环境的各种因素对一个企业影响程度的不同分两大类。

1. 宏观环境

企业的外部宏观环境,指对所有的企业都间接地或潜在地起作用和影响的外部环境因素。宏观外部环境包括如下相互联系、相互影响的因素或力量:政治－法律因素、经济因素、社会因素和技术因素。

2. 微观环境

企业的微观外部环境,是企业的产业环境。对于一个特定的企业来说,它总是存在于某一产业或行业环境之内,这个产业环境直接地影响企业的生产经营活动。主要包括企业行业环境和竞争对手两个方面,具体有企业的供应商、竞争者、公众、股东、客户等。

三、企业外部环境与企业的关系

企业的产业环境和位于其内部的各个企业都要受到宏观环境的影响。它们之间的关系如图 3.1 所示。

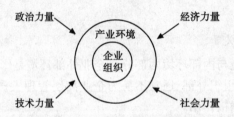

图 3.1 企业内部与外部环境的关系

四、企业的外部环境分析的意义

在企业战略分析中,企业的外部环境分析的意义和目的是找出企业发展机会和外部环境对企业发展构成的威胁。

第二节 宏观环境因素分析

宏观环境主要由政治(Political)、经济(Economic)、社会文化(Social)和技术(Technological)等因素相互影响而成,因此宏观环境分析又简称为 PEST 分析。宏观环境因素通过影响企业经营的产业及行业环境对企业活动产生影响,同时企业活动也会通过影响产业及行业发展对宏观环境产生反作用。但企业不可能直接控制这些宏观环境因素,因此,成功的企业会收集相应种类和数量的信息,了解宏观环境各方面因素及其应用,以便执行适当的战略。

一、政治因素

政治因素又称政治－法律因素。政治和法律环境因素,是指那些制约和影响企业的所在国家或目标国家的政治要素和法律系统,以及其运行状态。政治环境包括国家的政治制度、权力机构、颁布的方针政策、政治团体和政治形势等因素。法律环境包括国家制订的法律、法规、法令以及国家的执法机构等因素。政治和法律因素是保障企业生产经营活动的基本条件。这些因素都会对企业的战略制订产生重要影响。

政治制度和法律法规广泛地影响着企业的经营行为。政治、政府及法律因素对企业会形成重要的机会与威胁。对于高度依赖政府合同或补贴的产业和企业来说,政治预测是外部环境分析中最重要的部分。

企业必须认真分析政府机构新的商业政策和思想。反垄断法、税法、政府放松管制的行业、劳工培训法以及对教育机构的重视程度等,都是对行业和个别企业的运作和盈利性有影响的行政政策。同时,企业都会制订政治性战略,以影响可能对他们产生影响的政府政策和行为。全球化政府政策对公司竞争地位的影响,使制订有效的政治性战略显得尤为重要。例如,中国国有企业的改革导致的大量国有资本从竞争性行业中退出,给一部分优势企业提供了低成本扩张的机会。海尔集团提出的"吃休克鱼"的低成本扩张战略即是对这一机会的反应。

在对制药行业的大型并购是否批准这一问题上,政府显示了其威力。这种威力也说明了企业拥有政治性战略的重要性,对于类似的问题,不同国家倾向于使用不同的解决方案。例如,在转基因食品的问题上,美国政府和欧盟领导采用了相应的政策,美国政府对转基因食品的政策更加宽松,而欧盟的管制则非常严格。因此,与转基因食品相关的美国企业已经在欧盟遇到了关于他们产品的很多问题。管制,往往是在某些领域过少,在某些领域又过多。不管怎样,管制在不同的国家和地区往往是不同的,企业因此必须能够应对这些差异和变化。

二、经济因素

经济因素中最主要的是宏观经济的总体状况,包括国际和国内经济形势及经济发展趋势、企业所面临的产业环境和竞争环境等。经济增长、国民收入、利率、汇率、失业率、价格、证券市场等因素的变化会对几乎所有产业中的企业,包括原材料生产商、最终产品和服务提供商以及批发商、零售商产生极为重要的影响。

国家经济所处的发展阶段是萧条、停滞、复苏还是增长,以及宏观经济的变化周期规律等因素都是衡量经济环境优劣的重要因素。在众多衡量宏观经济的指标中,国内生产总值(GDP)是最常使用的指标之一,它是衡量一国或一个地区经济实力的重要指标,它的总量及增长率与商品市场购买力及其增长率有较高的正相关关系。同时,宏观经济指标也是一国或一个地区市场潜力的热点,因为地区经济持续、稳定高速增长预示着巨大的潜在市场。例如,美国经济从2001年进入衰退期,并延续到2002年。为了刺激经济增长,美国的基准利率不断下调,在2003年接近了历史最低点,相当于1958年的利率水平。在很大程度上,由于低利率水平,美国经济在2004年和2005年持续增长,全球贸易也因此受到刺激。

我国经济的持续快速增长及其巨大的市场规模的形成,对于几乎所有的企业包括跨国企业都是不容错过的重大发展契机。国民收入的提高极大地改变了消费者的口味和需求结构,使质量、品牌、服务成为市场竞争的有效武器。另外,目前人民币的大幅升值则会严重地削弱中国出口商品的竞争力,并会间接地促进中国企业对外直接投资的进程。

三、社会文化环境

社会文化环境是指一个国家和地区的民族特征、文化传统、价值观、宗教信仰、教育水平、社会结构、风俗习惯等情况。它是和一个社会的态度和价值取向有关的,因为态度和价值取向是构建社会的基石,所以它们通常是人口、经济、政治与法律、技术条件及其变化的动力。每一个社会都有一些核心价值观,它们常常具有高度的持续性。例如,中国人民历来勤劳、忍耐,有牺牲精神,重视集体,重视家庭,有民族归属感,这些价值观与文化传统是历史的积淀,通过家庭的繁衍与社会的教育来延续,因此比较稳定,难以改变。

不同国家有着不同的文化传统,也有着不同的社会习俗和道德观念,从而会影响人们的消费方式和生存偏好。例如,一项针对15个国家进行的研究表明,美国和西欧人的退休计划比其他一些国家的居民更早。相对其他一些国家,更大范围的美国人在考虑退休的事宜,尤其是西欧,那里的社会保障和退休金制度提供了退休后更高的收入。他们的居民在30多岁就开始计划退休事宜,而在日本,人们直到40岁或者50岁以后才考虑这个问题,至于中国,退休年龄更晚,甚至有些老年人退休之后依旧选择兼职。人们对于储蓄养老的态度也是有一定差别的。

社会阶层通常是指在一个社会中存在着的相对持久的和类似的人的组合。同属一个阶层的个人和家庭具有大致相同的价值观、生活方式、兴趣和行为规范,因而划分社会阶层可以更准确地帮助判断和测定消费者的购买意向和购买行为。新的消费时尚的兴趣,也为众多文化创意产业的发展创造了机遇。例如,网购、美容、健身等新产业的发展都是瞄准了新的消费时尚和社会阶层的时尚产业。因此,成功的企业必须通过战略选择来适应社会文化的转变,而不是被动地迎合潮流。

四、技术环境

技术因素包括所有参与创造新知识以及将新知识转化为新的产出、产品、流程和材料的组织机构及行为,是企业所处的环境中的科技要素及与该要素直接相关的各种社会现象的集合,包括国家科技体制、科技政策、科技水平和发展趋势等。

由于技术进步的步伐很快,迅速而全面地研究技术因素对企业而言非常重要。人们发现,最先选用新技术的企业通常能够获得更高的市场份额和更高的回报,因此,企业应当持续地观测外部环境,辨别潜在的当前使用技术的替代品,以及能给企业带来竞争优势的新技术。

例如,电脑特技为电影制作提供了现代而廉价的途径。1992年上映了美国影片《未来水世界》,该片以实景为主,创下了耗资2亿美元的天价,但却没能在全球观众中产生多少视觉需求。此片的失败,标志着传统好莱坞巨片的结束。以后,好莱坞再也没有人敢冒如此大的风险,为拍片而搭建如此壮观的布景。然而,随着电脑技术的发展,人们在传统拍摄技术与电脑特技的结合上,进行了许多投资,并很快就呈现出许多喜人景象。如《侏罗纪公园》和《阿甘正传》给观众带来的全新感官享受,都有赖于电脑制作之功。2010年上映的美国科幻大片《阿凡达》更是带领观众进入了一个全新的电脑特技领域。随着电脑业的飞速发展,电脑软件技术日新月异,电脑特技更是帮助影片完成一些现实中不可想象的场景。

因此,企业必须与变革的技术保持一致,同时随时准备在新的革新性技术被引入之后迅速使用。当然,在全球范围内,总体环境中技术进步带来的机遇和威胁,对公司是从外界获得新技术还是内部自行开发都有所影响。

分析宏观环境的一个关键目标是辨别外部因素中预期的变化和趋势。只有关注未来,宏观环境分析才能够让企业识别机会和威胁。

第三节 微观环境因素分析

企业的微观外部环境,主要是指企业的产业环境。产业是由一群生产相近替代品的公司组成,它们的产品有着许多相同的属性,以至它们为争夺相同的顾客群而展开激烈的竞争。在竞争过程中,这些企业相互影响。一般来说,每个产业内部都会有很多种竞争战略组合,企业运用这些战略以获得竞争优势和超额利润。这些战略之所以被采纳,很大程度上是由产业的特征所决定的。通常,行业竞争创造了许多竞争战略组合,公司运用这些战略组合追求竞争优势和超额利润。与宏观环境相比,产业环境对企业的战略竞争力和盈利能力有着更为直接的影响。

一、产业竞争性分析

产业竞争性分析属于微观环境分析,是企业制订战略最主要的基础。哈佛大学商学院的迈克尔·波特(Michael Porter)教授从产业组织理论中引入相关概念,通过大量案例分析作为事实基础,以产业组织理论中关于市场力量和赢利性的概念为基础,建立起一个综合的框架——"五种竞争力模型",简称"波特五力模型",来解释行业中企业的竞争(如图3.2所示)。

波特教授扩展了竞争分析的领域。他认为,产业的竞争强度和利润潜力不仅由同行业的竞争对手决定,还取决于供应商、购买商、潜在进入者和替代品。即一个行业或产业的竞争程度由以下五种力量来决定:行业内现有的竞争者之间的竞争状况、潜在的行业新进入者的威胁、替代产品或服务的威胁、购买商讨价还价的能力、供应商讨价还价的能力。

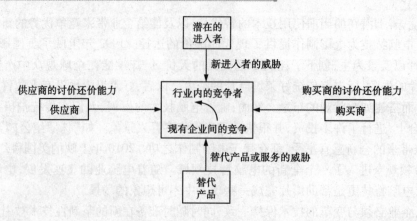

图 3.2　波特的五种竞争力模型

潜在进入者的进入威胁在于减少了市场集中,激发了现有企业间的竞争,并且瓜分了原有的市场份额。替代品作为新技术与社会新需求的产物,对现有产业的"替代"威胁的严重性十分明显,但几种替代品长期共存的情况也很常见,替代品之间的竞争规律仍然是价值高的产品获得竞争优势。购买者、供应者讨价还价的能力取决于各自的实力,比如卖(买)方的集中程度、产品差异化程度与资产专用性程度、纵向一体化程度以及信息掌握程度等。产业内现有企业的竞争,即一个产业内的企业为市场占有率而进行的竞争,通常表现为价格竞争、广告战、新产品引进以及增进对消费者的服务等方式。

故此,五大基本竞争力量的状况及其综合强度,决定着行业的竞争激烈程度,从而决定着行业中获利的最终潜力;决定资本向本行业的流入程度;最终决定企业保持高收益的能力。

(一)行业内现有的竞争者之间的竞争状况

行业内现有的竞争对手之间的竞争往往构成了产业竞争结构中最强的一种力量。在许多产业中,企业为了获得战略利益和超额利润而积极地开展相互间的竞争。其竞争手段多种多样,一般围绕价格、质量、产品的性能特征、顾客服务、广告促销、产品创新等方面展开。

同一产业中的企业很少有完全相同的,它们在资源和能力方面各有不同,并努力使自己与竞争者不同。通常,企业会在顾客认为有价值的方面努力使自己的产品与竞争者区分开来,并一次获得竞争优势。例如,沃尔玛和他的众多竞争对手之间的竞争是非常激烈的,竞争者正在侵入沃尔玛的市场份额。许多竞争者——包括塔吉特、西夫韦、克罗格、沃尔格林、CVS 等其他店的销售的增长速度已经达到了沃尔玛现有门店的 2～5 倍。

同行业竞争者竞争的激烈程度在不同的情形下有所不同。影响企业间竞争强度的主要因素有:

1. 竞争者的数量与力量

有很多企业参与竞争的行业,竞争通常很激烈。但如果一个行业只有少数几个规模和力量相当的企业,竞争也会非常激烈。这些势均力敌的企业掌握着大量且通常是类似规模的资源基础,会使现有竞争者之间的抗衡激烈化。例如,空中客车和波音公司的竞争战是旗鼓相当的企业之间激烈竞争的典型例子。

2. 行业增长速度

在行业快速增长时,由于各企业可以充分利用行业的发展,发挥各自的资金和资源优势来发展自己,因而竞争比较缓和。当行业增长速度缓慢甚至停滞时,行业内的企业为了提高自己在本行业中的增长空间,就会把力量放在争夺现有市场的占有率上,因此企业会投入市场竞争战并吸引竞争对手的顾客来保护并扩大自己的市场份额,这样竞争将会非常激烈、甚至是非常残酷的。

3. 固定成本和库存成本

当一个行业固定成本较高时,企业为降低单位产品的固定成本,会采用增加产量的措施,尤其是如果固定成本占了总成本的大部分,企业就会想办法最大化地利用其生产能力,这样可以用更大的产出来分摊成本。当行业的库存成本高时,企业为了减少库存,就会开始降低产品价格,给顾客提供折扣,导致价格大战,从而造成现有竞争者之间激烈的竞争。

4. 产品的统一性和转换成本

一个行业的产品如果统一性高,购买者就会以价格为导向来选择产品,这样会导致企业间的竞争加剧。当购买者找到一个能够满足其需求的差异化产品之后,顾客就会根据自己的偏好对某些产品表现出忠诚度,从而加大顾客的转换成本,使得企业间的竞争趋于缓和。购买者的转换成本越低,竞争对手就越容易通过提供特别的价格和服务来吸引顾客;高的转换成本,至少能在一定程度上保护企业,抵消竞争对手吸引顾客的努力。

5. 退出壁垒或障碍

退出壁垒或障碍是指企业在退出某个行业时要付出的代价。退出壁垒较高时,尽管有时一个行业的投资回报很低甚至是负数,企业也很难退出行业,只能继续经营,这样势必加剧行业的竞争。常见的退出壁垒包括:

①专门化资本(只在特定的产业或地区有价值的资产)。

②退出的固定成本(如劳动合同、职工安置费、设备备件费等)。

③战略相关性(公司一种业务与其他业务之间相互依存的某种关系,如企业形象、声誉、共享的设施、融资渠道等)。

④情感障碍(由于担心自己的前途,员工忠诚度等原因,不愿采取激烈的经济调整措施)。

⑤政府和社会的限制(一般基于政府对事业和地区经济影响的关注,会阻止一些企业退出某一行业)。

(二)潜在新进入者的威胁

鉴别潜在进入者对于企业来说非常重要,因为他们可能威胁到现有竞争者的市场份额。潜在进入者带来这一威胁的原因之一是,它们给这个行业带来新的生产能力。对于一个行业而言,潜在进入者的威胁大小取决于两个因素:行业的进入障碍以及行业内部对现有企业对潜在进入者的反击强度。行业进入障碍大小主要取决于以下因素。

1. 规模经济

规模经济源于企业规模增长过程中通过经验累积导致的效率的不断提升。因此,当企业一定时期内生产的产品增加时,单位产品的制造成本就会下降。规模经济可以通过很多商业功能实现,如市场营销、产品制造、研发采购等。规模经济的要求阻碍了潜在进入者对产业现有企业的竞争威胁,因为他要求潜在进入者必须以较大的生产规模进入行业,并冒着现有企业强烈反击的风险。如果企业以小的规模进入,则要长期忍受成本高的劣势。这两种情况都会使潜在进入者望而却步。

2. 产品差异优势

产品差异优势是指原有企业所具有的商标信誉和顾客忠诚度等,随着时间的推移,顾客可能会渐渐相信某企业的产品是独特的。这种认可可能来自企业对顾客的服务、成功的广告活动,或是第一个提出某种产品或服务的行为。潜在进入者必须花费巨大的广告和促销投入,消除顾客对原有品牌的忠诚,增加顾客对新品牌的认知,逐渐抢占原有企业的市场。这种投资具有特殊的风险,因为潜在加入者通过这一行为会使企业利润减少,甚至亏本。

3. 资本要求

进入新的行业竞争,要求企业有足够的资本投入。有的行业要求新加入者必须拥有雄厚的资金,资金需求就形成了进入障碍。即使新的行业很有吸引力,企业也可能因为没有足够的资本而无法进入市场。例如,航空业、国防行业、制药业等行业的资本需求都很大,包括购买设备的资金、研发等等各个方面的资金需求。

4. 转换成本

转换成本是指由于顾客转向新的供应商所引起的一次性成本,包括购买新的辅助设备,重新培训员工,甚至是结束原有购买关系所引起的损失等,这一切都会造成购买者对变换供应者的抵制。因此,制造商做出的生产更新、更具创意产品的决定,会给最终消费者带来很高的转换成本。例如,航空公司的里程累积计划,其目的就在于有意地增加顾客的转换成本。

5. 分销渠道

一个行业的正常销售渠道已经为原有企业服务,潜在进入者要进入该行业,必须通过让价、合作广告和补贴等办法,使原有销售渠道接受自己的产品,这样就形成了进入障碍。分销渠道的获得对于新进入者来说可能会是一个很大的进入壁垒,尤其是对于非耐用消费品行业和国际市场而言。新进入者必须说服分销商经销他们的产品,要么在原有产品的基础上增加功能,要么替代原有产品,但相应成本会增加,新进入者的利润也会因此减少。

6. 其他因素

决定进入障碍的因素除上述之外,还包括成本劣势、政府政策等因素。政府可能通过执照和许可证等要求对企业进入特定行业进行控制。另外,政府处于保证服务质量和保护就业的需要,通常会限制某些行业的进入。

(三) 供应商的议价能力

供应商可能会通过提高价格或降低产品或服务质量来威胁他所供应的企业。如果该企业无法通过自身价格结构消化来自供应商的成本压力,它的利润就会因供应商的压力而降低。供应商在以下几种情况下将更具议价能力。

①供应权掌握在少数几个大公司手里,其所在行业跟它们销售对象所在的行业相比行业集中度更高。

②供应商的产品没有很好的替代品。

③对整个供应行业而言,这个行业中的企业不是它们的重要客户。

④供应商的产品对买方而言非常关键。

⑤供应商的产品已经给行业企业制造了很高的转换成本。

⑥供应商进行前向一体化整合,进入买方企业所在行业将制造一个可信的威胁。如果供应商拥有充足的资源并能提供高度差异化的产品,这种可信度将会增大。

(四) 购买商或消费者的议价能力

企业总是寻求投资回报的最大化。换句话说,消费者希望用尽可能低的价格购买产品,在这个价格上,供方行业能够获得可接受的最低投资回报率。为了降低成本,买方通常会讨价还价,要求更高的质量、更好的服务以及更低的价格。行业内企业之间的竞争也会使买方获利。购买商在以下情况下拥有更强的议价能力。

①他们的购买量占行业产出很大比例。

②他们购买产品产生的销售收入占买方年收入的大部分。

③他们不用花费很大代价就可以转换到其他产品。

④行业产品差别不大或者说标准化,并且存在可信的买方后向一体化整合进入卖方行业的可能性。

由于拥有了更多关于生产厂商成本的信息,而且互联网成为销售和分销渠道之一,因此顾客在很多行业的讨价还价能力有所提高。原因之一是,消费者决定从这家生产商购买而不是另一家购买,或者换一家甚至几家经销商,转换成本降到几乎为零。

(五) 替代品的威胁

替代品是指那些与本行业的产品具有同样功能的其他产品。例如,塑料、玻璃与金属在作为建筑材料是可以成为替代品,报纸、电视与互联网在提供新闻时也可以互为替代品,替代品之所以具有一定的替代作用,往往是因为具有某种优势,如价格较低或拥有新的性能,一旦进入市场,会使本行业产品受到冲击。

一般来说,如果客户面临的转换成本很低甚至为零,或替代品的价格更低或者质量更好,性能接近于甚至超过竞争产品,替代品的威胁就会很强。在顾客认为有价值的方面进行差异化,可以降低替代品的吸引力。

二、产业内部结构分析——战略群体分析

(一)战略群体的概念

战略群体(strategic group)又称战略集团,是由一个行业中使用相似竞争战略或具有类似战略特征的一组竞争对手组成的企业群体。战略群组的概念提出,始于19世纪70年代有关美国白色家电业和啤酒业的研究。同一群体中的企业具有以下一种或多种共同的竞争特征:以相同或接近的价格、质量进行销售;覆盖相同的地理区域;纵向整合程度相同;具有相同的产品线宽度;强调同类型的销售渠道;提供相似的服务;使用相同的技术方法。战略群体分析有助于准确地确定公司的竞争对手,了解行业中各个竞争厂商所战略的竞争位置。

各个行业内的公司在战略相似性方面的差别非常大,一些行业的战略比较雷同,而另外一些行业的战略则相差较大。一些行业的异质性较强,往往由多个战略群体组成,如果把不同的战略群体融合在一起进行分析可能不合适,并且会产生误导。因此,必须对另一种类型的行业做不同的分析。当然,公司主要的竞争对手是出于同一战略群体内的其他成员。由于同一群体内的竞争手段相同或相似,因此他们之间的竞争相当激烈。

(二)决定战略集团之间的竞争程度的因素

对于战略群体之间的竞争情况,一般来说,下列四个因素决定着一个产业中战略集团之间的竞争激烈程度。

1. 战略集团间的市场相互牵连程度

市场牵连程度,是各个战略集团对同一顾客进行争夺的程度,或者说是它们为争取不同细分市场中的顾客进行竞争的程度。当战略集团间的市场牵连性强时,战略集团间有剧烈的竞争。

2. 战略集团数量以及它们的相对规模

一个产业中战略集团数量越多,并且各个战略集团的市场份额越相近时,战略集团间的竞争越激烈。

3. 战略集团建立的产品差别化

如果各个战略集团采取各自不同的战略来区分不同的顾客,并使他们对各个企业的产品有各自偏爱,那么战略集团间的竞争程度就会大大降低。

4. 各集团战略的差异

战略差异,是指不同战略集团实施的战略在关键战略方向上的离散程度,这些战略方向包括商标信誉、销售渠道、产品质量、技术领先程度、成本状况、服务质量、纵向一体化程度、价格、与母公司或东道国政府的关系等。

如果其他条件相同,集团间的战略差异越大,集团间竞争程度就越小。例如,保时捷、宝马属于高档豪华车,他们属于同一群体,因此他们之间的竞争较为激烈,但它们与现代、本田等车

型由于定价和目标群体不同,基本不是直接的竞争对手。

(三)战略集团图

在战略群体分析时,可以绘制行业内战略群体(战略集团)图,用来进行产业内部结构分析、解释行业内竞争对手间不同竞争地位。战略群体图的构建一般包括以下四个步骤:

①识别企业区别于其他企业的竞争特征。
②使用这些差异化特征绘制两个变量的图。
③把具有相同战略特征的企业分配到相同的战略群体空间中。
④在每个集团周围画圆,圆的大小代表各集团所占行业的销售份额的比例。

以世界汽车行业战略群体为例(如图3.3所示)。

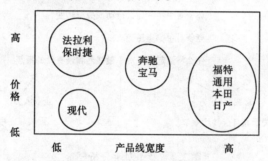

图3.3 世界汽车行业战略群体

在世界汽车行业有四个战略群体,左上角是高端豪华车生产商,这些厂商集中在一个非常狭窄的产品市场。这个群体内的公司生产的汽车价格都在10万美元以上,这个市场上的汽车生产商拥有品味非常高的顾客,很少有来自其他战略群体的竞争。另一个极端是左下角的战略群体,这些企业生产价格低的汽车,锁定在很窄的目标市场。这些生产商把价格定得非常低,以限制来自其他战略群体的竞争。第三个群体靠近中间,由拥有平均产品线宽度的厂商组成,如奔驰、宝马。最后一个群体的公司拥有宽的生产线,生产更高价位的车。这些公司同时参与低端市场和高端市场的竞争。典型的厂商包括福特、通用、本田和日产等。

战略群体图作为一种诊断竞争、市场定位,以及确定行业中公司盈利率的基本框架,对于企业战略制订具有重要的意义:第一,行业变化的驱动力量和竞争压力经常有利于某些战略群体而不利于其他群体;第二,不同群体的利润潜力由于每个战略群体市场地位的强弱而有所不同;第三,战略群体在地区中的距离越接近,他们的成员企业之间的竞争强度也越大。

第四节 竞争对手分析

企业与竞争对手的战略选择与实施是互相直接影响的,所以竞争对手分析在企业外部环境分析中是很重要的。波特教授在《竞争战略》一书中提出了竞争对手分析的模型,从竞争对手企业的现行战略、未来目标、竞争实力和自我假设四个方面分析竞争对手的行为和反应模式(如图3.4所示)。

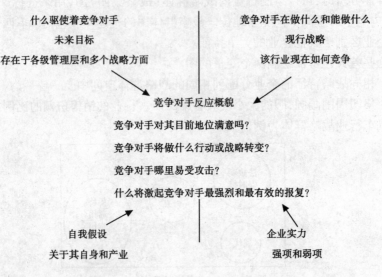

图3.4　竞争对手分析要素

　　通过对未来目标的分析,可以看出是什么动力驱使竞争对手在向前发展。在企业常用的目标体系中,分析竞争对手的目标多是财务目标。这里我们不只是要了解它的财务目标,同时要了解它的其他方面的目标,比如对社会的责任、对环境保护、对技术领先等方面的目标设定。同时目标是分层级的,要了解总公司的目标,还要了解各个事业单位的目标,甚至于各职能部门的相应的目标。现行战略的分析,表明竞争对手目前正在做什么,和将来能做什么。列出竞争对手所采取的战略,对其进行分析,以便本企业做出有效及时的回应。

1. 竞争对手的未来目标

　　对竞争对手长远目标的分析可以预测竞争对手对目前的位置是否满意,由此判断竞争对手会如何改变战略,以及他对外部环境的变化会采取什么样的反应。日本摩托车企业在20世纪70～80年代的战略目标很明显,就是要全面占领美国这块世界上最大最好的市场。因此,像本田公司,在遇到关税壁垒时就可能采取到美国直接建厂的办法绕过美国关税壁垒的限制。

2. 竞争对手的自我假设

　　每个企业所确立的战略目标,其根本是基于他们的假设之上的。这些假设可以分为三类:

(1)竞争对手所信奉的理论假设

　　例如许多美国公司所奉行的理论是短期利润,因为只有利润,才能支持发展。而日本企业信奉的是市场占有率和规模经济理论,他们认为,只要能占领市场,扩大生产销售规模,单位成本就会下降,利润自然滚滚而来,然后才有秋天的黄金收获。

(2)竞争对手对自己企业的假设

有些企业认为自己在功能和质量上高人一筹,有些企业则认为自己在成本和价格上具有优势。名牌产品企业对低档产品的渗透可能不屑一顾,而以价格取胜的企业对其他企业的削价则会迎头痛击。

(3)竞争对手对行业及行业内其他企业的假设

哈雷公司在20世纪60年代不仅对摩托车行业充满信心,而且对日本企业过于掉以轻心,认为他们不过是在起步学习阶段,对自己构不成威胁。然而,日本人一边低头哈腰地表示:"我们是小学生。"一边却对美国人小觑自己刻骨铭心:看谁笑到最后。经过20年的修炼,日本摩托车终于在美国"修成正果"。

3. 竞争对手的现行战略

战略途径与方法是具体的多方面的,应从企业的各个方面去分析。例如:从营销战略的角度看,本田的营销战略内容有:在产品上,以小型车切入美国市场,提供尽可能多的小型车产品型号,提高产品吸引力;在小型车市场站稳脚跟后再向大型车市场渗透;在价格上,通过规模优势和管理改进降低产品成本,低价销售;在促销上,建立摩托车新形象,使其与哈雷的粗犷风格相区别。事实证明,这些战略途径行之有效,大获成功。相对而言,哈雷公司却没有明确的战略途径与方法。哈雷公司的母公司AMF公司虽然也为哈雷公司注入资本提高产量,也曾一度进行小型车的生产,结果由于多方面因素的不协同而以失败告终。

4. 竞争对手的企业实力

战略目标和途径,都要以实力为基础。在分析研究了竞争对手的目标与途径之后,还要深入研究竞争对手是否具有能力采用其他途径实现其目标,以便于企业如何规划自己的战略以应对竞争。如果与竞争对手相比本企业具有全面的竞争优势,那么则不必担心双方发生冲突。如果竞争对手具有全面的竞争优势,那么只有两种办法:或是不要触怒竞争对手,甘心做一个跟随者;或是避而远之。如果不具有全面的竞争优势,而是在某些方面、某些领域具有差别优势,则可以在自己具有的差别优势的方面或领域把握好,但要避免以己之短击彼之长。在分析竞争对手的企业实力时,重点分析对手的核心能力、增长能力、快速反应能力、适应变化能力、持久力。

综上所述,通过竞争对手分析,企业能够了解到以下几点:

①是什么驱动着竞争对手,即它未来的目标是什么。

②竞争对手正在做什么,能够做什么,正如其当前战略所揭示的。

③竞争对手对行业是怎么看的,及其假设是什么。

④竞争对手的能力是什么,即它的强项和弱点在哪里。

这四个维度的信息,将帮助企业建立起针对每一个竞争者的预期反应档案(如图3.5所示)。有效的竞争对手分析有帮助于企业了解、解读和预测竞争对手的行为和反应,以获得竞争优势。

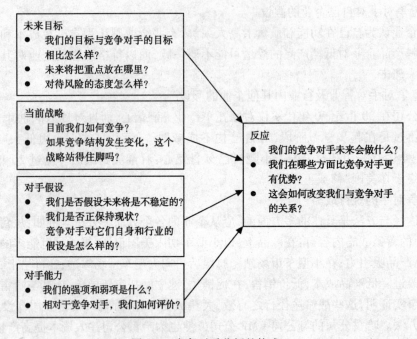

图 3.5 竞争对手分析的构成

有效的竞争对手分析的关键,是收集相关的数据和信息,使企业了解竞争对手的意图以及其中的战略含义。有效的数据和信息结合在一起就形成了竞争对手情报,这是企业收集的一组数据和信息,借以更好地了解和预测竞争对手的目标、战略、假设和能力。进行竞争对手分析的时候,企业不仅要收集有关竞争对手的情报,还要收集世界其他国家相关的公共政策信息。这些情报有助于形成对国外竞争对手战略态势的理解。

通过有效的竞争对手情报和公共政策情报,企业能够获得创造竞争优势所需的知识,提高战略决策的质量,并在竞争中战胜对手。例如,微软公司持续对其竞争对手谷歌进行各方面的分析,以便在搜索引擎业务方面获得主导地位。微软经过研究发现,谷歌将是一个非常强大的竞争对手。同样,在以更加积极地态度与谷歌竞争的基础上,微软也重新研究了对雅虎公司的收购。这些对于竞争对手有效的分析,对微软的企业战略评价与选择起到了重要作用。

本章小结

以企业环境分析为主要内容的战略分析是企业战略选择的基础和依据。企业的外部环境分析的意义和目的是找出企业发展机会和外部环境对企业发展构成的威胁。企业的外部环境分析包括宏观环境(PEST 分析)分析和微观环境分析(行业结构分析即波特的"五力"分析)。

PEST分析从政治与法律因素、经济因素、社会因素和技术因素等宏观方面分析宏观环境对企业战略发展的影响,行业结构分析则从行业层面分析现有竞争者之间的竞争、潜在进入者的威胁、替代品的威胁、买方和卖方的议价能力,这五个方面的因素决定了行业的竞争状况和结构性吸引力。

战略群体是执行相似战略的一群企业。战略群体分析有助于加深对行业的理解,关注最主要竞争对手的行动。战略群体中的厂商在竞争策略和地位上具有相似性,这种相似性可能表现在以下几个方面:产品线的宽度,垂直一体化的程度,提供给购买者的服务和技术支持,用来吸引类似购买者的产品属性,强调相同的分销渠道,依赖相同的计数方式,以及产品的价格或质量处于同一个区间。

竞争对手是企业战略及经营行为最直接的影响者和被影响者,这种直接的互动关系决定了竞争对手分析在外部环境分析中的重要性。根据波特教授对竞争对手的分析模型,对竞争者的分析有四种诊断要素,即竞争对手的长远目标、竞争对手的现行战略、竞争对手的假设和竞争对手的能力。

思 考 题

1. 什么是企业外部环境?
2. 解释如何进行外部战略分析。
3. 描述宏观环境和产业环境中最重要的维度。
4. 试分析新近出现的能够对汽车制造企业产生显著影响的政治-法律、经济、社会和技术等方面的变化趋势。假设以一个汽车制造企业为对象,试分析外部环境中哪些是可以利用的机会,哪些是威胁。
5. 用波特的五种力量模型评价PC行业的竞争状况。
6. 分析中国零售业战略群体及其变化。
7. 假如你是一家企业的老板,选择进入一个行业,分析企业目前所处的外部环境并进行战略的制订。

【案例分析】

德钢百亿战略的诱惑

在云南德胜钢铁有限公司的一次大经销商联谊会上,"明年钢铁产量将达到400万吨"的信息不胫而走。令人关注的是,400万吨钢铁的产量也许在钢铁企业中不算太大,但实际产值可达100亿元以上,这不仅足够确保德钢坐稳云南钢铁老二的位置,云南首家产值超100亿元的民营企业也指日可待。

德钢速度

在前不久发布的"云南省百强企业榜"和"2010中国民营企业500家名单",云南德胜钢铁有限公司以营业收入520 229万元分别名列榜单第17位和287位。

10年来，德钢从成立到恢复生产，从炼铁到炼钢又到轧钢，由小壮大、由弱变强，实现了跨越式发展。如今，德钢已经形成拥有6家具有独立法人资格的企业集团。形成了钢铁冶金制造、矿产资源开发、煤化工、物流仓储、机械制造、电力能源开发和国际贸易为主营业务的产业发展格局。

从濒临破产到云南工业民企"首富"，只用了10年，这是云南乃至全中国的一个神话，德胜创造了让同行业惊叹的"德钢速度"。

细品"禄钢"到"德钢"的质变与飞跃，德钢的发展历程不但见证了中国国企改革的艰难旅程，也给许多在改革中摸索创新的企业一些新的启示。

"德钢之所以充满活力，在于它把国有企业成功的管理经验与民营企业机制灵活、用人自由、决策自主等方面相结合，从经营管理到生产一线，全面推行'新机制、新举措、高效率、快节奏'的经营管理模式，真正实现了'责、权、利'的结合。"

云南德胜钢铁有限公司董事长李贵国认为，这就是创造"德钢速度"的基础。据其介绍，德钢在成立伊始，就全面引入德胜集团的经营管理理念，坚持"以人为本，科技兴企"的战略，实施"只重结果，不讲过程"的一整套全新的管理运作机制，严格执行"成本和质量否决制"，履行"言必行，行必果，禁则止"的管理理念。

目前，德钢已形成年产150万吨铁、150万吨钢的生产规模，年产值50亿元以上。成为楚雄州继烟草业之后又一个新的支柱产业，是云南省最大的民营企业。被云南省委、省政府列为国企改革的成功典范。成立10年来，德钢连续7年进入中国纳税百强私营企业。

战略诱惑

据了解，我国是钢铁生产和消费大国，粗钢产量连续多年居世界前列。据资料显示，2009年，我国粗钢产量达到5.678亿吨，几乎占据全球总产量的半壁江山。

今年7月，工业和信息化部（下称"工信部"）正式发布了《钢铁行业生产经营规范条件》（下简称《条件》），对钢铁企业在环境保护、能耗、生产规模等方面做了一系列规定。这一重磅炸弹的投掷，让钢铁行业新一轮洗牌一触即发。

《条件》中规定，2009年普钢企业粗钢产量100万吨及以上，特钢企业30万吨及以上是钢铁行业生产经营的规范条件。"单扣这一要求，云南只有昆钢和德钢两家达标。"云南雄山钢铁贸易有限公司董事长张正雄在接受记者采访时说。

与此同时，《云南省黑色金属产业发展规划纲要（2009~2015年）》中也指出，积极引进国内外战略合作者，充分发挥大型钢铁企业集团资金、管理、技术等方面的优势，鼓励加快上下游、跨行业的重组、整合。加快体制创新，消除体制性障碍，创造兼并重组良好的环境，进一步提高产业集中度，优化产业布局。充分发挥昆钢、德钢的带动作用，促进联合重组，力争形成两个500万吨级及以上的具有区域竞争力的大型钢铁企业集团。

根据规划，到2012年，昆钢成为千万吨级钢综合生产能力、竞争力强、综合优势明显的大型钢铁企业集团;2015年形成昆钢和德钢两大钢铁企业集团,产业集中度达到90%。这些政策,对德钢来说,无疑是个诱惑。

"从70%的产业集中度提升到90%,两大钢企参与整合重组完全在情理之中。"据张正雄介绍,2009年,云南省粗钢产量约1 100万吨,占全国钢产量的2%左右,其主要钢铁企业昆钢和德钢的钢产量已占全省钢产量的70%以上。

"铁行业当前面临的宏观形势是国家应对金融危机采取的各种刺激经济政策效果继续显现,经济企稳回升势头逐步增强,总体形势趋于好转。国家的这些措施出台后将会为钢铁行业的健康发展提供有力的政策支持。"

在李贵国看来,云南的区位优势已成为推动云南经济社会向前发展的"加速器"。同时,随着我国城镇化、工业化步伐加快,内需潜力巨大,也为德钢提供了更广阔的发展空间。

其实,德钢在2007年编制的《云南德胜钢铁有限公司"十一五"发展规划》的基础上,编制了节能减排500万吨钢发展规划。按照德钢这一发展规划,如果全部工程实现后,可产生直接经济效益GDP实现310亿元以上、税收48.19亿元、实现直接就业0.8万人,带动当地间接就业10万人,带动物流、运输、能源、矿业等相关产业GDP增长200亿元以上。

"规划实现后,公司在整体经济实力、产品结构和产品附加值、技术装备水平、产品质量、成本竞争力等方面有很大提高。"李贵国称。显然,德钢400万吨的钢铁产量并非空穴来风。

(资料来源:林巧.德钢百亿战略的诱惑[N].云南经济日报,2010-10-14(A03).)

讨论题:
1. 谈谈本案例对你的启示。
2. 利用本章所学的环境分析模型,对于德钢所面临的外部环境进行具体分析。

【阅读材料】
百事的健康转型

2007年2月,前世界卫生组织执行主席、营养专家德里克·雅驰(Derek Yach)接受了百事公司的聘请。他的母亲对此非常担心,觉得他像是失去了理智。"你难道不知道百事生产的那些碳酸饮料和薯片会导致肥胖,甚至让人生病?"她这样质问道。与此同时,雅驰在公共卫生领域的旧同事们也对此有着类似的担心。

雅驰当然知道百事在生产些什么,他所要做的正是引导这个年营业额高达430亿美元的跨国休闲食品企业探索出一条使营养更加均衡的产品线。对百事公司来说,"健康"产品组合是一单价值100亿美元的大生意。公司首席执行官卢英德(Indra Nooyi)表示,她希望这一业务的规模能够在未来10年内扩大至300亿美元。

雅驰现任百事公司全球健康政策部高级副总裁,公司高层承诺给予他在公司事务上足够的发言权,但问题在于这种承诺真能兑现吗?假设他的影响力能够得以发挥,百事的健康计划究竟能否为公司创造利润?公司内部不断壮大的健康专家团队——那些以往被百事公司视为眼中钉的人——真的能够用苹果做出如同乐事的油炸薯片一般美味的零食吗?

在过去的两年中,百事聘请了十几位医师和医学博士,其中许多人都曾在梅奥诊所(Mayo Clinic)、世界卫生组织以及同类公共卫生机构中供过职,并在业界享有良好的声誉。一部分专家从事糖尿病和心脏病等疾病的研究,而过量食用百事公司生产的垃圾食品正是此类疾病的重要诱因之一。

对百事公司而言,雅驰和他的这些在医疗行业供过职的同事们并非颠覆者。百事公司首位首席科学官默穆德·卡恩(Mehmood Kahn)称,公司大胆启用这类人才的目的在于——在开发新的健康食品的同时,降低现有产品对人体的危害。"生日那天享用一块生日蛋糕绝对没问题,"前梅奥诊所执业医师、以节食人群营养需求为主攻课题的卡恩说,"但如果一周7天每天都吃,那就另当别论了。"正是在加入百事公司后,卡恩和这里的其他科学家"才敢说真正有能力对人们消费的产品产生影响"。

远离垃圾食品

卡恩一直在寻找能够被用于多种产品的万能添加剂。去年,一种名为"甜菊"(stevia)的植物成为技术突破的关键,百事利用甜菊萃取物开发纯天然、无热量且不添加甜味剂的食品,并成功推出了几个一上市就受到欢迎的品牌,其中包括由其Tropicana橙汁衍生出的Trop50,这种经过改良的果汁饮料热量只有其他早餐备选产品的一半。去年5月投放市场后,Trop50迅速成为热门产品,品牌价值现已高达1亿美元。最近百事又将推出两款Trop50系列新品:石榴蓝莓口味和芒果菠萝口味。

首席执行官卢英德表示,研发更健康的产品是她唯一的选择。在过去的15年中,不断有消费者远离碳酸饮料,而该项业务曾一度占到公司饮料业务的90%。许多消费者转向了瓶装水市场。与此同时,百事公司面对的舆论压力不断增大,针对菲多利(Frito Lay)休闲食品的指责不绝于耳,而这些高油高盐的垃圾食品在百事公司的版图上占据着最大的地盘。尽管陆续收购了桂格燕麦(Quaker Oats)等健康食品品牌,但公司直到最近才认识到科学研究的重要性。带来这一改变的正是2006年上任的卢英德。通过她的努力,百事公司2008年的研发预算提高到了3.88亿美元,与3年前相比增长了38%。

"社会、大众以及人们的生活方式都在变化,"卢英德说,"为了适应崭新的世界,产品研发也需要跟上转变的步伐。"要依照她的计划将健康产品的销售额扩大到300亿美元,这条产品线的年增长率必须超过10%,而这一增速将是百事公司历史平均水平的两倍。

回望艰难泥泞的2009年,由于增长势头一向良好的饮料品牌——佳得乐(Gatorade)出现下滑趋势,美国金融界对于百事公司是否有实力支持卢英德的计划仍持怀疑态度。为了打击竞争对手可口可乐,百事采取了明显的低价策略。在证券分析师眼中,健康食品市场确实具有长期发展的潜力,但就目前而言,百事公司并不应忽视占其绝对主导地位的传统休闲食品及碳酸饮料业务。位于康涅狄格州斯坦福德的一家独立股票研究公司Consumer Edge Research的首席执行官比尔·皮卡列罗(Bill Pecoriello)说:"消费者可能会选择非油炸薯片、椒盐脆饼或是Sun Chips谷物薯片,但他们目前还不会为苹果或胡萝卜条而放弃休闲零食。"

百事已经成功构建起一个风格鲜明、家喻户晓的产品帝国,其生产及分销环节成效显著。无论你身处世界的哪一个角落,想买到一包乐事薯片或是一罐激浪饮料都不是件难事。到目前为止,健康产品的开发(包括TrueNorth牌坚果小食和SoBe Lifewater饮料在内)只能算是成功了一半。"我们不再集中于百事品牌的建设,"卢英德表示。她想开发出多样化的产品,以满足不同消费群体的需要。

在百事的健康推进项目中,一项针对印度及其他发展中国家营养不良人口而研发并销售新产品的计划备受争议。身为印度人的卢英德明确指出,这并非慈善事业,这一项目的启动是为了盈利。作为前期实验性项目的一部分,百事正在为尼日利亚的一项食品派发行动提供资助,所提供的产品是一种蛋白质含量丰富的花生酱。然而卡恩表示,一旦分析出市场需求的热点,百事公司便会将有助于营养均衡的加工食品投入生产,并从中获利。

然而,面向发展中国家的营销计划潜藏着各种风险,百事公司很有可能因利用当地人民的生活困境、或因忽视贫困人口的总体膳食平衡而受到谴责——这些骂名对于婴儿配方奶粉生产商来说再熟悉不过了。耶鲁大学拉德食品政策与肥胖研究中心(Rudd Center for Food Policy & Obesity)主任凯利·布劳内尔(Kelly D. Brownell)认为,百事公司的发展中国家市场提案仍有待斟酌。但他同时也从一名产业评论家的角度称赞了百事公司在改进主营产品方面所做出的努力,例如百事从薯片中分离出有害脂肪的做法就值得肯定。"百事是业界最有进取心的企业,"布劳内尔说。

(资料来源:[美])南妮特·伯恩斯.百事的健康转型[N].商业周刊,2010,3:74.)

Chapter 4 第四章

企业内部条件分析

知人者智,自知者明。胜人者有力,自胜者强。

——老子

【教学目标】
1. 掌握企业核心竞争力的概念及其判断标准;
2. 掌握价值链分析法的主要内容及其应用;
3. 掌握SWOT分析矩阵的主要内容;
4. 理解企业资源的分类;
5. 理解环境、能力、战略的匹配关系;
6. 了解企业能力分析的内容;
7. 掌握经验效益法。

【引导案例】

3M公司应对创新与效率之间的对立

企业竞争优势的一个重要来源就是,明智地利用企业中的各项资产进行持续不断的创新,为企业的顾客源源不断地创造价值。数十年来始终坚持多元化经营战略、现已拥有六个业务部门的3M公司就是企业创新的一个成功范例。我们可以从这样一句口号中体会到3M公司对技术创新的坚持,以及创新对其竞争行为来说所具有的重要性:"创新精神,这就是3M。"从日常的现实意义上来说,创新的重要性可以体现在3M公司为自己定下的一项闻名于业界的经营目标,那就是每年都要从最近五年推向市场的新产品中获得至少1/3的销售额。

几十年来,3M公司的确因为其再创新相关领域表现出的杰出能力及由此获得的商业成就而得到了业界的广泛赞誉。凭借公司内部大量科学家和工程师的技术能力，3M 一共开发出了 30 多项核心技术，并以这些核心技术为基础生产出 55 000 多种产品，远销世界各地。但如今时代已经变了。2007 年中期，3M 公司仅仅从最近五年推向市场的新产品中获得了 25% 的年销售额。公司投入在产品研发上的资金也越来越少，而研发资金通常又是产品创新的源泉。不计其数的金融分析师都对 3M 公司研发投资的缩减提出了批评。(2006 年)全年利润也没有达到公司的预期目标，众多投资者以及其他的利益相关者(例如供应商、顾客，甚至包括企业员工)都对 3M 公司的经营业绩失去了信心。在当时的危机情况下，新上任的 CEO 乔治·巴克利执行了一项重要战略，令 3M 公司脱离险境，重新回到蓬勃发展的黄金时代。

3M 公司创新成果的转变究竟得益于什么因素呢？有些人认为是前任 CEO 詹姆斯·迈克纳尼(在巴克利任职之前，此人就是 3M 公司的 CEO)一手引入的六西格玛计划塑造了如今 3M 公司的经营格局。在商业界得到广泛使用的六西格玛指的是"一系列旨在减少产品缺陷、提高企业效率的管理方式"。在生产流程中，六西格玛的作用就是及时发现问题，并利用严格的衡量标准来减少产品的多元化，消除产品的缺陷。早在通用电气担任高层主管的时候，因为当时通用电气的 CEO 杰克·韦尔奇在任职期间就将六西格玛方法广泛应用于通用电气的经营活动中。

如果一个企业目的是减少资源浪费，提高经营效率，从而改进企业的盈利能力，那么像六西格玛这样的管理方式是完全适用的。但问题是，创新源泉和效率源泉在有些情况下是不同的。用一位分析师的话来说："就像 3M 公司那样，当各种积极的管理方式(六西格玛)融入企业文化之中，创新能力(以及由此产生的产品创新)就经常会被抑制。"事实的确是这样。六西格玛关注的是定义、衡量、分析、改进和控制等管理行为。有些人争论说，仅仅对这些管理行为的关注，只会产生千篇一律，而不会带来产品创新。3M 公司的一位员工曾将效率和创新之间的对立称为"六西格玛控制"和"创新自由"。一直以来，3M 公司都在产品创新领域投入了巨大的精力和资源，公司内的其他员工由此认为，3M 公司因实行六西格玛计划而过度强调的一些原则最终将会使 3M 遗失自己的灵魂。

最近，CEO 巴克利指出，3M 公司的股东们将会迎来公司研发部门的复苏。巴克利相信这代表了 3M 对企业发展和产品创新的再次关注。不过，建立高度有效的生产流程仍然是 3M 公司的一项首要任务。

(资料来源：[美]希特.战略管理：竞争与全球化[M].北京：机械工业出版社，2006：64.)

第一节 企业资源与企业能力分析

企业内部条件是企业能够加以控制的因素，主要包括企业的资源和企业能力。企业的内部环境是企业经营的基础，是制订企业战略的出发点、依据和条件，是企业竞争取胜的根本所在。

一、企业的资源分析

(一)企业资源理论概述

1984年沃纳菲尔特(Wernerfelt)的《企业的资源基础论》一文的发表标志着资源基础论的诞生。资源论的假设是:企业具有不同的有形和无形的资源,这些资源可转变成独特的能力;资源在企业间是不可流动的且难以复制;这些独特的资源与能力是企业持久竞争优势的源泉。

资源论的基本思想是把企业看成是资源的集合体,将目标集中在资源的特性和战略要素市场上,并以此来解释企业的可持续的优势和相互间的差异。

资源基础理论认为,企业是各种资源的集合体。由于各种不同的原因,企业拥有的资源各不相同,具有异质性,这种异质性决定了企业竞争力的差异。

其中,各种资源具有多种用途,其中又以货币资金最为常见。企业的经营决策就是指定各种资源的特定用途,且决策一旦实施就不可还原。因此,在任何一个时点上,企业都会拥有基于先前资源配置基础上进行决策后带来的资源储备,这种资源储备将限制、影响企业下一步的决策,即资源的开发过程倾向于降低企业灵活性。例如,拥有1亿元货币金的企业几乎可能涉足任何产业,但它一旦将这1亿元资金用来购买了化工设备及化工原料,它就只可能从事特定的化工生产。尽管如此,企业仍然热衷于资源的开发利用,因为资源的开发增加了资源的专用性,有可能提高产出效率及资源的价值。如果决策得当,上述那家只能从事化工生产的企业也许会从化工生产中赚回2亿元。

资源基础理论认为,企业在资源方面的差异是企业获利能力不同的重要原因,也是拥有优势资源的企业能够获取经济利益的原因。作为竞争优势源泉的资源应当具备以下五个条件:①有价值;②稀缺;③不能完全被仿制;④其他资源无法替代;⑤以低于价值的价格为企业所取得。

(二)企业资源分析的目的

资源本身并不能够为企业带来竞争优势。一种竞争优势通常要以集中资源的独特组合作为建立的基础。企业资源分析的目的是:

①确定企业的资源强势和弱势。资源强势是形成企业核心能力的重要基础,是企业的竞争资产。资源弱势是企业的竞争负债,制约优势形成,限制战略发展空间。

②确定形成企业核心能力和竞争优势的战略性资源,并持续投入。增加竞争资产,减少竞争负债,全面提高企业的资源基础。

(三)企业资源的分类

1. 根据其是否容易辨识和评估来划分

企业资源可以分为有形资源和无形资源(见表4.1)。

表4.1　企业资源的分类与特征

资源		主要特征	作用	主要的评估内容
有形资源	财务资源	企业的融资能力和内部资金的再生能力	决定企业的投资能力和资金使用的弹性	资产负债率、资金周转率、可支配现金总量、信用等级
	实物资源	企业设备的规模、技术及灵活性;企业土地和建筑的地理位置和用途;获得原材料的能力	决定企业成本、质量、生产能力和水准的因素	固定资产现值、设备寿命、先进程度、固定资产其他用途
	人力资源	员工的专业知识、接受培训程度决定其基本能力。员工适应能力影响企业本身的灵活性。员工的忠诚度和奉献精神以及学习力决定企业维持竞争优势的能力		员工知识结构、受教育水平、平均技术等级、专业资格、培训情况、工资水平
	组织资源	企业的组织结构类型与各种规章制度	决定企业的运作方式与方法	企业组织结构,正式的计划、控制、协调机制
无形资源	技术资源	企业专利、经营诀窍、专有技术、专有知识和技术储备、创新开发能力、科技人员等	决定企业工艺水平、产品品质,决定企业竞争优势的强弱	专利数量和重要性、从独占性知识产权所得收益,全体职工中研究开发人才的比重、创新能力
	商誉	商誉的高低反映了企业内部、外部对企业的整体评价水平	决定企业的生存环境	品牌知名度、美誉度、品牌重购率、企业形象;对产品质量、耐久性、可靠性的认同度;供应商、分销商认同的有效性、支持性的双赢的关系、交货方式

(1)有形资源

有形资源是指可见的、容易识别、能够量化的资产。如厂房、生产设备、组织机构、金融资产等都属于有形资源。许多有形资源的价值可以在财务报表中得到反映,但其价值也是有限的,因为企业很难再深入地挖掘它们的价值。

有形资源的四种类型分别为财务资源、实物资源、人力资源、组织资源。

(2)无形资源

与有形资源相比,无形资源是一种更高级、更有效的核心竞争力来源。无形资源指那些深深根植于企业的历史之中,长期积累下来的资产。无形资源可分为技术资源和商誉资源。

无形资源通常不易被竞争对手了解、分析和模仿。如管理者和员工之间的信任和联系、管理能力、组织制度、科技能力、创新能力、品牌、声誉,这些都属于无形资源。

商誉是企业竞争优势的一个重要来源。良好的声誉能够为企业创造价值,它是依靠企业的行为和宣传培养起来的,是企业用自己连续数十年在市场上的出众表现换来的,体现了企业的各个利益相关者对企业的认可。声誉表明了企业的发展能够被利益相关者认识的程度,同时也表明了他们对企业经营者的认同程度。一个拥有很高知名度且备受重视的品牌名称,就是把声誉转化为企业竞争优势的一种应用方式,企业不断地投入资金进行技术创新和积极的广告宣传,这些都可以帮助企业将自己的声誉与品牌更加紧密地联系起来。

尽管生产性资产是有形的,但使用这些资产的很多流程却是无形的。因此,与制造设备这样的有形资源相关的学习过程以及潜在的专有流程都属于独特的无形资产性质,例如质量控制流程、独特的生产流程,以及随时间不断发展并为企业带来竞争优势的先进技术等。

2. 根据资源对企业竞争优势的贡献不同来划分

分为边缘资源、基础资源、竞争资源和战略资源四类。

查哈巴吉与林奇(Chaharbaghi and Lynch,1999)通过对资源进行分类,把不同资源与竞争优势和战略优势对应起来。这四类资源共同形成一个由底层到高层的金字塔形状的资源格局,如图4.1所示。

图4.1 资源分类图

其中,边缘资源是企业内部非必要的资源,容易从外部市场获得,无法构成企业相对于竞争对手的竞争优势。基础资源是企业的基本资源,如人力资源、厂房、生产设备等,相当于前面所说的有形资源;如果该资源缺失,组织就无法运行,但是这些资源只是参与竞争的最低要求,他们并不能为企业带来竞争优势。竞争性资源一般具有稀缺性、专有性、满足特定需求等特征,能够为企业创造价值增值,包括特异的技术和知识、专利、信誉和品牌等无形资源。战略性资源是企业独特的资源,能够为企业创造一个难以被竞争对手超越的差距,能够确保企业实现战略目标,如创新能力等。

(四)企业资源分析过程

企业资源分析是指公司为找出具有未来竞争优势的资源,对所拥有的资源进行识别和评价的过程。这一过程包括确定公司所拥有的资源,然后应用资源价值原理来确定哪些资源真正具有价值。

企业资源分析是从全局来把握企业资源在量、质结构和分配、组合方面的情况,它形成企业的经营结构,也是构成企业实力的物质基础。企业资源的现状和变化趋势是制订总体战略和进行经营领域选择的最根本的制约条件。企业能投入到经营活动中的资源是有限的,这种有限性是双重的。第一,外部能提供的资源是有限的,除了资金的限制外,还与供应渠道等其他要素有关;第二,企业资源分配在各个部门、各个战略时期的平衡是有限的,这主要来源于企业利用资源的能力是有限的,这种能力受到企业的管理水平、技术水平、企业理念、企业外部环境、战略等的制约,以至于影响资源利用的效率和效能。所以,企业战略管理中的资源分析,一是要对企业现有资源的状况和变化趋势进行分析;二是要对战略期中应增加哪些资源进行预测,提高资源的利用能力。表4.2提供了一种企业资源分析的框架和思路。表中的"未来",既可以是战略期末,也可以是一年末、两年末、三年末……以便能动态地进行。

表4.2 企业资源分析框架

	数量			质量			配置			说明
	现状	未来	差距	现状	未来	差距	现状	未来	差距	
财力资源										
物力资源										
技术资源										
市场资源										
环境资源										

根据学者杨锡怀、王江的研究,资源分析可按照以下四个步骤进行:[①]

1. 分析现有资源

对现有资源进行分析是为了确定企业目前拥有的资源量和可能获得的资源量。分析中既包括对有形资源的分析,也包括对无形资源的分析。经过分析,列出企业目前拥有和可能获得的资源情况。资源情况主要包括以下内容:

(1)管理者和管理组织资源

包括管理部门的构成特征以及由此形成的管理优势;管理人员知识结构、年龄结构、专业

---

① 杨锡怀,王江.企业战略管理[M].3版.北京:高等教育出版社,2010:87-90.

资格、流动情况、管理风格、管理模式、综合素质、管理人员拥有量与需要量的平衡情况、与产业平均水平比较;企业内有关信息和沟通系统的有效程度;高级管理人员制订战略的能力等。

(2) 企业员工资源

包括企业员工的实际拥有量与需要量的平衡情况、现有员工的经验、能力、素质、责任心、奉献精神、员工平均技术等级、专业资格、出勤率和流动率、与产业平均水平的比较、薪酬水平、激励政策的功效等。

(3) 市场和营销资源

包括企业的营销力量状况、营销决策和营销管理水平;企业产品或服务所在市场及市场地位;企业对用户需求和竞争对手的了解程度。

(4) 财务资源

包括企业资本结构的平衡状态;企业的现金流动、债务水平以及盈利情况;企业与银行的关系、融资能力、信用等级;企业财务对战略成功的影响。

(5) 生产资源

包括生产效率和规模、低成本制造水平、存货水平、瓶颈所在、企业与供应商的关系等。

(6) 设备和设施资源

包括设备和设施的现代化程度、加工制造的灵活性、对战略目标的满足程度等。

(7) 组织资源

企业的组织结构类型以及各种计划体系、控制体系对战略的适应性及保证程度,是否需要进行组织再造。

(8) 企业形象资源

包括企业商誉、品牌知名度、美誉度、品牌重构率、与供应商、分销商之间的关系等。

2. 分析资源的利用情况

分析资源的利用情况,可运用产出与资源投入的比率来进行,也可以运用比较法来进行。

3. 分析资源的应变力

资源应变力分析的目的是要确定一旦战略环境发生变化,企业资源对环境变化的适应程度的强弱。特别是对那些处于多变环境的企业来说,更应做好资源的应变力分析,这是建立高度适应环境变化的资源基础的出发点。另外,具体分析时,要把分析重点放在那些对环境变化特别敏感的资源上。

4. 进行资源的平衡分析

(1) 业务平衡分析

即对企业各项业务的经营现状、发展趋势进行分析,以确定企业在各项业务上的资源分配是否合理。

(2) 现金平衡分析

主要针对的是企业是否拥有必要的现金储备或拥有应付战略期内现金需要的现金来源。

(3) 高级管理者的资源平衡分析

主要分析企业拥有高级管理者的资源在数量、质量、管理风格、管理模式等与制订、实施战略所需人力资源的适应程度。

(4) 战略平衡分析

主要分析企业现实拥有的资源和战略期内可能获得的资源,对企业战略目标、战略方向的保证程度,即要确定企业资源是否符合实现战略目标的要求。

二、企业能力分析

(一) 企业能力

企业能力是指整合企业资源,使企业资源价值不断增加的技能。资源本身并不能产生竞争力和竞争优势,竞争能力和竞争优势源于对企业各种资源的特殊整合。当企业对资源进行合理的组合来完成一项或一组具体的任务时,企业的能力就显现出来了。这些任务可能包括选择合适的人力资源、销售产品以及产品的研发活动等,企业的能力对于开发企业的竞争优势来说是非常关键的,而企业的能力则通常以企业内部的人力资本对信息和知识的开发、传送和交流为基础。

如表4.3中所表明的,企业的能力通常在某个具体的职能领域(如生产、研发以及市场营销)或者某个功能性领域的部分领域(如广告)中得到发展。表4.3列举了一些公司非常重视的一系列组织职能和企业能力,这些公司认为这些能力都可以承担表中列出的全部或部分的组织职能。

表4.3 企业能力的一些例子

职能领域	能力	企业例子
配送	有效地利用后勤物流管理技术	沃尔玛
人力资源	激励、授权以及留住雇员	微软
管理信息系统	通过搜集定点采购数据有效果有效率地控制存货	沃尔玛
市场营销	有效地推广品牌产品	宝洁
		拉尔夫·劳伦
		麦肯锡
	有效的顾客服务	Nordstrom
		Norrell
管理	展望未来潮流的能力	Hugo Boss
	有效的组织结构	百事

续表4.3

职能领域	能力	企业例子
生产	产出可靠的产品所需要的设计和生产技能	松下
	产品和设计质量	Witt Gas Technology
	产品和产品元件的微型化	索尼
研发	技术创新	卡特彼勒
	开发精密的电梯控制系统	奥的斯电梯
	把技术快递转化为产品和生产过程	Chaparral Steel
	数字技术	Thmoson Consumer Electronics

(二)企业能力与企业资源、企业战略的关系

企业可持续性的竞争优势是由企业在长期运行中,将具有战略价值的资源和能力进行特殊的整合、升华而形成的核心竞争力所产生的。这样一个整合过程是企业素质的提升过程,也是一个以资源为基础的战略分析过程,如图4.2所示。

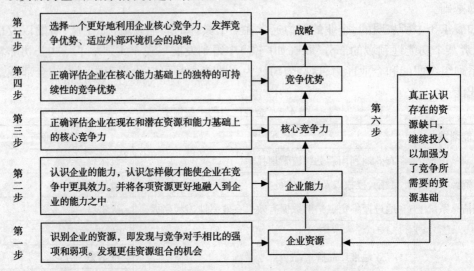

图4.2 以资源为基础的战略分析

(三)企业能力分析的主要内容

1.财务能力分析

企业的财务状况直接反映了一个企业的经营能力。一般采用财务比率分析的方法。它从

两个方面进行分析:一是计算本企业有关财务比率,并与同行业中竞争对手进行比较或与同行业的平均财务比率进行比较,借以了解本企业同竞争对手或同行业一般水平相比的财务状况和经营成果。二是将计算得到的财务比率同本企业过去的财务比率和未来的财务比率相比较,借以测定企业财务状况和经营成果在一个较长时间内的变动趋势。

财务能力分析评价体系主要由以下五大类指标构成:

①收益性指标。其分析目的在于观察企业在一定时期内的收益及获利能力。收益性指标主要包括:资产报酬率、所有者权益报酬率、每股利润、股利发放率、市盈率、销售利税率、销售毛利率、销售净利率、成本费用利润率。

②安全性指标。其分析目的在于观察企业资金调度的安全性,即企业在一定时期内的偿债能力。安全性指标主要包括:流动比率、速动比率、资产负债率、所有者(股东)权益比率、利息保障倍数。

③流动性指标。其分析目的在于观察企业在一定时期内的资金周转状况。流动性指标主要包括:存货周转率、应收账款周转率、流动资产周转率、固定资产周转率、总资产周转率。

④成长性指标。其分析目的在于观察企业在一定时期内经营能力的发展变化趋势。成长性指标主要包括:销售收入增长率、税前利润增长率、固定资产增长率、人员增长率、产品成本降低率。

⑤生产性指标。其分析目的在于观察企业在一定时期内生产经营能力、生产经营水平和生产成果的分配。生产性指标主要包括:人均销售收入、人均净利率、人均资产总额、人均工资。

分别计算以上五大类指标并画出"雷达图",可以直观地、清晰地反映出企业的财务以及经营管理状况的优势和劣势,帮助企业制定有效的战略。

2. 营销能力分析

营销能力分析主要从企业的产品竞争能力、销售活动能力、新产品开发能力和市场决策能力四个方面来进行。

①产品竞争能力分析。其分析目的在于为企业改进产品组合和开发新产品指明方向。它包括:产品市场地位分析、产品收益性分析、产品成长性分析、产品竞争性分析、产品结构性分析。

②销售活动能力分析。其分析目的在于判断企业销售活动的能力以及存在的问题及其原因,为企业制定战略提供依据。它包括:销售组织分析、销售绩效分析、销售渠道分析、促销活动分析。

③新产品开发能力分析。其分析目的在于判断本企业在新产品开发能力方面,与竞争对手相比的强弱程度。它包括:新产品开发计划、新产品开发组织、新产品开发过程、新产品开发效果。

④市场决策能力分析。它以产品竞争能力分析、销售活动能力分析和新产品开发能力分

析的结果为依据,与企业当前的经营方针和经营战略相对比,找出企业在市场决策中存在的不足之处,以此来判断企业领导者的市场决策能力,目的在于提高企业领导者的市场决策能力和水平。

3. 生产(服务)管理能力分析

企业经营的大部分成本发生在生产(服务)过程中,因此,生产(服务)管理能力的高低决定企业战略的成败。美国管理学者罗杰.G. 施罗德(Roger. G. Schroeder)认为,生产管理主要包括五种功能或决策领域:生产过程、生产能力、库存、劳动力和质量。生产(服务)管理能力分析可从这五个方面展开。

①生产过程分析。主要分析企业生产系统的设计,具体包括生产技术的选择、生产设施的选择、工艺流程设计、生产设施的布局、生产线的平衡、生产控制与运输的分析。

②生产能力分析。主要是确定企业的最佳生产能力,具体包括产量预测、生产计划、生产设施和设备计划、生产能力计划、生产作业的分析。

③库存分析。主要分析企业原材料、在制品及产成品库存量的管理,具体包括订货的品种、时间、数量以及物料搬运的分析。

④劳动力分析。主要分析企业对工人和管理人员的管理情况。具体包括岗位设计、绩效考核、工作标准、职位说明、薪酬体系、激励机制的分析。

⑤质量分析。主要包括企业质量监控、质量检验、质量保证、成本控制等内容的分析。

4. 组织效能分析

企业的一切活动都是组织的活动,组织是实现目标的工具,是进行有效管理的手段。分析组织效能、发现制约企业长远发展的组织管理问题并加以改进,就为企业战略的正确制订和成功实施奠定了坚实的组织基础。

进行组织效能分析可以从分析组织任务分解、岗位责任制、权责权限对等性、管理体系、组织结构、管理层次和管理幅度、人员素质与考核、人员工作的能力和职业发展、薪酬体系、组织绩效等方面进行。

5. 企业文化分析

企业文化是企业全体职工基于共同价值观,共同遵循的目标、行为规范和思维方式的总称。企业文化的力量既可能支持企业的战略管理,也可能抵制它们。因此,分析企业文化的现状,从中找出能够制约企业战略的关键要素,加以加强或改进,就成为企业战略管理者面临的重要任务。对企业文化进行分析可以从企业文化现状、企业文化建设过程、企业文化特色、企业文化与战略目标、战略和内外部环境的一致性以及企业文化形成机制这五方面进行把握。

6. 创新能力分析

创新能力是一个企业赖以生存和发展的核心能力之一,是企业实施战略的重要条件。主要表现在企业的新产品研制和开发能力、科技创新、管理创新等方面。

第二节 企业核心竞争力分析

一、企业核心竞争力的概念

（一）企业核心竞争力的定义

普拉哈拉德(C. K. Prahalad)和哈默尔(G. Hamel)于1990年在《哈佛商业评论》发表文章《企业核心竞争力》一文中，提出了核心竞争能力(Core Competence)理论，把核心竞争力的概念定义为："企业内部的积累性学识，尤其涉及如何协调多种生产技能和整合多种技术流的问题。"

核心竞争力是企业竞争力中那些最基本的能使整个企业保持长期稳定的竞争优势、获得稳定超额利润的竞争力，是将技能资产和运作机制有机融合的企业自身组织能力，是企业推行内部管理性战略和外部交易性战略的结果。现代企业的核心竞争力是一个以知识、创新为基本内核的企业某种关键资源或关键能力的组合，是能够使企业、行业和国家在一定时期内保持现实或潜在竞争优势的动态平衡系统。

（二）企业核心竞争力的特征

普拉哈拉德和哈默尔认为，核心竞争力的特征是：首先它应该有助于企业进入不同的市场，它应成为企业扩大经营的能力基础。其次，核心竞争力对创造企业最终产品和服务的顾客价值贡献巨大，它的贡献在于实现顾客最为关注的、核心的、根本的利益，而不仅仅是一些普通的、短期的好处。最后，企业的核心竞争力应该是难以被竞争对手所复制和模仿的。

二、企业核心竞争力与战略的关系

企业核心竞争力与战略是相互影响和作用的关系。企业核心竞争力有助于战略的塑造，战略又反过来有利于企业核心竞争力的创建，如图4.3所示。

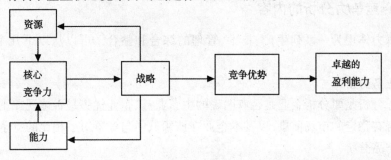

图4.3 战略、资源、能力和核心竞争力的关系

三、企业核心竞争力的判断标准

核心竞争力是企业相对于竞争对手而拥有的竞争优势的来源,所以,判断企业核心竞争力的检验标准,就是看其是否能够给企业带来持久性的竞争优势。具体的标准应该由四个不可或缺的能力组成:有价值的能力、独特(或稀有)的能力、难于模仿的能力和不可替代的能力(见表4.4)。在企业战略管理实践中,一种能力要想成为核心竞争力,必须是从客户的角度出发,它是有价值且不可替代的;从竞争者的角度出发,它是独特并不可模仿的。只有同时符合这四项标准的企业资源和能力,才能够具有为企业创造持久性竞争优势的潜力。

表4.4 可持续竞争优势(企业核心竞争力)的四个标准

能力类型	含义	作用
有价值的能力	为顾客创造顾客所重视的价值(如能显著地降低成本、提高产品质量、提高服务效率)的能力	帮助企业减少威胁或利用机会
独特的能力	现有和潜在竞争对手极少能够拥有的能力	不被他人拥有
难于模仿的能力	其他企业不能轻易模仿建立的能力(如基于特定的历史条件而发展的、独特而有价值的组织文化或品牌,模糊性因素:竞争力的原因和应用不清楚,社会复杂性:经历、供应商及客户间的人际关系、信任和友谊)	所形成的竞争优势,其他企业难于模仿
不可替代的能力	不具有战略对等性的资源(两种不同的企业资源和能力,在执行相同战略的情况下,能分别产生价值,它们就称作战略对等资源)	一种能力越难被替代,它所产生的战略价值越高。能力越是不可见,就越难找到它的替代能力,竞争对手就越难模仿

三、企业核心竞争力分析的内容

核心竞争力体现为一系列生产、技术、管理的综合和整合。可以从以下几个方面进行分析。

1. 主营业务分析

主营业务分析是要分析企业是否有明确的主营业务、企业优势是否体现在主营业务上、该主营业务是否有稳定的市场前景,以及本企业在该领域中与竞争对手相比的竞争地位等。

2. 核心产品分析

核心产品是企业核心能力与最终产品之间的有形联结,是决定最终产品价值的组成部分。一个企业只有具有过硬的核心产品,该企业才能具有较强的核心能力。当今企业间的核心能力竞争主要体现为四个层次(如图 4.4 所示)。

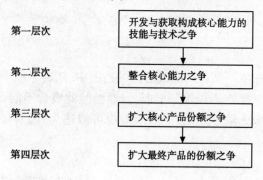

图 4.4 核心能力竞争层次

3. 核心能力分析

(1)核心能力分析的内容

核心能力分析主要分析支持企业主营业务和核心产品的核心技术和专长是什么,企业管理人员是否对此达成共识;这些核心技术和专长的价值性、独特性、难于模仿性和不可替代性怎样;这些核心技术和专长是否得到了充分发挥,为企业带来什么样的商务竞争优势以及其强度如何;保护、保持和发展这些核心技术和专长的现时做法、方案和未来计划是什么。

(2)企业培育核心能力的方法

企业培育核心能力的方法有内部和外部两种。

第一种方法是通过企业自身力量来培育和发展核心能力。这种方法可靠性强、能防止依靠外部购买或战略联盟的方法所带来的产生依赖性和核心技术外泄的风险,是企业培育核心能力的主要方法。

第二种方法是外部方法,即外部购买或组成战略联盟的方法。

外部购买,指从其他企业购入与核心能力相关,并有利于其发展的技能与资源。它的实质是外部核心能力的内部化。具体方式是购买技术与专有知识,通过并购来拥有这种核心技能的企业。组成战略联盟的方法,是实现企业间资源共享、降低研发成本、相互获得彼此的特定技术、资源和技能,以实现核心能力的快速发展。在结盟中企业必须注意对自己核心技术的保护,以防培养出潜在竞争对手,因而上述方法中,外部方法应是辅助方法。

第三节 企业内部条件分析方法

企业内部环境分析的方法可归纳为两大类:一类是进行纵向分析,即分析企业各个方面的历史沿革,从而发现企业在哪些方面得到了发展和加强,以及在哪些方面有所减弱。另一类是将企业的情况与行业平均水平作横向比较分析。通过这种分析,企业可以发现相对于行业平均水平的优势和劣势。本书介绍两种最常用的方法:经验效益法和价值链分析方法。

一、经验效益法

1. 经验效益的概念

经验效益是指企业在生产某种产品或服务的过程中,随着累积产品产量或服务的增加,生产单位产品的成本下降。此处,"经验"一词与普通经验的概念不同,它具有特殊含义,是指到目前为止的累积产量或服务量。因此,经验效益也可叙述为:随着经验的增加,单位产品(或服务)成本下降。

2. 经验曲线

1960年,波士顿咨询公司(Boston Consulting Group)的布鲁斯·亨德森(Bruce. Henderson)首先提出了经验曲线效应(Experience Curve Effect)。亨得森发现,生产成本和总累计产量之间存有一致相关性(如图4.5所示)。曲线在横轴上表示积累值,在纵轴上表示产出的代价。由此产生的曲线图称为经验曲线。如产出每翻一番,代价下降15%的曲线被称作"85%经验曲线",表示单位代价下降到最初水平的85%。简而言之,就是如果一项生产任务被多次反复执行,它的生产成本将会随之降低。每一次当产量翻一番增长的时候,其成本(包括管理、营销、分销和制造费用等)将以一个恒定的、可测的比率下降。该比率会因行业不同而有所差别。

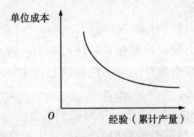

图4.5 典型的经验曲线

3. 经验效益的成因

(1)学习带来劳动生产率的提高

企业生产某种产品或者从事某种服务的每次重复工作都能提高熟练程度,从而提高劳动生产率。研究者发现,每当经验翻一番时,单位产品成本往往令降低到原单位产品成本的$x\%$,其中x称为学习率。

另外,随着时间的推移,企业会在生产、技术和管理等方面逐步积累出丰富的经验和知识,形成企业所拥有的重要竞争优势。

(2)专业分工

产量的增加使更为专业化和标准化的分工成为可能,例如流水线作业就是一个明显的例证,它促使生产效率大幅度提高。

(3) 技术和工艺的改进

随着累计产量的增大,企业会改进产品和采用新工艺、新技术,改进设备,导致提高设备利用率、提高生产效率、降低成本。

(4) 规模经济

规模经济是指扩大生产规模形成的投资费用相对节约和成本下降。年产量的增加使固定费用可以分摊到更多的产品中去,从而导致成本降低。

4. 经验曲线的战略意义

企业利用经验曲线可以对成本、价格、市场份额等关系进行分析,作为经营战略和职能战略分析的辅助工具。从战略角度来说,成本的意义不只在于它是生产和销售中各种费用的总和,而在于它标志着一个企业运用其内部资源在竞争中的盈利能力。企业的长期盈利能力在很大程度上依赖于企业能否生产出比其他企业成本更低的产品来满足用户的需要,如果能够有效地应用经验曲线来提高效率,降低成本,就可以提高和巩固市场占有率,在行业的不同发展阶段做出相应的决策,避免因做出错误的决策而导致企业的发展受到影响。

经验曲线是成本领先战略的主要动力。如果企业能够在新市场上迅速获取较大的市场份额,它将具有成本优势,因为它能够提供较之竞争者更为便宜的产品。如果节约的生产成本以产品售价削减的形式传递给消费者(而非留作企业利润),那么企业在这一市场上的竞争优势就具有持续性。如果企业通过增加其市场份额,不断扩大生产,加速提升经验曲线效应,它就有可能在行业内创造无可抗争的成本优势。因而,许多企业在进入一个新市场的时候,总是大举投资,为其产品、服务提供侵略性价格,以此达到迅速扩大市场份额的目的。一旦企业成为市场领袖,建立金牛地位,企业投资即可收回。换言之,企业追求基于经验效益的成本领先战略与提高市场占有率是相辅相成的。

以某种产品的整个生命周期为例,其经验曲线和成本的关系表现为:在产品引入期,企业的经验较少,成本相对较高。进入成长期后,随着经验的积累,员工熟练程度提高,工时开始下降;专业的设备和工装开始投入使用,某些合适的产品可以应用流水作业,效率提高,成本开始下降,利润大幅度增加,开始吸引竞争者进入本行业参与竞争,导致价格下降。产品从成长期转入成熟期后,由于价格竞争激烈,产品差异化减少,同质化严重,降低成本成为企业的重点工作,经验曲线发挥着重要的作用,处于成本劣势的企业将逐步退出,剩余效率较高的少数企业在竞争中逐步进入衰退期,此时经验曲线的效用已经发挥到终点,产品要么被淘汰,要么出现新产品新技术,形成新的经验曲线重新发挥作用。

5. 成本领先优势的获得

企业可以获得基于经验效益的成本领先优势,表现在以下三种情况。

① 如果企业与竞争对手在起点成本和学习率上相同,则企业只有靠增加经验,即多生产、多销售,才能使单位产品成本远远低于竞争对手,如图4.6所示。

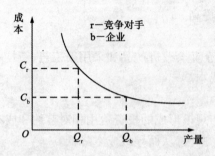

图 4.6 学习率与起点成本相同的经验曲线

②在具有与竞争对手相同学习率的情况下,企业除增加经验(累计产量)之外,还可以以不同的产品成本起点进入竞争。即使与竞争对手经验相同时,由于较低的产品成本起点,企业的单位产品成本也会比竞争对手低,如图 4.7 所示。

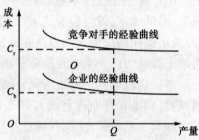

图 4.7 不同起点成本的经验曲线

③产品成本起点相同时,加快学习过程,总结前人生产经验,使企业具有较低的学习率来参与竞争。即使与竞争对手经验相同时,由于学习率的不同,企业的单位产品成本也会比竞争对手低,如图 4.8 所示。

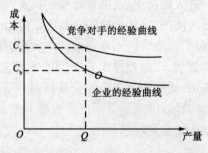

图 4.8 不同学习率情况下的经验曲线

二、价值链分析方法

(一)价值链分析方法的含义

价值链分析方法由美国战略管理学家迈克尔·波特于1985年提出。他认为,企业的生产是一个创造价值的过程,企业的价值链是企业所从事的各种活动,包括设计、生产、销售、发运以及支持性活动的集合。

价值链分析方法是依循企业的价值链展开的:价值链从原材料作为投入资产开始,直至产品销售给顾客为止,其中做出的所有价值增值活动都成为价值链的组成部分。价值链的范畴从企业内部核心向后延伸到了供应商,向前延伸到了分销商、服务商和客户。这也形成了价值链中的作业之间、公司内部各部门之间、公司和客户以及公司和供应商之间的各种关联,使价值链中作业之间、企业内部部门之间、企业与其他企业之间以及其他企业之间存在着相互依赖关系,进而影响价值链的业绩。因此,协调、管理和控制价值链中其他企业之间的相互依赖关系,提高价值链中各其他企业的作业效率和绩效非常重要。

(二)价值链分析的内容

波特的价值链分析法,把企业内外价值增加的活动分为基本活动和支持性活动两大部分。其中,基本活动涉及企业生产、销售、进料后勤、发货后勤、售后服务等活动;支持性活动涉及生产要素的投入、人力资源、财务、计划、研究与开发、企业基本职能等活动,如图4.9所示。

1. 基本活动要素

①进料后勤:与接收、存储和分配相关联的各种活动,如原材料搬运、仓储、库存控制、车辆调度和向供应商退货。

②生产作业:与将投入转化为最终产品形式相关的各种活动,如机械加工、包装、组装、设备维护、检测等。

③发货后勤:与集中、存储和将产品发送给买方有关的各种活动,如产成品库存管理、原材料搬运、送货车辆调度等。

④销售:与提供买方购买产品的方式和引导它们进行购买相关的各种活动,如广告、促销、销售队伍、渠道建设等。

⑤服务:与提供服务以增加或保持产品价值有关的各种活动,如安装、维修、培训、零部件供应等。

2. 支持性活动要素

①采购与物料管理:指购买用于企业价值链各种生产要素的投入的活动,采购既包括企业生产原料的采购,也包括支持性活动相关的购买行为,如研发设备的购买等;还包含物料的管理作业。

②研究与开发:包含技术改进、研究与开发等活动。

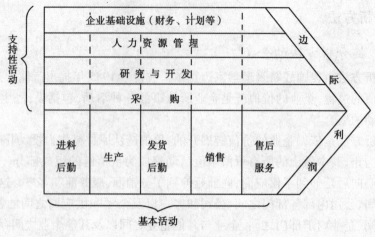

图4.9 价值链模型

③人力资源管理：包括涉及所有类型人员的招聘、雇佣、培训、开发和报酬等各种活动。人力资源管理不仅对基本和支持性活动起辅助作用，而且支撑着整个价值链。

④企业基础设施：包括企业总体管理活动，如企业计划、会计制度、行政流程等。

（三）价值链分析方法的战略意义

企业在参与的价值活动中，并不是每个环节都创造价值，实际上只有某些特定的价值活动才真正创造价值，这些真正创造价值的经营活动，就是价值链上的"战略环节"。企业要保持的竞争优势，实际上就是企业在价值链某些特定的战略环节上的优势。运用价值链的分析方法来确定核心竞争力，就是要让企业密切关注组织的资源状态，特别关注和培养在价值链的关键环节上获得重要的核心竞争力，以形成和巩固企业在行业内的竞争优势。企业的优势既可以来源于价值活动所涉及的市场范围的调整，也可以来源于企业间协调或价值链的重新整合所带来的最优化效益。

价值链分析方法可以帮助增强企业的竞争能力，表现在两个方面：对于企业每项价值活动的分析，可以发现企业存在的优势和劣势；分析企业价值链中各项活动的内部联系，并通过整体活动的最优化和协同两种方式给企业带来优势。

第四节 企业战略与环境、能力的匹配

一、SWOT分析法

第三章和本章分别介绍了企业战略分析的两个方面：企业外部环境和内部条件分析。SWOT分析矩阵可以帮助企业对以上两个方面进行综合分析。

(一)SWOT分析法(SWOT分析矩阵)的含义

SWOT分析法,20世纪80年代初由美国旧金山大学的管理学教授韦里克(Weiluhrich)提出后,被广泛用于企业战略分析中。SWOT分析法,包括分析企业的优势(Strengths)、劣势(Weaknesses)、机会(Opportunities)和威胁(Threats)。因此,SWOT分析实际上是将对企业内外部条件各方面内容进行综合和概括,进而分析组织的优劣势、面临的机会和威胁的一种方法。

(二)SWOT分析法的作用

SWOT分析法将公司的战略与公司内部资源、外部环境有机结合起来。其中,优劣势分析主要是着眼于企业自身的实力及其与竞争对手的比较;而机会和威胁分析将注意力放在外部环境的变化及对企业的可能影响上,内外部两者之间又有紧密的联系。做SWOT分析有利于企业在制订新战略前确定是否会充分发挥自己的长处而避免自己的短处,以趋利避害,化劣势为优势,化挑战为机遇。清楚确定公司的资源优势和缺陷,了解公司所面临的机会和挑战,可以帮助企业把资源和行动聚集在自己的强项和有最多机会的地方;并让企业的战略变得更加明朗,对于制订公司未来的发展战略有着至关重要的意义。

(三)SWOT分析步骤

①进行企业外部环境分析,罗列出可能存在的机会(O)与威胁(T)。
②进行企业内部环境分析,罗列出企业的优势(S)和劣势(W)。
③把优势、劣势与机会、威胁相组合,画出SWOT分析矩阵,如图4.10所示。
④进行组合分析,对SO、ST、WO、WT策略进行甄别和选择,确定企业目前应该采取的具体战略与策略,如图4.11所示。

	企业内部环境		
		优势 S S_1 S_2 S_3	劣势 W W_1 W_2 W_3
企业外部环境	机会 O O_1 O_2 O_3	SO 组合方案 (1)$O_1S_1S_2$ (2)$O_2S_1S_3$ (3)O_3S_3	WO 组合 (1)O_1W_1 (2)$O_2W_2W_3$
	威胁 T T_1 T_2 T_3	ST 组合 (1)$T_1T_2S_3$ (2)$T_2T_3S_1S_2$ (3)T_3S_1	TW 组合 (1)T_1W_3 (2)T_2W_1

图 4.10 SWOT 分析矩阵

	优　势	劣　势
机会	SO 战略（增长型战略）	WO 战略（扭转型战略）
威胁	ST 战略（多种经营战略）	WT 战略（防御型战略）

图 4.11　SWOT 分析采取的战略

①优势－机会（SO）组合。这一组合显示了企业的优势及面临的机会，企业可以充分利用企业内部优势去抓住外部机会。企业应在面对新机会时将其优势发挥至最大。企业可采取增长型战略。这是一种最理想的组合。

②优势－威胁（ST）组合。这一组合显示了企业可以利用自己的优势去避免或减轻外部威胁。企业可采取多样化战略。

③劣势－机会（WO）组合。这一组合显示了企业的劣势和机会。企业应当充分利用外部机会来弥补内部劣势。企业可采取调整战略。

④劣势－威胁（WT）组合。这一组合显示了企业的劣势及当前面临的外部威胁，企业应尽可能克服内部劣势，避免外部威胁。这是一种最危险的组合，企业应尽量避免并采取防御战略。

二、环境、能力和战略的关系

通过分析 SWOT 分析，企业掌握了企业外部环境以及审核企业内部条件或能力，这就为制订战略打下了基础。作为战略制订的依据，企业需要综合分析环境、战略以及能力这三者之间存在的匹配关系。

企业环境与战略的关系要求，不同的外部环境，需要有不同的企业活动与其匹配。这样，环境就成为企业制订战略的出发点、依据和限制的条件。当环境发生变化时，为了适应这种变化，企业必须改变其战略选择，制订出适应新环境的新战略。

企业能力是支撑企业战略实施的基础，是企业战略制订的出发点、依据和限制条件。如果企业面对一个创意优秀的战略，而没有能力去配合及有效地实施，那么优秀的战略也只能是无法实现的美好梦想。

综上所述，环境、战略与能力三者的关系是，当环境发生变化时，为了适应这种变化，企业必须改变战略，制订出适应新环境的新战略。同样，战略改变了，企业的能力也必须跟随这变化，使企业能力能够符合战略的要求，以保证战略的实施。

本 章 小 结

在全球化的商业环境、新的竞争格局中，企业内部组织中的资源、能力和核心竞争力与外部环境中的条件相比，对企业的战略会产生更重大的影响。企业只有当核心竞争力与机遇相契合的时候，企业才能够获得战略竞争优势和超额利润。

企业内部条件是企业能够加以控制的因素,主要包括企业的资源和企业能力。企业的内部环境是企业经营的基础,是制订企业战略的出发点、依据和条件,是企业竞争取胜的根本所在。

企业能力是指整合企业资源,使企业资源价值不断增加的技能。资源本身并不能产生竞争力和竞争优势,竞争能力和竞争优势源于对企业各种资源的特殊整合。

企业可持续性的竞争优势是由企业在长期运行中,将具有战略价值的资源和能力进行特殊的整合、升华而形成的核心竞争力所产生的。这样一个整合过程是企业素质的提升过程,也是一个以资源为基础的战略分析过程。

核心竞争力是企业竞争力中那些最基本的能使整个企业保持长期稳定的竞争优势、获得稳定超额利润的竞争力。企业核心竞争力有助于战略的塑造,战略又反过来有利于企业核心竞争力的创建。核心竞争力是企业相对于竞争对手而拥有的竞争优势的来源,所以,判断企业核心竞争力的检验标准,就是看其是否能够给企业带来持久性的竞争优势。具体表现在:有价值的能力、独特(或稀有)的能力、难于模仿的能力和不可替代的能力。

本书介绍两种最常用的企业内部环境分析方法是:经验效益法和价值链分析方法

SWOT分析法是将对企业内外部环境进行综合和概括,进而分析组织的优劣势、面临的机会和威胁的一种分析方法。它帮助企业更好地进行战略分析。通过分析SWOT分析,企业掌握了企业外部环境以及审核企业内部条件或能力,这就为制订战略打下了基础。

环境、战略与能力三者的关系是,当环境发生变化时,为了适应这种变化,企业必须改变战略,制订出适应新环境的新战略。同样,战略改变了,企业的能力也必须跟随这变化,使企业能力能够符合战略的要求,以保证战略的实施。

思 考 题

1. 怎样对企业资源进行分类?其意义何在?
2. 如何对企业资源进行分析?以一个实际企业为对象分析其资源,并归纳企业资源分析过程。
3. 如何对企业能力进行分析?以一个实际企业为对象分析其能力,并归结企业能力分析的步骤、内容和方法。
4. 有形资源和无形资源二者之间的差别是什么?为什么了解这些差别对于决策制订者来说是很重要的?相对于无形资源来说,有形资源是否与创造竞争优势之间的关系更加紧密?或者相反?为什么?
5. 企业用来衡量各种能力是否成为核心竞争力的四个标准是什么?
6. 试论述企业资源、能力、核心能力、竞争优势、战略之间的关系。
7. 什么是价值链分析?当企业能够成功地运用这个工具是,企业可以获得哪些收益?
8. 经验效益所揭示的战略意义是什么?如何运用经验效益进行竞争?

【案例分析】

惠普重新定义核心竞争力

惠普(Hewlett-Packard,HP)公司由戴维·帕卡德(David Packard)和威廉·休利特(William Hewlett)创立于1939年,总部位于加州硅谷,2002年与康柏公司合并,是全球仅次于IBM的计算机及办公设备制造商。2008年《财富》全球500强排名第41位。该公司有雇员8万多人。HP公司在美国许多城市以及在欧洲、亚太地区、拉丁美洲和加拿大都设有分部。该公司通过设在100多个国家的大约600个销售和支持办事处以及经销商,并通过转卖商和零售商出售其产品和服务。

最近几个月颇有一些问题困扰着惠普CEO马克·赫德(Mark Hurd):苹果平板电脑iPad的火热使惠普研发已久的Slate处于巨大压力下,而采用不久前收购的Palm的Web OS为操作系统又可能使Slate延期发布;台湾对手宏碁来势汹汹,在包括笔记本和上网本等在内的移动设备领域已超越惠普成为第一;在中国市场,惠普曝出影响恶劣的"质量门"。

但赫德并不太紧张。现在的惠普仍是全球最大的个人电脑生产商,其70%收入却已经来自2000多家大企业客户,而非全球数亿名个人消费者。此外,市场研究公司IDC数据显示,2009年惠普在全球服务器市场拥有29.9%的占有率,排名仅次于IBM。

当宏碁和戴尔忙于发布一款又一款新的个人电脑和笔记本时,惠普在今年4月宣布将其网络品牌ProCurve与收购的3Com整合成为新的网络品牌HP Networking,并于6月份发布HP BladeSystem系列服务器产品的技术升级,同时推出数款全新服务器。

2005年赫德上任时惠普还以PC和打印机为根基,但接下来五年,他将其变为力求为企业级客户提供一站式服务的IT超市。这意味着惠普可以提供个人电脑、服务器、存储设备、网络设备、IT咨询管理等诸多产品和服务。要快速获得这种"大而全"的能力,收购是最好的选择。因此,惠普在2008年8月和2009年11月先后收购市场份额仅次于IBM的IT服务商EDS和网络设备制造商3Com。

当一家惠普这样的大型IT企业试图在客户面前扮演无所不能的角色时,不可避免会进入其他同类大企业的地盘。对惠普扩张举动反应最激烈的是思科——今年4月底合作协议到期后,这对多年的战略合作伙伴分道扬镳。在此之前,它们分别在服务器和网络设备领域占据头把交椅,并与对方形成紧密的互补合作关系。据称,惠普每年从思科获得5亿美元收益。

事实上,正式分手前一年,双方就已开始入侵对方的"腹地":2009年3月,思科发布"统一计算系统"(Unified Computing System),这一数据中心产品中包括思科自己的服务器,这被视为思科破坏双方互不侵犯的信号;8月,思科宣布进军服务器市场,直接进入惠普的产品领域;到11月,惠普通过收购3Com向思科还以颜色。

"战略伙伴关系其实并不能实现产品完整的融合,我们现在在公司内部可以从研发阶段就开始产品整合。"惠普企业服务器、存储与网络事业部(ESSN)执行副总裁大卫·唐纳特利(David Donatelli)在今年的惠普技术大会上对《环球企业家》表示。

当惠普图谋成为IT业中的沃尔玛时，再无必要留一扇门给思科；反之亦然。这种彼此扩张和侵蚀的冲动过去几年在IT业中并不少见，2009年4月甲骨文宣布收购太阳（Sun MicroSystem）进军计算机领域，戴尔亦在2009年9月宣布收购佩罗系统（Perot System）进入IT服务业。

过去，这些IT巨头各有专长——惠普的消费类个人电脑和打印机、戴尔的企业类个人电脑、思科的网络设备、甲骨文的企业软件——但IT业的硬件利润下降和大企业在单个领域的成长空间受限，以及2008年爆发的金融危机导致的IT支出缩减，都促使各大企业在别人的地盘寻求新的增长机会。而且，伴随计算机网络和信息的爆炸式增长，客户在需要进行设备升级和购买新的程序应用时，也疲于面对来自不同公司的众多销售，他们乐于接受便捷的一站式采购和服务。对于这一点，马克·赫德有着充分认识，他在正式宣布收购3Com之前曾宣称，要成为数据中心领域的胜利者，必须能提供从硬件到软件和服务的完整功能。"对于全面的问题来说，你不能仅仅提供部分的解决方案。"

让客户更为高兴的是，这些IT巨头彼此进入所带来的竞争与低价格。在思科与惠普尚保持着良好的战略合作伙伴关系时，没有哪家公司能真正挑战思科在网络设备领域的地位，这使得思科长期享有非常高的利润，其在产品方面的利润高达70%，服务方面同样获利丰厚。至于惠普，"不管经济环境怎么样，我们是给客户省钱的。"唐纳特利对《环球企业家》表示。

"当客户想到融合在一起的服务器、存储和网络设备等基础设施时，会发现我们是唯一在所有这些领域都拥有知识产权的公司。其次我们的架构更为开放。第三，单纯从价格方面考虑，思科的高利润已经人尽皆知。"惠普ESSN高级副总裁兰迪·赛德尔（Randy Seidl）在今年5月初对外表示。"我们将进入网络设备市场并非常激进地扰乱既有秩序。这对客户很有好处，因为现在除了思科，他们还有其他选择。"

赛德尔清楚地指出了惠普对思科造成的致命威胁。现在惠普签下的网络设备客户大多曾是思科的客户，而这样的倒戈据赛德尔说每季度有几百个。马克·赫德今年6月在美银美林科技大会上透露，惠普在今年第一季度末已经与两家"《财富》500强"前50名的公司达成数据中心的交易。

并购在取得这些成绩中发挥了很大作用。如果不是收购3Com，惠普显然难以在这么短的时间内补齐全产品线中最后几个大的漏洞并获得直接挑战思科的能力。赫德曾表示，2009年惠普业绩增长中的2/3来自并购，25%来自有机增长，10%来自创新。2009财年，惠普营收达1 150亿美元，超过IBM成为全球仅次于三星的科技公司。2010财年第一季度，惠普净利润又猛增25%。

赫德需要思考的是，这种四面出击的策略能否带来持续的高增长？"我们发现行业正在整合，也在平衡并购和自己研发。我们在网络端有研发，也有对3Com这样的并购，未来这二者会并存。"唐纳特利对《环球企业家》表示。

在外部战场不断扩大的同时，惠普内部对效率的要求逐步提升，业绩考核压力同样增大，这一点对赫德、唐纳特利、赛德尔和更多普通中低层员工都是一样。现在，很多惠普员工经常加班，经理们总是担心完不成无情的业绩指标。在一项满分为5分的员工投票中，惠普的管理方式被打了1.6分，而思科和IBM分别是3.3和3.7。对此，赫德承认并不是所有人都适应被压力推着前进，但他更加坚信"竞争对手不会等我们"。而在最近几年惠普内部的提拔中，更多被看好的人员大多是销售，而非工程师或科学家。"我熟悉的惠普之道现在看到的不多了。"一位惠普中国前高管曾对《环球企业家》说。

从积极方面看，这或许是马克·赫德给惠普带来的更深层次影响。在业绩导向的领导过程中，惠普的业务领域和DNA也都悄然改变：更具攻击性、更快速地反应市场。在收购EDS和3Com后的整合过程中，这种方式的确发挥了很大作用并取得不错的成绩，比如通过整合后裁员很快就解决了一些业务重合和效率低下的问题。唯一的问题是，这将会持续多久。对于这一点，赫德似乎并不担心。就在6月份，惠普宣布计划裁员9 000人，新增6 000个职位，裁员花费加上巩固自动化数据中心的相关投入预计共10亿美元。赫德的目标是成为服务器领域第一、存储和网络设备第二。前一个目标已实现，而后面两个显然不是惠普的终极目标——任何有企图心的企业都希望自己成为第一。

（资料来源：徐冠群.惠普重新定义核心竞争力[N].环球企业家，2010-07-20.）

讨论题：
1. 现在的惠普与菲奥莉娜在位时的惠普核心竞争能力是否有所变化？
2. 试用本章所学内容分析现阶段惠普的内部资源与能力。
3. 结合惠普现阶段面临的外部环境和内部条件为其提供可行性战略意见。

【阅读资料】

宏达电子的蓝海策略——不紧盯对手

最低调的上市股王宏达电子，却设计出最酷炫的3G手机，在欧洲与美国电信市场大卖。当台湾所有手机代工业的毛利都在下滑，宏达电子八年内营业收成长却超过十倍，连续三年每股收益都超过9元。宏达电子成功摆脱低毛利ODM代工宿命的关键在于——不跟随自己制订游戏规则。

有什么科技公司的产品可以让微软总裁比尔·盖茨(Bill Gates)爱不释手，甚至于在今年5月美国拉斯维加斯，对着台下数百位全球科技大厂代表，宣示全球第一款搭载微软Mobile 5.0系统平台的3G PDA手机"Universal"。位于桃园龟山工业区小马路底的宏达电子就是有这样的能耐。

宏达电子从1997年创立开始，就一直是微软进军手持式装置市场的亲密战友，现在宏达电子已经是全球最大微软系统的手持式装置制造商，全球每十支微软系统的智慧型电话(Smartphone)，就有七支是宏达生产的。为此，今年8月美国《Business 2.0》杂志更专文介绍宏达电，形容宏达电子是找出客户所需要的，并且满足客户的需求。《蓝海策略》指出，企业应致力增加需求，摆脱既有竞争，不再汲汲营营于瓜分不断缩小的市场。

探究宏达电子的企业策略思维，就会发现这是一家典型改变市场疆界的蓝海策略企业。宏达电子巧妙地把 PDA 加上无线通讯功能,创造了全新的资料搜寻市场,宏达电子开创了一群需要随时上网、收发 e-mail 的商务顾客层,就连台湾润泰集团的高阶经理人也大量使用。

刻意不看竞争对手

绝不追随竞争者起舞,是宏达电子打造营收与获利高速成长的内功心法。八年前,美商康柏并购迪吉多时候,在宏达电子董事长王雪红的号召之下,执行长卓火土带领着他的团队,成立宏达电子。当宏达团队还在苦思要研发哪些产品时候,宏达总经理周永明却逆向思考,"只要台湾产业一窝蜂做什么,我赶快跑开,不去跟随潮流。"盲目地跟着对手起舞,根本无法建立属于自己的价值。"宏达在一开始时候,刻意不去看市场上的竞争对手",周永明强调,因为企业如果在进行策略规划时候,就紧盯竞争对手,你的重心会转移到对手,总是想要去超越对方,最后只能跟着他的游戏规则走。于是,周永明坚持"不碰"当时热门的 PC 产业,把思考焦点从既有的市场需求,转移到如何去超越现有的需求。

"决定不做什么,远比要去做什么更困难,宏达电要砍这一刀很难",悦智全球顾问董事长黄河明观察。就因为这一份坚持,让宏达电子切入市场不大,但潜力无穷的手持式电子装置市场,并且选择投入当时乏人问津的微软 Win CE 阵营,而非市占率最高的 Palm OS 系统。这一个重大决策,也让宏达电子避开了进入竞争者众的成熟市场。

无线化,超越现有的需求

宏达电子连在产品的设计也是大胆跳级,甩开竞争者。宏达电子发现到 Win CE 系统的 PDA 体积跟大砖块一样大,于是开始帮康柏设计 iPAQ 时候,就把业界常用的 CF 插槽拿掉,"这是一个很大的突破,"周永明说,节省了很多的空间。此外,宏达电子也拿掉厚重的电池模组,改用一家新公司的高分子电池技术,把 PDA 体积大幅缩小,iPAQ 一推出立即成为市场上的畅销产品。

宏达电子在无线通讯的布局很早。早在七年前,周永明就一个人跑去参加法国坎城的 3GSM(全球最大的 3G 技术与产品论坛),研究最新的无线通讯技术,"台湾只有我跟远传电信参加,当时我连一个会议都没有。"

周永明也留意研究未来的产业趋势,"总经理常常背着公事包,跑到国外看电子展,"宏达电子总经理特助刘在武表示,并在返台后,立即与研发团队讨论最新的技术趋势。回国之后,周永明就开始带领着研发团队埋首开发无线通讯技术,尝试把不易上网的 PDA 与缺乏资料处理能力的手机结合,2002 年宏达电子推出了全球第一款彩色 PDA 手机,立刻在英国、德国等地热卖。"我们比较有创新的因子,不会局限于旧有的方法,"周永明表示,早年卓火土与周永明任职于迪吉多时候,常常在做一些没有人做过的东西,必须要从基本架构开始规划。

不依惯例,且后发先至

宏达电子很坚持跟别人走不同的路,不依循产业的惯例,往往都发挥"后发而先至"的效果。当台湾的手机制造商都朝向承接低价量大的手机品牌厂订单时候,宏达电子却积极进军 Vodafone、Orange、mmO2、T-Mobile 等欧洲电信营运商市场,全球超过五十家以上的电信营运商及通路商,都是宏达电的重要客户。"因为我们没有机会,"周永明坦言,宏达电子是手机市场后进入者,如果宏达电跟别人做一样事情的话,根本没有竞争优势。

于是,宏达电子只好"越级"挑战难度最大的电信营运商市场。但要跟 T-Mobile、Vodafone 等欧洲大型电信营运商谈生意,谈何容易。首先是认证问题,宏达电子必须与 MOTO、Nokia 等国际大厂同时竞争,"人家愿意跟你谈,你就要感谢他们了,"周永明形容。为了打进欧洲的电信市场,"我已经花了三、四年在欧洲跑,去了解欧洲的产业、文化与社会结构,"周永明回忆。1999年,欧洲电信产业开始从语音服务转向到数据资料服务,布局无线通讯已久的宏达电子终于抓到了这个契机,宏达电的产品规划也正符合这样潮流,两者一拍即合。不同于品牌手机厂对台采购大都是低价的入门款手机,欧美电信业者为拉抬3G的内容服务业务,急需强大影音资讯处理能力的智慧型电话,"这让宏达电能大量出货高阶手机,平均出货单价比台湾业者高了一倍,还可以保持20%以上的高毛利,"一位手机厂副总表示。

务实,且跳跃式创新

八年内,宏达电子从只有几十个人的小公司,蜕变成2004年营收新台币363.9亿元、近四千位员工的企业,唯一不变的是对于产品与技术的创新。为了延续公司的成长力道,周永明开始在宏达电子内部营造创新的文化,"创新不是老板嘴巴讲讲就好的,必须点点滴滴建立企业创新的环境。"他先从研发部门的产品开发流程着手,鼓励工程师多从增加客户的价值角度来看事情,并且透过讨论,来尝试不同的解决问题方法。开始的时候,"很多工程师都认为,干什么讲创新,不就是把产品设计出来就好,"周永明表示,经历过两年多的训练,现在研发团队大都可以从不同的角度来想问题,发挥创意。虽然宏达已经是上市股王,但是周永明仍不改昔日的低调,在采访过程中,不断强调,"不要把宏达电子写得太好。"这就是务实,但是时常进行跳跃式创新的宏达电子。

(资料来源:朱博湧.宏达电子:不紧盯对手,改变游戏规则[M].开创蓝海.北京:人民出版社,2006:94-104.)

第三篇 企业战略选择

本篇主要阐述企业战略的选择过程、选择方案和战略评价的一般方法,重点介绍了可供选择的各种战略方案。

在综合考虑影响企业战略选择的各种因素的基础上,企业从自身发展角度制订战略,可选择密集型成长战略、一体化战略和多元化战略,并采用内部发展、并购、合资经营或战略联盟的方式实现所选择的战略,当外部环境不利于企业成长时,防御战略也不失为一种以退为进的战略选择。

从企业间相互竞争的角度出发,可供企业选择的基本战略包括:成本领先战略、产品差异化战略和集中化战略,而处于产业生命周期不同阶段或居于不同市场竞争地位的企业,其战略选择也不同。

本篇还介绍了竞合战略和蓝海战略这两个战略理论前沿问题。面对全球一体化的大趋势,为了获得更大的利润或谋求稳定持续的发展,国际化经营成为企业成长的重要战略选择,企业国际化经营首先要认真分析复杂的国内外宏观环境,然后选择在资金成本最低的地方融资,在成本效益最高的地方生产,在利润最大的地方销售。具体战略选择类型包括:公司层面的国际战略、多国本土化战略、全球化战略和跨国战略,及业务层面的产品标准化战略、广泛产品线国际战略、国际集中化战略、国家集中化战略和受保护的空位战略。

第五章
Chapter 5

公司战略选择

看见 10 只兔子,你到底抓哪一只? 有些人一会儿抓这只兔子,一会儿抓那只兔子,最后可能一只也抓不住。CEO 的主要任务不是寻找机会而是对机会说 NO。机会太多,只能抓一个。我只能抓一只兔子,抓多了,什么都会丢掉。

——阿里巴巴董事局主席 马云

【教学目标】
1. 掌握企业成长战略的方式;
2. 掌握一体化战略和多元化战略的类型及适用情况;
3. 掌握企业如何实现成长战略;
4. 理解多元化战略的利弊;
5. 理解影响企业战略选择的因素有哪些;
6. 了解企业在什么情况下适合采取防御战略;
7. 了解如何实施战略组合。

【引导案例】
雅戈尔从一体化战略到多元化战略

雅戈尔集团创建于 1979 年,经过近 30 年的发展,逐步确立了以品牌服装、地产开发、金融投资等产业为主体,多元并进、专业化发展的经营格局。品牌服装是雅戈尔集团的基础产业,自 1979 年从单一的生产加工起步,经过不断努力,迄今已经形成了以雅戈尔品牌为龙头的纺织服装垂直产业链。1992 年涉足房地产,在宁波、苏州等地累计开发住宅、别墅、商务楼等 300 万平方米,致力于为社会创造文明、和谐、温馨、优雅的居住文化及人文环境。自 1993 年以来,雅戈尔集团针对一些有发展潜力的企业进行了资本投入,随后进一步涉足了证券、银行等金融领域,取得了良好的投资收益。雅戈尔 2010 年前三季度实现净利润 8.37 亿元,其中纺织服装利润劲增约60%,达4亿元。

雅戈尔公司经过二十几年的发展,已经成为中国最具实力的服装企业之一。在全球"专注"、"专业"趋势越来越强、越来越被看好的情况下,雅戈尔却在积极向服装产业的上下游拓展:不但向商业、零售、连锁方向发展,组建庞大的分销网络;还向上游的纺织面料进军,建立起自己的纺织面料城。雅戈尔起步时只是一个不足10个人、仅有几台缝纫机的小型民办服装加工厂,与中国其他服装企业相比,除了简朴、勤奋之外没有任何竞争优势可言。80年代中期,雅戈尔在为国内其他服装公司贴牌加工生产的同时,还向中国服装零售市场进行批发销售。1995年雅戈尔集团组建了专事创品牌、做市场、争效益的现代化营销中心——雅戈尔服饰有限公司,致力于营销网络体系的建设,先后斥资15亿元在全国各地开设了100多家分公司、300多家自营专卖店,2 000多个终端销售网点,仅上海曼克顿广场4 800平方米的巨型旗舰店,租金就达750万元,同时为了进一步打开上海市场,雅戈尔又花1.5亿元收购了南京路繁华地带的中宝银楼。一个覆盖全国以自营专卖店、大型窗口商场、特许专卖店和团队订购为主要营销方式和渠道的多元化营销网络体系已经形成,成为支撑雅戈尔品牌发展和参与国际竞争的有力武器。2001年"雅戈尔"投资9亿多元建立起占地370亩的国际服装城,这是世界规模最大、设备最先进的综合性服装生产基地,这里能够年产衬衫1 500万件,西服200万套,休闲服、西裤等其他服饰3 000万件,国际服装城的建立不仅全面提升了雅戈尔的企业形象,而且以超大的规模拉大了与竞争对手之间的差距。2004年2月雅戈尔与美国服装销售巨头Kellwood签约,合资组建了雅新衬衫公司,主要从事衬衫生产;同时,Kellwood香港子公司出资参股雅戈尔日中纺织印染有限公司,共同生产销售高档纺织面料。Kellwood是一家在纽约证券交易所上市的服装经销商,曾被《财富》杂志评选为美国五大服装公司之一,公司2003年销售高达25亿美元。此次Kellwood与雅戈尔牵手,为中国品牌服装出口欧美市场打下了坚实的基础。

今天,雅戈尔品牌不仅意味着男式衬衫和西服的销售额稳定增长,连续多年占据国内市场第一,它还意味着更具意义的企业战略符号——多元化。无论市场对雅戈尔的"服装、房地产、股权投资"三驾马车并行战略发出什么样的声音,其销售利润率长期大幅高于行业水平的事实,证明了其多元化战略的成功和由此而产生的强大获利能力。在股权投资方面,雅戈尔仅用了5年时间,便以3亿元赚了180亿元,成为一个经典案例。而房地产业,虽然起步不算早,却已经做到宁波最大、浙江第三,形成了"谁买'雅戈尔'的房子谁赚钱"的良好口碑。

(资料来源:雅戈尔集团股份有限公司官网http://www.youngor.com;雅戈尔:做一棵品牌的大树[Z].新浪财经http://finance.sina.com.cn 2011年2月10日;刘林青.企业战略管理实验实训教程[M].武汉:武汉大学出版社,2008:7.经整理有增删)

第一节　企业成长战略

企业在充分考虑到影响战略选择的因素后,可以从公司层面选择企业战略,具体包括:密集型成长战略、一体化战略和多元化战略。通常企业首先会考虑实施密集型成长战略,在原有市场或产品的基础上进一步扩张,以取得稳固的市场地位;或者通过横向一体化战略实现规模经济,以击败竞争对手,之后通过纵向一体化,向价值链上游和下游扩张,力争在行业中居于多头垄断地位;当企业成为行业中的领军角色后,多元化战略成了大多数企业的必然选择。企业各种成长战略的实现途径可以是内部发展,也可以是外部并购、合资经营或战略联盟。当外部环境突然发生了不利于企业成长的变化时,企业还可能采取缩减企业经营规模的防御战略。

一、密集型成长战略

(一)密集型成长战略的概念

密集型成长战略是指企业在现有市场和现有产品方面,充分挖掘潜力,以求得成长发展的战略。密集型成长战略又称为集中型发展战略或集约型成长战略,是企业较为普遍采用的一种公司战略类型。

(二)密集型成长战略的类型

著名战略理论家、美国加州大学和美国国际大学的战略管理教授伊戈尔·安索夫(Igor Ansoff)于1975年提出安索夫矩阵,即企业通过现有产品、现有市场、新产品和新市场的组合,可以在四个方向实现成长与发展(如图5.1所示)。由此可见,密集型成长战略有三种具体类型:市场渗透、市场开发和产品开发。

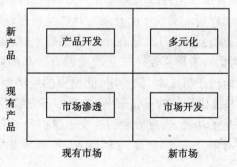

图 5.1　安索夫矩阵

1. 市场渗透

市场渗透是指企业的现有产品在现有市场上进一步增加销售量,以求得发展。实现市场渗透的具体途径有三种:一是增加现有顾客购买产品的数量。例如,生产牙膏的厂家可能告诉你，为了口腔的清洁与健康，不但应早晚各刷一次牙，最好午饭后也刷一次牙，而且如果在刷牙的时候顺便刷刷舌头会更有利于口腔清洁，上述企业的宣传与引导会增加顾客购买牙膏的数量，从而增加顾客购买量。二是使竞争对手的顾客转而消费自己的产品。例如，中国几大通信运营商都会不定期地推出各种促销活动，以吸引竞争对手的客户。iPhone4自2010年9月登陆中国以来，一直受到了众多年轻时尚人群和高端商务人士的追捧，由于需求量大，所以一度面临着"一机难求"的窘境。中国联通一直以"苹果协议"作为筹码，宣布具有iPhone4的独家代理权，甚至强行推出机卡绑定政策，但是中国移动和中国电信对于iPhone的抢夺大战却从未停止过，中国电信正在与苹果公司谈判直接从更先进的iphone5开始合作，三方对"苹果"的争夺归根结底是对竞争对手客户的争夺。三是发展潜在新客户。例如，某些软件经销商会以免费赠送、免费下载试用的形式诱导顾客先用后买自己的产品。安利的传销方式也是不断发展潜在新客户的有效营销战略。

2. 市场开发

市场开发是指将现有的产品在新市场销售，从而扩大产品的销售量，延长产品的生命周期。这里所谓的现有产品，既指未加以任何改变的原产品，也包括以开发新的消费者市场为目的，开发原产品的新用途。实现市场开发的具体途径有两种：一是开发新的地域市场。例如，大闸蟹是江苏阳澄湖的特产，原本只有珠三角地区的消费者可以品尝到这一美味，如今全国许多省市都出现了大闸蟹专卖店，使各地消费者都可以大饱口福。二是进入新的细分市场。例如，为开发男性化妆品市场，北京大宝化妆品有限公司推出了大宝SOD蜜这一家喻户晓的品牌；全国著名品牌"胖太太"专门销售体型稍胖的女士服装，成为"丰满女性的衣橱"。

3. 产品开发

产品开发是指对现有产品加以改进形成新产品，或在原有基础上开发全新的产品，经现有渠道销售给现有客户。产品开发战略可以借助原有产品的声誉，迅速将新产品推向市场，以扩大销售、延长现有产品的生命周期。实现产品开发的具体途径有三种：一是改变现有产品的功能、结构或物理特性。例如，瑞士军官刀就是在小刀的基础上，增加了锥子、螺丝刀等多种功能，形成了新的产品，为广大消费者所喜爱。二是改变原有产品的质量。例如，如家酒店面对激烈的市场竞争独辟蹊径，定位于低成本、低费用、低投资的经济型酒店，大堂不做豪华装饰，取消桑拿、KTV、酒吧，餐厅只提供简单的早餐服务，客房中不安装浴缸，改为实用、卫生的淋浴房，同时在温馨舒适方面下足了功夫，通过质量的改变迅速扩大了市场份额。三是开发全新的产品。例如，巨人网络集团有限公司从"征途"到"巨人"不断开发全新的网游产品，巩固并扩大了市场。

2010年，伴随着品类战略观念的不断传播和企业实践的不断深入，国内越来越多的企业把品类创新和品类战略作为企业的核心战略，各行业的品类创新如火如荼，新品类不断地涌现：在IT行业，触屏电脑、电子阅读器引起了消费者的关注；在手机行业，继拍照手机之后，智能手机、音乐手机不断兴起；在家电行业，能源危机推动变频空调品类进入高速发展阶段；饮料行业的品类创新则更为抢眼,加汽果汁、高端矿泉水、果味功能饮料相继上市,各行各业每一天都在上演着产品开发的"新戏"。

(三)密集型成长战略的选择

行业生命周期的不同阶段影响市场渗透战略的实行。当行业处于成长期时,由于整个市场"蛋糕"的不断增大,市场中所有企业都比较容易实现市场渗透。但当行业处于成熟期和衰退期时,由于消费者已趋于饱和甚至萎缩,行业现有格局已基本稳定,增加现有顾客购买数量或发展潜在新客户几乎不可能,此时市场渗透很难实现。我国改革开放初期,各行各业都发生了日新月异的变化,从百万富翁到亿万富翁不断刷新着记录,正是由于中国市场这块"蛋糕"在不断增大。

是否适合采取市场开发战略,主要取决于产品与市场两方面特性。地域性特征非常明显的产品不适合采取市场开发战略,例如石油开采业对于地域的依赖性非常强,很难实行市场开发。消费市场差异化较大也不适合采取市场开发战略。中医药是中华民族传承五千年的"瑰宝",但我国至今竟然还无一例中成药产品以药品身份出口到欧美等主流医药市场,突围的难点就在于美国国家食品药品监督管理局(FDA)信奉的医学理论跟中医药理论完全不同,且中药材成分复杂,到底药材的哪些成分在人体里起着什么样的作用,FDA都需要提供标准化的详细数据,仅这方面的研究就需要耗费大量人力、物力,让很多药厂望而却步。与之相反,拥有技术诀窍的且消费市场同质化的产品适合采用市场开发战略。例如,可口可乐的神秘配方生产出来的特殊口味的饮料,通过市场开发战略迅速风靡全球。

产品开发战略具有较大的风险性,一旦开发失败,不仅面临巨大的经济损失,而且对企业的整体市场与形象也具有破坏作用,企业在采取产品开发战略时一定要慎重。综合实力较强的企业适合采取产品开发战略,因其具有充足的资金保障、较强的产品研发能力和成熟的销售渠道,可以承受产品开发所带来的风险。

二、一体化战略

(一)一体化战略的概念

一体化战略是指把两个或两个以上,在生产过程或市场方面有一定联系的企业联合起来,形成一个经济组织的战略。一体化战略选择的本质是企业发展方向的选择,是选择向上、向下、还是横向发展的问题。企业通过实施一体化战略,可以整合资源与市场以形成更强的竞争能力。

(二)一体化战略的类型

根据一体化的方向不同,可以将一体化战略分为纵向一体化和横向一体化两种。

1. 纵向一体化(垂直一体化)

任何企业的经营活动都包括从原材料的采购,到生产加工,再到销售的纵向价值链形成过程。纵向一体化也称垂直一体化,是指企业沿价值链方向,与上游提供原材料的供应商或与下游经销商联合结成一体。纵向一体化是将企业外部交易内部化的过程,通过实施纵向一体化战略,企业可以控制稀缺资源、降低生产成本、保证产品质量或获得新客户。

根据一体化方向的不同,又可将纵向一体化细分为后向一体化和前向一体化。在价值链上,靠近消费市场端的企业为前向企业,因此向经销商方向实现的一体化称为前向一体化,反之,向供应商方向实现的一体化称为后向一体化。通过前向一体化,企业可以更好地控制销售渠道,提高生产效率,灵活掌握价格以应对市场竞争(如图5.2所示)。例如,炼钢厂收购了一家轧钢厂,就可以将新炼的钢坯直接轧成所需钢材,减少了重新加热的工序,提高了生产效率,降低了生产成本,以价格优势在竞争中取胜。通过后向一体化,企业可以降低原材料成本,更好地控制产品质量。蒙牛为了更好地控制奶源,保证乳制品质量,自建奶源基地,这是后向一体化的成功案例。

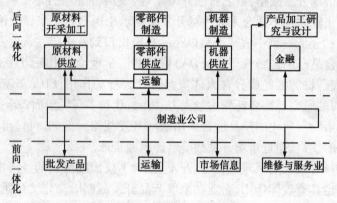

图5.2 公司纵向一体化扩展图

1992年宏碁集团创办人施振荣为了"再造宏碁",结合中国台湾各产业纵向一体化战略实施的实践,提出了微笑曲线(smiling curve)理论(如图5.3所示)。迄今施振荣先生已将"微笑曲线"加以修正推出了"施氏产业微笑曲线",作为中国台湾各种产业的中长期发展策略方向。

微笑曲线两端朝上,表示在产业链中,附加值更多体现在两端:设计和销售环节,而处于中间环节的制造环节附加值最低。微笑曲线的中间是制造环节,左边的研发环节属于全球性的竞争;右边的营销主要是本地性竞争。当前制造产生的利润很低,全球制造也已处于供过于求的状况,但是研发与营销环节的附加价值很高,因此,产业未来应朝微笑曲线的两端发展,即向左边加强研发创造智慧财产权,向右边加强客户导向的营销与服务。微笑曲线理论在附加价值的观念指导下,指出企业体只有不断往附加价值高的区域移动与定位,才能实现持续发展与永续经营,没有研发能力就只能做代理或代工,赚取微薄的利润;没有市场能力,再好的产品也无法实现利润。例如,华为人力资源配置呈"研发和市场两边高"的"微笑曲线",在华为全体

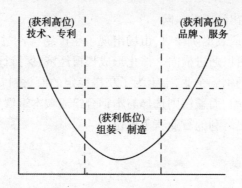

图 5.3　施振荣微笑曲线

员工中,技术研究及开发人员占 46%,市场营销和服务人员占 33%,管理及其他人员占 9%,其余的 12% 才是生产人员。

2. 横向一体化(水平一体化)

横向一体化也称水平一体化,是指生产活动相关的企业间通过联合结成一体,以扩大原有企业的生产和销售能力,或提高原企业的技术能力。通过横向一体化企业可以实现规模经济。例如,2010 年最受世人瞩目的横向一体化战略实施案例就是中国海洋石油有限公司以 31 亿美元收购了阿根廷石油和天然气公司(Bridas Energy Holdings)全资附属公司 Bridas Corporation50% 的股份。

此外,根据一体化的程度不同,还可以将一体化战略分为四种类型:全面一体化,指企业同时与供应商实现后向一体化,又与销售商实现前向一体化;锥型一体化,指企业小部分原材料获得或销售通过一体化实现,其余大部分原材料获得或销售由外部交易完成;无形一体化,指企业间通过建立长期合同的形式,结成虚拟的一体化结构;外包,指企业通过签订契约合同,将过去由自己生产的产品或服务,转给其他专业企业完成。

(三)一体化战略的选择

当企业需要为销售商支付较高的成本,或产品的销售拥有较高利润时,企业可以通过前向一体化将外部交易内部化,降低销售成本,增加利润。如果企业产品的销售商数量有限,在讨价还价中处于强势地位,前向一体化可以使企业更好地掌握销售的主动权。当企业所属产业处于整体迅速增长阶段时,采用前向一体化战略可以比较容易地开拓市场,增加产品的销售量。

反之,当企业的供应商成本较高,或其拥有较高利润时,企业可以通过后向一体化降低原材料采购成本、增加利润。当供应商数量有限,或企业对于其供应商而言并非主要客户时,后向一体化可以使企业更易于获得和控制所需原材料。当企业所需原材料量大,且自身具备了供应商的生产能力,或者该原材料是企业的关键生产要素时,采用前向一体化有利于保证获得稳定的原材料供应,利于生产的顺利实现。但是企业在选择后向一体化时要注意规避固定资产投入较高所带来的高退出障碍的风险。

当行业处于饱和阶段或衰退阶段时,市场出现了生产结构性过剩,此时综合实力较强,拥有较大市场份额的企业,可以通过横向一体化形成规模经济,保持行业领先的竞争优势。

例如,同为我国知名的钢铁企业,宝钢为了获得稳定的原材料,购买了秘鲁铁矿石生产企业实施的是后向一体化战略;而鞍钢则选择与本钢合组成鞍本钢铁集团,通过实施横向一体化战略扩大生产规模,取得更有利的行业竞争地位。

三、多元化战略

(一) 多元化战略的概念

多元化战略是指企业的业务超出原行业范围,在多个行业中经营,使企业同时在新产品和新市场方向发展。企业实行多元化的目的一方面是为了进入高增长的新兴行业,抓住更好的发展机遇;另一方面是为了分散经营风险,即便多元化经营中的某些业务利润下降,其他增长的业务仍可以平衡企业的总体利润水平。

(二) 多元化战略的类型

1. 相关多元化(同心多元化)

相关多元化战略是指企业基于现在的产品和市场向外拓展,进入与原有业务在技术、资源、市场等方面相关的行业,从而在范围稍宽的"行业"内发展。采用相关多元化战略,可以借助原有的优势资源拓展新业务,从而节约成本,实现范围经济。根据相关性的要素不同,相关多元化又可以进一步细分为技术相关多元化、资源相关多元化和市场相关多元化。例如,中国"冰箱大王"澳柯玛借助技术相关性,由冰箱生产转而进入微波炉、空调、洗碗机生产领域;中旅集团由单一的旅行社经营起步,借助客户资源的相关性进入了旅游交通、旅游酒店、旅游学院的多元化经营;宝洁公司由日化产品生产转而进入宠物食品生产,有效地借助了超市这一销售渠道的相关性实行多元化经营。

多元化战略与横向一体化战略容易混淆,二者的区别在于:横向一体化与处于相同行业、生产同类产品或工艺相近的企业间实现联合,其实质是资本在同一产业和部门内的集中,例如,青岛啤酒收购烟台啤酒;而多元化战略是企业在现有设备和技术的基础上,发展与现有的产品或服务相近的新产品或服务,例如家电企业向空调、计算机等企业扩展。

2. 不相关多元化(离心多元化)

不相关多元化战略是指企业进入与现有产品和市场无关的新产品和新市场,进行多元化经营的战略。大多数上市公司,通过股市募集了大量的资金,为了增加收益率以回报股东,会选择以控股或参股的方式介入跨行业的经营,采取不相关多元化战略。GE(通用电气公司)是成功实施非相关多元化的经典案例,GE是全球最大跨行业经营的科技、制造和服务型企业之一,其产品和服务范围非常广阔,从飞机发动机、发电设备、水处理和安防技术,到医疗成像、商务和消费者融资、媒体等不同领域,客户遍及全球100多个国家。

3.联合相关－不相关多元化(混合多元化)

联合相关－不相关多元化是指企业在多个不相关领域进行多元化经营,其中某些领域又由几个相关多元化的业务组成。例如,致力于多元化与经营成果关系研究的全球领先商业刊物 DiversityInc 发布 2010 年多元化企业 50 强榜单,强生公司第四次入围并荣列第二,与去年相比排名下降一位。美国强生(Johnson & Johnson)是规模大、产品多元化的医疗卫生保健品及消费者护理产品公司。从 1886 生产无菌外科敷料,到 1893 年生产强生婴儿爽身粉,再到 1920 年强生邦迪创可贴问世,当今强生玻璃贴膜也在世界占领了强势品牌,强生视力健商贸有限公司也成为世界隐形眼镜生产的领导者。可见,强生经营范围集中在医疗卫生保健品及消费者护理产品两个不相关领域,而在每一领域中又由众多相关多元化企业构成。

(三)多元化战略的选择

当企业所属行业进入成熟期或衰退期时,产业整体增长缓慢甚至停止增长,行业利润率下降,企业的盈利水平和投资回报率也随之下降。此时,综合实力较强的企业可以凭借已确立的竞争优势,进入其他行业,以具有竞争力的新产品开拓新市场。也有的企业采用多元化战略是因为新产品生产或以弥补现有产品的季节性销售波动,提高生产设备的利用率。

多元化战略是企业发展到一定阶段不得不面对的一项重要选择,近年来,国内越来越多的企业热衷于实施多元化战略,其中很多企业选择了非相关多元化战略。但是,真正在多元化战略道路上取得成功的企业并不多见,相反,因为实施多元化战略而一败涂地的企业却不在少数。多元化战略是一把"双刃剑",既能给企业带来成功的机遇,也存在导致企业失败的风险,许多企业在多元化实践中折戟沉沙,身陷困境。成功实施多元化战略的关键在于要注重对企业核心竞争力的整合与培育,应通过在巩固和扩大企业所熟悉与擅长的主营业务基础上,稳步推进多元化进程,不管实施何种形式的多元化,培养和壮大核心竞争能力都是至关重要的。企业切忌盲目实施多元化,片面追求企业做大而忽视了企业做强。

20 世纪 70 年代,百事可乐认为饮料市场相当成熟,很难再从对手可口可乐那里抢占市场,于是从 1977 年开始,百事可乐集团接连收购了必胜客、塔克－贝尔、肯德基 3 家快餐店,企图通过多元化的快餐店的营销网络,争取百事可乐的潜在消费者。多元化经营使百事越来越多的公司资源和管理层精力被消耗在与麦当劳和可口可乐两大世界级强手的竞争中,使百事可乐原来的核心业务——可乐生产的比重下降到总业务量的 35%,营业收入的 1/3。公司饮品在 1996 年美国市场上的占有率落后于可口可乐 11 个百分点,是 20 年来差距最大的一次,同时在除中东以外的全球各市场上均遭惨败。近年来,为扭转局势,"百事"改变经营结构,剥离快餐业务,集中资金保住自己的主体产品,专营"百事"饮料。

第二节　企业成长战略的实施方式

企业实现成长战略，既可以完全凭借自身的资源实施内部发展，也可以对其他企业实施并购，还可以与其他企业结成平等的合资经营或战略联盟。

一、内部发展

(一) 内部发展的概念

内部发展是指依靠自身的资源与能力，在企业内部实现发展。内部发展是密集型战略的主要实现方式。

(二) 内部发展的优点

1. 决策风险较小

内部发展是企业根据环境的变化，主动做出战略调整，对企业原有的发展战略具有一定的继承性，是一个相对长期的渐变过程。因此，企业有充足的时间进行战略选择，这就降低了战略突变所带来的决策风险。在产业生命周期的早期阶段，这种稳步发展的战略是一个明智的选择。

2. 有利于实现资源共享

内部发展战略是企业将自身原有的资源与能力运用到新的业务领域中。这不仅有利于实现有形资源的共享，而且有利于实现企业管理能力、企业文化、品牌与商誉等无形资源的共享，使企业的无形资源在新领域中最大限度地发挥效用，是企业有效利用无形资源实现企业发展的捷径。

3. 有利于培养企业的经验曲线

经验曲线又称学习曲线，最早是由布鲁斯·亨得森在波士顿咨询集团公司(Boston Consulting Group, BCG)提出来的，表示单位产品生产时间和所生产的产品总数之间关系的曲线，即个体或组织越是经常执行一项任务，每次执行任务的时间就越少。通过内部发展战略，企业可以不断积累在某一领域的学习能力，形成经验曲线，这种不断增长的经验曲线可以成为企业拥有的独特的核心竞争力。

4. 有利于弘扬企业文化

内部发展强调充分开发和利用企业现有资源，这不但有助于培养企业家精神，而且通过鼓励员工不断开发新业务，倡导创新精神，有利于弘扬企业的优秀文化。

(三) 内部发展的缺点

1. 可能错过企业发展的外部机会

内部发展注重于把握企业内部资源与能力的发展，忽视了企业外部的市场机会，这就使企业有可能错过进入高增长的新领域的发展机遇,影响了企业发展的速度。

2. 发展速度受限

内部发展战略实行的早期,因企业所进入的是一个从未接触过的全新领域,无任何发展基础,因此新产品产量较小,价格缺乏市场竞争力,这种规模限制可能导致内部发展战略的失败。

3. 失败后难以得到补偿

内部发展战略虽然决策风险较小,但投资风险却很大,如果内部发展战略失败,则无法通过出售失败的新业务而得到资金的补偿,因此投资风险很大。

二、并购

(一)并购的概念

并购(merger and acquisition)是合并与收购的合称,指企业通过产权交易完全或部分地获得其他企业的控制权。著名创业投资与私募股权研究机构清科研究中心对中国并购市场的最新研究显示:2010年,由于国际金融大环境的复苏和中国经济的强劲发展,中国并购市场实现了井喷式增长,较2009年各季度均实现成倍增长,交易金额也不断攀升,共完成622起并购交易,披露价格的501起并购交易总金额达到348.03亿美元。与2009年完成的294起案例相比,同比增长高达111.6%。

(二)并购的类型

1. 合并

合并是指一个企业通过购买另一个企业的资产或股票,继承该企业全部的资产与负债,整合业务,进行统一经营管理。合并具体包括吸收合并与新设合并两种形式。吸收合并指A企业吸收B企业,B企业不再存在;新设合并指A企业与B企业合并成立C企业,AB企业同时不再存在。

2. 收购

收购指一个企业通过购买另一个企业的资产或股票,将被收购企业变成自己的子公司,全部或部分地控制被收购企业的经营管理。例如,惠普通过收购康柏,使康柏变成了自己的子公司。收购具体包括三种形式。一是参股,指一个企业为了进入另一个企业的董事会,或仅为了获得更多的红利收益而收购该企业的部分股权,但没有达到控股的程度。例如,2010年美国通用汽车宣布其公开募股普通股及法定可转换次级优先股定价,本次公开发行股票将融资201亿美元,是当年国际资本市场最大的融资规模。11月18日上汽集团旗下全资子公司上海汽车香港投资有限公司出资近5亿美元,以每股33美元的价格购入通用汽车0.97%的股份。二是控股,指一个企业通过收购另一个企业较多的股票而成为被收购企业的控股股东。例如,李嘉诚以98.2亿港元收购了市值达900亿港元的长江实业集团,成为长江实业的控股股东。三是全面收购,指一个企业为了全面控制另一个企业,收购该企业全部股份,将被收购企业转化为自己的子公司。例如,谷歌在 2010 年共耗资 18 亿美元收购了 48 家公司。

3. 接管

一个企业通过签订交易协议接管另一个企业,被接管企业被迫成为收购企业的子公司。例如,拥有 85 年历史的美国著名电影公司米高梅(Metro-Goldwyn-Mayer,MGM)在 2010 年 11 月 3 日宣布破产,将由望远镜娱乐接管,望远镜娱乐的两位创始人加里·巴伯和罗杰·伯恩鲍姆将联合出任米高梅首席执行官。

合并与收购的不同之处在于:第一,合并是两个企业平等自愿的行为,收购可以是一个企业将单方的意愿强加给另一个企业的行为;第二,合并是两个企业资产的完全融合,收购可以是两个企业资产的部分融合;第三,合并是两个企业将业务整合,进行统一经营管理,收购可以是收购方仅参与被收购方的股权利益分配,而不参与经营管理。

(三)并购的动因

面临激烈的市场竞争,生存与发展是企业首要的内在需求,并购是企业迅速发展的一条捷径。并购的发生往往是由多种原因共同推动的,是企业内外部因素共同作用的结果,而且不同时期具有不同的特点,主要包括以下动因。

1. 减少交易成本

相对于内部发展,通过并购企业可以花费更小成本,达到快速扩张的目的。通过对价值链上下游企业的并购,企业可以减少采购和销售等外部交易环节,降低购买成本、订货成本和储存成本,因而节约大量费用。此外,并购还可以规避上下游企业违约、欺诈等不良经营行为所带来的经济损失。

2. 节约交易时间

时间就是效益,时间可以创造竞争力。显而易见,并购一家正在经营的成熟企业比自己创建一项类似的业务要节约更多的时间,这使得企业能够更快地抢占新市场,快速增加市场份额,赢得先机,获取优势。

3. 降低市场进入壁垒

任何一个行业都会或多或少地存在资金、技术、渠道等市场进入壁垒,要突破这些壁垒进入市场,企业需要花费大量的资金成本。通过并购企业可以绕过或可降低这些壁垒,直接进入该行业。因顾客更容易接受自己熟悉的品牌,所以并购还有利于企业克服品牌障碍,迅速获得顾客的认可。

4. 增强市场控制力

企业通过并购相同的业务可以获得竞争对手的市场份额,扩大生产规模,增加市场占有率,减少市场竞争,从而增强企业控制市场的能力。当企业通过并购达到一定程度时,可能成为市场领导者,甚至可以获得垄断利润。

5. 实现经营多元化

企业通过并购可以进入新行业,实现多元化经营,获得新的利润增长点。另外,当某些业务因种种原因导致投资失败时,其他业务的获利可以弥补这种失败的损失,从而分散投资风险。

6. 产生协同效应

并购能有效地整合企业优质资源,发挥生产、管理、经营及财务的协同效应,产生 $1+1>2$ 的效果。例如,欧莱雅通过收购"小护士"品牌,成功地由高中端化妆品市场进入了低端的大众化妆品市场,获得了协同效应。

(四)并购的陷阱

在企业现实经营中,会受到各种机会的诱惑或主导,忽视甚至忘掉投资、结盟、并购等扩张行动可能存在的潜在风险与陷阱,从而导致严重不良的决策后果。例如,2004年TCL并购法国汤姆逊彩电业务时,投资顾问摩根斯坦利对并购持中性看法,咨询顾问波士顿持反对意见,TCL内部的两位元老级人物也对并购投反对票,但李东生认为并购是一个难得的实现国际化的机会,而一意孤行执意并购,事后的实践表明,这一并购不仅没有成为机会,汤姆逊反而成为TCL的拖累。并购的陷阱主要体现在以下几方面。

1. 并购成本高

并购是一种相当昂贵的战略选择。在并购过程中,收购方通常会高估并购所产生的战略优势,加之有多家投资者参与并购的竞争,以及被并购企业的讨价还价等因素,都可能导致收购方为并购支付过高的价格,按照商业惯例,为了完成收购交易,购买方通常要支付高于被收购方股票当前价格30%以上的溢价收购。同时,并购所产生的间接成本往往被收购方低估,这些间接成本包括律师和投资银行家的咨询费用,这些费用在国际并购中都是必不可少的事前投入,此外,为并购谈判所花费的时间也是一项重要的间接费用。过高的并购成本导致了并购失败的比例很高,有研究表明,约有60%的并购不能达到预期的效果,20%的并购是完全失败的,仅有20%的并购是成功的。例如,可口可乐公司曾试图利用营销上的独特竞争力以并购的方式主导美国葡萄酒市场,但在收购了三家葡萄酒公司后,发觉软饮料和葡萄酒的消费群体不同、定价系统和分销网络都不同,经过了七年的时间,这项并购计划只获得了微薄的利润,最终可口可乐公司不得不以当初的收购价2.1亿美元出售了并购的企业,但如果考虑到通货膨胀的因素,此项并购使可口可乐损失惨重。

2. 战略不匹配

许多并购由于管理者投资前没有对被并购企业进行充分的审查,未能仔细考虑两个企业间关键战略资源和能力的匹配问题,并购完成后才发觉被并购企业的多方面资源和能力中,仅有一部分对收购方有用,其余都是不必要的附属业务,甚至购买了运营不良、负债过重或商业模式存在重大缺陷的企业,最终导致并购不能实现预期目标。例如,2000年美国时代华纳公司对美国在线实施并购后,债务总额高达260万美元,为了偿还债务,时代华纳不得不将美国在线众多业务中的互联网资产、有线电视、电影娱乐、网络电视、音乐及出版业务一一出售。

3. 存在"整合陷阱"

并购后的整合工作非常重要,主要包括建立共同的财务和管理控制系统,合并两个企业的业务,建立信息共享和人员重组,以及文化融合。这些方面的整合过程是相当困难的,如果并购后不能很好地处理整合,发生企业文化冲突、优秀人才流失、管理混乱等问题,都会使并购陷入"整合陷阱"。例如,戴姆勒-奔驰公司和克莱斯勒公司合并后,美德企业间的文化冲突使克莱斯勒出现市场预测失误、制造成本暴涨和人员难以管理等问题,加之克莱斯勒的大批前骨干人员离开,致使这一合并后的公司陷入危机,最终导致彻底失败。

4. 抑制企业创新能力

企业如果选择并购的方式获取进入新领域的机会,就会抑制企业自身的创新能力,从长远来看,习惯于通过并购,依赖其他公司的创新作为获取战略竞争力的源泉,会使企业自身陷入困境。

美国自19世纪末至今,共经历了五次大的并购浪潮。第一次浪潮,发生在19世纪末最后10年到20世纪前10年,其主要特征是通过横向并购,扩大企业规模,提高市场占有率,实现规模效益,抵御经济危机的风险。结果是企业数量的急剧减少和单个企业规模的迅速膨胀,同时产生了一大批垄断性的企业集团。美国经济从1903年起再次衰退,加之国内兴起了反托拉斯运动,导致此次并购浪潮结束。第二次浪潮,发生在20世纪20年代,横向并购虽仍占较大比重,但同时出现了相当规模的纵向并购,寡头及规模经济仍是此次并购的重要动机。这次并购浪潮,对美国企业制度的直接影响是导致了企业所有权与经营权的最后分离。1929年经济危机开始时,这次浪潮随之停止。第三次浪潮,发生在20世纪50至60年代,其特征是混合并购居于主体地位,跨国并购异军突起。至70年代初,美国企业的总数比50年代初增长了80%以上,本次浪潮因石油危机而平息下来。第四次浪潮,发生在20世纪80年代,主要是由金融财团推动的,同时对金融衍生工具的运用又起了推波助澜的作用。到1990年,随着经济的再次衰退,证券市场价格大幅下挫,这次浪潮略为平息下来。第五次浪潮在90年代兴起,在总规模上创造了历史纪录,出现了明显的强强联合趋向,金融业的并购明显加剧,大多数企业以投资银行为主操作,旨在扩大企业规模和国际竞争力。但从2000年下半年开始,因为股市动荡、IT行业缩水、尤其是2001年"9·11"事件的打击,严重影响了美国经济的进程,第五次浪潮正在趋缓,但也必将酝酿着第六次浪潮的开始。

三、合资经营

(一)合资经营的概念

合资经营是指由两个或两个以上的投资者共同投资,共同管理,共负盈亏,按照投资比例共同分取股权利润的投资经营方式。

(二)合资经营的类型

1. 蛛网战略

蛛网战略指实力较弱的小企业与实力强大的大企业进行合资经营时,为了避免被大企业吞并,多个小企业联合起来与大企业进行合资经营,以取得与大企业实力的抗衡。

2. 结合-分离战略

结合-分离战略指两个或两个以上的企业经过长时间的合作后,重新分离。这种情况通常发生在对于具有一定寿命周期项目的合资经营。

3. 逐渐一体化战略

逐渐一体化战略指企业间进行合资经营后,关系逐渐密切,最终导致了合并,成为一体化公司。

(三)合资经营的动因

1. 绕开贸易壁垒

许多国家为了保护本国企业的利益,对同行业的外资企业实行多种贸易限制,通过合资经营,外资企业可以绕开这些壁垒,取得与本国企业相同的待遇。

2. 获得特殊的资源和市场

合资经营可以使企业得到廉价的劳动力资源、原材料以及特殊的研发、生产、成熟的分销渠道等环节的特殊资源和合作企业所在国市场。

3. 增加利益降低风险

合资经营使企业的经营规模扩大,凭借规模优势取得规模经济效益。合资经营后本该企业独自承担的风险,可以由两个合资企业共同分担,降低了市场风险。

(四)合资经营的缺点

合资经营也存在着许多的缺点,主要包括,合资经营会削弱股东原有的企业控制权和领导权,容易引发股东间矛盾;在合资经营过程中,如果一方先于另一方提高了自己的能力或成功创造出自己最缺乏的资源,可能导致合资经营分裂,这就为企业培养了潜在的竞争对手;随着时间的推移,合资双方的需要和愿望不断发生变化,可能使合资经营无法进行下去。

四、战略联盟

(一)战略联盟的概念

战略联盟是指两个或两个以上的企业,为了双方的战略利益,以签订协议的方式结成松散的组织。战略联盟的本质是一种竞争性合作组织,企业间结成战略联盟的目的是利用企业外部资源,来应对更大范围和更高层次的竞争。战略联盟成员间没有产权转让关系,既不是独立的公司实体,也不是企业集团,而仅是一种松散的组织形式。无论联盟各成员实力差别有多大,任何一方都不能控制其他成员的行为,双方是平等合作关系。联盟合作的内容可以是研发联盟、生产联盟或渠道联盟等;合作的对象可以是跨国公司间的联盟,也可以是企业与科研机构的联盟;合作的方式可以是技术转移协议,也可以是特许经营或管理协议。例如,思科系统公司以战略联盟作为发展战略的基石,仅2002财年,思科来源于战略联盟关系的收益就占到了公司总收入的10%,总额高达20余亿美元。

(二)战略联盟的类型

根据产品特点、行业性质、竞争程度、企业目标和自身优势等因素,战略联盟可以分为以下几个类型。

1.协议型战略联盟

协议型战略联盟指企业间以签订合作协议的形式结成战略联盟,联合进行研发、生产或营销等。具体形式包括许可证、交叉许可证、交叉营销等。例如,肯德基和百事可乐建立协议联盟,在肯德基店内只销售百事可乐饮料。

2.贴牌生产

贴牌生产指指拥有优势品牌的企业因自身生产能力不足或为了降低生产成本委托其他企业代为加工生产本企业品牌的产品。例如,阿迪达斯、耐克等美国众多服装品牌为了降低生产成本,利用东南亚劳动力价格低的优势,与一些企业结成战略联盟,为该品贴牌生产。

3.特许经营

特许经营指企业为了推广品牌,扩大市场,与被特许经营者结成战略联盟,允许其有偿使用其品牌、专有技术、产品以及运作管理经验等从事经营活动的商业经营模式。例如,国际特许经营与授权组织(新加坡)(简称FLA),每年都会评选出该年度特许经营综合业绩最好的企业,授予"国际特许经营奖",我国内蒙古小肥羊餐饮连锁有限公司、北京福奈特洗衣服务有限公司、如家酒店都曾先后获此殊荣。

4.相互持股

相互持股指为了确保供应商能力或建立非正式的工作关系,战略联盟成员间相互占有对方少数股权。

(三)战略联盟的动因

随着经济全球化的到来,消费者的需求出现了全球范围的趋同化,产生了全球性消费者和全球性生产者,把企业推向了国际市场,使得企业无论规模多大,实力多强,都不能凭一己之力实现全球范围内的规模经济效应,此时企业最好的选择是通过战略联盟扩大生产规模,取得范围经济,同时可以更好地应对消费需求快速变化和技术研发带来的风险。

(四)战略联盟的优势

1.有利于企业实现更高的战略目标

战略联盟可以使企业迅速获得短缺资源,实现优势互补,扩大生产规模,提高市场份额,实现企业凭单体实力无法达到的更大范围和更高层次的战略目标。例如,为了挑战美国航空制造业的霸主地位,欧洲四家飞机制造公司结成战略联盟组建空中客车公司,利用各自优势,在德国生产机身,在英国生产机翼,在西班牙生产尾翼,在法国组装,空中客车公司迅速提高了市场地位,为应对空中客车公司的强大竞争,美国两家最大的飞机制造公司波音和麦道被迫合并。

2. 有利于降低研发风险

在计算机、航空、通讯等高科技产业,技术更新非常快。计算机界著名的摩尔定律表明,IC上可容纳的晶体管数目,约每隔18个月便会增加一倍,性能也将提升一倍。面对如此快速变化的市场,通过技术研发不断推出新产品成为企业必经的生存之道,而研发新产品所需的巨额费用是很多企业难以独立承受的,通过战略联盟则可以分担研发费用,降低研发风险。例如,惠普公司拥有众多的战略联盟伙伴,如微软、思科、甲骨文、美国在线等,其实施战略联盟的主要目标是为了分担研究与开发的成本和风险。

3. 有利于企业开拓国际市场

在全球一体化的大背景下,企业需要通过国际化经营取得区位优势,在全球布局生产经营活动,即在原材料最优质低价的地区采购,在技术最先进的地区研发,在劳动力最廉价的地区生产,在需求最旺盛的地区销售。通过战略联盟,企业可以有效实现这一国际化布局,开拓国际市场。联想作为国内知名企业,为了实现国际化发展,提升品牌在国际上的知名度,于2005年收购了IBM的PC机业务,使国内市场份额达到30%的同时,国际市场份额达到8%,这种跨国并购式的联盟,不仅解决了联想核心技术研发问题,而且强化了企业价值链,使联想在国际上声名鹊起。

第三节 企业防御战略

不断发展壮大是所有企业追求的目标,但由于企业自身资源与能力的限制,大多数企业在大多数情况下选择的是稳定发展战略,即企业继续发基本相同的产品或服务来满足顾客需求,稳定地、非快速地发展。当外部环境突然发生了不利于企业成长的变化时,企业还可能采取缩减企业经营规模的防御战略。

一、防御型战略的概念和特点

(一)防御型战略的概念

防御型战略是指企业退出当前战略经营领域或收缩现有产品、市场范围的一种经营战略,也称紧缩型战略。防御型战略是一种消极的发展战略,当企业发展遇到困难,环境受到威胁或难以抵挡竞争对手的进攻时,短期内可以采取防御战略,实现自身资源的最优配置,以退为进,待环境改善后再转向其他战略选择。

（二）防御型战略的特点

1. 规模缩小
防御型战略是对现有的产品或市场实行收缩、调整或撤退，例如，放弃某些盈利能力低的产品的生产，退出某些地区的市场等，因此企业整体规模缩小，利润率和市场占有率都明显下降。

2. 投入减少
实施防御型战略要求对企业资源进行严格的控制，往往只投入最低限度的经管资源，尽量削减各项费用的支出，例如，大量削减管理人员和生产人员，停止某些大额资产的投入等。

3. 具有短期性
与稳定战略和发展战略相比，防御型战略具有明显的短期性和过渡性，紧缩的根本目的并不是要长期节约开支，停止发展，而是为今后的发展积蓄力量。

二、防御型战略的原因及适用条件

企业大多是在不得已的情况下，为应对外界竞争环境的变化而实施防御战略，也有时采取防御战略是为了积蓄力量，以备更好地进攻。

（一）适应外部环境

当企业外部经营环境发生了变化时，例如，国家整体经济处于衰退阶段、市场需求萎缩、生产资源紧缺等，这些变化导致了企业在现有经营领域中处于不利地位，为了适应这些变化，企业可以采取收缩或撤退的防御型战略。适应性防御战略的适用条件是，企业预测到或感知到外界环境对企业经营的不利性，并且采用稳定型战略不足以使企业抵御不利的外部环境变化。

（二）自身经营失误

企业由于自身经营失误，造成了经济资源短缺，竞争地位下降，此时采取防御型战略可以最大限度地保存实力，当条件成熟时再转入其他发展战略。这种情况下采取防御战略的条件是企业出现了重大的问题，例如产品滞销、投资已无法收回、财务状况恶化等情况，此时需要认真比较实施防御型战略的机会成本，经过认真细致的成本－收益分析，最后才能决定是否适合采用防御战略。

（三）寻求新的机遇

当经营环境出现了新的发展机遇时，企业当前的实力无法支持其在保持现有经营领域与范围的同时，抓住机遇进入这一新领域，为了谋求更好的发展，企业可以主动制订长远目标，积极实施调整型防御战略，撤出一定的资源，投入新领域开发。因为寻求新的机遇而采取防御战略的条件是企业存在一个回报更高的资源配置点，因此要认真比较企业要放弃的业务单位和准备新投入的业务单位，两者间回报差距是否十分明显。

三、防御型战略的类型

根据防御型战略的实施途径,可以将这一战略划分为以下四类。

(一)收获战略

收获战略是一种较为积极的战略,是指企业减少在某一特定战略经营单位、产品线,或某种特定产品品牌的投资,将撤出的资源投入到前景更好的其他领域或新领域的战略。收获战略通过削减费用支出和改善企业总的现金流量,将使企业在这一特定领域的销售额和市场占有率下降,但这种损失可以用节约出来的费用加以补偿。企业采取收获战略,可以通过压缩对原有业务领域的投资,控制成本支出,改善现金流为其他业务领域提供充足的资源。下列情况更适合采取收获战略。

①企业在某领域的市场份额较小,如果扩大市场份额需要投入大量费用;或者市场份额较高,但维持现有市场份额将花费越来越多的费用;此时减少在这一领域的投资,销售额下降幅度不大,而且能更好地利用闲散资源。

②某领域不是企业的主要经营业务,且这一领域正处于稳定或衰退的市场中,企业在这一领域的经营不但盈利不佳,甚至发生亏损。

③市场存在新的更好的发展机遇,采用收获战略节约的资源可以投入到新领域。

(二)调整战略

调整战略是指当企业财务遇到困难时,为了提高运营效率,使企业渡过难关,待情况有所转机时再采用新的战略。导致企业财务困难的原因很多,例如,企业劳动力成本或原材料成本上升,市场出现暂时的需求下降或经济衰退,外部市场竞争压力大或内部管理出现问题。针对这些不同的原因,企业可以采取以下调整战略措施。

1. 调整企业组织

包括更换高层或较低层的管理人员、减少新人员的录用、解雇部分员工、减少某些管理部门、重新划分各部门责任与权力等。

2. 降低成本和投资

降低成本和投资的方式包括:削减资本支出和广告促销的支出、降低管理费用、更严格地进行成本控制和预算管理、实施集中决策以控制成本、减少一些长期投资项目等。

3. 减少资产

减少资产的方式包括:出售与企业基本生产活动相关不大的土地、建筑及设备等资产,出售某些在用的资产再以租用的方式重新获得使用权,关闭一些工厂或生产线,出售某些盈利的产品等。

4. 加速回收企业资产

加速回收企业效益主要指,加速应收账款的回收期、催收应收账款、加强库存控制、降低存货量、尽量出售库存产成品等。

(三)放弃战略

采取收获战略或调整战略无效时,企业可以尝试放弃战略。放弃战略是指将企业的一个战略经营单位、生产线或事业部转让、出卖或停止经营。由于放弃战略的目的是力求使企业固定资产的卖价高于时价,所以应尽量说服买主,使其认识到购买企业将获得技术等无形资源,给买方带来更多的利润。在实施放弃战略的过程中常常会遇到一些阻力,主要包括:

1. 结构上的阻力

指企业的技术特征及其固定和流动资本妨碍其退出现有经营领域,例如一些专用性强的固定资产很难退出。

2. 战略上的阻力

指如果放弃某项业务会使其他与之有较强关联的业务受到影响。特别是实施一体化战略的企业,退出某一经营单位可能使企业其他相关的上下游经营领域受到影响。

3. 管理上的阻力

在进行放弃战略决策时,管理者可能会认为放弃是一种失败的象征,这会威胁他们的业绩考核,影响到他们的职业前途,因而对防御战略决策持反对意见。有时放弃战略也会与企业的社会目标相冲突,例如放弃战略引起的大量下岗与失业会引起政府出面干预。

(四)清算战略

当放弃战略也失灵时,企业就只能采取清算战略。清算战略是指通过拍卖资产或停止整个企业的运行而终止一个企业的存在。与放弃战略不同的是,清算的净收益是企业有形资产的售让价值,而不包括无形资产价值。企业在确实无力回天的情况下,应尽早执行清算战略,通过有计划地逐步降低股票的市场价值,尽量收回企业资产,从而减少全体股东的损失。因此,在特定的情况下,清算战略也是一种明智的战略选择。

李·亚科卡(Lee Iacocca)就是成功地实施防御战略,拯救了濒临死亡的克莱斯勒。1979年刚刚上任的亚科卡发现克莱斯勒第三季度的亏损已近1.6亿美元,濒临破产,财政异常困难。同时,能源危机正席卷西海岸,汽油价格暴涨使以生产房车与周末旅游车的为主的克莱斯勒因家庭用小轿车、周末旅游车、厢式车等高档汽车市场需求迅速下降而极度萎缩。亚科卡决定实施防御战略,一方面大举裁员,他提出了"牺牲均等"的口号,首先给自己降薪,每年只拿一块钱,他向工人们表示:"只有每个人都勒紧裤腰带,我们才能生存!"另一方面,亚科卡在接下来的两年内关闭了20家工厂。通过全面实施防御战略,使克莱斯勒绝处逢生,1980年公司扭亏为盈;1982年盈利11.7亿美元,还清了13亿美元的短期债务;1983年盈利9亿美元,提前7年偿还了15亿政府贷款保证金,1984年克莱斯勒盈利24亿美元。

四、防御型战略的优点与缺点

（一）防御型战略的优点

①可以帮助企业在外部环境不利的情况下，节省开支和费用，顺利渡过不利的处境。

②在企业经营不善的情况下，可以最大限度地降低损失。

③帮助企业更好地实行资产的最优组合。企业面临新的发展机遇时，如果不采用防御型战略，只能运用现有的剩余资源投资于新领域，这势必会影响企业在这一领域的发展前景，如果采用适当的防御型战略，企业则可以将没有前途的业务资源转移到具有更高增长点的新业务力上，从而实现企业长远利益的最大化。

（二）防御型战略的缺点

①如果判断失误，盲目使用防御型战略，可能会扼杀具有发展前途的经营领域，使企业总体利益受到损害。

②实施防御型战略会引起企业管理人员和员工情绪低落，影响员工的士气。

总之，企业管理者必须认识到：企业和事业的发展不可能总是一帆风顺，市场和资源是有限的而且动态变化的，成熟而明智的企业家，应当既能面对顺境，更能面对逆境，学会以退为进取得成功。

第四节 战略选择过程

一、影响企业战略选择的因素

企业战略选择过程是在对内外部环境分析的基础上，拟定若干战略备选方案，由企业战略管理者评价并决策实施哪一个方案能够更好地实现企业的使命与目标的过程。战略选择的过程是一个复杂的、动态过程，需要综合考虑多种因素的影响，影响企业战略选择的因素主要包括以下几个方面。

（一）企业对外部环境的依赖程度

通常情况下，企业对外部环境的依赖程度影响着战略选择的灵活性，影响企业战略选择的外部环境包括：股东、顾客、竞争者和政府等几个方面的因素。如果企业对少数几个股东的依赖程度高，则决策时易受他们想法的限制，战略选择的灵活性就较小；如果企业的客户集中于少数几个顾客，则对他们的依赖程度很高，战略选择要尽量满足他们的期望，灵活性也较小；如果企业在竞争中处于相对弱势地位，对竞争对手的依赖程度高，则使该企业不能选择进攻性战略；如果企业对政府和社区的依赖程度高，在进行战略选择时对市场和股东的要求则不能做出灵活反应。此外，如果企业所处市场易于变化，则所制订的战略需要具有较大的灵活性。而且，企业战略管理者的主观认识影响着对客观环境的判断，因此，相同条件下不同决策者可能选择不同的战略。

（二）战略管理者对待风险的态度

任何一个战略方案都会存在着一定的风险，例如，战略能否实现？战略投资能否如期回收？而且战略方案的盈利潜力与风险往往成正比，盈利潜力越大风险越大，战略管理者对这些潜在风险的主观判断与态度，将影响所选择战略方案的类型和范围。如果战略管理者勇于冒险，为了追求更大的利益而愿意承担较大的风险，则会将具有一定风险的方案列入备选之列，战略选择的范围会较大，且倾向于选择进攻型战略；如果战略者能客观地权衡盈利与风险的取舍，可以在一定范围内承担风险，则会在高风险战略和低风险战略间寻求某种程度的平衡，以分散一定的风险；如果战略管理者较为保守、畏惧风险，则会排斥风险较大的选择方案，战略选择的范围就较小，也不会选择进攻型战略，更倾向于选择防御型或稳定型发展战略。

（三）企业过去战略的影响

企业战略演化通常是一个渐变的过程，过去的战略的影响会渗透到将来的战略中来，只有当环境发生突变时，才可能进行全新的战略选择。对此，著名管理学家亨利·明茨伯格（Henry Mintzberg）通过对德国大众汽车公司 1934～1969 年和美国对越南战争期间 1950～1968 年的战略选择变化的研究，得出了如下结论：

德国大众现在的战略是从过去某一有影响力的领导者所制订的战略演化而来的。这个独特的、紧密一体化战略对以后的战略选择是一个主要影响因素。此后，这个战略就变得格式化了。官僚化的管理组织使这一战略得以贯彻和实施，即原决策者推出这个战略并且向下属说明后，低层管理人员将对这个战略加以实施，明茨伯格将这种现象称之为推拉现象。当这一战略由于条件的变化而开始失效时，企业在调整战略时总是将新的次战略嫁接到这个老的战略上来。待以后再探索一种全新的战略。当外部环境发生了更大的变化时，企业才开始认真地考虑采取新的防御战略、组合战略或发展战略。虽然以前可能曾经有人建议过这些战略，但却被决策者忽视了。

可见，企业过去战略对以后的战略选择产生很大影响，由于各级管理者担心如果选择全新的战略，一旦产生不良后果要承担个人责任，因此，与过去相一致的战略更易于被接受，推行起来阻力小，于是就延续了已有的战略或对原有战略稍加改进。

（四）各级管理人员的影响

企业各级管理人员的个人的观点是影响企业战略选择的直接而重要的因素。其中影响最大的是高层管理人员，因其在企业中拥有的较高的权力与威望，其他人员通常会支持和拥护他个人所倾向的战略选择。例如，福特汽车公司的创始人亨利·福特（Henry Ford）、国际电报电话公司的哈罗德·基宁（Harold Geneen）、松下电器公司的松下幸之助（まつした こうのすけ）等个人的观念都极大地影响了这些企业战略的选择。

鲍威尔(J. Bower)和舒沃兹(J. Schwartz)对企业战略选择过程中,中层管理人员和企业计划人员等职能人员的影响作了研究,认为:这部分人受个人视野及所在企业目标和使命的影响,所选择的战略类型与高层管理者不同,通常不愿选择高风险和突变式的战略,反而更倾向于低风险、渐进式的战略。

卡特(E. Carter)研究了一些中小型企业做出的收购决策,得出结论:较低层管理人员更倾向于上报那些有可能被上司接受的战略方案,而扣下不易通过的方案,在有可能的情况下,他们的选择总是尽量适合于自身目标的;在对建议的战略选择进行评价时,不同部门都从各自利益出发来评价选择方案并且得出不同的评价结果;当外部环境的不确定性越大时,下层管理人就会使用更多的评价标准来指导战略选择的过程;职能人员为战略选择所提供的数据量取决于收集这些数据的难易程度;他们日后对数据执行情况负责的程度;为了获得有利决策所必需的数据量;以及认为上司做决策时所希望拥有的数据量。由此可见,中、低层管理人员通过草拟战略方案和对各种方案风险的评价来影响战略选择,他们往往会选择与过去相近的战略,而不愿冒太大的风险。

(五)竞争对手的反应

战略选择是一个动态的、循环往复的过程,战略管理者选择战略时会考虑竞争对手可能采取的对策,这种对策又将对企业所选择战略产生什么样的影响。当市场上只有一个或少数几个强大的竞争者时,这种来自于竞争对手的影响显得尤为重要。例如,IBM的战略选择会对整个计算机行业的战略行为产生很大的影响。

二、公司战略组合

现实中企业实施的战略通常并不是一成不变的,当企业达到一定规模的时候,或企业经营了较长时期的时候,会同时或先后将多种战略结合起来使用。所谓战略组合,就是指将相关的战略配合起来使用,使之形成一个有机的整体。一般的战略组合方式有下列两种形式:同时组合和顺序组合。很多企业也可能既采取同时战略组合又采取顺序战略组合。

(一)同时战略组合

同时战略组合是指企业不同战略业务单位同时执行不同类型的战略,组合在一起形成的混合型战略。当企业具有多种不同的经营业务或多个事业部时,往往会采用同时组合战略。常见的同时组合战略有以下几种:

1. 同时实施增长战略和清算战略

企业同时经营多种产品时,因内外部环境的变化或自身经营失误,使某些产品不再盈利,就需要撤销这些产品及经营这些产品的战略经营单位,同时为了保持企业稳定的发展,又要寻找机会增加其他一些产品及经营这些产品的战略经营单位,在这种情况下,企业其实是对某些产品和部门实施了清算战略,同时对另一些部门实施了增长战略。

2. 同时实施紧缩战略和增长战略

当企业发现了新的增长机遇,而当前的实力又无法支持其同时保持现有领域的经营时,可以实施紧缩战略,从原有经营领域抽出一定的资源投入到新领域,但原有领域并不是要完全停止经营,甚至有时实施紧缩战略只是为今后的发展积蓄力量而暂时撤资。此时,企业就同时实施了紧缩战略和增长战略。

3. 同时实施稳定战略和增长战略

对于一些资源和能力比较丰富、综合实力强的企业,经常采取的战略组合形式是同时实施稳定战略和增长战略。当企业发现了更好的发展机遇时,加大对现有的部分业务或新业务的投入,提供更多的资源使其快速增长,同时对其他业务实施稳定的战略。

(二)顺序战略组合

顺序战略组合是指企业根据生存与发展的需要,先后实施不同的战略方案,从而形成自身的混合型战略方案。常见的顺序组合战略有以下几种:

1. 先实施增长战略后实施稳定战略

当企业实力有限时,可以在一个时期先实施增长战略,积攒更多的资源、积累更大的能力后,再在另一个时期实施稳定战略。

2. 先实施紧缩战略后实施增长战略

当企业发展的外部经营环境突然发生了不利的变化,而这种变化又是暂时性的,企业可以先实施紧缩战略,避开外界环境的不利条件,然后在情况好转的时候再实施增长战略。

企业在实施组合战略时应注意:根据企业现有实力,要最大限度地发挥企业现有资源的作用;在权衡各种战略选择方案时,要明确战略方案的组合优势,扬长避短;实施战略组合并不是同等对待所有战略,一定要明确主次,突出重点战略。

三、企业战略选择的误区

企业在进行战略选择时,往往会犯一些共性的错误,从而陷入战略选择的误区。因此,企业战略管理者要清醒地认识到战略选择可能存在的陷阱,认真把握、谨慎防范。

(一)盲目扩张

当市场总体前景较乐观时,企业害怕错失良机,往往会冲动地追随市场领先者,通过并购、联合等方式盲目扩张,实施多元化战略。结果超越企业自身的能力,进入了一些自己并不擅长的业务领域;或忽视了行业中同类产品市场已趋于饱和的现实,导致了战略选择失败。因此企业进行多元化战略选择时,一定要围绕着企业的核心竞争能力,转化为相应的竞争优势,这样才能获得协同效应。

(二)路径依赖

路径依赖(path-dependence)理论由1993年诺贝尔经济学奖获得者道格拉斯·诺思

(Douglass C. North)提出,是指一旦人们做了某种选择,惯性的力量会使这一选择不断自我强化。企业在做战略选择时,也会依赖于原有的已经成功的战略,墨守成规,不愿意创新;或者在某一战略上投入了大量资源而没有取得明显收获时,不思变革,仍不断追加投资。结果降低了对时刻变化着的竞争环境的敏感性,最后导致战略失败。因此,企业在进行战略选择时,必须构建一个行之有效的竞争信息系统,在对外界环境正确判断的基础上,不断适应环境变化调整创新企业战略,使企业始终屹立在时代的潮头。

(三)投资分散

市场所提供的发展机会是多种多样的,企业总是希望尽可能地抓住所有机会,将企业有限的时间、精力、人才和资金等资源分散投资到不同领域,结果面面俱到,在许多市场占有少量份额,却没能在任何领域建立起强大的竞争力。因此,企业在进行战略选择时,要结合自身资源与能力的现状,集中优势力量,力求在某一市场上取得稳定的地位,培养起竞争优势,如果有余力再进入其他领域发展。

(四)过度竞争

企业要谋求发展往往会与行业内其他企业激烈地争夺有限的市场需求,不时甚至不惜投入全部资源,引发行业内的价格战。结果短期内可能增加了企业的收入与市场份额,但为此投入的大量研发、促销等费用,使企业成本上升,利润率下降。结果不但参与竞争的企业两败俱伤,更有甚者,导致了行业提前进入衰退期,使行业整体利润下降。因此,企业在进行战略选择时要量力而行,过度竞争只会致使企业"过劳死"。

(五)偏离跑道

企业战略选择的起点应该是对外部环境与自身资源能力的分析,目标是培育起自己的竞争优势与核心竞争力。然而有些企业偏离了战略选择的这一"跑道",将起点定位于如何改正企业现有的缺点,补足"短板",而不是更好地发挥自身的优势;将战略选择的终极目标定位于提高终端产品的质量与市场占有率,而不是做好培育竞争能力的"内功"。结果本末倒置,事倍功半。

本 章 小 结

企业成长战略的形式主要包括密集型成长战略、一体化战略和多元化战略。企业在成长发展过程中做战略选择时,通常首先会考虑密集型成长战略,在原有市场或产品的基础上进一步扩张,以取得稳固的市场地位;或者通过横向一体化战略实现规模经济,以击败竞争对手,之后通过纵向一体化,向价值链上游和下游扩张,力争在行业中居于多头垄断地位。当企业成为行业中的领军角色后,多元化战略成了大多数企业的必然选择。

企业成长战略的类型包括:

$$\text{成长战略} \begin{cases} \text{密集型成长战略} \begin{cases} \text{市场渗透} \\ \text{市场开发} \\ \text{产品开发} \end{cases} \\ \text{一体化战略} \begin{cases} \text{纵向一体化战略(垂直一体化)} \begin{cases} \text{前向一体化战略} \\ \text{后向一体化战略} \end{cases} \\ \text{横向一体化战略(水平一体化)} \end{cases} \\ \text{多元化战略} \begin{cases} \text{相关多元化(同心多元化)} \\ \text{不相关多元化(离心多元化)} \\ \text{联合相关 – 不相关多元化(混合多元化)} \end{cases} \end{cases}$$

1992年宏基集团创办人施振荣提出了微笑曲线（smiling curve）理论，微笑曲线的中间是制造环节，左边的研发环节属于全球性的竞争，右边的营销主要是本地性竞争，当前制造产生的利润很低，全球制造也已处于供过于求的状况，但是研发与营销环节的附加价值很高，因此产业未来应朝微笑曲线的两端发展，即向左边加强研发创造智慧财产权，向右边加强客户导向的营销与服务。

企业实现成长战略，既可以完全凭借自身的资源实施内部发展，也可以对其他企业实施并购，还可以与其他企业结成平等的合资经营或战略联盟。在企业实施并购战略时，要警惕各种并购陷阱：并购成本高、战略不匹配、存在"整合陷阱"、抑制企业创新能力等。

战略联盟是一种有效地利用外部资源应对市场竞争的成长方式，联盟合作的内容可以是研发联盟、生产联盟或渠道联盟等。

当外部环境突然发生了不利于企业成长的变化时，企业还可采取缩减企业经营规模的防御战略，具体形式包括：收获战略、调整战略、放弃战略和清算战略。

影响公司战略选择的因素主要来自于：企业对外部环境的依赖程度；战略管理者对待风险的态度；企业过去战略的影响；各级管理人员的影响；竞争对手的反应。企业通常会将不同的战略组合起来运用，战略组合方式有同时组合和顺序组合。

思 考 题

1. 企业的成长战略包括哪几种形式？各种战略具体包括哪几种类型？
2. 如何理解"多元化是一把双刃剑"？多元化如何能够实现"东方不亮西方亮"的效果？
3. 企业成长战略的实现方式有哪些？
4. 并购的概念、类型及动因是什么？
5. 举例说明企业间是如何通过结成战略联盟实现优势互补，提高市场竞争力？
6. 当行业衰退时，行业中居于不同竞争地位的企业如何进行防御战略的选择？
7. 影响企业战略选择的因素有哪些？企业如何实施战略组合？

【案例分析】

米高梅破产带来的启示

拥有85年历史的美国著名电影公司米高梅(Metro-Goldwyn-Mayer,简称MGM)在2010年11月3日宣布破产,这头称霸了好莱坞(Hollywood)数十年的雄狮瞬间倒下,留给人间无尽的感慨和遐想。米高梅的前身分别是三家电影公司,在1924年由美国影院巨头马库斯·洛并购后组建,怒吼的雄狮标志在当时风靡全球,米高梅从诞生之后的三十余年间,一直保持着好莱坞霸主的地位,从《宾虚》、《绿野仙踪》、《魂断蓝桥》,到《费城故事》、《007系列》再到《猫和老鼠》和《乱世佳人》,无一不成为经典的影视作品,其中《宾虚》更是夺得了11个奥斯卡奖项,这一纪录至今只有《泰坦尼克号》和《指环王3》能够追平。

导致米高梅破产主要有四个原因:

一、过度依赖大片策略

米高梅几乎就是为大片而生的,从创建伊始就一直坚持巨作的路线,但是在2002年,吴宇森耗资巨大的战争片《风语者》票房惨败,直接导致公司被索尼公司收购。索尼利用米高梅的影片使用权大量发行DVD,赚得个盆满钵满,但米高梅却陷于资金短缺的局面,手中虽然有007电影这样的拍摄版权,但却没有投资者愿意投资,最终在恶性循环之下寿终正寝。类似这样的例子还有《骑劫地下铁》,投资1亿元却只卖了6500万美元的票房,巨资启用丹泽尔·华盛顿、约翰·特拉沃尔等一线影星却不能获得预期的收益,这种经营策略无异于把所有鸡蛋放在一个篮子里。

二、缺乏符合市场的创新

近几年票房好的电影通常都有三个特点:一是情节颠覆过往的思维模式,二是3D特效技术超凡脱俗,三是场面宏大、能够震撼观众心灵。《泰坦尼克号》、《2012》、《指环王》、《变形金刚》、《阿凡达》、《哈利波特》等等都是对这三个特点最好的诠释,但是反观米高梅近年的作品,不论是007系列,还是斥巨资拍摄的《狮入羊口》、《瓦尔基里》、《骑劫地下铁》都与这个时代格格不入,不仅情节老套,而且也缺乏视听的震撼效果,说明写实主义的剧情片、动作片已不敌科幻片,米高梅仅仅想靠一线明星来拉动票房,类似这样的例子还有《骑劫地下铁》,投资1个亿却只卖了6500万美元的票房,巨资启用丹泽尔·华盛顿、约翰·特拉沃尔等塔一线影星却不能获得预期的收益,这种思路显然已经OUT了。

三、产业链整合能力差

电影产业发展至今已不再是单靠票房收入来盈利,而是通过上下游产业链的延伸,整合各种商业资源才能获得更多的利润。除了影片的发行之外,服装、公仔、玩具、电视节目、网络媒体、品牌植入等等都是大有商机,在这方面米高梅显然稍逊一筹,单一的业务模式、缺乏产业链资源整合能力使得米高梅只能走进死胡同。

四、股东频易主,发展也疯狂

1970年米高梅被美国赌业大亨克尔科里恩买下,之后克尔科里恩套现资金投资赌博业,后来又两次买卖米高梅,在后来米高梅的不良资产中居然还有"次贷"的房产投资,一团乱麻的债权和股权关系、七零八落的制作团队、盲目的经营战略规划、匪夷所思的多元化经营,这样的公司如何持续发展?答案显然是否定的。

米高梅带给企业有三个启示。

一、产品创新是核心

华谊兄弟作为国内发展非常迅速的影视企业,近年来在华语地区拥有不小的影响力,这与旗下的知名导演冯小刚不无关系。电影产业是一个娱乐大众的行业,这就决定了它必须是一个高度创新、懂得炒作、能满足观众口味的行业,从冯氏喜剧《手机》、《非诚勿扰》再到让人泪流满面的《唐山大地震》,冯小刚可以"玩弄观众于哭笑之间",说明产品的创新是成功营销最重要的第一步。影片的剧情和卖点、明星的八卦新闻、拍摄的花絮、植入的品牌广告等等这些话题都可以引爆群众观影的欲望,正如《非诚勿扰2》一样,吸引观众的也许不是舒淇和葛优的恋情会怎么发展,而是剧中又会出现什么意想不到的波折,当红的姚晨和孙红雷的加盟就增加了这样的神秘感,八卦花边新闻经过媒体的曝光之后,就变成产品很好的口碑营销。又如近期很热的《盗梦空间》,未上映就被捧为史上最为复杂的大片、前无古人的神作,结果上映2个月票房突破6亿美元。

实际上,其他很多行业都是这样的,要想摆脱竞争的红海,首要的方法就是在产品上进行有效的创新,新功能、新概念、新文化、新成分都应该做成新的卖点,大做文章来吸引市场的关注,满足消费者猎奇、尝试和改变的心理。

二、高度整合产业链成关键

当年卡梅隆在拍摄红极一时的《泰坦尼克号》时,在墨西哥海边拿了一块的地皮,在电影热卖之后,之前是荒地的拍摄场所一下子变成了旅游热点,带动了周边酒店、餐厅的消费,甚至还导致当地房产的涨价。随着各行各业竞争的加剧,产业链整合能力将成为企业最大的竞争力,正如电影产业早已超出了影院的盈利模式一样,它可以拉动电视、音像制品、文艺表演、商业营销、授权玩偶服饰、旅游景点等等行业的发展,《玩具总动员》影片可以与乐高玩具合作,开发出一系列人物积木,《变形金刚》促进了机器人玩偶甚至是雪佛兰汽车的销售,《非诚勿扰》致使北京的茉莉餐厅座无虚席,华谊兄弟在近期投资1.5亿进军手机游戏行业,等等这些例子说明善于整合上下游资源的企业,不仅能够在盈利模式上多点开花,而且还能深度渗透到市场的每一个角度,对自己的品牌知名度和美誉度都有极大的帮助。

跳出电影产业,苹果是这方面高手中的高手,除了有令人尖叫的产品iPhone、iPod、iPad之外,苹果也有自己的应用程序网店和音乐商店,为用户提供丰富的应用软件和音乐下载,相关延伸出来的手机游戏、办公软件都造就了一大批百万富翁的开发者,有了这些,产业链中拥有最大话语权的运营商如中国联通、中国移动都要为之碰得头破血流。所以,未来的企业不仅需要追求专业领域的深度,更要追求合作的宽度。

三、战略规划要清晰

米高梅被倒手无数次,早已失去了管理的主心骨和清晰的战略规划,走向灭亡是自然而然的事情。相反,好莱坞的其他竞争对手在战略规划上则非常到位,如2005年美国派拉蒙影业公司16亿美元收购梦工厂,2006年迪士尼(The Walt Disney Company)74亿美元拿下皮克斯工作室,他们都通过并购向全传媒、全产业链的方向去发展。如果米高梅能够意识到自己巨大的影片库是一个巨大的竞争力,能够明白影业公司必须要有传媒集团作为后盾,或者必须和有线电视、网络宽带媒体等强强合作,如果能够清楚通过产业链延伸可以实现多模式盈利、分散投资风险,那么米高梅就一定不会是今天这样的结局。人无远虑、必有近忧,企业经营更是如此,稳定的股东架构和管理人员非常重要,而高层都必须活在未来,除了能够发现趋势顺应潮流之外,还必须让战略目标层层分解,最终才能有效地执行落地。近几年外资企业在中国非常注重本土化就是他们的第一战略,如草本汉方的日化用品、加长版的汽车、符合中国人习惯的早餐、开始建立官方网店推动网络营销,等等这些例子说明有效的战略规划可以让企业走对方向,在竞争激烈的市场中持续发展。

米高梅宣告破产并不意味着消亡,其手中的庞大的影片资源和版权项目仍然具有可观的价值,或许经过重新整理整合,这些资源能够重新发挥应有的作用。但是,米高梅若想重新崛起,必须在产品创新、产业链资源整合和战略规划上苦下功夫,否则一切都会是空中楼阁,对于身处太平洋彼岸的中国企业来说,"隔岸观狮"并不是在看热闹,关键是取其精华、去其糟粕,在战略管理上精益求精,方能百战不殆。

(资料来源:林岳.中国管理传播网 http://manage.org.cn.经整理有增删)

讨论题:
1. 米高梅的破产对企业多元化战略和一体化战略的实施有什么启示?
2. 参考派拉蒙和迪斯尼的成功,你建议米高梅应该采取哪种实现成长战略的方式?为什么?
3. 米高梅的破产是实施了哪种类型的防御战略?这样做有什么好处?

【阅读资料】

巨人集团从多元化的失败走向多元化的成功

他曾经是莘莘学子万分敬仰的创业天才,5年时间内跻身《福布斯》财富榜第8位;也曾是无数企业家引以为戒的失败典型,一夜之间负债2.5亿,成为当时中国最大的"负翁";而如今他又是一个不屈不挠的东山再起者,再次创业成为一个保健巨鳄、网游新锐,身家数十亿的资本家。从巨人汉卡到巨人大厦,从脑白金到黄金搭档,从"巨人"到"征途",史玉柱是最具传奇色彩的创业者之一。

史玉柱于1989年在深圳大学攻读软科学管理硕士研究生毕业后,辞去了在安徽省统计局的工作,怀揣仅有的4 000元钱和他耗费了9个月心血研制的M6401桌面排版印刷系统,南下深圳经商。一个月后,他承包下天津大学科工贸公司电脑部,为了买到当时深圳最便宜的电脑(8 500元),他以加价1 000元为条件,向电脑商获得推迟付款半个月的"优惠",赊账得到了平生第一台电脑。为了推广产品,他用同样的办法"赊"来广告:以电脑做抵押,用全部的4 000元在《计算机世界》上以先打广告后付款的方式,连续做了3期1/4版的广告。先人一步的思维方式,让史玉柱赚到了"第一桶金",两个月后,他销售汉卡的金额竟达到了10万元之巨,他再次把钱投入广告中,4个月后仅靠卖M-6401产品就回款100万元,半年之后回款400万元。

1991年,史玉柱创办了珠海巨人科技公司,为与香港金山电脑竞争,他又做了一次大胆的豪赌——邀请全国各地的电脑销售商前来珠海参加巨人汉卡的全国订货会,只要订购10块巨人汉卡,就为他们报销路费。为此,史玉柱把能动的几十万元全用了进去,结果吸引了全国200多家大大小小的软件经销商订了货,组成了巨人汉卡的全国营销网络。1991年,巨人汉卡的销量一跃成为全国同类产品之首,公司获纯利1 000多万元。1992年,巨人集团的资本超过1亿元,史玉柱本人也迎来第一个事业高峰。

1993年是中国电脑业的灾难年,伴随电脑业步入低谷,巨人集团迫切需要寻找新的产业支柱。史玉柱提出了第二次创业的总体目标:跳出电脑行业,走产业多元化的扩张之路,以发展寻求解决矛盾的出路。史玉柱第二次创业规模太宏大了:在房地方面,投资12亿兴建巨人大厦,投资分8亿在黄山兴建绿谷旅游工程,投资5 400万购买装修巨人总部大楼,在上海浦东买下3万平方米土地,准备兴建上海巨人集团总部,在保健品方面:准备投资5个亿,在一年内推出上百个产品。产值总目标:1995年达到10亿,1996年达到50亿,1997年达到100亿。然而,当时的史玉柱的资产规模仅有3个亿。

1995年初,史玉柱用打"三大战役"的方法进行促销电脑、保健品和药品。一次性推出三大系列的30个产品,广告铺天盖地。不到半年时间,巨人集团的子公司从38个发展到228个,人员从200人发展到2 000人。如此大规模的闪电战术,确实创出了奇迹:30个产品上市后的15天内,订货单就突破3亿元。

然而过度多元化却让史玉柱的第二次创业陷入了资金陷阱。巨人大厦是史玉柱有生以来第一个重大投资决策的失误,他根本没有实力盖一座全国最高的大厦。更让人惊讶的是,大厦从1994年2月动工到1996年7月,史玉柱竟未申请过一分钱的银行贷款,全凭自有资金和卖楼花的钱支持。史玉柱的资金有限,又要在两条路线上作战,怎能不顾此失彼。1996年,巨人大厦资金告急,史玉柱决定将保健品方面的全部资金调往巨人大厦,保健品业务因资金"抽血"过量,再加上管理不善,迅速盛极而衰。1997年年初,巨人大厦未能按期完工,国内的购楼花者天天上门要求退款,不久只建至地面三层的巨人大厦就停工。史玉柱负债高达2亿多元,巨人集团名存实亡,但一直未申请破产。

1998年,史玉柱重新回到了原本建立了较好根基的保健品市场,注册成立了上海健特公司,开始重新经营保健品脑白金。他深入江阴走村串镇,以极其鲜活的第一手素材创意了"今年过年不收礼,收礼还收脑白金"的广告,获得了成功。再一次投入市场洪流的史玉柱开始摒弃过去的多元化经营模式,变得专注起来。"我现在给自己定了这样一个纪律,一个人一生只能做一个行业,不能做第二个行业;而且不能这个行业所有环节都做,要做就只做自己熟悉的那部分领域,同时做的时候不要平均用力,只用自己最特长的那一部分",他甚至为自己制订了三项"铁律":第一,必须时时刻刻保持危机意识,每时每刻提防公司明天会突然垮掉,随时防备最坏的结果;第二,不得盲目冒进,草率进行多元化经营;第三,让企业永远保持充沛的现金流。在保健品市场上从脑白金到黄金搭档,巨人再次重生。

然而多元化巨大的魔力几乎使所有企业家都无法拒绝,面对各种机会的诱惑,史玉柱再次试探向其他行业发展。2004年,史玉柱与原盛大的一个网络游戏研发团队洽谈后决定投资IT业。2005年4月18日,史玉柱在上海金茂大厦宣布了巨人投资集团有限公司投资的新项目——网络游戏《征途》。史玉柱此次多元化经营却十分慎重,经过充分的市场调查之后,史玉柱发现,网游和保健品一样,真正的最大市场是在农村,他将在保健品当中的营销经验应用到了网络游戏当中，仍然采用农村包围城市的做法，将《征途》送进了县、乡、镇。相信只有大投入才有大产出的史玉柱定期组织"包机"活动，将全国5万个网吧内所有的机器包下来，只允许玩《征途》游戏，为此一个月就要支出上百万元的费用。但是，对于很多上座率不到一半的农村网吧而言，包场的利润可想而知。加上网吧老板还能分享卖《征途》游戏点卡10%的折扣，这使得史玉柱在农村市场布下的星星之火绵延不绝。史玉柱还打出了"给玩家发工资"的广告：只要玩家每月在线超过120小时，就可能拿到价值100元的"全额工资"。截至2007年5月《征途》同时在线的人数突破100万，成为全球第三款同时在线超过100万人的网络游戏。

2007年，上海征途网络科技有限公司正式更名为上海巨人网络科技有限公司。并于11月1日顺利登陆纽约证券交易所，总市值达到42亿美元，成为在美国发行规模最大的中国民营企业，史玉柱的身价突破500亿元。2010年巨人先后推出网游产品《龙魂》、《巫师之怒》、《绿色征途》、《黄金国度》和《万王之王3》。巨人在网游业深深地扎下了根。

2008年10月28日，巨人投资公司宣布，正式开辟在保健品、银行投资、网游之后的第四战场——保健酒市场，推出世界第一款功能名酒——五粮液黄金酒。巨人与酒业巨头五粮液签署了长达30年的战略合作，由巨人投资，担任黄金酒的全球总经销。2009年10月，史玉柱宣布向上海金缘生物科技有限公司金婚配项目投资1.6亿元，向北京筑梦教育咨询公司外语类、幼儿园项目投资6 000万元。史玉柱稳健地走在多元化的道路上……

（资料来源：韩秀云.宏观经济分析[M].财政经济出版社，2006：17-19；Giant 巨人网络 http://www.game.com/cn；百度百科 http://baike.baidu.com. 经整理有增删）

第六章
Chapter 6

经营单位的竞争战略选择

不要把竞争仅仅看做是争夺行业的第一名，完美的竞争战略是创造出企业的独特性——让它在这一行业内无法被复制。

——【美】管理学家、"竞争战略之父" 迈克尔·波特

【教学目标】
1. 了解经营单位竞争战略的三大基本类型；
2. 掌握成本领先战略、产品差异化战略和集中化战略的概念、优势和风险；
3. 理解不同市场结构和不同市场竞争地位的企业如何进行战略选择；
4. 了解竞合战略和蓝海战略的含义。

【引导案例】

零售大王阿尔迪"只放一只羊"

2010年10月，德国《经理人杂志》发布了德国最富有的500人榜单，90岁高龄的阿尔迪集团创始人卡尔·阿尔布莱希特以个人法定资产171亿欧元成为德国首富，并以235亿美元的身价位居2010年福布斯全球富豪排行榜第十位。

卡尔·阿尔布雷希特和特奥·阿尔布雷希特出生在德国的一个矿工家庭。二战结束后，从母亲手里接过一家以卖食品为主的杂货店。当时的德国满目疮痍，人们囊中羞涩，只求有最基本的生活必需品来满足温饱。阿尔布雷希特兄弟为了招揽顾客，把商品卖得尽可能便宜。卡尔后来说，他们做生意的原则只有一个，那就是"低价"。这一低价原则大受顾客赏识，慢慢地，阿尔布雷希特兄弟开起越来越多的分店。到上个世纪五十年代末，他们的连锁超市已经达到300多家，年营业额超过一亿马克。1962年，他们把在多特蒙德开的一家超市命名为"阿尔

迪(Aldi)",其余的店也陆续改用这个名字。"Aldi"是"阿尔布雷希特(Albrecht)"和"折扣(Discount)"这两个字头两个字母的组合。

阿尔迪所遵循的原则就是"低价,再低价"。它经营的商品一般比其他超市便宜一到两成,有的甚至便宜一半。为了降低经营成本,阿尔布雷希特兄弟处处精打细算。阿尔迪每间超市的面积大多都在1 000平方米以下,店面装修简朴,商品摆放紧凑,除少量冷藏食品有冰柜外,大部分商品都放在原包装纸箱里出售,由顾客自取。在每家阿尔迪连锁店里,虽然常常顾客盈门,但店内一般只设两三个收银台,聘用的员工也只有几个人,他们每人身兼数职,经理也不例外。顾客多的时候,所有员工都集中在收银台收钱,清闲的时候员工则轮流整理货物,清理商品包装。

阿尔迪连锁店另一个明显特点是,商品只有六七百种,而且同一类商品只有一两样可以选择。这与沃尔玛的15万种商品相比,实在是少得可怜。美国《商业周报》描写到:在阿尔迪连锁店里,罐装芦笋和沙丁鱼罐头塞满了纸箱,堆在货架上。收银台前的等候区最多只能让10个人容身。商品的种类让人想起1975年前后的东柏林,卫生纸只有两种牌子,腌菜只有一种。但是,它的价钱低得惊人:三张冷冻比萨只卖3.24美元。阿尔布雷希特兄弟对此总结说,依他们的经验,供应商品的品种少,反而会使零售额上升,而与同类食品连锁店相比,这样做经营成本也要低得多。

商品品种数量少,还有助于阿尔迪进行质量管理。虽然廉价商品对顾客有吸引力,但质量才是企业生存的基础。阿尔布雷希特兄弟知道,人们心中根深蒂固的一个想法是"便宜没好货",阿尔迪想要生存发展,必须打消顾客这方面的疑虑,让所有商品真正物美价廉。为此,他们坚持在采购中向供货商提出自己的质量标准。除了派自己人对商品质量进行检测,一旦发现不合格的商品,就毫不留情地剔除出供货单。产品质量不合格的供货商,不仅会失去阿尔迪这个大客户,而且还得付出巨额赔款。为了保证店内商品的质量,阿尔布雷希特兄弟往往委托同类产品中的名牌厂商供货。虽然在阿尔迪连锁店里,很多商品没有打上名牌标志,但实际上它们是由名牌产品制造商提供的。而对顾客来说,只要对在阿尔迪连锁店里购买的商品不满意,那么不需要说明任何理由,阿尔迪都会把钱退还。

严格控制商品品种的数量,其结果是单一商品的销售额非常大。由于阿尔迪连锁超市对单一商品的订货量在同行业中名列前茅,它可以利用采购量庞大的优势,来大幅度降低采购成本,实现商品的让利销售。据称,阿尔迪与供应商签订的每份合同金额都不少于50万欧元,大部分合同的期限长达10年。由于订货量大而且稳定,各路厂家都巴不得成为阿尔迪的指定供货商,并愿意向它提供价格上的优惠。

阿尔布雷希特兄弟的管理方式自成一体。与美国沃尔玛、法国家乐福等大型连锁超市的张扬做派不同,阿尔迪始终表现低调。直到今天,阿尔迪已经发展为拥有几千家连锁店的大公司,它也没有公关部和广告部,不做市场调查,广告投入只占营业收入的品彩页,告诉人们下周它将提供哪些特殊商品。有专家评价说,阿尔迪将零售模式简化百分之零点几。它向外界宣传自己的主要方式,就是每周出一张名叫"阿尔迪讯息"的商成了最基本元素。这种不遗余力压缩成本的做法换来的回报就是:节约下来的经营成本让利给了消费者。在阿尔迪,一盒36张两卷装柯达彩色胶卷只卖2.99欧元,价钱相当于专业用品商店的约四分之一。这自然大大促进了商品销售的增加。

在阿尔布雷希特兄弟50多年的悉心经营下,阿尔迪连锁店在德国境内已遍地开花。在那里,平均每2.5万人就拥有一家阿尔迪分店。不仅如此,阿尔布雷希特兄弟多年前就把目光投向了国际市场,并相继打入包括美国在内的12个国家。目前,阿尔迪连锁超市在德国有3 700多家,在国外有2 600多家,它同时继续以每周至少新开一家分店的速度膨胀着。虽然商品售价非常低,以至于被称为"穷人店",但由于阿尔布雷希特兄弟成功地压缩了成本,阿尔迪连锁超市的利润却相当可观。据统计,在德国零售企业中,阿尔迪的赢利能力目前是最强的,它的销售利润接近5%,大大高于其他竞争对手。麦肯锡公司的报告说,在德国一些地区,阿尔迪的销售利润甚至高达9.3%。芝加哥某零售业咨询公司也估计,阿尔迪的利润率可能比沃尔玛还要高。阿尔布雷希特兄弟每年的收入,也因为买卖越做越大而达到数十亿欧元。美国《商业周报》曾经形容阿尔迪是"欧洲悄无声息的沃尔玛"。的确,和全球零售业巨头沃尔玛一样,阿尔迪不仅利润可观,而且具有强大的市场影响力。

(资料来源:[德]迪特尔 布兰德斯. 只放一只羊:零售大王阿尔迪战胜沃尔玛的11大秘密[M]. 陆艳,译. 北京:电子工业出版社,2005.)

第一节 基本竞争战略

企业竞争战略的选择是要考虑在一项业务或一个行业内,企业以什么为基础获得竞争优势。"竞争战略之父"、美国哈佛商学院教授——迈克尔·波特(Michael E. Porter)提出,企业可以从两个方面建立自己的竞争优势:一是成本优势,指在生产相同产品的情况下比其他企业花费少的成本;二是产品优势,指企业通过提高产品质量等途径生产出具有差异化的优势产品。波特根据企业的这两个基本优势,指出企业可以采取三种基本竞争战略,即成本领先战略、产品差异化战略和集中化战略(如图6.1所示)。

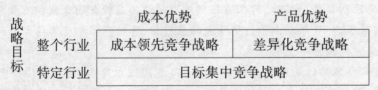

战略目标	成本优势	产品优势
整个行业	成本领先竞争战略	差异化竞争战略
特定行业	目标集中竞争战略	

图6.1 迈克尔·波特的三种基本竞争战略

一、成本领先战略

(一)成本领先战略的概念

1. 成本领先战略的定义

成本领先战略,又被称为低成本战略,是指企业通过有效途径降低成本,长期保持产品成本低于竞争对手、甚至成本是同行业中最低的成本,以此获得比竞争对手更高的市场占有率,使企业利润处于同行业领先地位,从而获得竞争优势的战略。

成本领先战略的关键在于在保证产品质量和服务的前提下,实现可持续性成本优势,可以有效防止竞争对手的模仿。其理论基础是规模效益和经验效益。

2. 成本领先战略制订的主要内容

制订成本领先战略一般应进行以下工作:确定企业价值链、开展成本分析;研究价值活动的成本驱动因素、进而分析成本形成机制;控制价值活动的成本形成机制,建立成本优势;分析竞争对手的价值链;重构企业价值链。

(二)成本领先战略的优势

1. 提高行业内竞争力

在与行业内现有竞争对手抗衡时,企业利用成本优势可以制订比竞争对手更低的产品价格,以吸引对价格敏感的消费者,增加市场份额,获取更多的利润;也可以不降低产品价格,在保持现有市场份额的情况下,利用成本优势提高利润率,同样可以获取更多的利润。通过获得更多的利润可以有效抵挡行业内现有对手的竞争。

2. 削弱供应商讨价还价的能力

当行业原材料价格普遍上涨时,具有成本优势的企业有足够的价格空间平衡因原材料价格上涨引起的生产成本变动,在其他企业产品价格上涨可能导致市场份额下降的情况下,保持了自己产品的价格和市场份额,这样就可以有更强的能力与供应商讨价还价,要求降低原材料价格。

3. 削弱购买者讨价还价的能力

具有成本领先优势的企业,在应对购买者讨价还价时,有更多的主动权。因为消费者讨价还价的限度不会低于行业内其他企业产品的成本水平,在这个极限点,成本领先的企业仍然可以获利。

4. 抵御替代品的威胁

在与替代品竞争时,企业因其产品或服务的成本较低,可以稳定和吸引现有消费群体,使其不会转而消费替代品,这在一定程度上降低了替代品的威胁,保持了自身的竞争地位。

5. 抵御潜在进入者的威胁

成本领先企业已凭借成本优势建立起巨大的市场规模,可以实施低格策略,这就为缺乏生产经验、没有形成规模经济的潜在进入者设置了进入障碍。

美国沃尔玛(wal-mart)连锁店公司是美国最大的也是世界上最大的连锁零售商。1962年沃尔玛的创始人山姆·沃尔顿在美国阿肯色州的罗杰成立了第一家沃尔玛门店,1990年沃尔玛成为全美第一大零售企业,2002年沃尔玛荣登世界500强的冠军宝座。此后,激烈的竞争虽使500强的冠军宝座几经易位,但2010年,沃尔玛以营业收入4 082.14亿美元重夺全球第一的宝座。沃尔玛能够取得今日的成就,其中一个重要原因就是成功地实施了成本领先战略。沃尔玛把节约开支的经营理念作为实施成本领先战略的先决条件,将其物流循环链条作为实施成本领先战略的载体,利用发达的高科技信息处理系统作为成本领先战略实施的基本保障。即:在采购、存货、销售和运输等各个商品流通环节想尽一切办法降低成本,使其流通成本降至行业最低,商品价格保持在最低价格线上,然后利用成本优势打开市场,扩大市场份额,最终取得同等市场条件下的超平均利润,成为零售行业成本领先战略的经营典范。

(三) 成本领先战略的风险

1. 技术的进步

行业内生产技术的进步或新技术的出现,可能使成本领先的企业用于扩大生产规模的投资或大型设备变成无效资源,从而丧失了成本优势。

2. 竞争对手的模仿

如果企业的低成本优势来源于先进的生产设备,则竞争对手可能模仿具有成本优势的企业,购买同样先进的生产设备,或投资于更高的技术装备,提高生产效率,降低生产成本,形成与企业同等的成本优势。

3. 消费者需求的变化

成本领先的企业可能将注意力过多地放在降低成本上,丧失了对市场需求变化的敏锐洞察力,随着市场的成熟,消费者的偏好可能从注重产品价格转向注重产品品牌和个性,结果虽然产品的价格很低,但却不能满足顾客的需要。

上述成本领先战略的风险是非常大的,应引起企业足够的重视。例如,福特汽车公司通过集于中生产T型小汽车,采用高度自动化的先进生产设备,实行后向一体化、严格管理等措施,在行业中取得了成本领先地位。然而当许多高收入客户考虑购买第二辆车时,他们更偏爱个性化的、舒适和封闭型的小汽车。福特在进行战略转型时,原本付出了巨额投资的生产设备使福特损失惨重。避免上述风险的关键在于企业要形成自己独特的、可持续的降低成本的途径。

(四) 成本领先战略实施的误区

1. 忽视综合成本的降低

成本领先战略的低成本源于采购成本、生产成本和间接费用三个方面,在实施时,企业往往会陷入只注重降低一方面成本的误区,或者忽略了原材料采购等外购性投入的成本;或者忽略了生产过程中对价值链的协调、优化和重组;再或者忽视了营销、研发、基础设施建设、管理等间接成本。

2. 过度降价导致低利润

低成本是手段,高利润才是目的,因此降价必须控制在成本优势所产生的收益范围之内,也就是说,通过降价来扩大销量产生的总利润必须高于降低前的总利润。

3. 错误判断取得低成本的关键点

运用成本领先战略,必须首先找到可以成功降低成本的关键点。有的企业采购成本有可压缩的空间,有的企业间接费用有更大的压缩空间,不尽相同,如果不了解可能导致错误地判断这些取得成本优势的关键点,盲目地在原本已经较低的成本方面寻求更大的压缩空间,可能会适得其反,导致战略方向的错误,给企业带来灾难性的打击。

二、差异化战略

(一)差异化战略的概念

1. 差异化战略的定义

差异化战略是指使企业提供的产品和服务具有不同于其他竞争者的独特性,从而建立起独特竞争优势的战略。

差异化战略的关键是建立独特的内部能力和核心能力,使竞争对手模仿起来难度很大或代价很大。差异化分为三个层次:产品功能差异化、产品外观差异化和产品服务差异化。例如,海尔的氧吧空调在将氧吧的功能附着在空调上实现了差异化,实现了普通空调与氧吧的有效组合;普通的牙膏一般都是白色的,高露洁有一种三重功效的牙膏,膏体由三种颜色构成,给消费者以直观感受:白色的在洁白我的牙齿,绿色的在清新我的口气,蓝色的在清除口腔细菌;银行业开设网上支付手机话费、水电费等差异化服务。

2. 差异化战略制订的主要内容

制订差异化战略制订一般应进行以下工作:确定企业的实际顾客及其价值链与本企业价值链的联系;确定顾客的购买标准,发现其差异需求;评估企业价值链中现有和潜在的独特性;重构实施差异化的企业价值链;检验差异化战略的持久性。

(二)差异化战略的优势

1. 提高行业内竞争力

差异化战略的产品和服务是其他竞争对手不能提供的,它可以满足特定消费群体的特殊需要,使顾客产生强烈的品牌忠诚,不会转而购买其他企业的产品和服务,保证了企业在行业内竞争中获胜。

2. 削弱了顾客讨价还价的能力

实施差异化战略使市场上没有与之相比较的产品和服务供顾客选择,顾客对差异化品牌的忠诚和依赖降低了其对价格的敏感性,愿意为这种差异化支付较高的费用,这给企业带来了较高的溢价。

3. 抵御替代品的威胁

差异化的产品和服务是替代品无法模仿的,替代品也就无法吸引消费者购买。消费者对差异化产品和服务的高度忠诚所产生的对价格的低敏感性,使替代品也无法通过降低产品价格获取用户,因此差异化战略可以降低替代品的威胁。

4. 抵御潜在进入者的威胁

顾客对差异化品牌的依赖和忠诚形成了强有力的行业进入障碍,潜在进入者无法模仿这种差异化的产品和服务,增加了进入该行业的难度。

美国戴尔(Dell)公司是世界著名的计算机生产销售公司,于2001年取代康柏成为全球最大的个人电脑制造商,已在全球30多个国家设立了销售办事处,产品和服务遍及170多个国家和地区,全球共有47 800名雇员。1998年《商业周刊》评选"IT百强"戴尔公司名列第一,不仅战胜了IBM、康柏、惠普等巨型企业,就连号称软件之王的微软公司也屈居其后。戴尔公司创建后即实施差异化战略,真正按照顾客的要求来设计和制造产品,并在尽可能短的时间内,以低廉的价格,将产品直接送到客户手上,形成了震撼全球商界的"戴尔模式",构建了强大的企业核心竞争力,公司迅速崛起成为"IT新霸主"。

(三) 差异化战略的风险

1. 成本领先战略的威胁

实施差异化战略的成本很高,产品价格自然也很高,当这种高售价超出了顾客的承受能力时,他们可能放弃对差异化产品的追求,转而选择物美价廉的产品,此时实施成本领先战略的企业会取得胜利。

2. 顾客需求的变化

随着行业的日益成熟和技术的进步,市场将逐步过渡到大规模标准化产品的生产阶段,顾客也越来越成熟,他们降低了对产品和服务的差异化需求,开始倾向选择价格较低的标准化产品。

3. 竞争对手的模仿

竞争对手的模仿可以缩小与实施差异化战略的企业之间在产品或服务方面的差异性,使顾客降低对这种差异化的认知,此时实施差异化战略的企业就可能失去竞争优势。

(四) 差异化战略实施的误区

1. 差异化得不到顾客的认可

企业没有经过充分的市场调研与分析,不能准确理解顾客的差异化需求,所生产的产品在顾客看来并不能降低他们的成本、增加他们的利益,或因过度差异化而超出了顾客需求,都可能导致差异化战略的失败。

2. 定价过高

企业对差异化产品或服务的定价过高,超出了顾客可以接受的范围,使他们不愿意为因差异化所增加的利益而支付上涨的价格,拒绝消费这一产品,可能导致原有顾客流失。

3. 差异化信息的传递失败

企业虽然生产出来了顾客所需要的差异化产品,但没能有效地传递差异化的信息,使顾客看不到产品的与众不同,因无法了解与识别这种差异化,而没有购买该产品,使得企业差异化战略无法实现。

三、集中化战略

(一)集中化战略的概念

集中化战略是指一个规模和资源有限的企业因难以在其产品和市场上展开全面竞争,因而集中全部资源于某一特定的细分市场,为特定的消费者提供特定的产品和专业化的服务,追求在有限的目标市场上取得竞争优势的战略。

集中化战略可以通过在细分市场上实施成本领先或差异化来实现,因而可分为成本集中化战略和差异集中化战略两种形式。

(二)集中化战略的优势

集中化战略是企业在特定细分市场上实施成本领先战略和差异化战略,因此同时具有成本领先战略和差异化战略抵御五种市场基本竞争力的优势。具体优势体现在:

1. 增强相对竞争优势

对于实力较弱的小企业来说,实施集中化战略定位于某一细分市场,这样可以避免在大范围内与实力雄厚的大企业展开直接竞争,增强了其相对竞争优势。

2. 在细分市场获得较大市场份额

实施集中化战略,企业可以集中全部资源进行高度专业化生产,降低生产成本,而且会因更熟悉细分市场情况而提供更好的服务,因而在细分市场具有较高的生产效率和较好的服务效果,容易取得细分市场较大的份额。

3. 成为大企业的合作伙伴

企业选择正确的细分市场,以专业化优势成长为"小型巨人",凭借在细分市场上的竞争优势,可以成为大企业的合作伙伴,为其提供配套产品。

万科集团就是一个成功实施集中化战略的例子。从1984年经营办公设备起家,1987年兴办工业,1988年进入房地产,1990年初步形成商贸、文化、房地产、文化传播四大经营机构,到1993年,万科共有五大类业务,55家联营公司和附属公司,遍布全国12个主要城市。然而这种跨行业又跨区域的过度多元化,使得万科在达到每年10亿元的营业收入时,无论怎样努力,也无法继续前进了。从1993年至2001年,万科坚定不移地推进自己的专业化目标。经历

10年的"减法",万科把最多时105家企业减至目前30多家,从涉足的18个行业,减至1个,万科终于走上了专业化发展房地产的道路。

(三)集中化战略的风险

集中化战略是企业在特定细分市场上实施成本领先战略和差异化战略,因此也同时具有成本领先战略和差异化战略的风险。具体风险体现在:

1. 现有竞争者的反击

原以全部消费者为目标市场的竞争对手,可以找到再细分的市场,采取更集中化的战略,从而使实施集中化战略的企业受到挑战,丧失优势。

2. 消费者需求的变化

由于技术的进步、替代品的出现、价值观念的更新、消费者偏好的改变等原因,都会使细分市场间的差异越来越小,削弱了集中化战略的优势。

3. 较高的成本

在特定市场实施差异集中化战略,有时需要投入较高的成本费用,这种成本的上涨可能抵消企业集中化战略的优势,最终导致集中化战略的失败。

四、混合型战略

(一)混合型战略的概念

混合型战略又被称为最优成本供应商战略。它是指企业利用成本优势制订比竞争对手的产品更低的价格,同时生产出优质的差异化产品,通过为顾客提供超值价值来建立竞争优势的战略。其本质是通过低成本与差异化之间的适度平衡来创造超值的顾客价值。

(二)混合型战略的优势

1. 处于有利的竞争地位

混合型战略综合了低成本和差异化两种战略的优势,当消费者具有个性的差异化需求,同时又对价格比较敏感时,混合型战略比单一运用成本领先战略或差异化战略都能更好地吸引消费者,使企业处于更加有利的竞争地位。

2. 获得更高的利润

混合型战略可以利用低成本优势降低产品成本,同时又可以利用差异化优势提高产品价格,因此可以获得高于行业平均水平的利润。

3. 取得科学的市场定位

消费者对产品档次的需求是呈正态分布的,大多数消费者既不愿意购买便宜的低档产品,也不愿意购买昂贵的高档产品,他们更青睐于性价比较高的中档产品。混合型战略可以将产品定位于中档质量的产品,以低成本低价格吸引更多的消费者,也可以定位于中档价格的高质量产品。

20世纪60年代,阿迪达斯是运动服装产业的第一品牌,当时还是很弱小的耐克却发现了阿迪达斯致命的弱点:德国的劳动力成本过高。由此耐克明确自身的战略定位与方向:不断寻找并开发劳动力成本比较低的国家和地区,以此保证成本控制上的优势;同时以强大的研发保证产品质量上乘、设计上具有竞争力,以各种体育英雄来塑造耐克"赢"的品牌形象。耐克的战略获得了巨大的成功,其所运用的就是混合型战略,利用全球的廉价劳动力使得耐克拥有了成本竞争优势,这使得耐克获得了足够的利润空间,换句话说,没有低成本优势作为支撑,耐克无法成就品牌的差异化竞争优势。在耐克的战略中,低成本与差异化相互支撑、相互借力,实现了有效融合。

(三)混合型战略的风险和误区

混合型战略最大的风险和误区是无论在低成本方面,还是在差异化方面都无法为顾客创造足够的价值,企业沦为了既无法成为成本领先者,也无法成为有效的差异者的"夹在中间"境地。

克拉克设备公司在起重机行业中完全受困于中间地位。克拉克公司拥有品种广泛的产品但缺乏低成本导向,它在世界范围内较大的市场占有率(全球为18%;在美国为33%)仍未能使其开拓成为成本领先。还由于其品种广泛的产品以及缺乏对技术的充分重视,克拉克公司始终没有获得过如希斯特公司那样的技术声誉与产品差异,希斯特公司把目标集中在大型起重机上,并大手大脚地把钱花费在研究与发展上。结果,克拉克公司的收益显然大大低于希斯特公司的收益,克拉克公司一直处于衰落之中。

第二节 不同产业结构下的竞争战略

任何产业都要经历一个由成长到衰退的发展演变过程,这个过程形成了行业的生命周期。一般来说,行业的生命周期可分为初创期(幼稚期)、成长期、成熟期和衰退期。根据产业生命周期的不同阶段和竞争结构状况,可将产业结构划分为新兴产业、成熟产业、衰退产业和分散产业。不同产业结构下,企业的竞争战略也不同。

一、新兴产业中的企业竞争战略

(一)新兴产业的概念

新兴产业是指随着技术创新、新消费需求的出现、相对成本关系变化等社会经济条件的变化,而新形成的或重新形成的产业。新兴产业处于产业生命周期的初期,缺乏产业竞争规则,这对企业来说既是一种机会也是一种风险。

21世纪最有前景的新兴产业是物联网业。物联网在国际上又称为传感网,这是继计算机、互联网与移动通信网之后的又一次信息产业浪潮。有人预测,如果物联网全部构成,其产业要比互联网大30倍!物联网将会成为下一个万亿元级的通信业务。

(二)新兴产业的特征

1. 技术不确定

新兴产业的技术和操作都还很不成熟,需要反复调适、不断改进。技术的不确定性带来了产品质量不稳定,影响了产业整体的形象和信誉。新兴产业中的企业既面临通过技术革新获取竞争力的机遇,同时又要面对技术更新需要投入大量研发资金的风险。

2. 生产条件不成熟

新兴产业的生产条件还很不成熟,主要表现在:新兴产业缺乏新的原材料供应商,原材料供给不足会导致价格上涨;新兴产业生产基础不健全,如销售渠道不畅、服务设施不配套等;新兴产业在金融界的形象和信誉较差,影响了企业融资的能力;政府对新兴产业的监管也存在很大随意性,所以想要进入新兴产业的企业可能不被批准,也可能得到大力支持而迅速发展。

3. 成本变化大

新兴产业由于产量低、缺乏经验曲线的积累等原因,初始成本较高,但随着生产规模的扩大,生产水平和管理水平的提高,生产成本会不断下降。

4. 产业标准缺乏

新兴产业中关于产品特性、经营模式或销售渠道等方面都没有统一的标准,率先进入市场的企业可以形成"在位"优势,即以自己企业的标准作为产业标准的基础,这种"在位"优势确立了企业在产业中的地位,甚至影响到产业标准的完善。

5. 顾客困惑

新兴产业统一标准的缺乏和竞争的无序使得消费者在购买产品常常会产生困惑,对自己所购产品质量的判断缺乏信心。此外,新兴产业不断更新的技术也使得消费者对购买产品产生观望等待的心理。这些因素会降低消费者的购买欲望,阻碍新兴产业的发展。例如,2010年从年初开始,腾讯和360为了各自的利益,展开的前所未有的互联网之战,使消费者莫衷一是。直到11月,腾讯与360同时发表声明:在工信部的调解下,双方决定休战,握手言好。至此,一场惊动中国、震动4亿网民的"鹅虎"之战终于告一段落。

(三)新兴产业的竞争战略选择

新兴产业在产品、技术和竞争方面都具有极大的不确定性,各企业需要自己逐步摸索合适的战略,其战略探索的重点应放在企业抗风险的能力、技术创新能力和形成供应渠道和分销渠道的能力等方面。

1. 选择适当的进入时机

选择适当的时机进入是新兴产业竞争的一个重要战略选择,选择在早期进入新兴产业,可以面临较低的进入障碍,获得较大收益,但也同样会面临较高的风险。在下列情况下选择早期进入是非常有利的:当消费者非常注重企业的形象和名望时,选择早期进入可以建立较高的声望;当产业具有较强的经验曲线效应时,选择早期进入可以较早进入学习过程,积累经验;当产业消费者忠诚度很高时,选择早期进入可以优先抢占大量忠诚客户;供应商和销售渠道对企业十分重要时,选择早期进入可以与供销商较早建立合作关系,取得成本优势。

在下列情况下选择早期进入将面临巨大风险:产业的竞争格局和细分市场格局会随着产业的成熟发展而发生很大的变化,如果早期进入可能因产业的变化而面临较高的产品与技术转换成本;选择早期进入需要为建立市场规则、开发客户资源、技术首创等方面付出高昂代价,而开辟市场的利益将为产业所共享;技术革新会使企业早期进入的投资因过时而浪费,并较晚获得新产品所带来的益处。

2. 促进产业结构尽快形成

促进产业结构的形成是新兴产业的重要战略选择,企业通过在产品策略、价格策略、营销方式等方面尽快建立起有利于自身发展的规则,可以确立企业在产业中的长远竞争地位。为此企业需要做的是:促进产业标准化的形成;通过宣传吸引第一批消费者;协调顾客、供应商、政府和金融机构等组织群体的关系等。这些活动将使企业主导产业结构的形成,并享受到由此带来的长远经济效益和非经济效益。

3. 创造独特的供销渠道

新兴产业的供销渠道都很不完善,企业需要创造出符合产业特点的独特的供销渠道。随着产业规模的扩大和经营管理的成熟,新兴产业不断发展壮大,供应商也越来越愿意并且能够为新兴产业提供特殊的原材料,原材料的价格也会不断下降;分销商分会越来越多地分担广告、销售设施等销售活动,这样专业的供销渠道就逐渐建立起来了,创造独特的供销渠道有利于提高企业的生产效率。

4. 设置产业进入障碍

新兴产业主要的进入障碍来自于原材料获得、技术更新、供销渠道的建立、成本优势、风险承受能力等方面。随着产业的不断成熟,这些进入障碍会逐渐消失,企业需要及时地在资本、规模、创新等方面建立起新的进入障碍,以有效地阻止新竞争者的进入,保持企业在产业中的有利地位。

二、成熟产业中的企业竞争战略

(一)成熟产业的概念

成熟产业是指产业由迅速增长期进入缓慢增长期,生产技术普及,产品数量增多,市场大众化,产业维持微利水平。在产业成熟阶段,为了满足消费者出现的个性化需求,企业通常选择进入差异化的细分市场。

(二)成熟产业的特征

1. 产品技术成熟

产业发展到成熟阶段,生产技术工艺已不存在保密性,大部分企业都具备了基本相同的技术水平,已很少有可能进一步突破现有技术,市场上也没有形成对新技术的期望,基于这一特点,消费者对产品的选择越来越取决于产品的价格和服务的组合。

2. 低速增长导致竞争加剧

一方面,产业增长速度降低,市场需求增长缓慢;另一方面,生产技术的成熟使生产效率提高,产量增大。供需矛盾逐渐由供不应求转为供过于求,导致了产业内市场竞争的加剧,产业内的企业要在保持自己现有市场份额的情况下,努力争夺其他企业的市场份额。此外,产业竞争范围也由一线城市转入偏远地区,由国内市场转入国际市场,企业在具有资源优势的国家和地区从事全球性生产和经营,竞争出现国际化趋势。

3. 产业间的收购与兼并增多

成熟产业中一些综合实力强的企业,利用自身优势通过兼并和收购,形成产业集团,进一步提升了市场竞争力,迫使一些实力较弱的企业退出该产业。市场总体环境的变化,也使一些竞争能力较强的企业因无法适应环境变化而遭到淘汰。这些因素导致了产业结构的不断整合,产业中的企业也需要重新修订调整原有的经营战略。

(三)成熟产业的战略选择

1. 调整产品结构

产业处于成长期时,企业的产品战略是开发新产品、扩大产品线,尽可能地以种类繁多的产品抢占市场。当产业由成长期转入成熟期时,市场基本稳定,此时宽产品线战略会加大生产成本,因此,企业需要重新进行产品分析与组合,产品战略转向成本竞争和市场占有率竞争,集中精力生产高利润产品,放弃生产亏损产品。

2. 技术革新

新兴产业的技术重点在于新产品研发,通过生产更多的新产品争取更多的潜在消费者。而在成熟产业,技术革新的目的主要在于提高生产效率以降低成本、创新销售系统以争夺更大的市场份额。

3. 增加现有客户及其购买量

成熟产业的市场范围已很难再扩大,在有限的市场内与其他企业抢夺客户或开发新客户都需要付出较高的成本,企业应力求以低成本扩大市场份额,主要方法是增加现有客户的购买数量,例如,提供边缘设备和服务、提高产品档次、扩展产品系列等。这种战略也使企业较容易利用已有的技术和核心竞争力向相关产业转移。

4. 国际化经营

当产业在国内市场处于成熟期时,在其他不发达国家和地区可能刚刚进入新兴产业阶段,此时开发国际市场,可以凭借成熟的产品、技术和产业经验取得竞争优势,同时通过生产规模的扩大降低生产成本,提高企业整体竞争力。

5. 横向并购

成熟行业激烈的市场竞争必然会使部分企业因经营不善而出现亏损,此时有实力的企业就会以很低的价格购买亏损企业,这样既扩大了市场份额,取得规模经济效益,又降低了市场竞争的密度。

三、衰退产业中的企业竞争战略

企业在每一个行业都有可能出现新技术而使行业整体迅速走向衰退,这种危机是毁灭性的。企业如果不能及时地规避产品生命周期和行业技术的变革,就将面临灭顶之灾。西门子最早从事的行业是电报机,IBM 最早从事的行业是做打孔机,英特尔最早从事的行业是储存器,这些企业现在做什么呢?它们经过了多少次战略转型,不断从一个行业进入另一个行业,规避着产业衰退而带来的替代危机,因此它们能始终走在产业的前列,活得神采奕奕。

(一)衰退产业的概念

衰退产业是指产业中的产品持续销售下降或长时间维持在一个低水平上。在衰退阶段,产业利润锐减、产品种类减少、研发与促销费用降低,大部分企业退出了或正在犹豫是否该退出该产业。

(二)衰退产业的特征

1. 多种原因导致产业衰退

主要有三个方面的原因导致产业衰退。一是替代品的出现,由于技术革新或成本与质量的显著变化,市场上出现了新的替代品,致使消费者转而购买替代品。例如,电灯的发明使煤油灯基本上退出了市场,人造皮革的出现因成本低而取代了部分真皮的消费。二是消费需求的变化。由于消费观念等原因使消费者改变了消费偏好。例如,低碳消费观念的普及使塑料包装袋的需求减少。三是人口因素,购买某产品的客户群体人口减少引起需求下降,例如伴随我国计划生育而诞生的"独代"(独生子女代)因整体人数的减少,使各方面需求都相应下降。

2. 难以判断衰退的程度

在产业衰退阶段,有的企业难以正确判断衰退的到来,常常误认为是经济周期的波动性造成的产业发展速度放缓,期望需求再次回升,因而继续坚持经营。也有的企业对产业衰退的程度难以正确判断,没能及时调整经营战略。只有真正意识到产业衰退到来的企业,才会有计划地退出该经营领域。

3. 形成新的需求结构

虽然产业整体处于衰退中,但产业中的部分细分市场可能保持原有需求不变,甚至可能因其他细分市场的衰退导致该细分市场的需求反而增加,这就形成了新的需求结构,衰退产业中的企业仍可以选择这些没有变化的细分市场继续经营。

4. 存在退出障碍

衰退产业的退出障碍主要来自于以下四个方面。一是高度专门化的资产难以出售变现。二是需支付大量的管理人员工资、违约的罚金等原因使退出的成本增加。三是战略方面、管理方面和感情方面的障碍。例如,实施一体化战略的企业退出某一产业可能会影响企业中其他产业的经营,退出也会影响管理人员和员工的感情与士气,影响企业形象。四是来自于政府和社会的障碍。

(三) 衰退产业的战略选择

根据衰退产业的产业结构和企业竞争实力,可以有不同的战略选择。

1. 领先战略

当衰退产业存在预期销售的不确定性较小、退出障碍低等利好时,竞争实力强的企业可以采取领先战略,利用衰退产业的优势成为产业中保留下来的企业。此时企业拥有高于产业平均水平的利润,形成了优势的市场地位。

企业可以通过以下途径取得领先地位:运用降低产品价格、加强促销等手段提高市场占有率;采用兼并的方式购买竞争对手的资产,提高自身的市场地位;投资新产品开发或技术创新,扩大生产,提高企业竞争力;通过让产业内实力较弱的企业为自己生产产品零部件或直接接管等方式,降低竞争者的退出障碍;有效地传递产业衰退的相关信息,同时显示自己的实力以表明自己留在产业内的坚定态度。

2. 坚壁战略

衰退产业中实力较强的企业,在取得领先地位存在一定困难,而采取放弃战略会严重影响企业利益的情况下,可以采取坚壁战略,即选择产业中需求下降缓慢或能保持稳定需求,且或能获取较高收益的细分市场,增加投资,建立该细分市场的领先地位。

3. 收获战略

在衰退产业中,当实力较强的企业面对产业高度退出障碍时,或者当产业退出障碍低但企业实力较弱时,都可以采取收获战略,削减投资、减少设施维修,在现有生产条件下,利用企业信誉提高产品价格获取收益。收获战略的具体实施途径包括:减少产品数量、缩减销售渠道、放弃小客户、减少销售服务等。

4. 放弃战略

当衰退的产业具有高度不确定性和高度退出障碍时,产业中的企业可以在衰退阶段的早期出售这项业务,最大限度地收回投资,否则当衰退明朗化后,出售资产会在讨价还价时处于不利的地位。但应注意,采取放弃战略也需要承担预测不准确而造成的风险。

四、分散型产业中的企业竞争战略

(一)分散型产业的概念

分散型产业是指该产业由很多中小型企业构成,其中没有任何企业占有显著的市场份额,也没有任何企业能对整个产业的发展产生重大影响。例如,家禽家畜养殖业、美容美发业、摄影业、服务业、零售业等。

(二)分散型产业形成的原因

1. 进入障碍低而退出障碍高

进入障碍低和退出障碍高同时存在时,低进入障碍会吸引大量投资者涌入,高退出障碍又使已进入该产业者难以退出,同时众多投资者会选择以较小的规模进入该产业,这样既可以获取较高的产业利润,又避免退出时面临巨大风险,因此众多的小额投资者就形成了产业分散的特点。

2. 无法实现规模经济或经验曲线

有的产业不存在规模经济或经验曲线的作用。例如,当产业存在较高的运输成本,或产品具有不宜长途运输的特点时,会使企业选择在多个地区设厂,而不是集中在一个地区生产,这样就限制了效率高的企业增加生产规模;当需求波动较大或库存成本较高时,企业选择小规模、低专业化的设备组织生产会比大规模生产具有更大的灵活性;当产业的客户或供应商规模较大时,企业会选择利用差别化生产、连续的产品升级、方便的供应条件等手段,增强与客户和供应商讨价还价的能力,此时规模化生产并不能使企业在讨价还价中处于有利地位,于是选择了较小的生产规模。

3. 多样化的市场需求

某些产业消费者的需求具有多样性,他们为了彰显个性而不愿接受标准化的产品,而宁愿为与众不同的产品支付更高的价格,产业内对每种产品的需求量都很小,因此,催生了众多分散的小企业。

4. 政府的限制

政府对企业规模的限制有两种形式。一是中央政府对投资审批权限的规定,使投资人为避开严格的审批程序而选择小规模投资,例如,我国规定对3 000万美元以上的外商投资要经过中央的严格审批,使外商选择了小额分散投资同一个项目。二是地方保护主义或反垄断的限制,迫使某些产业采取小规模分散投资。

5. 高度的产品市场区分

当产品以形象为基础进行高度市场区分时,大规模企业会因不符合某种排他的形象而不被消费者接受,这就限制了企业规模,使小型企业也能在市场上生存。例如,演艺人员在选择制作人时更愿意与满足个人形象需要的小型制作人合作。

（三）分散型产业的战略选择

分散产业中存在众多的竞争者，在对供应商和销售商合作中也处于不利地位，企业应灵活运用各种战略以取得足以获得成功的市场份额。

1. 集中控制、分权管理

企业在不同地区增加经营点，在对各经营点充分授权、自主经营的同时，加强对它们的统一协调和控制，使各经营点在共享资源的基础上取得规模经济性。例如，食品零售业会采取"超市"的经营战略，在不同地区建立连锁食品店，各食品店享有"高度自治权"，通过报酬制度和利润分配制度保持集中控制，企业对各连锁店统一协调控制。

2."管理模式克隆"

企业建立一套较为先进的标准经营管理模式，然后在不同地区兼并其他企业后，将这种管理模式克隆到被兼并企业，在尊重当地外部环境的情况下，最大限度地发挥管理经验的先进性创造价值。

3. 增加附加值

分散产业的产品绝大部分是标准化产品，因此不同企业生产的产品不易被消费者识别和区分，企业需要增加产品的附加价值对消费者产生独特的吸引力。例如，裘皮服装是一种高档消费品，不仅售价高，而且对清洗、存贮都有专业要求，消费者自己很难做好这些工作，皮草专卖店通过承诺为购买本店产品的消费者提供终身免费清洗和淡季存贮服务，增加了产品的附加值，借此吸引客户消费。

4. 差别化营销

差别化营销是分散产业普遍采用的一种战略，根据分散产业的特点不同，差别化的重点也不同。有的分散产业中存在多种不同产品，就可以集中力量生产某一专门的差别化产品；有的分散产业市场竞争激烈，就可以针对某一类特殊顾客实施差别化服务；企业还可以运用差别化订货类型，仅服务于顾客要求立即交货且对价格不敏感的小订单，或仅接受习惯订单，降低客户对价格的敏感性并建立起转换成本。

5. 在特定地域集中经营

有的分散产业在不同地区需要不同的经营方式，这类产业中的企业可以将业务集中在某一需求特征较一致的地区，采用集中设备、加强在这一地区的营销活动，或使用唯一的批发商等措施，取得这一地区的支配性地位。

6. 低成本价格战

分散产业中的企业尽可能地降低一切经营费用和管理费用，严格控制生产成本，为顾客提供简装商品，使企业成本降到最低水平，与竞争对手展开价格战。这一战略也被称为"剔光骨头战略"。

第三节 不同市场竞争地位下的竞争战略

虽然不同产业的市场竞争密度与竞争结构不同，但企业在自身产业中所居竞争地位大体可以分为以下几种：市场领导者、市场挑战者、市场追随者和市场补缺者。随着市场竞争强的增加，企业需要明确现在所处地位，在此基础上，依据自身的目标、资源与能力，制订不同的竞争战略，以求得更有利的竞争地位。

一、市场领导者战略

市场领导者是指行业中被公认为居于领先地位的企业，该企业的产品占据最大的市场份额，它在价格变动、新产品开发、分销渠道以及促销等方面实施的策略对其他企业起到领导和支配作用。在大多数行业中，都存在着一个市场领导者。居于市场领导者地位的企业可能会受到其他企业的尊重和追随，也可能受到竞争者的挑战，因此，必须时刻警惕其他企业对它的攻击，维持其优势地位，为此，市场领导者可以采取以下三种战略：

（一）扩大市场总需求量

因居于市场领导者地位的企业，以其强大的实力占有了最大的市场份额，所以整个市场规模的扩大，会带动该企业的市场份额也随之扩大，使其成为直接的也是最大的受益者。例如，柯达公司曾是美国胶卷行业的市场领导者，占有美国胶卷市场70%以上的份额，如果美国消费者增加10%的胶卷购买量，柯达公司的销售量也会相应增加10%左右，成为市场最大的受益者。企业扩大市场总需求的具体方法有三种：

①吸引新的使用者。市场领导者企业要努力将潜在购买者转变为新的实际购买者，吸引那些因对产品不甚了解、产品定价不合理或产品性能存在缺陷等原因而没有购买企业产品的潜在消费者。

②开发产品新用途。开发产品新用途即不断研发并推广现有产品的新用途，使产品销路久畅不衰。

③鼓励消费者增加使用量。说服消费者大量或多次使用产品。

（二）保持市场占有率

居于市场领导者地位的企业在扩大市场总需求的同时，还要注意保持现已取得的市场占有率，防备竞争者侵占更多的市场份额。为达到这一目的，企业既可以采取主动的创新战略，也可以采取被动的防御战略。

1. 创新战略

通过对产品、分销、促销和顾客服务的创新，争取主动，以攻为守，可以提供给顾客新的价值，从而提高企业的竞争能力。

2. 防御战略

市场领导者企业在保持市场占有率时可以采用一些成功的军事防御战略。具体方法包括：第一，阵地防御。即企业在当前的经营领域采取防范措施，抵御竞争对手的攻击，例如，申请专利以提高行业进入壁垒。第二，侧翼防御。市场领导者在采取阵地防御战略时，还应特别注意其侧翼的薄弱环节，适当建立前哨阵地作为防御犄角，以防竞争者从侧翼进攻。第三，以攻为守。市场领导者企业可以采取积极主动、先发制人的防御战略，当竞争者的市场占有率接近并危及自己时，发动促销战、价格战、产品升级战，以及企业形象战等主动进攻，可以防患于未然，取得事半功倍的效果。第四，反击防御。当市场领导者企业受到了竞争对手发动的降价、促销、投放新产品等进攻时，应采取以牙还牙的反击防御战略，迫使竞争对手放弃进攻。第五，运动防御。指市场领导者企业不仅要积极做好现有的市场的防御，还要通过市场扩大化和经营多元化将业务扩展到具有良好发展前景的新领域，获得"战略深度"。第六，收缩防御。当居于市场领导地位的企业无力保住其所有的细分市场时，可以放弃已失去竞争力的市场，集中资源在具有较强竞争力的领域经营，有计划地收缩战线，进行战略撤退。例如，五十铃公司放弃没有竞争力的轿车市场而集中于自己具有较强竞争力的卡车市场，获得了成功。

（三）扩大市场占有率

居于市场领导地位的企业可以通过扩大市场占有率来巩固其领先地位。在许多市场上，市场占有率的增长具有杠杆效应，增加很小的市场占有率就可以增加巨大的销售额。据 PIMS（Profit Impact of Marketing Strategy）的研究表明，企业的盈利率会随着市场占有率而线性上升。但也有研究者对此结论产生质疑，认为市场占有率的增加不一定能带来盈利率的上升。在采用这一战略时，要注意以下三方面因素的负面影响：

第一，警惕引起反垄断的可能性。许多国家政府制订了反垄断法，对市场占有率超过一定界限的企业实行制裁，研究表明，当企业市场占有率达到 25% 时，反垄断风险明显上升；当其市场占有率达到 75% 时，反垄断行动必然产生。这种反垄断风险将会削减为获利而过分追求市场占有率的吸引力。

第二，成本提高。当市场占有率达到一定程度时，再增加市场份额，可能会导致成本快速上升，从而使边际利润降低。此时放弃一些前景不佳的市场份额可能会获得更大收益。

第三，营销组合战略。有的营销组合战略虽然可以增加市场份额，但却不能增加企业总体收益。只有在下列两种情况下，增加市场份额才能带来收益的增加。一是随着市场份额的增加产品单位成本递减；二是通过提供优质产品获得了远远超过投入成本的溢价，美国管理学家克罗斯比（Crosby）所著《质量是免费的》一书中指出，企业提高产品质量虽然会增加费用，但高质量的产品减少了废品损失和售后服务的支出，同时可以获得顾客为高质量产品支付的较高溢价。例如，IBM 公司、米其林公司都是通过高质量的产品取得了较高的溢价。

二、市场挑战者战略

市场挑战者在行业中占有第二、第三位次。菲利普·科特勒 Philip Kotler 认为:"这些居次者可以采用两种姿态中的一种:他们可以攻击市场领先者和其他竞争者,以夺取更多的市场份额——市场挑战者;或者他们可以参与竞争但不扰乱市场局面——市场追随者。"

市场挑战者为争取市场领先地位,首先要确定自己的战略目标和挑战对象,其次再选择适当的进攻战略。

(一)确定战略目标和挑战对象

通常市场挑战者的战略目标都会定位于提高市场占有率,根据挑战对象市场地位的不同,可以分为三类。

1. 攻击市场领导者

市场挑战者需要经过认真的调查研究,找出市场领导者企业的弱点和失误,如领导者有哪些未满足的市场需求,有哪些使消费者不满意的地方,作为进攻的目标。虽然这种战略风险很大,但如果成功就会取得很高的回报。进攻市场领导者想要取得成功,需要满足三个条件:第一,拥有一种持久的竞争优势;第二,在其他方面与市场领导者接近;第三,具备某些阻挡领先者报复的办法。

2. 攻击与自己实力相当的竞争者

市场挑战者可以选择那些与自己势均力敌,但经营不善的企业作为进攻对象,设法夺取它们的市场份额。

3. 进攻小型企业

市场挑战者还可以选择吞并因资金不足等原因而经营不善的小型企业,扩大自己的规模和实力。

(二)选择适当的进攻战略

确定了自己的战略目标和进攻对象之后,挑战者就要考虑可以采取什么进攻战略。

1. 正面进攻

正面进攻指集中攻击对手的优势而不是弱点,进行正面进攻需要企业凭借优于挑战对象的资源和能力,在产品、定价、促销等方面超越挑战对象,正面进攻的胜负取决于双方的力量对比。正面进攻的另一种方式是投入大量的研发费用,降低产品成本,以更低的价格向对手发动进攻,这是持续实行正面进攻战略最有效的措施之一。

2. 侧翼进攻

侧翼进攻是指集中优势力量进攻挑战对象的弱点,以己之长,攻彼之短。有时也可以采取"声东击西"的战略,假装正面进攻,实际上实施侧面或背面攻击。侧翼进攻又可以分为两种情况:一是地理性侧翼进攻,指在全国或全世界寻找挑战对象力量薄弱的地区发起进攻;二是细分性侧翼进攻,指寻找市场领导企业尚未开发的细分市场,迅速填补这一细分市场的缺口。

3. 包围进攻

包围进攻指从几条战线上同时发起全方位、大规模的战略进攻,迫使对手全面防守。包围进攻风险较大,只有当挑战者拥有优于挑战对象的资源,并确信包围进攻能够成功时,才可以采用。例如,日本精工表公司将营销目标定位于在全球制造并销售大约2 300种手表,其在美国市场上推出了约400个流行款式的手表,对美国手表市场展开包围进攻。

4. 迂回进攻

迂回进攻是一种间接进攻策略,指避开挑战对象现有的产品和市场,进入未被挑战对象开发的市场,迂回进攻的具体途径有三种:一是开发与现有产品无关的产品,实行产品多元化;二是以现有产品进入新地区的市场,实行市场多元化;三是以新技术开发新产品,取代现有产品。

5. 游击式进攻

游击进攻指规模较小,实力较弱的企业,当无法有效地实施正面进攻或侧翼进攻时,向挑战对象的不同领域或不同部位发动小规模、时断时续的进攻,使之疲于应付,最终逐渐被削弱和瓦解。

三、市场追随者战略

市场追随者一般是在行业中处于第三以后地位的企业,他们选择的战略方向是追随领导企业的经营行为,提供相似的产品或服务,尽量维持行业市场占有率的稳定,追求达到"自觉共处"(conscious parallelism)状态。

在资本密集、产品同质化程度高、价格敏感的行业(如钢铁、化工等),向领先者发起挑战往往会引起对方采取价格战的报复手段,并因自己实力比对手弱而失败。此外,市场追随者也是挑战者的主要进攻目标。因此市场追随者战略选择的原则是,如果没有足够的实力,以创新的产品策略或有所突破性的营销渠道去挑战市场领先者,就应尽量以服务、融资等方面的特色优势保持原有市场份额,或者在有条件的情况下积极挖掘新客户,避免引起领先者报复;同时又要随时保持低生产成本和高产品质量以抵御挑战者的攻击。市场追随者具体的战略选择有三类:紧紧追随、距离追随和选择追随。

(一)紧紧追随

紧紧跟随战略是指在产品、包装、分销及广告促销等方面全面模仿市场领先者,它们不从根本上侵犯领先者的地位,引发直接冲突,他们也不进行任何创新,仅仅寄生性地利用领先者的投资而生存,甚至靠生产领先者企业产品的"赝品",而沦为了"伪造者",伪造者在一定程度上会侵害领先者的利益。例如,苹果公司研发的极具特色的手机、电脑等产品和劳力士公司精心设计制造的手表等产品,都被大量的市场追随者模仿生产赝品,深受其害。

（二）距离追随

距离追随指在主要目标市场、产品创新、分销渠道及价格水平等方面追随领先者,但仍与领先者保持一定差异,力求给目标市场带来某种新的利益。距离追随对市场计划干预很少,且避免了领先者因垄断而受到政府控制,因此受到了市场领先者的欢迎。距离追随也可以通过兼并同行业的小公司而得到成长。

（三）选择追随

选择追随指在某些方面紧跟市场领先者,但也会选择与领先者不同的细分市场,对产品主动加以改进以形成自己的特色。这类企业对领先者有明显优势的方面选择追随,同时又具有自己的创新性,避免了与领先者的直接竞争,它们中有些可能成长为未来的挑战者。

市场追随者虽然市场占有率比领先者低,但它们集中于某些细分市场或有效地进行产品研发,也可能赚到较多的钱。

蒙牛在起步初期,就是以跟随战略,既避免了直接冲突、又迅速缩短了与伊利的差距,之后在成长到一定程度后,及时修正了跟随战略,而开始以平等地位和伊利并驾齐驱,提出了"中国乳都"的宣传口号,逐步超越了伊利。蒙牛于2004年在香港成功上市,2005年初建成了亚洲第一大规模的酸奶研发生产基地,同年通过赞助"超级女声"提高了企业形象市场,就这样蒙牛逐步超越伊利成为市场领导者。

四、市场补缺者战略

市场补缺者指某些中小企业集中力量,在大企业忽略的某些细分市场进行专业化经营,在大企业的夹缝中求得生存和发展,以获取最大限度的收益的企业。实施这种战略不的仅包括小企业,而且还包括那些无法在产业中取得杰出地位的大企业中的小部门,他们都致力于寻求一个既安全又获利的细分市场,这种有利的市场位置被称之为补缺基点(Niche)或利基市场。例如,主宰亚洲啤酒市场的大多是本地企业,如日本的麒麟公司、菲律宾的生力公司、新加坡的虎啤公司和韩国的东方公司,墨西哥的日冕公司为了进入这一市场,只能采取市场补缺战略,专心致力于吸引上层社会年轻的公司主管。

（一）市场补缺者的实施条件

一个理想的利基市场具有如下的特征:有足以盈利的规模和购买力;市场有发展潜力;对实力更强的竞争者不具有吸引力;企业具备有效地服务于该市场所必需的资源和能力;企业已在顾客中建立起的良好信誉足以对抗竞争者。

（二）市场补缺者的战略模式

市场补缺战略实施的关键是进行专业化经营,根据专业化内容的不同,市场补缺者的战略模式分为:

(1) 最终用户专业化

指专门致力于为某类最终用户服务,例如,计算机行业有些小企业专门针对诊疗所、银行等某类客户营销。

(2) 垂直专业化

指专门致力于价值链的某一环节进行专业化经营,例如,制铝厂可专门生产铝锭、铝制品或铝质零部件。

(3) 顾客规模专业化

指专门服务于大、中、小某种规模的客户,例如,某些投资咨询顾问会专门服务于那些被大企业忽略的小客户。

(4) 特定顾客专业化

指专门针对一个或几个主要客户服务,例如,美国有些企业专门为西尔斯成货公司或通用汽车公司供货。

(5) 地理区域专业化

指专为全球某一地区或地点服务,例如,哈尔滨的中央红小月亮超市依托中央商城的商品资源与信誉,仅在哈市范围内建立起很多连锁超市。

(6) 产品或产品线专业化

指只生产某一种或某一品类的产品,例如,世界著名的跨国公司美国绿箭(Wrigley)公司专门生产口香糖这一种产品。

(7) 客户订单专业化

指专门为客户订单生产预订的产品。例如,某些礼品公司会对不同的客户实施定制营销,生产个性化礼品。

(8) 质量和价格专业化

指专门生产经营某种质量和价格的产品,例如,惠普公司在小型计算器市场专门生产高质量、高价格的产品。

(9) 服务项目专业化

指专门提供某种其他企业没有的服务项目,例如,美国某家银行专门承办电话贷款业务,并且为客户送款上门。

(10) 分销渠道专业化

指专门为某一类分销渠道服务,例如,专门生产航空公司的旅行食品公司。

(三) 市场补缺战略的风险

市场补缺者最主要的风险是补缺市场的枯竭或受到强者的进攻。他们要时刻注意创造、扩大并保护补缺市场。例如,著名的运动鞋生产商美国耐克公司,不断开辟了许多补缺市场,开发出了适合不同运动项目的特殊运动鞋:登山鞋、旅游鞋、自行车鞋、冲浪鞋等,为了扩大并保护这些补缺市场,当耐克公司开辟出些专业化市场后,就继续为这些市场开发出不同款式和品牌的鞋,如耐克充气乔丹(Jordan)鞋、耐克哈罗克(Huaraches)鞋。采取市场补缺战略时,多重补缺基点比单一补缺基点更能减少风险。

美国艾伯特·卡尔佛公司是一个利用市场补缺战略提高了其销售额的典型案例,该公司主要经营艾伯特 V05 护发产品,由于定位于建立一些小的补缺品牌上,1997 年,它赢得了 2.37 亿美元的市场中的 36% 的市场份额,即 8 540 万美元。首席执行官哈佛特比尼克这样解释该公司的经营理念:"我们知道我们是谁,并且,也许更重要的是,我们知道我们不是谁。我们知道如果我们试一试与大公司竞争,我们的面子将掉到地板上。"

第四节 竞合战略与蓝海战略

一、竞合战略

1996 年博弈理论与实务专家亚当·布兰登博格(Adam M. Brandenburger)和拜瑞·纳尔巴夫(Barry J. Nalebuff)出版了《竞合战略》一书,最早提出了"竞合战略"一词。随着市场竞争愈演愈烈,企业间的竞争手段也不断升级,价格战、假冒伪劣产品、不公平竞争、诚信的缺失与商业道德的沦丧,种种恶性竞争现象层出不穷,结果因过度竞争导致了行业整体利润的下滑。在这样的背景下,越来越多的企业开始重新审视以战胜对手为目标的传统竞争观念,尝试将竞争与合作进行有机的整合,探索出了一条竞合战略的新路,试图以战略联盟、外包、特许经营、连锁经营等形式取得竞争者之间双赢的结果。

自竞合战略提出以来,越来越受到了理论界和实践界的重视,在当前的市场环境下具有十分重要的现实意义。中国著名经济学家厉以宁教授曾于 2006 年 11 月,在南京财经大学举行以"新世纪对管理人员的要求"为题的演讲时,用"新龟兔赛跑"妙喻"双赢":龟兔在第四次赛跑时选择了合作。龟兔在比赛时路过一条河,虽然兔子跑得很快,但它不会游泳无法过河;虽然乌龟会游泳可以过河,但它跑得太慢。于是兔子驮着乌龟到了河边,乌龟再把兔子驮过河。乌龟通过合作、优势互补,最后取得了双赢。

(一)竞合战略的概念

竞合战略(Co-opetition Strategy)是指通过与竞争对手的合作,来获得企业竞争优势或战略价值,以达到"双赢"或"多赢"目的的一种战略。竞合战略是一种互补性的商业思维模式,企业获得最大利益的途径是通过与竞争对手的合作,取得互补的协同优势,共同把市场做大,而不是和竞争者争夺固定大小的市场,最终达到 1+1>2 的效果。竞合的过程是关于创造价值与争取价值的过程,创造价值的本质是合作的过程,而争取价值的本质则是竞争的过程。布兰登博格和纳尔巴夫将其通俗地解释为"合作把饼做大,竞争把饼分掉"。例如,在全球软件产业中,中国和美国、中国和印度既是竞争者,也可以是互补者,因各自居于产业链的不同位置,可以采用竞合战略寻求多赢。

(二) 竞合战略的制订方法

布兰登博格和纳尔巴夫基于博弈理论,提出了竞合战略的思想,认为企业在开拓市场、创造价值的时候,应与供应商、消费者、竞争者和互补者密切合作,共同把"蛋糕"做大,在分配价值、分配市场份额的时候应该采取竞争的态度,把"蛋糕"分掉。

两位学者还提出制订竞合战略的方法是五个关键要素:参与者(Player)、参与者的附加值(Added-values)、规则(Rules)、策略(Tactics)和范围(Scope),简称"PARTS"五要素,企业通过改变其中某一个或某几个要素,来改变竞争对策,最终改变竞争的结果,从"你输我赢的零和"甚至"大家都输的负和",变成"大家都赢的正和",达到双赢或多赢的结果。

1. 改变参与者

竞争的参与者包括供应商、消费者、互补者和竞争者,企业与这四方面参与者在价值链上既是竞争又是合作的关系,在瓜分顾客价值时竞争,在创造价值时合作,企业可以通过改变参与者来改变竞争结果,达到双赢的目的。通过引入新的供应商,改变原有供应商的垄断地位,可以增强企业竞争力而获利;通过引入消费者,可以扩大市场,使行业整体利益增加,企业从中获利;通过引入互补者,可以为消费者创造更高的价值,从而扩大产品市场而获利;通过引入适当的竞争者,可以提高行业整体竞争力而从中获利,因为市场中现有竞争者的增加,可以在供不应求的情况下更好地满足市场需求以稳定市场,更好地服务于细分市场以满足消费者需求,改善与雇工或政府讨价还价的能力,降低被政府指控为垄断的风险,分担市场开发成本、提高市场进入壁垒、改善市场现有结构。

例如,上汽集团作为国内产销量第一的汽车生产商,与业价值链不同环节的企业形成了有效的竞合关系。一方面,上汽集团与宝钢、鞍钢、本钢等产业价值链的上游企业建立了良好的战略竞合关系,共同开发汽车零部件。另一方面,上汽集团与同行业竞争者之间也建立了良好的战略竞合关系;生产环节,上汽集团及其合作伙伴收购了江苏仪征、重组了山东整车及发动机项目、柳州五菱、烟台东岳、沈阳金杯等项目,2007年又与重庆重型汽车集团合作共同生产依维柯红岩商用车;销售及服务环节,上汽集团与通用汽车合资建立上海安吉安星信息服务有限公司,为所销售的汽车提供包括自动撞车报警、道路援助、远程解锁服务、免提电话、远程车辆诊断和逐向道路导航等广泛的安全信息服务。

2. 改变参与者的附加值

参与者的附加值是指,由于供应商、消费者、互补者和竞争者参与到市场竞争中来,使市场总价值在原有基础上增加的那部分利益。改变参与者的附加值的目标是:增加企业自身的价值并降低其他参与者的价值,即通过降低供应商、消费者、互补者和竞争者的利益使企业自身获得更多的利益。

如果企业处于行业中的垄断地位,为行业整体创造了很大的价值,其竞合战略应侧重于降低供应商在价值链上的获利、降低消费者从产品中的获益、降低互补者和竞争者的市场份额。例如,在进行盈亏平衡预算后,垄断企业通过减产来减少市场供应量,造成供不应求的状况后,适当地降低产品的质量,来减少消费者从产品的所获收益,从而降低了成本,增加了企业利润;垄断企业也可以通过增产来增加市场供应量,当市场出现供过于求的状况时,企业可以增强与供应商讨价还价的能力,从而降低供应商的利益增加企业自身利益。

如果企业处于激烈的自由市场竞争结构中,竞合战略的重点不是降低其他参与者的附加值,而是增加企业自身的附加值,即在不降低各方参与者利益的情况下增加企业所获利益。例如,企业采取差异化战略时,对因差异化而增加的成本与利润进行权衡后,可以适当降低差异化程度,以降低更多的成本,提高利润率;或适当提高差异化程度,同时因扩大了销售量而降低了总成本;企业还可以整合价值链,避免资源浪费,企业间通过联合产生最大化利润,达成双赢。例如,IBM 通过价值链整合把供应商、生产厂家、分销商、零售商等在一条供应链上的所有节点企业都联系起来进行优化,使生产资料以最快的速度,通过生产、分销环节变成增值的产品,到达有消费需求的消费者手中。这不仅可以降低成本,减少社会库存,而且使社会资源得到优化配置,更重要的是通过信息网络、组织网络实现了生产及销售的有效连接和物流、信息流、资金流的合理流动。

3. 改变商业规则

商业规则指企业在市场经营活动中所遵循的各种正式或非正式的规定,例如法律、商业惯例、合同条款及顾客偏好等。企业可以凭借强大的竞争优势在一定程度上改变商业规则,使规则对自己更为有利,从而改变竞争结果。例如,Microsoft 与 Apple 在个人电脑操作系统方面是竞争对手,双方在 2005 年签订了为期 5 年的合作协议,规定 Microsoft 为 Apple 电脑提供 Office 套装软件。因为 Microsoft 与 Apple 两家企业的产品具有显著的差异,所以此次合作,使 Microsoft 扩展了利润来源,Apple 则避免了顾客的大量流失。

4. 改变策略

企业所处的市场竞争环境错综复杂、变化多端,竞争参与者各方对信息的掌握程度影响着其进行决策。企业实施竞合战略,可以通过有选择地向竞争参与者传递经营信息,从而改变其他参与者的认识,影响他们的决策行业,进而改变竞争结果。例如,企业可以加大产品宣传力度,增加消费者认知,争取到更多的客户。

5. 改变范围

企业可以通过扩大或缩小经营活动的时间和空间范围,来改变各方参与者的力量对比,最终改变竞争结果。例如,企业可以进入行业内空缺的细分市场,扩大了市场的空间范围;也可以利用反季节销售的策略,扩大了市场的时间范围,从而在不侵占其他竞争者市场的情况下,增加了企业自身的利益。

总之,企业当今所处的是一个日益动荡的、多变的、复杂的、不确定的、竞争激烈的超竞争环境,在这种竞争环境中所有企业都力求打破现状,寻求更大的竞争优势,因此企业难以长期维持可以获得稳定超额利润的核心竞争力。因此，企业单纯依靠自身的力量难以把握整个行业的发展方向，应建立起"自己活，也要让别人活"的竞合观念，与供应商、消费者、互补者和竞争者共同改变"PARTS"五要素，共同推动整个行业的发展，在这一过程中求得自身的发展。

（三）竞合战略的主要实现形式

竞合战略的主要实现形式有产业集群、战略联盟、合资企业、股权参与、契约性协议及国际联合等。战略联盟、合资企业见第五章第二节。这里重点介绍产业集群内的竞合战略。

产业集群是企业竞争合作的主要表现形式之一。波特（M. Porter）将产业集群定义为：一组在地理上靠近的相互联系的公司和关联的机构，它们同处或相关于一个特定的产业领域，由于具有共性和互补性而联系在一起，又可称为产业簇群、产业群集。集群内的企业相互关联、相互支撑，密集地分布于相应产业链上下游的众多环节上，形成了超稳定的关系结构。

产业集群具备了实施竞合战略的条件。首先，产业集群内形成了比较成熟的劳动力市场，聚集了许多高素质的高层管理者和富有经验的雇员；其次，集群内的企业间因地理位置接近、经营具有同质性和关联性，各种新思想、新观念、新技术能够很快地传播和扩散，易于获取"学习效应"，增强了企业的创新能力；再次，利益分配机制将集群内的企业间紧密地结合在一起，能更好地应对技术、市场和政策等外部环境的变化；最后，集群内企业在获得信息、技术、资源和服务等方面具有低成本优势。因此，集群内企业更适合实施竞合战略达成资源共享的协同效应。产业集群内的企业通过树立竞合理念、选择竞合主体、建立竞合关系，采取弱竞争弱合作、弱竞争强合作、强竞争弱合作或强竞争强合作的行为。从而提高竞争优势。例如，我国的长三角地区集聚了众多的港口，形成了产业集群，上海港与宁波港建立了战略竞争合作关系，加快了以上海为中心、以苏浙为两翼的上海国际航运中心的建设，推动了整个长三角港口产业集群的综合竞争力，促进了长三角都市圈经济的稳步增长。

二、蓝海战略

蓝海战略（blue ocean strategy）最早是由欧洲工商管理学院两位著名教授 W. 钱·金（W. Chan Kim）[韩]和勒妮·莫博涅（Renee Mauborgne）（美）提出的。两人基于对跨度达 100 多年、涉及 30 多个产业的 150 个战略行动的研究，于 2005 年合著《蓝海战略》一书。书中提出："要赢得明天，企业不能靠与对手竞争，而是要开创'蓝海'，即蕴含庞大需求的新市场空间，以走上增长之路。这种被称为'价值创新'的战略行动能够为企业和买方都创造价值的飞跃，使企业彻底甩脱竞争对手，并将新的需求释放出来。"如果蓝海战略得到了全球工商企业界的广泛关注，甚至有人说，接下来的几年注定会成为"蓝海战略"年。

（一）蓝海战略的概念

1. 蓝海战略的含义

蓝海战略就是指企业超越传统的产业竞争、开创全新的市场的企业战略。如果把整个市场比喻成一片海洋,这个海洋是由红海和蓝海组成,红海就是红色的海洋,位于防鲨网的范围之内,水质混浊,营养贫乏,但人很多,竞争激烈,它代表现存的所有产业,是我们已知的市场空间;蓝海则是蓝色的海洋,位于防鲨网之外的深海,水质和营养物都很好、很丰富,范围也相当广泛,竞争的人也很少,它代表当今还不存在的产业,就是未知的市场空间。显而易见,在蓝海竞争的胜利者将得到比红海竞争的胜者多得多的利益。蓝海战略就是要求企业突破传统的、血腥竞争所形成的"红海",拓展全新的、非竞争性的市场空间。

2. 蓝海战略的特点

一个成功的蓝海战略应该具备四个特点:战略重点要突出;战略要有独特性;战略主题要清晰且令人信服;战略本质是创新价值链。

(二)蓝海战略的本质

在红海中,各产业界限已确定,企业通常以成本领先战略和差异化战略作为竞争手段,为扩大市场份额而展开激烈的竞争,市场空间越来越拥挤,利润率越来越低,前景黯淡。蓝海战略则跳出了传统的思维定势,定位于在当前已知的市场空间之外,突破现有的市场竞争,创造新的顾客需求。

蓝海战略的本质是,将视线由超越竞争对手转向买方需求,跨越现有的产业边界,改变市场结构,将不同市场买方的价值元素筛选并且重新排序,创造顾客需求,把创新与效用、价格与成本整合为一体。蓝海战略不是运用传统的竞争手段去超越竞争对手,而是突破产业界限重新设定竞争规则;不是争夺现有市场的"高端"或"低端"顾客,而是面向潜在的大众需求;不是选择细分市场来满足顾客偏好,而是合并细分市场整合新的需求。

(三)蓝海战略的原则

蓝海战略的六项原则,包括四项战略制订原则和两项战略执行原则。战略制订原则为:重建市场边界、注重全局而非数字、超越现有需求、遵循合理的战略顺序;战略执行原则为:克服关键组织障碍、将战略执行建成战略的一部分。

1. 重建市场边界

企业可以通过六条路径重建市场边界:跨越他择(Alternatives)产业、跨越产业内不同的战略集团、重新界定产业的买方群体、跨越互补性产品和服务、注重功能情感导向,以及跨越时间参与塑造外部潮流。例如,新兴的互联网手机业就是跨越了手机产业与互联网产业,扩大了市场空间。

2. 注重全局而非数字

蓝海战略建议绘制战略布局图,把企业在市场中现有的战略定位以可视性更强的图形形式表现出来,激发员工的创造力,将企业的视线引向蓝海。

3. 超越现有需求

为使蓝海规模最大化,企业需要关注非顾客群体,具体包括徘徊在企业的市场边界的顾客、有意回避市场的"拒绝型非顾客"和处于远离市场的"未探知型非顾客"。例如,传统观念认为儿童应从三四岁起养成刷牙的好习惯,而现代育儿理念认为从宝宝长出第一颗牙起就该刷牙,牙刷生产企业生产出了套在手指上使用的婴儿牙刷,开辟了未探知型的非顾客市场。

4. 遵循合理的战略顺序

合理的战略顺序可以分为买方效用、价格、成本、接受四个步骤,只有遵循了合理的战略顺序,才能建立起强劲的商业模式,确保将蓝海创意变为可执行的战略,从而获得较高的蓝海利润。

5. 克服关键组织障碍

实施蓝海战略要面对四重障碍:认知障碍、有限的资源、动力障碍及组织政治障碍。蓝海战略根据威廉·布拉顿(William Bratton)领导的纽约警察局变革,提出了引爆点领导法(tipping point leadership)来克服组织障碍。该理论认为:在任何组织中,当数量达到临界规模的人们以信心和能量感染了整个组织而行动起来去实现一个创意时,根本性变化就会发生。因此,克服组织障碍,应把精力集中于找出具有非凡影响力的关键因素,让他们发挥杠杆作用,节约资源和时间。

6. 将战略执行建成战略创建的一部分

蓝海战略的执行需要组织基层员工采取支持的态度和行为,因此必须创造出一种充满信任和忠诚的文化来鼓舞人们认同战略。企业需要借助"公平过程"来制订和执行战略,"公平过程"指当程序公正地得以实施时,人们对结果的满意度和支持度就上升。因此在制订和执行蓝海战略时可以遵循"3E原则":即邀请参与(engagement)、解释原委(explanation)和明确期望(clarity of expectation),邀请员工发表意见和反驳,向所有的相关人员解释战略决策制订的原委,明确蓝海战略的期望目标。按照公平过程的原则组织蓝海战略的制订,一开始就把战略执行建成战略创建的一部分,可以将政治游说和偏袒减少到最低程度,使人们集中精力执行蓝海战略。

(四)蓝海战略的制订方法

为有效实施蓝海战略,提高战略执行的系统性和可操作性,W. 钱·金和勒妮·莫博涅研究出了一系列分析工具和框架,可以分三个步骤制订企业蓝海战略:

1. 战略布局图分析现有价值曲线

战略布局图是用来分析当前市场的竞争状况,了解竞争对手在产品、服务和配送等方面的投资方向和竞争重点,以及顾客从现有市场选择中得到了什么。

2. 四步动作框架法分析各价值元素

蓝海需要将战略重点转向其他可选择的市场,从客户转向非客户,进而跨越行业边界,重建消费者的价值因素。四步动作框架法是指针对现行战略布局图中的各要素,找出四个核心问题,来打破行业现有的战略逻辑和商业模式,创造企业新的价值曲线。这四个问题是:第一,应该剔除哪些现有行业中哪些被认为是必要的,但因顾客需求的变化而过时的因素。第二,应该减少哪些数值过高,导致产品或服务过度设计,增加了成本的因素,将其减少到现有行业标准以下。第三,应该增加哪些数值过低,没有达到顾客需求的因素,将其增加到现有行业标准以上。第四,应该增加哪些行业内从未提供过的因素,从而为顾客创造新的价值。

3. 重塑价值曲线、创新蓝海战略

对上述四步框架法提出的问题做出回答,并提出企业需要采取的针对措施,填写到"剔除—减少—增加—创造"坐标格,创造新的价值曲线,创造新的品牌,并画出新产品的蓝海战略布局图。

现以美国葡萄酒业为例,分析蓝海战略的制订。①

美国是世界第三大葡萄酒消费国,年销售量200亿美元,其中8家企业巨头占据了75%的市场份额,而其他约1 600家酒厂生产了其余的25%,为了抢占销售份额,厂商间的竞争趋于白热化、价格压力不断上升、零售和分销商的谈判能力不断加强、产品的品种越来越多,但需求却没有明显增加。如何摆脱红海血腥的市场竞争,开辟一片广阔的蓝海市场空间?

首先,用战略布局图分析现有价值曲线(如图6.1所示)。

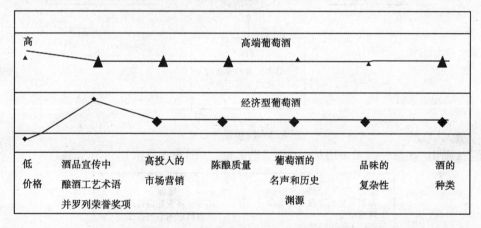

图6.1 葡萄酒业战略布局图及企业价值曲线

图中横轴列出了行业内竞争和投资所注重的各项因素,在美国葡萄酒行业的竞争中,有7个基本因素在起作用:价格、包装宣传、营销方式、酿造品质、声望、酒的味道、酒的种类等。图中纵轴显示了在这些竞争要素方面,购买者得到了多少,数值越高表明企业在该要素上的投资越多,为购买者提供的效用也越高。标绘各企业现有产品在所有这些要素上的水准,就得到了企业的价值曲线,企业的战略轮廓也就显现出来。价值曲线反应了企业在行业竞争各要素上的相对实力。图6.1显示,美国葡萄酒行业的1 600多家酒厂价值上曲线基本趋同,高端葡萄

---

① [韩]W 钱 金,[美]勒妮 莫博涅. 蓝海战略——超越产业竞争,开创全新市场[M].吉宓,译. 北京:商务印书馆,2005:30-38.)

酒普遍采用差异化战略,在所有关键竞争因素都追求高水准;经济型葡萄酒普遍实施成本领先战略,在各竞争因素上达到的水平也都较低;且高端和低端葡萄酒的价值曲线形状相似。可见,红海中企业在相同的元素上给予顾客多一点或少一点,并不能从竞争中胜出。

其次,用四步框架法分析各价值元素(如图6.2所示)。

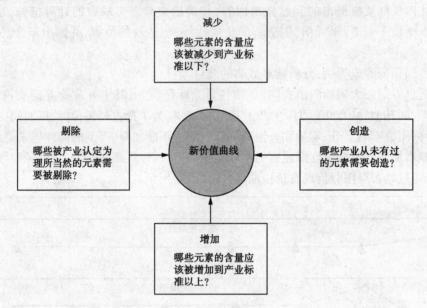

图6.2 四步动作框架

第三,画出"剔除—减少—增加—创造"坐标格(如图6.3所示)。

剔除 酿酒工艺术语和荣誉奖项 陈酿质量 高投入的市场营销	增加 高于经济型葡萄酒的价格 零售商店的参与程度
减少 酒品的复杂口感 酒的种类 葡萄酒的名声和历史渊源	创造 易饮 易选 有趣和冒险

图6.3 "剔除—减少—增加—创造"坐标格

第四,画出战略布局图(如图6.4所示)。

这一过程促使企业同时追求差异化和低成本,提醒企业不要过度追求满足顾客需求,把产品和服务设计得过了头。澳大利亚的葡萄酒制造商卡塞拉(Casella)运用上述方法,从"非消费者"的角度分析,发现美国大众消费雪碧、鸡尾酒是葡萄酒的三倍,消费者不选择葡萄酒是因为其口味过于繁杂,于是引入啤酒和鸡尾酒这两种替代品口味较甜且更易饮用的优势,创造三个行业新因素：易饮、易选、刺激有趣，同时剔除或减少了其他所有的因素，创建了黄尾葡萄酒品牌，开辟出了一片新的蓝海。

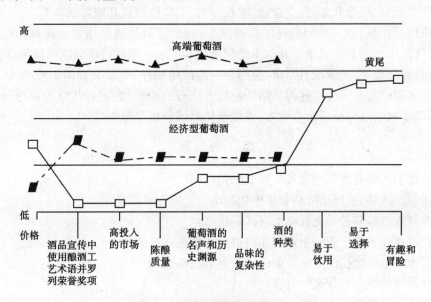

图6.4　黄尾葡萄酒的战略布局图

本 章 小 结

迈克尔·波特提出，企业可以从成本优势和产品优势两个方面建立自己的竞争优势，根据这两方面基本优势，企业可以采取三种基本竞争战略，即成本领先战略、产品差异化战略和集中化战略。此外，企业还可以采取通过低成本与差异化之间的适度平衡来创造超值的顾客价值的混合型战略。

根据产业生命周期的不同阶段和竞争结构状况，可将产业结构划分为新兴产业、成熟产业、衰退产业和分散产业，不同产业结构下，企业的竞争战略也不同。新兴产业竞争战略的重点在于：要选择适当的进入时机，促进产业结构的形成，创造独特的供销渠道，以及设置产业进入障碍。成熟产业的竞争战略则侧重于：调整产品结构，进行技术革新，增加现有客户购买量，进行国际化经营或横向并购。

企业在本产业中所居竞争的地位可以分为：市场领导者、市场挑战者、市场追随者和市场补缺者。市场领导者要扩大市场总需求量，保持并扩大市场占有率；市场挑战者要在确定战略目标和挑战对象之后，选择适当的进攻战略；市场追随者可以采取紧紧追随、距离追随或选择追随的战略；市场补缺者则大多致力于寻求一个既安全又可获利的细分市场。

竞合战略是通过与竞争对手的合作，来获得企业竞争优势或战略价值，以达到"双赢"或

"多赢"目的的一种战略,竞合的过程是通过合作创造价值与通过竞争争取价值的过程。其创始人布兰登博格和纳尔巴夫提出了制订竞合战略的"APRTS"五要素法。竞合战略的主要实现形式有产业集群、战略联盟、合资企业、股权参与、契约性协议及国际联合等。

蓝海战略是由 W. 钱·金和勒妮·莫博涅提出的,蓝海战略是指企业超越传统的产业竞争、开创全新的市场的企业战略。其本质是创造顾客需求。蓝海战略的原则包括:重建市场边界、注重全局而非数字、超越现有需求、遵循合理的战略顺序、克服关键组织障碍,以及将战略执行建成战略创建的一部分。蓝海战略的制订方法分三个步骤:通过战略布局图分析现有价值曲线;用四步框架法分析各价值元素;重塑价值曲线创新蓝海战略。

思 考 题

1. 企业竞争战略有哪几种形式?其概念是什么?
2. 成本领先战略、差异化战略和集中化战略的优势和风险是什么?
3. 成本领先战略和差异化战略的误区是什么?
4. 新兴产业和成熟产业的企业应如何进行竞争战略选择?
4. 不同市场竞争地位的企业应如何进行竞争战略选择
5. 竞合战略的概念是什么?有哪些形式?
6. 什么是蓝海战略?蓝海战略的本质和制订原则是什么?

【案例分析】

香飘飘与喜之郎的竞争之战

当前中国奶茶市场诸侯林立:喜之郎旗下的优乐美,立顿旗下的立顿奶茶、大好大旗下的香约奶茶……作为行业领军品牌的香飘飘与优乐美之间的攻守鏖战却早已硝烟弥漫:2004年,蒋建琪苦于自己的液体饮料生意淡旺季过于明显,突发奇想搞起杯装奶茶,定名香飘飘,6年过去了,伴随那句"杯装奶茶开创者",香飘飘销售额在 2010 财年突破 20 亿元。喜之郎这个果冻品类的翘楚旗下的优乐美显然不甘"千年老二"的座次,放言:两年内,拿下香飘飘!一边号称"奶茶就要香飘飘",一边则称,"奶茶我要优乐美";一边请陈好代言,一边就请周杰伦助阵;价格战、产品战、口水战……此起彼伏。

上世纪九十年代,李永军意识到了果冻市场的巨大潜力,他筹集 40 万元资金,与兄弟李永良、李永魁一起进入尚处于萌芽状态的果冻产业。李氏三兄弟胆大心细,亦不乏战略眼光。自 1996 年起,喜之郎率先在央视投放巨额广告,不断强化"果冻布丁喜之郎"这一概念,继而在品牌和行业间建立起一对一联想,最终从上万家本土果冻企业中脱颖而出,称霸全球。然而,果冻品类毕竟市场容量有限,已经成为行业翘楚的喜之郎开始另辟蹊径,寻找新的增长点。杯装奶茶由此进入其视线。同一时期,身处浙江湖州的香飘飘,正在将他们的战线从华东拉伸至全国。2004 年,香飘飘率先在国内规模化生产杯装奶茶,中国饮料市场也由此硬生生派生出一块新领地。

渠道之争

而纵观日后称霸一方的品类开创者,其发轫起家的路径无非两种:一是通过铺天盖地的广告轰炸火速占领消费者心智,炸出行业的头把交椅;其二则是凭借"鬼子进村"的方式悄无声息地进行终端扩张、新品推广,继而一鸣惊人,香飘飘无疑属于后者。2005 年,负责营销的常务副总蔡建峰,将一千多箱奶茶拉到在济南召开的全国糖酒会上,正式向全国招商。此前,经销商们从未见过杯装奶茶,亲口品尝后兴奋不已。而香飘飘则承诺:50 箱即可批发试销,现场签单者络绎不绝。数月后,全国各地的订单开始向湖州聚集,香飘飘当年销售额即达数千万元。然而,仅仅一年多以后,蔡建峰突然发现市场中的奶茶品牌已如雨后春笋。在这上百家后起之秀中,不乏优乐美、香约等未来大鳄。对阵之初,喜之郎引以为豪的是它的 KA 渠道,而香飘飘则更多偏重传统的流通渠道。早在生产液体饮料之时,蒋建琪便开始在各地的流通渠道广泛布局,其深谙与中小城市经销商的相处之道。让优乐美始料未及的是,杯装奶茶在 2006 年左右的主要消费群体恰恰来自二、三线城市。猛虎下山,来势汹汹,却扑了个空。优乐美的第一次战略俯冲收效甚微,而香飘飘也开始检讨:市场地位遭遇争抢,归根结底还是自己的错——要是自己和对手的距离足够大,他们还会心存超越的臆想吗?2006 年,香飘飘开始聘请陈好代言,海陆空投放巨量广告。2005 年香飘飘产品销售额不过数千万元,仅仅一年多后,单在浙江一省香飘飘便可轻松完成两个亿的销售额了。

多元化与专业化之争

喜之郎发家于果冻,香约奶茶发家于瓜子,而香飘飘则专注于奶茶。多元化的好处在于,奶茶作为一种在冬天销售良好的产品,喜之郎的经销商可以通过果冻、奶茶等多种产品内部调节淡旺季。但问题恰恰也在这里,经销商们一旦在淡季对奶茶品类维护不足,销量往往立马下滑,而因为有了其他品类的产品支撑,喜之郎的经销商又很难心无旁骛地销售奶茶。香飘飘则不同,它用全部身家性命押宝奶茶,总部没有其他产品,经销商们即便在淡季也得硬着头皮打市场。市场空隙总是存在的。比如夏天,消费者觉得路边店的杯装奶茶看上去就热,不愿购买,但在有空调超市,其往往会随手购进几杯奶茶。这就迫使香飘飘销售团队开始向 KA 渠道要增长,求效益。

广告之争

继 2007 年初与腾讯强势联合打造优乐美网络空间后,喜之郎再次重金聘请周杰伦代言,线上线下密集互动。2008 年春节,在中央一台、湖南卫视、星空卫视、华娱卫视等各大电视台的黄金时段,优乐美"我要把你捧在手心里!"的热播广告促使其关注度直线升高,风头直指香飘飘。这则在业内看来有些媚俗的广告,却在大学生这一奶茶的主要消费群体中产生了不小影响。所谓"捧到手心里"的概念营造,也挖掘了杯装奶茶在冬天暖手暖心的独特产品属性。另一边,香飘飘也并不示弱。其开始在广告片中强调其"开创者"、"领先者"的概念:从 2008 年的"香飘飘奶茶,一年卖出 3 亿多杯,杯子连起来可绕地球一圈";到 2010 年的"可绕地球三圈"。香飘飘的意图路人皆知：告诉消费者，自己才是杯装奶茶品类的真正老大。

产品差异化之争

香飘飘在产品上不断形成与对手的差异化。在包装上，香飘飘奶茶的杯子比起竞品要更大一些，纸杯的用纸也更考究，突出量足、实惠的特点；在内容上，香飘飘开始用椰果代替了其他竞品的珍珠，此举无疑影响深远：珍珠包必须用沸水冲泡，且浸泡时间须在五分钟以上；而香飘飘的椰果条，本身就是软的，无需沸水，温水一泡即可以饮用。甚至于吸管，其他品牌都是将吸管随便一折继而放入杯子里，香飘飘却特别定制了双节组合式的吸管，平时是短短的两节，使用时轻轻一插即可变长⋯⋯

价格之争

作为跟进者，优乐美能在短短数年跃居行业第二，其敢打敢拼的竞争战略无疑成效明显。只是对于经销商而言，优乐美的终端价要比香飘飘低，很多时候卖优乐美奶茶不一定赚钱，但因为果冻是挣钱的，这就导致喜之郎可以"携果冻以令诸侯"——要卖我的果冻就必须配搭我的奶茶。如此一来，优乐美的价格体系便很难稳定，抛货窜货现象时有发生。对于自身价格体系，香飘飘一度顽强坚守。甚至有外资KA渠道促销打折一度将香飘飘卖到1.9元一杯，蒋建琪见势不对立马展开回购行动，超市拿出多少，业务员便回购多少，目的只有一个——维护香飘飘的价格稳定性。时至2010年11月，因为原材料等价格上涨，香飘飘做出艰难决定：进行产品提价。在蒋建琪看来，原料市场波动，为了维持产品品质必须进行部分成本的消化，殊不知就在此时，优乐美非但不提价，反而顶住压力降低出厂价，香飘飘被杀了个措手不及。这确实是个千载难逢的机会。在优乐美阵营看来，中国消费者对几毛钱的售价差距非常敏感，香飘飘的提价战略留给了他们打透渠道的战机。哪怕赔本赚吆喝，也要顽强挺住。要横的遇见不怕死的，结局只有一个——赢了也输了。11月，因为传统流通渠道的经销商很多都是靠利益驱动的，哪家价格低便进哪家的货，在湖南湖北等香飘飘不占强势的市场，优乐美大举入侵，成效明显。遭此情景，蒋建琪甚至做出市场下滑百分之三十的最坏打算，也坚决不降价。蒋的坚持可谓铁胆。但眼见对手抓住机会大规模扩大市场占有率，其心中阵痛可想而知。12月，终端消息传来，很多分销商又开始回归香飘飘。原因在于，奶茶是一种对口感要求很高的产品，消费者习惯了香飘飘的味道，普遍反映其口味更纯一些，其他品牌奶茶虽然价格相对较低，但消费者的短期购买行为并不代表长期认同。值得一提的是，香飘飘之所以能够在价格战中坚持过来，很大一个原因还在于它的零库存战略。香飘飘在投产之初便和经销商形成了良好的利益共同体，香飘飘的产品一律以订单形式生产，如此一来便省却了库存压力。香飘飘奶茶从出厂到终端也保持在一个合理的时间区间，最大限度保证了产品的新鲜度。2010财年，香飘飘奶茶销量突破10亿杯，销售额过20亿元。而目前，香飘飘在全国的经销商上千家，其中超过1/3主营业务就是香飘飘奶茶，经销商队伍相当稳定。

即便香优之间的竞争再难分难舍，他们都面临一道共同的难题——发力越来越凶狠的外资品牌。作为世界最大的茶饮料品牌，立顿一刻也未有停止对中国奶茶市场的觊觎。一方面其推出杯装奶茶,与香飘飘、优乐美等国内品牌展开竞争;另一方面,又推出更为强势的袋装奶茶,进军包括白领办公室及商务细分市场。一旦其通过价格战的方式将国内品牌拖入泥潭,继而通过强大的营销和研发能力展开第二拨进攻,本土企业难保不会应接不暇。

(资料来源:樊力.香飘飘与喜之郎:奶茶的夺位营销战[J].商界,2011,2.经整理有增删)

讨论题:

1. 香飘飘和喜之郎采取的是哪种基本竞争战略?是如何实施的?
2. 奶茶行业属于哪种产业结构,香飘飘与喜之郎是如何根据所处产业结构实施竞争战略的?
3. 香飘飘与喜之郎分别处于哪种竞争地位,香飘飘是如何实施领先者战略的?喜之郎是如何实施挑战者战略的?
4. 香飘飘和喜之郎还可以怎样采取竞合战略和蓝海战略?

【阅读资料】

北客的蓝海战略

北美客车工业公司(NABI,以下简称北客)这家匈牙利的客车生产商把路径四的原则运用到价值10亿美元的公交车业上。这个产业的主要顾客是产权属于市政府的公交公司,这些公司在主要城镇提供固定线路的公交服务。

按照已被人们接受的产业竞争规则,生产商们争相提供最低购买价。设计过时,交货延迟,质量低下,再要想给客车增加一些自选配置,价格就会高得令人咋舌,因为整个产业走的都是锱铢必较的低成本路线。而北客对这些做法都不以为然。市政府购买的客车,平均要运营12年,可是为什么客车生产商只注重客车的初始购买价呢?当北客如此重新构想市场时,就获得了整个产业都忽略了的启示。

北客发现,对市政府来说,成本最高的元素不是整个产业一直关注的、客车本身的价格,而是购买客车以后的花费,即客车在12年运营期内的保养维护。发生了交通事故要维修,燃油要消耗,因为客车重量大,很多部件磨损快,需要经常更换,还要对车身采取预防性保养措施以避免生锈,等等,这些对市政府来说才是最高的成本因素。此外,随着人们要求市政府保障空气的清洁,延续非环保型公共交通的代价也开始显现出来。然而,虽然这些成本和代价远远超过客车的初始价格,产业仍然忽略这些补充性的保养维护活动及客车的寿命周期成本。

北客认识到,公交车业并不一定是一个价格货品化的产业。只不过是因为客车生产商竞相以低价出售客车,才造成了产业的现状。北客通过关注那些补充性活动,找出整体的解决方案,从而创造了产业前所未见的一种客车。客车一般来说是钢制的,沉重,易生锈,出了交通事故后也不易维修,因为操纵盘都要更换。北客采用玻璃纤维制造客车,这种做法可谓一石五鸟。玻璃纤维的车体不会生锈,大大减少了预防性保养所需的成本。玻璃纤维制成的客车,遇到车体损坏或车祸,无需更换整个操纵盘,而只需把毁坏的部分切割下来,用新的玻璃纤维材料填充,这使车体维修更快、更便宜、也更容易。同时,玻璃纤维重量轻(比钢材轻30%~35%)大大减少了油耗和尾气排放,使得客车更符合环保要求。另外,轿车的重量轻还令北客可以使用马力较低的引擎以及更少的车轴,从而降低了制造成本,也加大了车内的空间。

这样,北客创造了一条与产业的平均曲线大相迥异的价值曲线。通过用重量轻的玻璃纤维制造客车,北客剔除或显著减少了与防锈、保养、油耗有关的各项成本。结果是,尽管北客客车的初始售价要比产业平均价高,对市政府来说,其服役周期内的成本却较其他厂家的客车低。尾气排放减少许多,从而使北客客车的环保性大大高于产业平均环保标准。另外,北客客车的较高价格使得公司得以创造产业前所未有的元素,比如现代美学风格的设计以及方便乘客的措施,如降低车门处的台阶,便于乘客上车;车上设更多的座位,使更多的乘客不必站在车上。这一切都增加了对公交车服务的需求,为市政府带来更多收入。北客改变了市政当局对有关公交车服务的收入与成本的固有思维方式。它以客车整体寿命周期的低成本,为买方——在这个例子中包括市政府和作为终端用户的乘客——创造了杰出的价值。

不出所料,市政府和乘客都喜欢这种新型客车。自1993年问世以来,北客已夺取了美国市场的20%,很快就成为有实力问鼎市场份额、增长率、利润率冠军的强势企业。总部设在匈牙利的北客开创了一片蓝海,将美国市场内的竞争甩在脑后,创造了自身、市政当局和市民的三赢。它收到的订单累计达10亿美元,并于2002年10月被《经济学家情报组》(Economist Intelligence Unit)评为世界30大成功企业之一。

(资料来源:[韩]W 钱 金,[美]勒妮 莫博涅.蓝海战略.[M].吉宓,译.北京:商务印书馆,2005.)

第七章
Chapter 7

企业国际化竞争战略

进入一个行业,专业化,然后全球化,这才是赚钱的唯一途径。

——【日】管理学家、"日本战略之父"大前研一

【教学目标】
1. 掌握企业公司层面国际化经营战略的类型;
2. 掌握业务层面国际化经营战略的类型;
3. 掌握国际市场的进入方式;
4. 理解影响企业国际化经营的环境因素;
5. 了解企业国际化经营的目的、特点与新趋势。

【引导案例】

海尔国际化的三个战略阶段

海尔集团是在1984年引进德国利勃海尔电冰箱生产技术成立的,在青岛电冰箱总厂基础上发展起来的产品多元化、经营规模化、市场国际化的国家特大型企业,是中国首批公布的十大驰名商标中唯一的家电名牌。海尔从一个亏空147万元的集体小厂迅速成长为拥有白色家电、黑色家电和米色家电的中国家电第一品牌,产品包括42门类8 600多个品种,冰箱、冷柜、空调、洗衣机、电热水器、吸尘器等产品市场占有率均居全国首位,企业销售收入以平均每年82.8%的速度稳定增长,1998年集团工业销售收入实现162亿元。1997年8月,海尔被国家经贸委确定为中国6家首批技术创新试点企业之一,重点扶持冲击世界500强。海尔的国际化发展经历了三个战略阶段。

第一,商品国际化阶段。海尔起步时管理混乱,无优势产品,职工人心涣散,海尔通过"砸

冰箱"事件,即砸掉76台有问题的冰箱砸醒了职工的质量意识,树立起名牌观念。此后,海尔引进了世界上最先进的电冰箱生产技术,生产世界一流的冰箱,创出冰箱行业的中国名牌。1988年获得中国冰箱行业历史上第1枚国家质量金牌,标志着名牌战略初步成功。自1990年以来,海尔采取"先难后易"的出口战略,即首先进入发达国家建立信誉,创出牌子,然后再以高屋建瓴之势占领发展中国家的市场,取得了显著成效。另外,海尔还建立了与国际接轨的星级一条龙服务体系,设立了售后服务电话,海外的海尔用户同样可以享受到海尔星级服务。经过艰苦努力,海尔通过质保体系国际认证、产品国际认证、检测水平国际认可取得参赛资格;海尔从引进、消化、吸收到通过合资引智,使各类产品保持了与国际同步。

第二,国外生产阶段。国外把家电分为3类:白色家电、黑色家电和米色家电。白色家电指可以替代人们家务劳动的产品;黑色家电可提供娱乐,像彩电、音响等;米色家电指电脑信息产品。海尔从1984年到1991年做了7年冰箱,然后进入了冷柜、空调、洗衣机等白色家电领域,1997年从白色家电领域进入黑色家电;从现在开始又进入电脑行业。企业在竞争中取胜要靠国际化,而国际化必须要多元化,多元化不仅是产业的多元化,而主要指市场多元化。多元化的发展最关键的是在国际市场把牌子做好,海尔追求拥有全世界的市场。

第三,跨国公司阶段。海尔的国际化是国际化海尔的一个基础,只有先做到了海尔的国际化才能去做国际化的海尔。做海尔的国际化时,就是要海尔的各项工作都能达到国际标准,主要是三方面:质量要达到国际标准;财务的运行指标、运行规则应该和西方财务制度一致起来;营销观念、营销网络应达到国际标准。但国际化的海尔就不同了,"海尔"已不再是青岛的海尔,中国的海尔也将成为整个国际化海尔的一个组成部分,还会有美国海尔、欧洲海尔、东南亚海尔等等。国际化的海尔是三位一体的海尔,即设计中心、营销中心、制造中心三位一体,最终成为一个非常有竞争力的、具备在当地融资、融智功能的本土化海尔。

附:海尔集团国际化大事记

1999年4月30日海尔在美国南卡州建立了美国海尔工业园,次年3月,第一台美国制造的海尔冰箱下线。这是海尔的第一个海外工厂,同时也开启了海尔国际化发展战略。这标志着海尔第一个海外设计、生产、营销"三位一体本土化"的建立,即设计中心在洛杉矶、营销中心在纽约、生产中心在南卡州,从而能更快、更准地响应海外消费者的需求。

2001年4月10日至12日,海尔在巴基斯坦建立全球第二个海外工业园,其生产产品辐射到印度、阿富汗、中东、非洲等国家和地区。

2001年6月19日,海尔集团并购意大利迈尼盖蒂公司所属一家冰箱厂,这是中国白色家电企业首次实现跨国并购。加之海尔在意大利、荷兰、德国和丹麦的设计研发中心,在意大利米兰的营销中心,海尔在欧洲实现了"三位一体"的本土化经营。

2005年3月1日,约旦撒哈布的海尔中东工业园举行了开业仪式。这是中东地区规模最大的家电工业园,它是海尔集团在中东运作的一个枢纽。

2006年10月27日,海尔集团与日本三洋株式会社在日本大阪签署合约,双方合作成立合资公司——海尔三洋株式会社。

2006年11月26日,海尔牵头的"海尔－鲁巴经济区"在巴基斯坦正式揭牌,是中国商务部"十大境外经济贸易合作区"中最先启动的园区。

2007年1月1日,海尔收购印度当地一家冰箱工厂。目前,海尔印度工厂主要生产电冰箱,年产能为35万台,拥有职工300多人。

2007年5月1日,海尔泰国收购日本三洋的泰国冰箱厂,建立海尔泰国工业园。这是海尔在海外建立的第四个工业园,海尔成为泰国第二大冰箱制造商。

2009年12月,世界著名的消费市场研究机构《欧洲透视》(Euro monitor)公布了2009年全球白色家电品牌企业最新市场调研数据:海尔品牌以5.1%的全球市场份额成为全球第一白色家电品牌,这也是中国白色家电首次成为全球第一品牌。同时,海尔冰箱、海尔洗衣机分别以10.4%与8.4%的全球市场占有率,在行业中均排名第一。

2010年12月,世界权威市场调查机构欧睿国际(Euromonitor)发布最新的全球家用电器市场调查结果显示:海尔大型家用电器2010年品牌零售量占全球市场的6.1%,蝉联全球第一;海尔冰箱2010年品牌零售量占全球市场10.8%,蝉联全球第一;海尔冰箱2010年制造商零售量占全球市场的12.6%,蝉联全球第一;海尔洗衣机2010年品牌零售量占全球市场的9.1%,蝉联全球第一;海尔Electrical Wine Cooler/Chiller 2010年制造商及品牌零售量占全球市场的14.8%,首次跃居全球第一。

2011年3月16日,在第十届中国家电博览会举办期间,海尔集团"绿色科技,乐享生活"大型发布会在上海举行。会上,海尔首发2011年全球家电五大趋势:节能低碳、智能化、艺术化、人性化、家居一体化,并与美国陶氏、欧洲BEST、新西兰斐雪派克(FPA)三大国际巨头签署战略合作协议,共同研发世界领先的绿色家电解决方案,正式开启全球家电绿色元年。

(资料来源:杨蔚.国际化战略的经验与启示——以海尔为例(J).山东经济.2010.7;海尔集团网 http://www.haier.cn.经整理有增删)

第一节 企业国际化经营概述

经济全球化是当代世界经济的重要特征之一,也是世界经济发展的重要趋势。自20世纪中叶以来,稳定与发展成为各国共同追求的主题;世界经济整体水平得到了极大提高,各个国家都变得越来越富有;交通、通讯、信息技术的不断更新换代,把各个国家更为紧密地联系在一起,世界变成了越来越小的"地球村"。在这样一个世界政治、经济、技术形势空前利好的大背景下,企业作为世界经济中最基本的单位,也是最活跃的因素,纷纷把触角伸向国外,不断尝试探索新的发展途径,生产要素在全球范围内流动起来,经营活动的国际化渐渐成为一种势不可挡的潮流,又反过来进一步推动了经济全球化和一体化的发展。

一、企业国际化经营的背景

企业国际化经营,是指企业为了追求更高的利润,突破一个国家的界限,放眼世界市场和世界资源分布,以多国为基础优化企业运作,从事生产、销售、服务等活动。正如印度软件业巨头——Infosys 公司 CEO 穆尔蒂(Narayana Murthy)所说,国际化经营就是:在资金成本最低的地方融资,在成本效益最高的地方生产,然后在利润最大的地方销售。

国际化经营是伴随着不同国家企业间的国际贸易而产生的,国际贸易的过程必然涉及货物、劳务、资本、人口、技术、信息等要素的国际间流动,在流动过程中,会面临关税、配额、外汇管制等贸易壁垒。关税与贸易总协定组织等一些国际机构通过签订协议等方式,不断降低贸易壁垒,促进了世界范围内的贸易自由化,使两个不同国家的企业能正常开展合作,从而产生国际化经营。自 20 世纪 80 年代以来,科技发展日新月异,加快了国际分工和经济全球一体化的进程,国际化经营的范围不断扩大,国际化经营的步伐不断加快。当前,一个国家拥有跨国企业的数量和规模,已经成为衡量一国经济实力和国际竞争力的重要标准,美国拥有微软公司、沃尔玛公司、波音公司等各行业领先的跨国经营企业,是其作为世界经济强国的有力支撑。

我国企业国际化经营始自改革开放,初期以内向型国际化经营为主,主要通过引进外资和技术或出口商品的方式进行国际化经营。现在正逐步转向外向型经营,不断扩大对外投资,在全球范围内高效配置资源,建立海外融资渠道、生产体系和销售网络,充分发挥自身的比较优势和绝对优势,进行专业化、集约化和规模化的跨国经营,国际化经营越来越成熟。随着我国经济和国际地位的不断提升,当前已拥有了一批具有一定技术实力、积累了一定国际化经营管理经验、产品质量达到甚至超过了国际水平的跨国企业,我国企业国际化经营将进入一个新的历史阶段。

趋势大师弗里曼(T. L. Friedman)在《世界是平的》一书中,举了个生动的例子:小时候他常听爸妈说:"孩子啊,乖乖把饭吃完,因为中国和印度的小孩没饭吃。"现在可不同了,他告诉女儿的是:"乖乖把书念完,因为中国跟印度的小孩正等着抢你的饭碗。"正如这部书的名字一样,不管你是否认识到了,不管你是否愿意接受,全球化已经不是选择了,而是一种现实——"世界被抹平了"。科技、经济和政治革命正在铲平各种壁垒,弗里曼认为铲平这个世界的 10 辆"推土机"包括:1989 年柏林围墙倒塌,标志着市场经济在全球范围内取得了主导地位;1981 年 IBM 生产的第一台个人计算机问世,网景(netscape)浏览器的诞生使一些计算机技科学家开始使用最原始的网络和电子邮件;工作流程整合的软件越来越成熟,计算机网络实现了人与人、人与软件、软件与软件的连接,人们可以通过网络真正地协同工作了;开放原始码运动开创了大众程序设计师间的崭新合作方式;业务流程外包(outsourcing)使企业开始跨国合作;境外生产整合了全球产业链;供应链整合开发了新的供货商、零售商与消费者水平合作的方式;跨国企业开始承包了企业内部业务(insourcing);信息搜寻革命(informing)开创了网络技术新篇章;高科技工具带来了数字化、行动化、个人化与虚拟实境化(digital, mobile, personal and virtual)等新趋势。

二、企业国际化经营的目的

企业进行国际化经营的总体目的有两个:一是为了获得更的利润,国际化经营可以使企业充分利用国内外两种资源,降低生产成本,增加产品量,扩大市场份额,从而获得更多的利润;二是为了谋求企业的稳定持续发展,国际化经营也可以使企业充分利用国内外两个市场,将具有不同生命周期的产品,销往最具市场的国家,从而稳定生产规模,实现企业可持续发展。具体目的包括:

(一)领先进入国际市场

实施国际化经营的目的还是为了占据和扩大国外产品市场。当企业发明了新产品时,进行国际化经营可以领先进入国际市场,使企业尽早占据生产和销售该产品的垄断优势。产品进入成熟期后,当企业预见到某国有强大的潜在市场时,则可以利用自己的技术优势,以直接投资在国外设厂生产的国际化经营方式,争取和扩充新市场。领先出口产品和领先设厂生产均可以使企业获得进入国际市场的先机。

(二)利用低成本资源

国际化经营还可以在世界范围内规划生产和经营的最佳配置,原材料成本比例较高的行业,如以自然资源为基础的石油、天然气、矿产、橡胶及伐木等行业,会选择在自然资源丰富的国家(如西亚地区)生产,既有利于降低原材料采购成本,又可以减少原材料运输成本,同时获得了稳定的原材料来源,使其不受国际市场供给与价格变化的影响。劳动密集型行业,如服装生产、家用电器生产与组装等行业,当本国劳动力价格越来越高时,会选择在劳动力成本较低的国家和地区(如东南亚地区)进行生产,可以降低生产成本,增加产品的价格竞争力,获得更高的利润。

(三)利用领先技术扩展市场

进行国际化经营不仅可以将产品由国内市场拓展到国外市场,静态地扩大了产品销售市场的范围,而且可以通过技术领先的优势延长产品生命周期,动态地延长了产品销售市场的寿命。任何产品都具有生命周期,从成长期到成熟期再到衰退期,产品的利润率和竞争优势会逐步下降。同一产品在不同国家市场上的生命周期是不同步的,企业凭借先进技术进行国际化经营,当产品在国内进入衰退期,面临需求下降时,可以通过将产品销往国外,使产品在国外重新进入生长期,从而延长了产品的生命周期。例如,日本松下电器公司,电视机生产技术居于世界领先地位,当彩色电视机生产技术成熟后,黑白电视机在本国市场进入了产品的衰退期,此时松下通过在中国建厂生产销售黑白电视机,使这一产品在中国的市场重新进入了生成期,从而扩大了产品销售市场,延长了产品生命周期。

（四）利用良好商誉发挥品牌优势

国内的某些知名品牌，具有良好的口碑与商誉，企业以此为基础进行国际化经营，在全球范围内生产销售该产品，可以凭借产品质量与品牌优势，迅速打开国外市场。同时，在国外市场的品牌与产品推广，又可以进一步巩固和扩大企业的口碑与商誉，提高了企业的综合国际竞争力。例如，美国的阿迪达斯、耐克等知名服装品牌，在东南亚等国家设厂，生产和销售本企业品牌的服装，获得了很好的销量。

（五）利用规模经济效应和经验曲线效应

规模经济是指由于生产专业化水平的提高等原因，使企业的单位生产成本下降，从而使企业的长期平均成本随着产量的增加而不断递减。然而一国的市场规模是有限的，当企业生产的产品在国内市场达到饱和时，通过国际化经营，向国外市场渗透，可以增加销量，扩大企业生产规模。特别是在世界范围内实施纵向一体化战略，将企业的采购、生产、储运和销售在最具优势国家和地区进行，可以取得最优的专业化规模经济。

通过国际化经营，使资源与知识在不同国家之间实现共享，业务在国际范围内运作，可以为企业提供更多新的学习机会，积累了学习效应，有助于企业的生产效率更高、生产成本更低、产品质量更好，从而取得更强的国际竞争力。

三、企业国际化经营的特点

企业国际化经营是在经济全球一体化的大背景下展开的，现代科学技术的高速发展、资本的全球流动、经济的加速增长，以及信息时代的来临都使得企业国际化经营与国内经营有着较大的差别。

（一）经营空间广泛

国际化经营的空间由一国范围拓展到了世界范围，要求企业放开眼界，以世界领先科技为基础进行产品研发，在全世界范围内布局生产要素的采购，开发出满足不同国家市场需求特点的产品，在世界范围内开展销售与促销。因此在制订企业战略时，要适应国际经营环境的特点，制订恰当的国际化经营的发展战略。

（二）经营环境复杂

国际化经营的环境较之国内经营环境更为复杂，主要表现在影响环境因素的多样性、不可控性和不确定性。影响国际化经营的环境因素，既包括国际政治环境、全球经济环境、世界科技环境、各国不同法律、文化、各民族心理等宏观环境，又包括全世界范围内的市场现有竞争者、行业潜在进入者、替代品、供应商、需求者等行业微观环境。企业在进入不同国家和地区时，又会面临不同的经营环境。因此，企业很难预先判断并驾驭数量如此之多、变化如此之大的环境因素，国际化经营环境具有很强的不可控性和不确定性。这就要求国际化经营企业的管理者要具有国际化的视野和经营管理能力。

（三）国际竞争激烈

随着全球经济一体化范围与进程的不断加大、加深，世界分工越来越细化，在这一背景下，进行跨国经营的国际化企业也越来越多。许多跨国企业实力雄厚，拥有或者控制了多个以不同国家为基地的生产服务机构，很多大型跨国公司的生产与销售几乎遍布了世界各地，并在许多产品领域中居于垄断地位，通过多年的国际化经营，积累了丰富的管理经验。可见，国际化经营的市场竞争十分激烈，初涉这一经营领域的企业，在与这些国际化经营巨头的竞争中要面临着严峻的挑战与失败的风险。

（四）信息管理要求高

虽然科技进步，特别是通讯技术与互联网技术的发展使各国之间信息传递的容量与速度大大提高，但对国际化经营而言，信息管理的要求更高、成本更大。这是因为经营空间的广泛性要求信息搜集的范围要更广，经营环境的复杂性要求信息搜集要更客观全面、国际竞争的激烈性要求信息传递要更迅速、准确、反馈及时。由于各国语言文字的差异、商业习惯的不同，在全世界范围内进行市场调查、获得经营信息交易成本也会更大。

（五）经营和管理难度大

由于国际化经营空间广泛、环境复杂、信息管理要求高，因此企业国际化经营与管理的难度也在加大。在国际化经营方面，企业的原材料采购与产品销售可能在不同国家进行，面临着远距离运输的困难；为保证及准确地时履行国外订货合同，面临着提高生产效率与加强生产管理的困难；国际化营销面临着满足不同国家消费者需求特点差异和制订不同销售策略和困难。在管理方面，企业员工可能来自不同国家，文化差异较大，面临着沟通与协作的困难；企业组织机构庞大，面临着组织管理的困难；各国法律与制度不同，面临着行政与财务管理的困难。这一系列困难加大了企业国际化经营的难度。

四、国际化经营的新趋势

随着企业国际化经营的迅速发展，全球范围内出现了经济市场化、网络化和自由化的新趋势。具体表现在以下几方面。

（一）发展中国家国际化经营发展迅速

发展中国家国际化经营虽然起步较晚，跨国公司数量少、投资规模小，但自20世纪90年代以来，发展速度不断加快。与发达国家的跨国公司相比，发展中国家的国际化经营拥有独特的优势，能更好地满足某些地区或行业细分市场的需求，而这些市场可能是发达国家所无法辐射到的。同时，发展中国家也具有身处市场之中的近距离优势，从而形成了产品成本优势。

（二）跨国公司战略联盟不断兴起

在信息化时代，世界经济结构不断升级，技术高速发展，企业仅凭自身的资源与能力进行国际化经营已深感力不从心,无法达到良好的战略绩效以适应国际化竞争环境的要求其,由此形成了"战略缺口"。这就要求跨国经营的企业要结成战略联盟,广泛开展国际间合作与竞争。

(三)技术研发国际化

为了适应国际市场环境的复杂性、产品的多样性,以及消费者偏好的差异性等特点,国际化经营企业越来越重视在全球范围内优化配置技术要素,充分利用各国现有科技资源、降低新技术研发过程中的成本和风险,谋求技术价值链总体收益的最大化。

(四)组织结构网络化

随着互联网技术的发展,企业国际化经营出现了组织网络化趋势,分处于不同国家的组织或个人可以通过互联网组成跨国公司,并能够更好地借助组织网络实现范围经济。伴随组织结构的网络化,还出现了组织边界模糊化、组织结构虚拟化及学习型组织等新趋势。

(五)经营网络全球化

信息技术、通讯技术及交通运输技术的发展,为在全球范围内组织生产和服务提供了更加便利的条件,因而使生产要素得以在各国间大规模流动、资源得以在全球范围内更优配置,出现了经营网络化的趋势。网络化经营具有各种战略资源更易获得、经营更具规模性与经济性、经营网络动态反应能力更强等特点。

第二节 国际化经营的环境因素分析

企业国际经营环境是指企业在国际经营过程中面临的各种外部因素和条件的总和。国际化经营的环境因素具有复杂性、不确定性、不可控性,以及高风险性的特点。企业在开展国际化经营之前必须认真分析所面临的母国环境、东道国环境以及国与国之间的联系等外部环境,明确国际市场存在的机遇和威胁,这是国际化经营战略获得成功的前提和基础。

一、国际化经营的宏观环境分析

从宏观角度分析,影响企业国际化经营的要素主要包括:国际贸易体制、政治法律环境、经济环境和地理社会人文环境四个方面。

(一)国际贸易体制

企业国际化经营是伴随着国际贸易产生与发展的,因此国际贸易的格局与体制对国际化经营具有重大影响。

1. 关税

关税是指一国政府对进口产品和出口产品根据其重量、体积或价格所征收的税金。政府征收关税的目的一方面是为了增加国家收入,另一方面是为了保护本国的企业和市场。因此关税对企业国际化经营的影响也包括两个方面:一方面,税率多少影响了企业进入国际市场的成本;另一方面,保护关税特别是反倾销税影响了企业进行国际化经营的可能性。

各国的关税制度可以分为单列税制和双列税制两类,单列税制是指一国对各国同类商品实行同一税率,无优惠待遇;双列税制是指一国对各国同类商品实行两种以上的不同税率,对最惠国实行低税率关税。可见企业进入可以享有最惠国待遇的低税率国家进行国际化经营成本较低。

反倾销税(Anti-dumping Duties),是对倾销商品所征收的进口附加税。各国反倾销法基本都是根据世界贸易组织《反倾销协议》制订的,根据关贸总协定1994第6条的规定:"一国产品以低于正常价值的价格进入另一市场,因此若对某一缔约方领上内已经建立的某项工业造成实质性损害或产生实质性损害的威胁,或对某一国内工业的新建产生实质性阻碍,则构成倾销。"对于倾销行为进口商品国可以征收高额的反倾销税。可见,高额的反倾销税可能成为阻止外国企业进入本国市场的有力武器。倾销与反倾销已经成为是当今国际贸易争端的热点问题。

2. 非关税壁垒

非关税壁垒是指一国政府采取除关税以外的其他办法,对本国的外贸活动进行调节、管理和控制的政策与手段的总和。政府采取非关税壁垒的目的是力求在一定程度上限制进口,以保护国内市场和国内产业的发展。非关税壁垒可以分为直接壁垒和间接壁垒两类,直接壁垒是指由海关直接对进口商品的数量、品种加以限制,主要措施有:进口限额制、进口许可证制、出口许可证制、"自动"出口限额制等;间接壁垒是指进口国对进口商品制订严格的条例和标准,从而间接地限制了商品进口,主要措施有:进口押金制、苛刻的技术标准和卫生检验规定等。非关税壁垒对企业进入国际市场也具有很强的限制作用。

3. 汇率风险

国际贸易的结算通常涉及多国货币的汇兑,国际化经营必须考虑到汇率风险因素。汇率风险(Exchange Risk),指经营主体在持有或运用外汇交易的经济活动中,因汇率变动而蒙受损失的可能性。具体包括:交易汇率风险、折算汇率风险和经营汇率风险。交易汇率风险指经营主体在运用外币进行计价收付时遇到的风险;折算汇率风险指经营主体处理资产负债表进行货币转换时,因汇率变动可能造成的损失;经营汇率风险指汇率变动对生产销售量、成本影响,造成企业未来收益或现金流量减少的损失。企业在开展国际化经营时,需要决定针对不同国家和地区出口产品时,采用哪种货币进行结算,以及汇率升降对出出口成本的影响。

(二)政治法律环境

一国政府制订的政治法律制度,对进出口商品、吸引外资和对外投资的影响很大,具体体现在以下几个方面:

1. 政治态度

一个国家对国际化经营的政治态度决定了该国国际化经营程度。有的国家对国际化经营采取支持和鼓励的态度，积极为外国企业投资提供基础设施、交通等便利条件，同时为本国企业对外投资给予优惠的政策，鼓励其通过国际化经营参与国际竞争，这样良好的政治环境下，企业的国际化经营程度高，国际市场竞争力强。相反，有的国家对企业国际化经营采取抵制的态度，对外资企业设置了诸多的限制条件，甚至闭关锁国，禁止对外经济，使企业无法在该国开展国际化经营。

2. 政治稳定性

目标国的政治现状和政治发展的稳定性是影响跨国投资的方式和长远利益的重要因素。对于政局不稳的国家开展国际化经营，可以采取出口贸易的形式，这样即便政局发生变化，终止出口出也不会损失太大；对于政局稳定的国家可以直接投资，以赚取更高的利润。政局稳定有利于跨国经营的长期投资，反之，如果政局不稳，国家的政治经济政策随着领导人的频繁更迭而朝令夕改，会使外资企业面临被没收、征用等经营风险。

3. 外贸制度

国家的外贸制度，特别是各国之间签订的贸易协定或投资协定，具体约定了双方贸易关税的征收、海关手续的办理、飞机船舶的通航、外资企业享受的待遇或保护、特种所有权（如专利权、商标权等）的处理，以及商品的转口等问题，对企业国际化经营具有直接的影响。

4. 官僚作风

目标国的官僚制度与作风对国际化经营也有重大影响，如报关手续的繁简，能否及时全面地传递市场信息，外国政府所实施的制度和办事效率等，将影响国际化经营的效率。

5. 法律制度

国家所制订的与国际化经营相关的法律包括：外资企业设立的公司法、劳工立法、商标法、专利法、投资保护法、所得税法等。国与国之间签订的具有法律规范形式的国际公约包括1883年《保护工业产权的巴黎公约》、1892年《关于商标国际注册的马德里协定》、1994年《关贸总协定》、《服务贸易总协定》、《与贸易有关的投资措施协议》、《与贸易有关的知识产权协定》，以及《反倾销协议》等。这些法律法规对国际间的贸易与投资作了详细的规定，是影响国际化经营的重要法律因素。

（三）经济环境

世界各国的经济环境不同，形成了不同的市场需求，从而对国际化经营企业产品和服务的数量、质量，以及价格提出了不同的要求。

1. 经济发展水平

一个国家的总体经济发展水平决定着国际化经营的方式和投资类型。国民经济发展水平可分为四类：自给自足型、原料输出型、工业发展型和工业发达型。第一，自给自足型。自给自足经济也称自然经济，其基本特点是：社会是由许多成独立体系的经济单位组成，每个单位主要经营农业,但生产的目的不是为了交换,而是为了满足本单位或生产者个人的需要,从采掘原料到把这些原料加工成消费品,都在本单位内部实现,与外界的经济联系很少。显然,在这种经济结构下,几乎没有进行国际化经营的可能。第二,原料输出型。某些国家只有一种或几种自然资源,但这种自然资源极其丰富,由于其他生产要素的匮乏,无力进行大规模生产,国家收入基本凭借资源出口获得。例如,沙特阿拉伯等非洲许多国家拥有丰富的石油资源,石油出口是该国全部国家经济收入的来源,随着全球石油资源日益紧张,石油价格不断攀升,这些国家积累了大量财富。因此,许多国际化经营企业在这些国家和地区建厂,以利于更加方便地获取原材料、降低原材料采购与运输成本;同时,还有些国际化经营企业为满足这些石油国家高端消费者的需求,向其出口高档奢侈品。第三,工业发展型。在工业发展型经济结构的国家中,工业占有非常重要的地位,占国民生产总值的10%~20%。这些国家对工业原材料和生产要素的需求较大,主要进口商品为钢材、重型机械、通信设备、半加工纤维等。由于国民经济发展水平较低,国家和人民并不很富裕,因此对汽车等高档消费品需求并不旺盛,但随着本国工业的不断发展,高端需求会逐渐增加。第四,工业发达型。工业发达型国家,工业生产技术已经很成熟,资本输出程度高,他们与其他工业发达国家进行工业产品互换贸易,与其他类型的国家进行原材料和半成品贸易。由于工业发达型国家和人民较为富裕,因此具有广阔的消费品需求市场。大量成熟的工业产业,也吸引了各国在该国家或地区投资生产。

2. 国内生产总值及其分布

国内生产总值的总量反映了一个国家的总体经济实力,其分布状况即社会财富的分配模式,则影响了市场的需求结构和需求规模;国内生产总值的增长率,可以反应该国的经济运行状况及其发展前景。通过对目标国的国内生产总值及其分布进行分析,可以使企业有针对性地实施国际化经营战略。

3. 国际收支

国际收支状况对企业国际化经营的影响有两个方面:一方面,国际收支影响该国本位货币的币值,如果国际收支出现了严重的逆差,国家就会贬低本国货币,以促进商品出口,平衡国际收支。另一方面,国际收支对该国政府的经济政策和对外来资本的态度也会产生影响,通常情况下,国家对吸引外来投资会采取积极的态度,因为这将有利于国民经济的发展和国际收支的平衡,但在国际收支逆差的情况下,国家会对外资企业进口原材料和汇出利润加以限制。

4. 集团贸易和区域性经济

随着国际化经营的深入开展,世界经济出现了新的特征,这就是集团贸易和区域性经济合作组织的兴起。集团贸易与区域性经济包括以下几种合作模式:第一、建立共同市场,例如欧洲联盟(EU),这种经济合作组织对内部削减或取消关税,而对外部则增设共同对外关税和完全的海关关税;第二、开辟自由贸易区,例如北美自由经济贸易区(NAFTA)、东盟自由经济贸易区(AFTA)、亚太经济合作组织(APEC)等,缔约国之间相互取消关税和与关税具有同等效力的其他措施,在主权国家或地区的关境外,划出特定的区域,准许外国商品豁免关税自由进出。第三、设立区域开发合作集团,例如欧佩克(OPEC),即石油输出国组织,组织成员国之间控制石油生产水平和石油价格。

(四)科技水平

科学技术水平高的发达国家,其产业结构重心倾向于发展技术密集型产业,因而往往需要进口大量技术含量不高的产品,这就为发展中国家提供了一个出口低科技含量商品的市场发展机会。而发展中国家则往往由于科学技术水平不高,需要进口先进的技术设备。

(五)社会环境

1. 社会人文环境

社会人文环境包括:人口状况、基础设施、教育水平和宗教信仰等几个方面。

人口状况指一个国家的人口总量、人口增长率、人口密度,以及性别、年龄、职业等人口结构状况、人口分布状况,这些因素会影响消费者需求的总水平和需求特点,是国际化经营企业确定该国市场规模的重要指标。

基础设施具体包括国家的交通运输设施、能源供应设施、通信设施和广告、销售渠道、银行信贷机构等商业设施。在基础设施发达的地区,国际化经营企业能够顺利开展生产与销售等业务,如果设施不完备将导致生产成本上升,导致企业很难甚至无法开展国际化经营。

一个国家人口的受教育水平一方面影响国际化经营的销售业务,该国消费者受教育水平高,则对商品的鉴别能力和接受新产品的能力较强,较易开展跨国销售。另一方面人口的受教育水平也会影响国际化经营的生产业务,该国国民受教育水平高,较易进行本土化管理和在当地解决技术人员的需求,反之则需要输入管理和技术人才。

不同的宗教信仰影响着人们的价值观念、行为准则,以及认识事物的方式,进而影响对商品功能、结构、外形、颜色等方面的特殊需求。此外,一国人口的生活方式、占统治地位的社会价值观念、民风民俗、审美观念、语言文字等因素都对企业国际化经营具有一定的影响。

2. 地理环境

一个国家的地形与气候条件,例如海拔、温度、温差等,会影响产品的生产与适应能力,进而影响相关产品市场的建立与发展。另外,一个国家自然资源的位置、质量及可供应量影响着外来投资的规模和技术选择。

二、国际竞争位势分析

企业实施国际化经营战略,除了要适应国际总体宏观环境外,还要从国家综合实力角度分析具有哪些优势,从而定位本国在国际竞争中处于何种位势,这有助于企业充分利用本国竞争优势更好地参与国际竞争。因为,国际化经营竞争优势不仅来源于企业自身,还来源于所在国的国家竞争优势。关于国家竞争优势的理论研究,从大卫·李嘉图(David Ricardo)的"比较优势"论,到俄林(Ohlin)的"要素比例"说,再到日本的"产业政策论"、"管理文化论",其中集大成者为迈克尔·波特的"竞争优势四因素论"及国家竞争优势的分析模型——"钻石模型"。

(一)竞争优势四因素论

波特认为,有四个因素决定了一个国家某种产业竞争力的大小,这四个因素是:生产要素、国内市场需求条件、相关产业和支持产业,以及企业战略、结构和同业竞争。

例如,日本消费者对汽车消费的挑剔是全球出名的,因此日产汽车占据了全球汽车市场较大的份额;欧洲对环保的严格要求也促使许多欧洲公司生产的汽车在注重环保性能、节能性方面处于全球一流水平。反之,美国人消费者对汽车宽容的消费态度则致使美国汽车工业在石油危机之后一蹶不振。

另外,通过国内市场可以预期国际市场的需求。如果国内顾客需求领先于其他国家,也可以成为国内企业的一种优势,因为领先的产品需要前卫的需求来支持。例如,因为德国高速公路没有限速,所以德国汽车企业就为满足驾车者对高速的狂热追求,而生产出了时速超过200公里乃至300公里的汽车。

波特对10个国家具有竞争优势的产业进行了研究,结果表明,这些国家具有国际竞争力的企业普遍存在强有力的国内竞争对手,这是因为,企业必须先经过国内市场的搏斗,迫使其不断改进和创新,才能成功地走向海外,海外市场是国内市场竞争力的延伸。反之,在政府的保护和补贴下的企业,国内没有竞争对手的"超级明星企业",通常都不具有国际竞争能力。

(二)钻石模型

迈克尔·波特在四因素理论的基础上进一步发展,提出了"钻石模型"用于分析一个国家的某种产业在国际上有较强的竞争力的决定因素(如图7.1所示)。在决定国家竞争优势的四大要素之外又提出了两大变数:政府与机会,这六个要素相互作用,形成了钻石形状,因此称之为"钻石模型"。

波特指出,机会可以影响四大因素的变化。对于企业发展而言,可能存在以下几种特殊发展机会:基础科技的发明创造、传统技术出现断层、政府的重大决策或战争、外因导致生产成本突然提高(例如石油危机)、市场需求的剧增、金融市场或汇率的重大变化等。机会是双向的,它在新的竞争者获得优势的同时,也使原有的竞争者丧失优势,因此,只有能不断满足新市场需求的企业才能真正有发展的"机遇"。

波特还指出,虽然竞争优势是由企业自身创造的,但政府能为企业提供优良的产业发展的环境及企业发展所需要的资源。政府通过建设基础设施、培养信息整合能力、开放资本渠道等途径,可以创造新的市场机会和压力。另外,政府还可以强化产业集群,保证国内市场处于活跃的竞争状态,制订竞争规范,避免托拉斯状态。例如,美国政府通过采购影响了汽车市场的需求,政府所扮演的挑剔型顾客促进了美国汽车业国际竞争优势的取得。

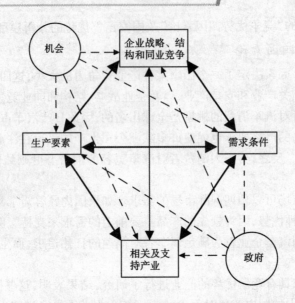

图7.1 迈克尔·波特的"钻石模型"

第三节 国际化经营的战略选择

企业国际化经营战略(International Strategy)是指企业根据外部国际环境和内部资源与能力,制订国际化经营目标,并为保证这一经营目标的实现所进行的谋划。企业国际化经营可以在两个层面上进行战略选择,公司层面的国际化战略和业务层面的国际化战略。

一、公司层面国际化战略

当企业具备了跨行业、跨国家或地区的业务时,就要从公司层面考虑产品和经营地域的多国战略布局,由公司总部决定在两方面进行战略方向选择。一方面,根据产品生产成本压力的情况选择在哪儿生产,如果生产成本压力大,就选择利用不同国家的区位优势在多国组织生产,以取得最低成本,如果生产成本压力小,可以选择在一国生产销往世界各地。另一方面,根据目标国需求压力情况选择生产什么样的产品,如果目标国需求压力大,就选择生产满足不同国家市场需求的本土化产品,如果目标国需求压力小,就选择生产总公司统一研发的差异化产品(如图7.2所示)。因此公司层面的国际化战略分为四种类型:国际战略、多国本土化战略、全球化战略和跨国战略。根据不同类型的国际化战略,企业决定赋予不同国家的子公司以哪些权力。

(一)国际战略

当企业的产品在国外市场具有较强的竞争力,而且当地市场上降低成本的压力较小时,适

第七章　企业国际化竞争战略

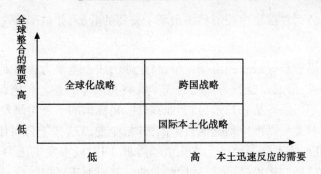

图 7.2　公司层面的国际化战略选择

合采用国际战略。国际化战略是指企业将其在本国所开发出来的具有差异化的产品销售到世界各国，从而创造价值。此时产品的研发职能在母国执行，而生产和营销职能在目标国执行，由企业总部严格控制产品与市场的决策权。

国际化战略经历了三个阶段：第一、商品国际化阶段，即将国内生产的商品直接出口到国外销售；第二、国外生产阶段，即通过许可证贸易、与国外企业长期合作，或者直接在国外投资建厂进行生产；第三、跨国公司阶段，即在几个国家建立生产基地，或与该国企业建立战略联盟，然后从这些基地向世界各国市场提供和销售产品。例如，美国宝洁公司在美国以外的市场分别建厂生产销售，但这些工厂只生产由美国母公司研发出来的产品。国际战略的缺陷是在各国分别建厂生产，形成了重复建设，加大了经营成本。

（二）多国本土化战略

因各个国家的消费者需求、行业状况、政治法律结构和社会标准各不相同，如果目标国市场强烈要求根据当地市场需求提供特定的产品和服务，且这一市场的发展潜力很大，就可以采取多国本土化战略。多国本土化战略是指将母国研发的产品和技能转移到国外市场，提供更能满足不同国家市场需求的产品和服务。多国本土化战略的优势是：对目标国市场的需求适应能力好，市场反应速度快。缺陷是：因生产设施重复建设且成本结构比较高；市场间差异较大无法获得经验曲线效益和区位效益；各子公司过于独立因而不利于协调管理，增加了经营的不确定性。实施多国本土化的企业将战略和业务的决策权他配到各个国家的子公司。

（三）全球化战略

在成本压力大但当地市场需求压力小的目标国，企业适合采取全球化战略。全球化战略是指在较有利的国家集中进行生产经营活动，向全球各个目标国销售标准化的产品和服务，由此形成了规模经济效益和经验曲线，可以获得高额的利润。全球化战略的优势是：可以取得规模经济效益，有利于利用公司总体资源、能力和创新成果。例如，电子行业各国的市场需求趋同，成本竞争激烈，适合实施全球化战略。其缺陷是：对目标国的市场反应迟钝，可能错过发展机遇；需要跨越国界协调战略和业务决策，增加了总部的管理难度，管理资金投入大。实施全球化战略的企业由公司总部集中控制各国市场子公司的业务,并试图将这些业务综合成一体。

(四)跨国战略

跨国战略是指面对全球激烈的市场竞争,将企业的核心竞争力转移到各目标国,同时满足当地市场的特殊需求,形成以经验为基础的成本效益和区位效益。实施跨国战略企业的母公司与子公司双向互相提供产品和技术,当企业在任一目标国的子公司研发出了特定的产品,在满足当地需求的同时又可以推广到其他目标国去时,企业以这一子公司作为全球经营的供应者。例如,家电行业面临不同国家的个性化市场需求,同时成本竞争压力也很大,适合采用跨国战略。实施跨国战略的优势是:可以运用经验曲线效应形成区位效益;能够满足当地市场的特定需求,达到全球学习的效果,实现成本领先战略或差异化战略。实施跨国战略的缺陷是:为实现全球化效率与本土化敏捷反应相统一,企业需要协调全球子公司紧密协作,同时又要兼顾各子公司本土化的需求,因此需要"弹性协调",即通过一体化网络建立可供各子公司共享的资源与能力,管理难度非常大,但如果有效实施这一战略会取得比其他国际化战略更好的效果。

二、业务层面的国际化竞争战略

业务层化战略(Business Strategy)是指用最具竞争力的优势,实现与竞争对手之间产品和服务的差异化,并给顾客带来最大的价值。国际化经营企业可以从六个方面构造业务战略:产品的广度与特色、目标市场的细分方式与选择、垂直整合程度的取决、相对规模与规模经济、地理涵盖范围,以及竞争优势。具体可以采取以下几种战略方式。

(一)产品标准化战略

产品标准化战略是指开发标准化产品,并将其在全世界范围内以同样的方式生产和销售。例如,可口可乐公司成功地在全世界范围内生产和销售同一口味的标准化饮料。企业采取产品标准化战略的目的是建立强大的世界分销网络以实现规模经济。产品标准化战略可以充分利用在世界范围内大批量生产和销售同一产品,可以从大量采购、大量同一化促销手段中,降低产品的生产成本,获得规模经济效益。

(二)广泛产品线国际战略

广泛产品线国际战略是在行业所有产品线范围内进行国际化竞争,从而在全世界范围内取得产品差异化或成本领先的战略地位,也可以利用产品标准化战略,通过建立强大的世界范围内的分销网络,把每一产品线相同的产品在全世界范围内推广。实施广泛产品线国际战略的优势是所有产品之间都可以共享技术方面的投资和分销渠道,但实施这一战略需要大量资源支持以及长远的战略眼光。

(三)国际集中化战略

国际集中化战略是指选择行业中的某一细市场,并在世界范围内提供相同细分市场的产品或服务。实施国际集中化战略可以通过在这一细分市场实施低成本策略、差异化竞争策略或产品标准化策略取得竞争优势。

(四)国家集中化战略

国家集中化战略是根据不同国家市场需求的不同特点,将其经营活动集中于特定的国家市场。实施这一战略的途径可以是产品差异化策略,也可以是成本领先策略。

(五)受保护的空位战略

某些国家政府实行的外贸政策可以排除部分国际竞争者进入该国市场,如设立高关税壁垒、设置配额等非关税壁垒、要求进入该国的产品必须有较高的国产化水平等政策。在这种条件下,符合这些政策要求的企业进入该国进行国际化经营就可以面对较少的竞争对手,取得较大的市场空间。但实施这一战略的企业必须在目标国政府的限制范围内从事经营活动,与该国政府保持紧密的合作关系。

第四节 国际市场进入方式的选择

企业进入国际市场的方式是指企业将其产品、技术、工艺、管理,以及其他资源输送到国外市场的途径。具体可以分为贸易型市场进入方式、契约型市场进入方式和投资型市场进入方式。

一、贸易型市场进入方式

贸易型市场进入方式是指直接或间接向目标国或地区出口产品或服务以进入该国市场,也称出口进入方式。采用贸易型市场进入方式的企业,在目标国之外组织生产,然后将成品或半成品运输到目标国销售,这样就限制了劳动力的出口。具体包括:直接出口、直接中间商出口,以及间接中间商出口三种方式。

(一)直接出口

直接出口是企业国际化经营的初级方式,企业可以在公司内部设立国际业务部,向目标国的中间商直接出口商品;也可以直接在目标国建立子公司,负责该公司产品在目标国的运输、存储、销售以及售后服务业务,具有产品展示中心和服务中心的功能。直接出口可以独享全部商品销售利润,还可以更好地了解异国消费市场,积累营销经验,但需要独立承担经营风险。

(二)直接中间商出口

企业在目标国或地区选择当地代理商或经销商,负责该企业产品的出口销售。直接代理商或经销商的共同点是,他们都是独立的中间商,负责将出口企业的产品销售给本国的其他批发商或零售商,赚取销售佣金。区别是经销商对所销售产品拥有所有权,而代理商则不拥有所销售产品的所有权。企业采取直接代理商或经销商的国际市场进入方式,可以与中间商共同承担经营风险,但也需与他们分享利润,且无法积累异国营销经验。

(三)间接中间商出口

间接出口方式是企业通过本国的出口代理商、经纪人或专业外贸公司等中间商来办理产品出口业务。间接出口可以节省在国外设立分支机构的费用,投资小,风险低。但需要向中间商支付较高的佣金,利润被瓜分,而且无法积累异国营销经验。这种方式适合出口量较小、缺乏独立经营出口业务能力、综合实力较弱的企业。根据中间商不同具体可以分为三种类型。

1. 专业外贸公司

专业外贸公司是企业所在国成立的国际贸易公司、出口商行或常驻本国的国外买家,他们负责收购企业的商品并销往国外,独立承担营销风险。

2. 出口代理商

国际化经营企业所在国的出口代理商负责寻找国外买家,代表国外买家订货、运输商品、收取货款。代理商收取一定的佣金,但不拥有出口商品的所有权,不承担营销风险。代理商与出口企业间通常是签订长期的代理合同,保持长久的合作关系。

3. 出口经纪人

出口经纪人与出口代理商相似,同样负责寻找国外买家,收取佣金,不拥有出口商品的所有权,不承担营销风险,所不同的是不负责办理与销售有关的业务,促成一项交易后,便终止与出口企业的合作关系,双方会长久合作。

二、契约型市场进入方式

契约型市场进入方式是指国际化经营的企业与目标国的法人订立长期的非投资性合作合同。契约型市场进入方式与外贸型市场进入方式的区别在于,前者输出的是技术、工艺和劳务,后者输出的是产品。契约型市场进入方式具体包括:授权经营、经营合同,以及生产建设合同三种方式。

(一)授权经营

授权经营指企业通过规定的时间内将自己的专利权、技术秘密或诀窍、注册商标等工业产权转让给目标国法人,或允许目标国法人使用其注册商标或经营管理方法等无形资产的方式进入国际市场,同时收取一定的授权费。根据授权范围不同可分为许可证贸易和特许经营两种方式。通过授权经营进入国际市场,具有投资小、费用低的优点,但授权企业的专利可能受到侵犯,而且不能控制自身品牌产品的质量。

1. 许可证贸易

许可证贸易是指企业将自己的专利权、技术秘密或诀窍、注册商标转让给目标国法人,被许可方在规定地区、规定期限内享有制造、使用和销售该企业的某项技术或产品的权利。

根据授权程度不同,又可分为独占许可、排他许可、普通许可、可转让许可和交换许可五种类型。独占许可贸易指被许可方在规定地区和期限内独享上述权利的垄断权,许可方和任何第三方都不能侵权;排他许可指许可方在规定地区和期限内不得将上述权利给予第三方;普通许可指在规定地区和期限内可以将上述权利自己保留或转让给第三方;可转让许可指被许可方有权将上述权利以自己的名义再转让给第三方;交换许可指双方互换上述权利。

许可证贸易的优点在于:企业投资少,可以打破各种贸易壁垒,有利于在技术输出国建立自己的技术派系,提高产品的竞争力。其缺点在于:无法控制被许可方的生产过程和产品质量,被许可方日益强大后可能成为自己的竞争对手。

2. 特许经营

特许经营是指企业准许被特许法人使用其注册商标和经营管理方法,让被特许企业在自己的监督和控制下协助经营本企业的特定业务。特许经营的授权范围比许可证贸易更宽,除了转让商标和技术外,还要在组织、市场和管理等方面帮助被授权方成功地经营授权的业务。

(二) 经营合同

经营合同指企业通过与目标国企业签订关于输出技术、管理、服务等经营环节合同的方式进入国际市场。通过签订服务合同进入国际市场,可以使企业所承担的经营风险很小,但收入仅限于固定期间的酬金或提成。根据内容不同,经营合同可分为技术合同、管理合同和服务合同三类。

1. 技术合同

技术合同指通过签订合同向目标国企业提供专门技术知识或技术咨询,并收取一定报酬的国际市场进入方式。

2. 管理合同

管理合同指通过签订合同负责目标国企业合同期内全部业务的日常管理,并按利润额或销售额提成的国际市场进入方式,这是进入国际市场风险最小的方式。

3. 服务合同

服务合同指通过签订合同向目标国企业提供金融服务、市场营销服务、人员培训服务等方面的合同。

(三) 生产建设合同

生产建设合同指企业通过与目标国企业签订生产合作协议或大型项目建设合同的方式进入国际市场,具体可分为生产合同和工程合同两类。

1. 生产合同

生产合同指企业与目标国生产商签订合同,后者按照合同规定的技术、质量、时间生产本企业品牌的产品,再交由本企业在目标国销售的国际市场进入方式,又称贴牌生产。通过订立生产合同可以使企业投入较少的资金和管理,迅速进入目标国市场,扩大生产能力,控制产品的销售,但企业获得的利润仅限于销售利润。贴牌生产的典型例子是格兰仕,通过为海外品牌做加工贴牌生产,缔造了一个强大的微波炉帝国。

2. 工程合同

工程合同指企业投资在目标国建立一个工厂或建设一个项目,承担全部工程的设计、建造、安装等活动,并负责试生产,提供管理和操作培训,当项目达到能够运行的程度时再交付目标国企业的合同,也称交钥匙工程。工程合同一次性所获利润较高。近年来,中国企业在国外承揽了大量的工程项目,例如,伊朗德黑兰地铁、中兴巴基斯坦程控交换机、华为赞比亚程控交换和微波通讯等。项目内容涉及基础设施建设、水电站、石油输出、化工、矿产开发等众多领域。2011年1月12日,商务部、外交部等七部委联合召开的《对外承包工程管理条例》专项检查电视电话总结会议公布,2010年我国对外承包工程新签合同额约1300亿美元,完成营业额约900亿美元,同比分别增长了3%和16%。越来越多的企业尝试BOT(建设－营运－移交)、PPP(公共部门与私人企业合作)等高端模式已经成为我国对外承包工程发展的新特点之一。

三、投资型市场进入方式

投资型市场进入方式是指企业以新建、并购等方式投入资本在目标国建立分公司或子公司,拥有该分公司或子公司的所有权与全部经营权。投资型市场进入方式可以绕开贸易壁垒,积极利用国际化的生产协作来降低成本,但资金回收周期长、管理难度大、具有较大的投资风险。据国家统计局公布的数据,2009年全年我国非金融领域新批外商直接投资企业23 435家,比上年减少14.8%。实际使用外商直接投资金额900亿美元,下降2.6%。全年非金融类对外直接投资额433亿美元,比上年增长6.5%。投资型市场进入方式与契约型市场进入方式的区别在于,前者是进行投资合作,后者是进行生产合作。投资型市场进入方式具体可分为独资经营和合资经营两种类型。

(一)独资经营

独资经营是指企业独立在目标国投资建立子公司或分公司,自主经营、自负盈亏。实施独资经营的条件是目标国市场需求潜力大,且企业具有跨国经营的实力。独资经营的优点在于:企业可以利用区位优势获得便宜的劳动力、原材料或节约运输费用,从而降低产品成本,从长远来看,甚至可以发展为国际一体化战略;企业为目标国创造了就业机会,可以赢得当地政府的支持与认可,便于产品的市场推广。独资经营的缺点在于:企业需要承担巨大的风险,包括巨额的投资风险,受到目标国政府和社会排斥或歧视的政治风险,难与目标国合作的经营风险等。

(二)合资经营

合资经营是指企业通过购买股份或投入资金,与目标国企业共同建立合资企业,共同拥有合资企业的所有权和经营权,风险共担、利益共享。合资经或的条件是企业没有独立投资或管理跨国企业的能力,或者目标国企业限制外资独资经营。合资经营的优点是:可以有效利用目标国的资源,以较少的投入获得跨国市场利益。其缺点是:合资双方可能在经营管理过程中发生冲突,导致合作失败;目标国企业通过合资经营掌握了国际化企业的技术,将来可能发展为自己的竞争对手;企业在合资经营中进行转移定价会受到限制;合资时因无形资产的难以估价,影响了双方的利益。

四、国际市场进入方式的影响因素

正确地选择国际市场进入方式对国际化经营的企业而言十分重要,需要充分考虑各种错综复杂的影响因素,美国宾夕法尼亚大学沃尔顿管理学院的鲁特(Root)教授认为,影响国际化市场进入方式的因素有两方面,其中外部因素包括:目标国的市场因素、生产因素、环境因素和本国与目标国的社会文化差异;内部因素包括企业产品因素和资源投入因素(如图 7.3 所示)。

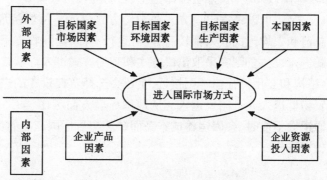

图 7.3 进入国际市场方式决策要素

(一)影响企业进入国际市场方式的外部因素

1. 目标国的市场因素

目标国市场因素包括:市场规模的大小、市场竞争结构,以及市场营销基础。从市场规模方面考虑,如果目标国市场规模较小,适合采取低成本的进入方式,例如,可采取商品出口方式、特许经营或者其他契约型进入方式;如果目标国市场规模大或销售潜力很大,则适合采取投资或在当地装配、生产等进入方式。从市场竞争结构方面考虑,如果目标国的市场竞争结构属于自由竞争型,则以出口方式进入为宜;如果是垄断型或寡头垄断型的市场竞争结构,则可以考虑以契约方式或投资方式进入。从营销基础设施方面考虑,如果目标国经销基础差,没有合适的代理商或经销商,或者合适的代理商或经销商已经都在为其他企业开展经销或代理业务,则企业只能通过直接出口、契约方式或直接投资方式进入目标市场;反之,如果目标国的营销基础设施较好且比较容易获得,则可以采用出口方式进入。

2. 目标国的生产因素

生产因素指企业组织生产所必需的各项生产要素，例如原材料、资金、劳动力、基础设施等的可获得性和价格。目标国的生产因素包括基础设施、生产要素和协作条件三个方面。交通、港口、通信、等基础设施建设的完善状况影响着货物流转速度、运输成本、生产进度以及企业管理。原材料、劳动力、能源等生产要素的成本、质量及可供应程度则直接影响产品的生产成本与质量。企业进行外部采购、销售等方面的协作条件是否成熟也对企业生产经营的成本与效率有重要影响。因此，对于综合各类生产要素的总成本较高的目标国最好采用出口贸易型进入；反之，则可以应采用投资方式进入。

3. 目标国的环境因素

目标国的环境因素包括政治环境、经济环境、社会文化环境及地理环境四个方面。从政治环境方面考虑，如果目标国政局稳定，外贸法律健全、贸易与投资政策宽松，会吸引企业以投资方式进入该国市场；反之，则可以考虑出口方式或契约方式进入。从经济环境方面考虑，如果目标国的国民生产总值和人均国民收入都较高，经济运行有序，国际收支平衡，汇率稳定，则可以采取直接投资方式进入；反之，则宜采取出口方式和契约方式进入。从社会文化环境方面考虑，如果目标国社会结构和文化特征与本国接近，企业会选择直接投资的进入方式；反之，企业则倾向于采取出口贸易型进入或合同型进入。从地理环境方面考虑，如果目标国与企业所在国距离遥远或者交通运输不便时，会因运输成本高而缺乏与目标国产品的价格竞争力，此时可以考虑契约方式或投资方式。

4. 本国因素

国内因素包括本国市场规模与竞争态势、生产成本和政策导向三个方面。从本国市场规模与竞争态势方面考虑，如果国内市场规模小，则企业竞争力较弱，通常会选择以对外贸易方式进入目标国市场；反之，如果国内市场规模大，企业实力较强，则更倾向于采用投资型方式进入国际市场。本国市场竞争结构如果属于垄断型或寡头垄断型，企业可以考虑以契约方式或投资方式进入外国市场；如果属于自由竞争型，则企业可以采取出口型进入方式。从生产要素方面考虑，本国与目标国生产要素成本状况的对比会影响到企业进入国际市场的方式。如果本国的生产要素价格低且容易获得，则可以采取先在本国生产再向国外出口的方式进入外国市场。反之，则应采用契约方式或直接投资方式进入外国市场。从政策导向方面考虑，如果本国政府实施鼓励出口的外贸政策将刺激企业采用出口型或合同型方式进入国际市场，同时抑制投资型市场进入方式。如果政府实施补贴、贷款优惠等鼓励海外投资的政策，则会刺激企业以投资方式进入国际市场。

（二）影响企业进入国际市场方式的内部因素

除了目标国的市场、生产条件、环境状况和本国各种外部因素外，企业自身各种因素也对其进入国际市场的方式起到了很大的影响。具体包括：

1. 企业产品因素

如果企业产品价值高或技术复杂，则适合采取出口方式进入国际市场，因为高价值的产品在外国市场上可能会需求不足，产品技术复杂可能使当地技术基础无法达到生产标准而难以在当地生产。如果企业生产的产品属于低值易耗品，如日用化工产品、食品和饮料等，则可以选择在目标国建厂生产。

劳动密集型和资源密集型产品进入国际市场的方式倾向于采取投资型进入；技术密集型产品或研发密集型产品，因其"高、精、尖"的特定技术优势，大多采取投资型进入方式。服务密集型产品，即对售前和售后服务要求较高的产品，大多倾向于在当地成立分公司或在当地生产的方式进入国际市场，以更好地满足顾客需求。

差异化的产品因利润空间较大，即便运输成本和关税成本较高，也能保持价格的市场竞争力，因而可以选择出口贸易型进入方式。相反，无差异化的产品必须在目标国价格的基础上竞争，因此只能选择在当地生产。此外，如果以投资方式进入国际市场，具有差异化的产品倾向于采取独资型进入方式，例如医药行业等，而差异化较小的产品则多采用合资方式进入，例如电子类消费品、汽车行业等。

对于适应性较差的产品只能采取出口进入的方式，而对于在海外市场推销适应性较好的产品，可选择使企业与国外市场最为接近的进入方式，例如许可证贸易、建立分支机构或在当地投资生产的进入方式。企业的主营产品和核心技术在进入目标国时，大多采取投资方式，且以独资为主，而非主营产品或边缘技术则通常采用非投资方式进入。

2. 企业的资源投入要素

如果企业的资金为充足，技术先进，且积累了丰富的国际市场营销经验，则适合采用直接投资方式进入外国市场。反之，则适合采取出口方式和契约方式，待企业实力增强，积累了一定的国际市场营销经验后再采取直接投资方式。

综上所述，影响企业进入国际市场方式的因素很多，而且可能在权衡各种因素时得出矛盾的结论，因此需要企业结合自身实际情况认真考虑、慎重选择。

本 章 小 结

企业国际化经营就是要在资金成本最低的地方融资，在成本效益最高的地方生产，然后在利润最大的地方销售。企业国际化经营的目的是为了获得更的利润或谋求稳定持续的发展，具有经营空间广泛、经营环境复杂、国际竞争激烈、信息管理要求高以及经营和管理难度大等特点。在国际化经营的大背景、大趋势下，我国企业要地融合到全球经营网络中去，充分参与国际市场竞争。

企业国际化经营的环境具有复杂性、不确定性、不可控性，以及高风险性的特点。影响企业国际化经营的宏观环境包括：国际贸易体制、政治法律环境、经济环境和地理社会人文环境四个方面。迈克尔·波特认为：生产要素、国内市场需求条件、相关产业和支持产业，以及企业战略、结构和同业竞争这四个要素和政府与机会这两大变数影响了国家竞争位势,进而影响企业国际化经营。

企业国际化经营战略分为公司层面的国际化战略和业务层面的国际化战略。公司层面的国际化战略根据产品生产成本压力和目标国需求压力情况,分为四种类型:国际战略、多国本土化战略、全球化战略和跨国战略。业务层面的国际化竞争战略分为五种类型:产品标准化战略、广泛产品线国际战略、国际集中化战略、国家集中化战略和受保护的空位战略。

企业进入国际市场的方式包括:

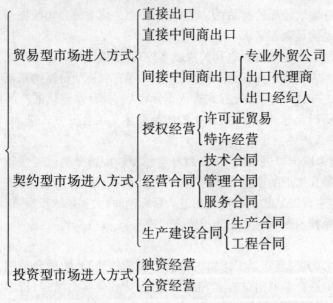

思 考 题

1. 企业进行国际化经营的目的是什么?
2. 企业国际化经营有哪些特点?
3. 试分析影响企业国际化经营的宏观环境因素?
4. 简述波特的国家竞争位势分析。
5. 对比分析企业公司层面的国际化经营战略类型?
6. 企业如何实施业务层面的国际化经营战略?
7. 国际市场的进入方式有哪些类型?

【案例分析】

"蛇吞象"——吉利收购沃尔沃

2010年3月28日,在瑞典哥德堡,中国浙江吉利控股集团有限公司与美国福特汽车公司正式签署收购沃尔沃汽车公司的协议,获得沃尔沃轿车公司100%的股权及相关资产。吉利用18亿美元换回的不仅有沃尔沃轿车的9个系列产品,3个最新平台的知识产权,境外工厂和员工,还有福特公司提供的支持,研发人才和全球经销商网络和供应商体系。吉利收购沃尔沃,创下了中国收购海外整车资产的最高金额纪录,是国内汽车企业首次完全收购一家具有百年历史的全球性著名汽车品牌,并首次实现了一家中国企业对一家外国企业的全股权收购,全品牌收购和全体系收购,吉利收购沃尔沃被视为中国汽车产业海外并购最具有标志性的事件。

一、吉利收购沃尔沃的好处

对吉利而言,收购沃尔沃能给其带来多方面的好处。

1. 能够让吉利的品牌价值得到提升

沃尔沃是世界著名的汽车品牌,吉利将其收购表明了吉利汽车的能力、实力和未来潜力,让世界汽车行业对吉利乃至中国汽车都刮目相看。并且随着国外媒体的强烈关注,吉利成了世界汽车行业舆论和核心,人们加深了对吉利的了解和认识,吉利的知名度、美誉度和品牌忠诚度也相应得到了提升,其产品的潜在价值也将得到认可。

2. 沃尔沃能够为吉利提供优秀的人才和先进的技术

沃尔沃就好比是一所优秀的学校,可以成为吉利的学习基地,吉利的优秀员工可以享受在沃尔沃的免费学习和无偿借鉴。同时,沃尔沃本身拥有许多有经验的人才,收购结束后,这些人才将为吉利所用。在收购过程中,吉利自身的人才素质也得到了提升,为了收购沃尔沃,李书福一两年内,收获了国内外数位拥有海外教育和工作背景的市场运作、财务运作、汽车研发、市场营销方面的国际化人才,同时推出了千人研究生计划,开始大量培养人才。此外,沃尔沃还拥有多项发明专利和世界领先的预防性安全技术,这对吉利未来的技术创新有很大的帮助。

3. 有利于吉利市场竞争力的提升

中国是汽车消费大国,沃尔沃属于中国后可以利用吉利先前的销售渠道抢占中国本土市场,免掉进口关税以后,在保证品牌品质的同时,成本的降低会使得沃尔沃产品的价格更加亲近国内消费者,从而提升了吉利的整体市场竞争力。

二、吉利收购沃尔沃面临的挑战

"行百里者半九十",吉利并购沃尔沃协议的签订只是一个开始,以后的路还很长很艰巨。海外并购交易的完成只是第一步,而交易完成后的整合则非常漫长而且非常艰苦。衡量海外并购是否成功,并不是看并购交易是否能够完成,而是看完成交易之后的数年内是否能够实现有效整合、平稳运行并实现赢利、提升价值。

1. 沃尔沃是否具有持续盈利能力

沃尔沃在短期恢复盈利并不困难,但是要具有持续盈利的能力并不容易。因为沃尔沃的销售规模不大,负担也相对较轻,只要有效控制采购成本,提高产能利用率,再加上国际金融危机正逐步走出谷底,短期恢复盈利,并不困难。难就难在如何保证沃尔沃成长为一个具有持续盈利能力的高档车制造商。作为一个豪华车制造商,沃尔沃目前的规模太小,奔驰、宝马年销量都早已超越 100 万辆,奥迪去年销量也达到 95 万辆,相比之下,沃尔沃一年只有 30、40 万辆的销售规模,要实现持续的盈利是不太可能的。因此使沃尔沃最终达成 60 万辆以上的年销售规模,成为衡量吉利运营下的沃尔沃是否取得最终成功的一项硬指标。在国际上,主要汽车市场近年来都呈萎缩态势,未来回升余地也不会太大。加之,吉利在国际市场也缺乏运营的经验和能力,因此沃尔沃要具有持续盈利的能力还是赋有挑战性的。

2. 沃尔沃如何确保高端品牌地位

如何确保高端品牌地位也是吉利在日后经营中所要面临的挑战之一。沃尔沃现在的品牌定位有点尴尬。与奔驰、宝马相比,沃尔沃已经难称是豪华品牌,只能说是高档车品牌。沃尔沃缺乏奔驰 S 级、宝马 7 系这个档次的顶级豪华车型,国产之后,价位的下调,加上低调的北欧设计风格,销量虽然会有所提升,但是品牌形象确实是有所下降的。牺牲品牌形象去换取销量的提升本身也存在着弊端,因为豪华品牌一旦失去高端定位,直接参与到大众市场的竞争,往往会处于更加不利的局面。吉利表示接手沃尔沃之后,可以把平均单车成本压到 15 万元,平均价格压低到 25 万元,单车平均利润仍有 10 万元,这样可以轻松实现盈利。但是这样做,沃尔沃会连高档车都算不上,当沃尔沃与普通大众不相上下时,25 万元的沃尔沃还会具有竞争力吗?

3. 如何突破文化鸿沟

一个企业进行海外收购后,跨国文化很难兼容。80 多年的沃尔沃有着一套适应本国的成熟企业文化和管理机制,却也隐藏了许多痼疾;而吉利虽然历史发展比较短,但是其依靠的中国历史文化却更悠久,其依靠的市场更庞大,其具有的创新精神和创业精神仍然虎虎生风,合并之后,是吉利顺从沃尔沃,还是让沃尔沃就范中国文化?其实应该是两种文化相互融合,实现增值,实现创新,实现发展。但是吉利是一个没有合资经历的公司,本身是很本土化、很草根的企业,如果文化上磨合不好,可能造成高层人员会流失,其次是会造成技术人员的流失。因此在并购之后,如何实现文化整合也是让并购变成成功的关键。

4. 一是技术创新难驾驭

在技术方面,吉利公司将有较长的吸收消化过程。吉利本次收购是对福特公司拥有的沃尔沃轿车的全部股权进行收购,包括沃尔沃轿车分布在全球的两间工厂和全部产品的知识产权,研发机构、全国销售中心、仓储中心等。但是,据福特首席财务长布思说,知识产权协议是福特与沃尔沃之间签署的,其他公司使用相关技术将会受到限制(显然他说的其他公司是指吉利公司)。此外,福特和吉利另外签署了覆盖知识产权的协议,这样做是为了帮助沃尔沃当前业务规划的展开。其实这主要是为了缓和一种担忧:福特与沃尔沃联合开发的技术,将很快落入一家中国公司手中,而这家中国公司预计又将在欧洲、北美市场对福特构成直接竞争。

5. 并购后的运营困难重重

在运营方面,吉利将面临艰难的挑战。吉利承诺沃尔沃研发总部、生产基地仍留在瑞典,沃尔沃品牌保持独立之后,工会的对立情绪才明显缓解。在具体运营中,吉利基本没有海外销售汽车的经验，更不用说在瑞典这样一个相隔万里、与中国迥然不同的国家运营重要的生产业务。在市场方面，吉利公司还面临不确定性。美国、瑞典、德国、英国、俄罗斯为沃尔沃轿车的主要市场。2009 年，沃尔沃全球销量 33.48 万辆，同比下降 10.6%；中国销量 2.24 万辆，同比增长 88%。正常年景，沃尔沃的全球销量都在 40 万辆左右，最高时曾达 47 万辆，其重点市场历来是欧美而非中国。

三、对中国企业开展海外并购的启示

海外并购是企业开展国际化经营的重要途径之一。在后危机时代，中国企业开展海外并购面临难得的发展机遇。成功的海外并购，有利于传统制造业获取技术、人才、管理、品牌等优质要素，提升国际竞争力，从而实现转型升级。但同时，海外并购的高风险依然存在。吉利成功签订并购沃尔沃协议给中国传统制造业企业有很多启示，要成功完成海外并购，至少要满足以下几个条件：

1. 有足够的国际经验

国际化经营经验越丰富的企业，采取海外并购后的经营绩效越好。浙江吉利控股公司从设立香港吉利公司开始，到去年成功整合澳大利亚 DSI 公司，逐步积累了国际化经营经验，为并购沃尔沃打下了坚实的基础。而目前，大多数中国企业仍普遍处于"走出去"的起步阶段，综合国际经验还不充分。在生疏的环境实施海外并购时，由于对当地制度法规、经营惯例、社会意识等缺乏了解而遭遇多种挫折。

2. 有宽容的企业文化

文化差异的大小是影响海外并购经营绩效的重要因素。一般而言，在文化距离越小的海外市场，采取海外并购后的经营绩效越高。文化距离越大，都会加剧海外并购后的经营风险。中国企业在开辟海外新市场之初，必然要努力迅速灵活地适应当地人文社会环境，以便能遵循当地的传统规范。综观一些在西方国家发起的夭折或绩效欠佳的并购案例，一个重要因素就是因两地文化差异较大，使海外分支的经营模式和理念难与当地社会固有的习俗观念相契合。文化整合成功与否也是吉利并购沃尔沃最终能否取得成功的关键。

3. 有互补的共赢条件

成功的海外并购要创造出价值，实现整合价值大于总价值的溢出效应。海外并购并不是为了打击被收购对象，而是为了实现价值创造，这需要并购双方具备互补的共赢条件。中国企业的海外并购，面临很大的整合困难，各种因素都有可能直接导致销售下滑和成本失控，而如果被并购方产品在并购后主要销售到中国市场，那么中国并购方就能够凭借自己对中国市场的熟悉和对中国市场的掌控能力来防止销售下滑，甚至可能进一步扩大销售，从而弥补海外损失。吉利在参与并购沃尔沃中，也得益于中国庞大的市场规模和巨大的需求潜力，以及植根于本土的各种能力。福特选择吉利，事实上就是选择中国市场。从另一方面说，充分利用中国本土市场规模的优势来进行海外并购更容易成功。或者说，国外的技术品牌优势与中国的市场规模优势结合起来更容易使海外并购获得成功。

（资料来源：郭璇.吉利汽车收购沃尔沃的成功案例及其启示[J].对外经贸实务.2010，12；阮刚辉.对吉利并购沃尔沃案的分析与思考[M].观察与思考.2010，6；廖敏.吉利海外并购带来的启示[Z].北京大学民营经济研究院网站.http://mea.pku.edu.cn.经整理有增删）

讨论题：
1. 吉利收购沃尔沃进行国际化经营的目的是什么？
2. 吉利实施了哪种类型的公司层面和业务层面的国际化经营战略？
3. 吉利采取了哪种国际市场的进入方式？
4. 结合吉利收购沃尔沃面临的挑战谈谈你对企业国际化经营风险的认识。

【阅读资料】

肯德基中国市场本土化全扫描

肯德基在进入中国24年之久后的今天，似乎已经成为了"洋快餐"的代名词，这足以让人们看到了他在中国的影响力，肯德基在中国市场稳扎脚跟的一点重要原因就是其全面本土化战略的实施。

本土化战略之一："醉翁之意不在酒"

面对世界人口第一、蕴含着无限潜力的中国市场，早在1985年，时任肯德基总经理的迈耶为了熟悉和理解中国的文化底蕴，首先选择了新加坡作为进军中国市场前的试点。通过一年在新加坡的练兵，肯德基对跨文化管理、尤其是对东方人的管理积累了足够的经验，另一方面也积累了熟悉中国特点的运营人才，保障了进入中国之后能够迅速地融合并做到游刃有余。1987的11月12日肯德基在北京前门繁华地带设立了在中国的第一家餐厅，正式启动了中国区战略的步伐。

肯德基为确保在中国市场的正常运作，首先选择和中国人饮食习惯相近的新加坡作为试点，这为肯德基日后进入中国餐饮市场迈出了坚实的一步。

本土化战略之二："并非菜单本土化这么简单"

除了传统西式快餐中的炸鸡和汉堡，肯德基还添加了川香辣子鸡、老北京鸡肉卷、鸡蛋灌饼、蛋挞、油条和粥……越来越丰厚的中国菜被推出。从2010年从2月初开端，很多城市的肯德基开端供给"鲜四宝粥＋培根鸡蛋灌饼＋法风烧饼"早餐套餐。这份完全"中国化"的菜谱，显示了百胜中国的本地化。此外，肯德基2010年还在中国市场推出了两款米饭产品："培根蘑菇鸡肉饭"和"巧手麻婆鸡肉饭"。肯德基本土化有着重要的一点，那就是原料采购本土化。截至2007年底，肯德基在中国有500多家原料供给商，采购的商品从鸡肉、蔬菜、面包，到包装箱、设备、房屋材料等数千种。据统计，中国供给商提供的食品原料，目前已然占到肯德基采购总量的90%。

作为中国餐饮市场业的龙头老大，原料采购成本化无疑称王成为了其日后飞速发展的制胜法宝。

本土化战略之三：经营本土化

在店面方面，肯德基大大领先于麦当劳，截止2010年"六一"儿童节，肯德基高调宣布，中国门店数量突破3 000家，而麦当劳地总店数仅为1 100家。在公司总部的地理位置方面，肯德基将亚洲区的总部设在上海，因其地缘和对消费者研究的接近，所以市场反应的速度也更加灵敏。在单店的经营形式上，为探索中国特许加盟的模式，肯德基在中国内地采用"不从零开始"的特许经营，即将一家成熟的、正在营运的餐厅转让给加盟者。2000年8月，第一家"不从零开始经营"的肯德基特许经营加盟店正式在常州溧阳市授权转交。目前肯德基在中国,95%的餐厅是直营,5%是加盟店。

肯德基"不从零开始"的特许加盟模式可以降低加盟者的投资风险,加盟者避免了自行选址、开店、招募、训练及管理员工等大量繁复的工作,在中国市场不成熟,市场法律不健全的前提下,"不从零开始"无疑会增加特许加盟的成功率,比较符合中国特色。

本土化战略之四:中国健康食品咨询委员会的成立

2000年肯德基诚挚邀请了中国40余位国家级食品营养专家,成立了"中国肯德基食品健康咨询委员会",他们在开发适合中国人口味的产品以及产品多样化方面发挥了关键的作用。其为满足中国消费者口味开发的长短期系列产品包括:老北京鸡肉卷、十全如意沙拉、玉米沙拉、嫩春双笋沙拉、和风刀豆沙拉、芙蓉鲜蔬汤、番茄蛋花汤、川香辣子鸡、营养早餐(香菇鸡肉粥、海鲜蛋花粥、枸杞南瓜粥、鸡蛋肉松卷、猪柳蛋堡)等。田园脆鸡堡是肯德基针对儿童的特点开发的产品。其分量较小,在鸡肉中加了胡萝卜,玉米和青豆,并根据儿童的喜爱调整了口味;又如吮指原味鸡、劲辣鸡腿堡、辣鸡翅、墨西哥鸡肉卷等,并在部分配方中减少了盐的比重,甚至在不少餐厅售卖起完全本土化的"王老吉"凉茶。

肯德基在中国特别成立了健康食品咨询委员会,用以研究、开发适合新一代中国消费者品味的饮食新产品,希望通过这一策略进一步做大在中国的市场。

本土化战略之五:开放二、三级城市特许权,费用降至200万元

肯德基开放了所有二、三线城市的特许加盟权,在地域上扩大加盟店选择范围后,除北京、上海、广州、深圳等一线城市和苏州、无锡等合资公司以及浙江全省暂时未开放特许加盟业务以外,其余所有二、三线城市都将开放特许加盟。肯德基除了增加可供加盟的店数外,在价格方面也将有更宽广的选择,部分餐厅的购入费可能低至200万元人民币左右。

中国市场的区域差别较为明显,一级城市与二级、三级城市差别巨大,用一个特许权门槛去衡量,显然是不适合的;KFC品牌在中国市场已经颇具影响力的前提下,开展特许加盟势在必行,广大的二、三级城市应该是必争之地,降低门槛可谓暗合中国国情。

据AC尼尔森公司调查结果显示,KFC(肯德基炸鸡)已成为中国人最喜爱的品牌。这次调查是在30个中国城市展开的,共发出调查问卷16 677份。可见,正是由于这种本土化的发展战略使得肯德基已深深地扎根于中国老百姓的心中。"立足中国、融入生活"是肯德基的中国发展战略,这一战略已使一条被称为"魔链"的产业链带动越来越多的本地企业与肯德基同进共赢。肯德基在中国的本土化战略已卓见成效,然而本土化的道路还有很长,任重而道远。

(资料来源:马瑞光.郭淑萍.新浪财经网 http://finance.sina.com.cn,2006年06月06日;肯德基:"不从零开始"的策略.中国品牌总网 http://www.ppzw.com.经整理有增删)

第八章
Chapter 8

企业战略评价方法

绩效评估和控制系统就好比是驾驶一辆汽车。方向盘、加速装置和刹车让驾驶者能够控制汽车的方向和速度；仪表盘提供行驶速度等数据，提醒驾驶者可能存在的汽车隐患。像一辆以最高速度奔驰的赛车，越是表现优异的企业，越是需要出色的绩效评估和控制系统对企业的运行状况进行检测，以便管理者充分挖掘企业的潜力，防范企业的风险。

——罗伯特·西蒙斯(美)

【教学目标】
1. 掌握战略评价的作用和内容；
2. 掌握波士顿矩阵的内容以及应用；
3. 掌握波士顿矩阵与通用电气矩阵的异同；
4. 理解生命周期法的主要内容；
5. 了解战略评价的标准和具体过程。

【引导案例】

"战略德隆"的兴衰

在中国企业的战略管理发展史上，来自于新疆的德隆集团，无疑是不可忽视的一个重要案例。德隆集团曾是一家著名的民营企业，也曾因其总裁唐万新极为重视战略管理而被誉为"战略德隆"。

1986年，德隆的前身还是由几个大学生集资400元创办的一个公司，主要经营彩扩业务。截止2004年，德隆已经号称总资产400余亿元，旗下包括177家控股参股企业，涉及农业、食品业、机电业、金融业、流通业等10多个行业。尤其是在德隆风光的岁月里，其总裁唐万新提出德隆国际的愿景是成为一家致力于整合中国传统产业，立足于资本市场和行业投资相结合的国际化战略投资公司。然而"出师未捷身先死,长使英雄泪满襟",2004年春夏之交,德隆便因为资金链断裂导致整个公司崩盘。

在德隆成长后期资本膨胀过程中,其关键词是"产业整合"。唐万新认为,20世纪90年代,我国大多数行业的特点是:行业中每个企业规模小,企业数量多,和同行业的外资企业比较,竞争力太弱。当时提升企业竞争力的方式是,加大自身企业的投资,扩大规模,通通过市场竞争去挤垮竞争对手。这种方式投入大,风险高,易造成企业破产和职工失业。德隆提出行业整合的投资理念,即用兼并、合作等共存的方法扩大企业规模,提升管理,共享资源,形成有竞争力的"航空母舰"。为此,德隆人打拼十几年,缔造了一个两翼并举的庞大金融产业王朝:产业一翼,德隆斥巨资收购了数百家公司,所属行业含番茄酱、水泥、汽车零配件、电动工具、重型卡车、种子、矿业等;金融一翼,德隆将金新信托、厦门联合信托、德恒证券、新疆金融租赁、新世纪金融租赁等纳入麾下。

1992年,新疆德隆实业公司、新疆德隆房地产公司注册成立,德隆进入娱乐、餐饮和房地产投资领域。1994年8月,北京JJ迪斯科舞厅破土动工。而坐落在乌鲁木齐市中心的宏源大厦1995年竣工时,曾号称是新疆当时最高档的写字楼。

与此同时,德隆进入农业产业化领域。1994年注册资本1亿元人民币的新疆德隆农牧业有限责任公司成立,这样,德隆一方面开始了他们的产业之旅,另一方面,因农业产业化惠及百万农户,由此获得了地方政府的认可和支持。

然而,德隆真正意义上的高速扩张是在进入金融机构之后。它首先进入的是1993年设立的"新疆金新租赁有限公司"(新疆金融租赁前身)。1994年,在武汉国债场外交易所,唐万新用金新租赁的交易席位,通过国债回购业务,先后向海南华银国际信托投资公司、中国农村发展信托投资公司融资总计3亿元。

正是在这3亿元资金之上,唐万新的产业整合、战略投资的理念,得以生根、发芽。1997年至2002年间,德隆进行了一些堪称"大手笔"的产业整合战役。其中,对新疆屯河股份有限公司和天山水泥股份有限公司(天山股份)两家公司的整合,堪称经典之作。新疆屯河将所有水泥资源转让给天山股份,同时获得天山股份控股权。新疆屯河本身,则一心一意做自己的"红色产业"番茄酱项目,并在此后成为世界主要番茄酱生产厂家之一。而天山股份,也自此奠定了全国第三、西北最大水泥企业的地位。正是按照这种整合思路,德隆1996、1997年入主新疆屯河、沈阳合金、湘火炬之后,恣肆描绘它的产业整合地图。

在德隆倒下后,人们对德隆的看法众说纷纭,质疑者更是居多。或许产业整合的思想没错,如在德隆倒下后,旗下的一些优质企业纷纷被其他公司收购,如新疆屯河被中粮集团收购,湘火炬也被众多企业抢购,但是德隆忽视产业整合中的风险以及作为一个多元化企业没有在其众多经营单位之间做出合理的资本分配及管理,不可否认是其"神话"破灭的原因之一。

德隆的轰然倒下,显然与德隆战略扩张时缺乏正确的战略评价、战略控制相关。研究者们对德隆集团的战略管理分析后发现,德隆集团既缺乏总体战略的系统研究,有没有准确明晰的战略规划和评价,战略思路模糊不清。

随着企业经营环境的变化,领导人必须适时地对其战略的基础乃至战略的实施过程和结果进行评价,以决定是否对现有战略进行变更。即使是在一片大好的发展形势下,领导者也必须更为敏锐地发现平缓发展下的暗流,及时地进行必要的变革,将企业领向成功之路。

(资料来源:谭力文,吴先明.战略管理[M].武汉:武汉大学出版社,2006:297;唐立久,张旭.解构德隆[M].杭州:浙江人民出版社,2005.有增删)

第一节 战略评价概述

一、战略评价的含义及内容

战略评价是运用科学的标准和方法为企业战略管理过程中的两个重要阶段服务的:其一是为战略选择阶段服务,其二是为战略实施阶段服务的。

(一)在战略选择阶段的作用和内容

1. 作用

企业在确定了其使命,对内外部环境进行分析以后,就会有多个战略方案产生。企业究竟应采取什么战略更适合,就需要在战略决策前进行科学的评价,才能得出正确的战略选择方案。

2. 主要内容

①汇集企业内外部专家集体的智慧,考察战略是否与企业的内外部环境相一致,是否有效利用了企业的资源,进行可行性分析。

②平衡企业各种利益相关者的利益,进行战略方案风险程度评估。

③沟通和协调,取得战略实施者的支持,达成一致,便于战略的有效实施。

(二)在战略实施阶段的作用和内容

1. 作用

检测战略实施进展,评价战略执行业绩,不断修正战略决策,以期达到预期目标。

2. 主要内容

考察企业战略的内在基础;将预期结果与实际结果进行比较;采取纠正措施以保证行动与计划的一致。

二、战略评价标准

众多专家学者提出了多种标准,本书介绍两种有代表性的标准如下:

(一)伊丹敬之的优秀战略评价标准

日本战略学家伊丹敬之认为,优秀的战略是一种适应战略,它要求战略适应外部环境因素;同时,企业战略也要适应企业的内部资源;另外,企业的战略也要适应企业的组织结构。企业家在制订优秀的战略时应该具有七个方面的战略思想:

(1)实行差别化

战略要有自己的特点,要和竞争对手的战略有所不同。

(2)战略要集中

企业资源分配要集中,要确保战略目标的实现。

(3)把握好时机

企业应该选择或积极创造适当的时机推出自己的战略。

(4)利用波及效果

企业要利用自己的已有成果,在此基础上发挥更大的优势,扩大影响,以便增强员工的信心。这实质上是强调企业要发挥和利用自己的核心能力。

(5)激发力量

企业战略要能够激发员工的士气。

(6)不平衡性

企业战略不能长期稳定不变,要有一定的不平衡性,从而产生一定的紧迫感。

(7)巧妙组合

企业战略应该能把企业的各种要素巧妙地组合起来,使各要素产生协同效果。

(二)鲁梅特的战略评价四标准

英国战略学家理查德·鲁梅特(Richard Rumelt)提出了战略评价的四条标准:一致性、协调性、优越性和可行性。一致性与可行性主要用于企业内部评估,协调性与优越性主要用于对企业的外部评估。

1. 一致性

鲁梅特认为,一个战略方案中不应出现不一致的目标和政策。他提出了判断组织内部问题是否是由战略间的不一致所引起的三条假设准则是:①管理问题没有因更换了人员而解决;②一个组织部门的成功意味着另一个部门的失败;③政策问题不断地被上交到最高领导层来解决。

2. 协调性

协调指在评价战略时既要考察单个趋势,又要考查组合趋势。在战略制订中将企业内部因素与外部因素相匹配时,必须综合考察的问题是,绝大多数变化趋势都是与其他多种趋势相互作用的结果。

3. 可行性

在企业设备、人力和财务资源制约因素的情况下是否能够推行所制订的战略是个很关键的问题。一个好的战略必须做到既不过度耗费可利用资源,也不造成无法解决的派生问题。并且企业要考虑依靠自身的物力、人力及财力资源能否实施这一战略。企业的财力资源是最容易定量考察的,通常也是确定采用何种战略的第一制约因素。人员及组织能力对于战略选择在实践中更重要,但定量性却差一些。因此,在评价战略时,很重要的一点是要考察企业在以往是否已经展示了实行既定战略所需要的能力、技术及人才。

4.优越性

战略必须能够在特定的业务领域使企业创造和保持竞争优势。竞争优势通常来自如下三方面的优越性:资源、技能和与之相联系的位置。

三、战略评价标准的具体应用

一些学者们研究认为,企业在战略选择阶段或在战略实施评价阶段具体使用如上标准时,还应该注意其和谐与适应性、可接受性两个方面的问题。其中,和谐与适应性,指企业与环境之间的关系需解决好两个问题:即企业必须适应环境的变化,并在同时与其他试图适应环境的企业相竞争。可接受性,指可接受性意指战略是否与主要利益相关者的期望相一致,如图8.1所示。

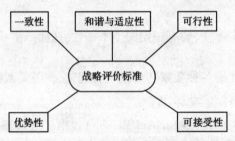

图8.1 战略评价标准

第二节 波士顿矩阵法

为有助于战略选择的成功,学者们研究出可以运用的评价方法有波士顿矩阵法、行业吸引力—竞争能力分析法、生命周期分析法、产品—市场演化矩阵法、PIMS分析法等。本书介绍三种最常用的评价方法。

一、波士顿矩阵法的提出

波士顿矩阵法(BCG Matrix),又称市场增长率-市场占有率矩阵法、波士顿咨询集团法、市场增长率-相对市场份额矩阵法、四象限分析法、产品系列结构管理法等,是由美国著名的管理学家、波士顿咨询公司(BCG)创始人布鲁斯·亨德森于1970年首创的一种用来分析和规划企业产品组合的方法,后被广泛用来进行战略选择的评价分析。

波士顿矩阵法假定,除了最小的和最简单的公司以外,所有的公司都是由两个以上的经营单位所组成的。这些经营单位都有若干在经济上明显区别的产品——市场面,它们在一个公司范围内被合称为企业的经营组合。因此,企业必须为经营组合中的每一个独立单位分别地制订战略。

二、BCG 矩阵法的内容

(一)BCG 矩阵的构成要素

波士顿咨询公司认为决定整个经营组合中每一个经营单位所应实施战略的基本要素有两个:即市场引力与企业实力。以这两个要素各自的重要参数:市场增长率与市场占有率数为坐标,设计出一个具有四象限的网格图(如图 8.2 所示)。

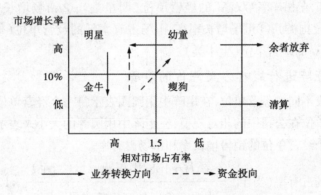

图 8.2 波士顿矩阵

1. 市场引力

市场引力包括企业销售量(额)增长率、目标市场容量、竞争对手强弱及利润高低等。其中最主要的是反映市场引力的综合指标——销售增长率或称市场增长率,这是决定每一个经营单位所应实施战略是否合理的外在因素。

2. 企业实力

企业实力包括市场占有率、技术、设备、资金利用能力等,其中市场占有率是决定每一个经营单位所应实施战略的内在要素,它直接显示出企业竞争实力。

3. BCG 矩阵的构成

将企业所有经营单位从销售增长率和市场占有率角度进行组合。将坐标图划分为四个象限,依次为"幼童或问题(?)"、"明星(★)"、"金牛(¥)"、"瘦狗(×)"。在使用中,企业可将经营单位按各自的销售增长率和市场占有率归入不同象限,其目的在于通过各经营单位所处不同象限的划分,采取不同战略决策,以保证其不断地淘汰无发展前景的经营单位,保持经营单位的合理组合,实现产品及资源分配结构的良性循环。横轴代表经营单位的相对竞争地位,以相对市场占有率表示。决定了该单位获取现金的速度,高与低的分界线为1.5。纵轴表示市场增长率,代表对一个经营单位来说市场的吸引力大小,即决定着投资机会的大小。若市场增长迅速,可迅速收回资金、支付投资收益。但市场增长过快,维持其增长所需资金就越多,容易产生问题。高于10%为高增长率。

市场增长率与市场占有率既相互影响,又互为条件:市场引力大,市场增长率高,可以显示产品发展的良好前景,企业也具备相应的适应能力,实力较强;如果仅有市场引力大,而没有相应的高销售增长率,则说明企业尚无足够实力,则该种产品也无法顺利发展。相反,企业实力强,而市场引力小的产品也预示了该产品的市场前景不佳。

通过以上两个因素相互作用,会出现四种不同性质的经营单位,形成不同的发展前景:①市场增长率和市场占有率"双高"的经营单位(明星类);②市场增长率和市场占有率"双低"的经营单位(瘦狗类);③市场增长率高、市场占有率低的经营单位(幼童类);④市场增长率低、市场占有率高的经营单位(金牛类)。

(二)BCG 矩阵进行战略方案评价的步骤

①将公司分成不同的经营单位,在矩阵中用圆圈表示每一个经营单位。
②确定经营单位在公司中的相对规模,在矩阵中用圆圈的大小来表示。
③计算每一个经营单位的销售增长率和市场占有率。

$$相对市场占有率(当年) = \frac{经营单位的销售额或量(当年)}{主要竞争者的销售额或量(当年)} \times 100\%$$

或

$$相对市场占有率 = \frac{经营单位的绝对市场占有率}{主要竞争者的绝对市场占有率} \times 100\%$$

$$市场增长率 = \frac{当年市场需求 - 去年市场需求}{去年市场需求} \times 100\%$$

④绘制公司整体经营组合图。
⑤根据每一个经营单位在公司整个经营组合中的位置来选择适合的战略。

公司对其经营单位应采取的经营组合战略为:首先是维护金牛的地位,但要防止常见的对其追加过多投资的做法。金牛所得的资金应优先用于维护或改进那些无法自给自足的明星经营单位。剩余的资金可以用于扶持一部分筛选的问题单位——幼童,使之转变为明星。如果选择同时扩大全部幼童的市场占有率的战略,它们的现金收入是不够的。因此,应该放弃那些不予投资的幼童。不同类经营单位的特点以及所采取的战略如表 8.1 所示。

表 8.1　应用 BCG 矩阵的战略选择

象限	战略选择	经营单位赢利性	所需投资	现金流量
明星	维护或扩大市场占有率	高	多	几乎为零或为负值
金牛	维护或收获战略	高	少	极大剩余
幼童	扩大市场占有率或放弃战略	没有或为负值	非常多	负值
			不投资	剩余
瘦狗	放弃或清算战略	低或为负值	不投资	剩余

值得注意的是：一个公司不仅要对每类经营单位采取不同的战略，以及对经营组合采取整体经营组合战略；同时还要注意每类经营单位在整个公司经营组合中的比重，即要关注公司的整体经营组合的平衡性。只有平衡的经营组合才是最理想的经营组合。

三、BCG 新矩阵

研究者们提出了 BCG 新矩阵的局限性。如科尔尼咨询公司对 BCG 矩阵的局限性评价是假设公司的业务发展依靠的仅仅是内部融资，而没有考虑外部融资。举债等方式筹措资金并不在 BCG 矩阵的考虑之中。另外，BCG 矩阵还假设这些业务是独立的，但是许多公司的业务是紧密联系在一起的。比如，如果金牛类业务和瘦狗类业务是互补的业务组合，如果放弃瘦狗类业务，那么金牛类业务也会受到影响。

还有很多文章对 BCG 矩阵做了很多的评价。如：关于卖出"瘦狗"业务的前提是瘦狗业务单元可以卖出，但面临全行业亏损的时候，谁会来接手；BCG 矩阵并不是一个利润极大化的方式；市场占有率与利润率的关系并不非常固定；实行 BCG 矩阵方式时要进行 SBU（战略事业部）重组，这要遭到许多组织的阻力；并没告诉厂商如何去找新的投资机会。

针对增长率——市场占有率矩阵法的局限性，波士顿咨询公司于 1983 年设计出了新的矩阵图（如图 8.3 所示）。其中，横轴表示经营单位所具备的竞争优势的大小，纵轴用行业中取得竞争优势的途径的数量多少来表示。在这个矩阵中，有四个象限，因而也就有四种不同的经营单位类型及战略。

其战略选择是：

①分散化的经营单位具有比较多的实现竞争优势的途径，但企业本身具有较少的竞争优势。此时，经营单位所处的行业一般具有如下特点：无法实现规模经济；行业有较低的进入和退出壁垒。最适应的经营战略是集中化战略。

②专门化的经营单位具有较多的竞争优势及其取得的途径。其所处行业具有可进行行业细分的特点；在每一细分的活动中有许多竞争者，但存在着一个主导地位的竞争者。最适应的是差异化战略。

③死胡同的经营单位既没有较多的竞争优势，行业又缺乏实现竞争优势的途径。这些行

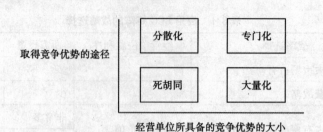

图 8.3　BCG 新矩阵

业具有以下特征:无法实现规模经济;行业中有许多竞争者进行竞争;行业的进入壁垒很低但退出壁垒却很高;所有企业盈利能力都较差。这类经营单位属于"夹在中间"的企业,情况不容乐观,此必须进行战略转变才能摆脱困境。

④大量化的经营单位具有较多的竞争优势,但这种行业中所具有的取得竞争优势的途径不多。一般来说,企业所处的行业竞争者数量不多;竞争者们的生产经营活动大致相同或相似;行业中存在着规模经济和经验效益。最适宜的经营战略是成本领先战略,并以大量生产为基础,利用规模经济降低成本。

第三节　行业吸引力——竞争能力分析法

一、行业吸引力——竞争能力分析法的提出

行业吸引力——竞争能力分析法是由美国通用电气公司(GE)与麦肯锡咨询公司共同开发的分析方法,又称 GE 矩阵法、通用电气公司法。对企业进行战略选择具有重要的价值和意义。GE 矩阵可以用来根据经营单位在市场上的实力和所在市场的吸引力对这些经营单位进行评估,也可以表述一个公司的经营单位组合判断其强项和弱点,用来帮助企业制订战略。

二、行业吸引力——竞争能力分析法内容

按行业吸引力和经营单位的竞争能力两个维度评估现有经营单位,每个维度分三级,分成九个格以表示两个维度上不同级别的组合。两个维度上可以根据不同情况确定评价指标,画出行业吸引力—竞争能力矩阵(如图 8.4 所示)。

经营单位所处行业的吸引力按强度分成高、中、低三等,所评价的因素主要包括:政治与法律因素、经济因素、社会因素、技术因素、行业规模、市场增长速度、产品价格的稳定性、市场的分散程度、行业内的竞争机构、行业利润等。

经营单位所具备的竞争能力按大小分为高、中、低三等。所评价的因素主要包括:产品质量及可靠性、生产规模、市场占有率、增长情况、产品线宽度、盈利性、技术地位、单位形象、人员

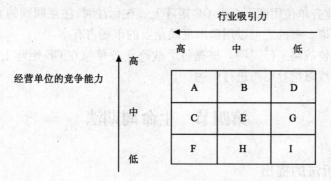

图8.4 行业吸引力—竞争能力矩阵

情等。

行业吸引力的三个等级与经营单位竞争能力的三个等级构成一个具有9象限的矩阵,公司中的每一个经营单位都放置于矩阵中的某一个位置。公司内的所有经营单位可归结为三类,针对不同类型的经营单位应采取不同的战略:

(1) 发展类战略

这类经营单位处于 A、B 和 C 位置。对这类经营单位,公司要采取发展战略,即要多投入资本以使其快速发展。由于这类行业很有前途,经营单位又具有较强的竞争优势地位,所以通过更多的资本投入,可以巩固经营单位在行业中的地位。

(2) 选择性投资类

这类经营单位处于 D、E 和 F 位置。对这类经营单位,公司要采取选择性战略,即投资要有选择性,选择其中条件较好的单位进行投资,对于不具备可投资条件的经营单位可采取收获或放弃战略。

(3) 收缩战略类

这类经营单位处于 G、H 和 I 位置。他们的行业吸引力和经营单位实力都较低,应采取收缩战略。对一些目前还有利润的经营单位,采取逐步回收资金的收获战略。而对不盈利又占用资金的单位则采取放弃战略。

三、行业吸引力——竞争能力分析法的分析步骤

① 确定战略业务单位,并对每个战略业务单位进行内外部环境分析。

② 确定评价因素及每个因素权重。

③ 进行评估打分。根据行业分析结果,对各战略业务单位的市场吸引力和竞争力进行评估和打分,并加权求和,得到每一项战略业务单元的市场吸引力和竞争力最终得分。

④ 将各个战略单位标在 GE 矩阵上。根据每个战略业务单位的市场吸引力和竞争力总体

得分,将每个战略业务单位用圆圈标在 GE 矩阵上。在标注时,注意圆圈的大小表示战略业务单位的市场总量规模。有的还可以用扇形反映企业的市场占有率。

⑤对各战略单位战略进行说明。根据每个战略业务单位在 GE 矩阵上的位置,对各个战略业务单位的发展战略指导思想进行阐述。

第四节 生命周期法

一、生命周期分析法的提出

生命周期分析法是运用生命周期分析矩阵,根据企业的实力和产业的发展阶段来分析评价战略的适宜性的一种方法。利用它有助于战略选择,可以缩小选择的范围,做到有的放矢。生命周期法由亚瑟·利特尔咨询公司提出。该方法以两个参数来确定公司中各个经营单位所处的位置:行业成熟度、战略竞争地位。

二、生命周期分析法的内容

生命周期法的理论假设是,任何行业都可划分成四个阶段;一个经营单位的战略竞争地位可以进行定性判断。

1. 确定行业成熟度

任何行业都可划分成下列四个阶段:孕育阶段、发展阶段、成熟阶段和衰退阶段。在划分行业成熟程度时,要考虑下列因素:增长率、增长潜力、产品线范围、竞争者数目、市场占有率分布状况、市场占有率的稳定性、顾客稳定性、进入行业的难易程度、技术等。

2. 确定一个经营单位的战略竞争地位

确定一个经营单位的战略竞争地位可进行定性判断,这种判断一般基于一下指标:如产品线宽度、市场占有率以及技术的改变等。一个经营单位的战略竞争地位可划分成:主导地位、强劲地位、有利地位、可维持地位和软弱地位五种类型。

3. 画出生命周期矩阵

生命周期矩阵的横坐标代表产业发展的阶段——孕育阶段、发展阶段、成熟阶段和衰退阶段。纵坐标代表企业的实力,分为五类——主导、强劲、有利、可维持、软弱。以行业成熟度为横坐标,企业竞争地位为纵坐标,这样就组成一个具有 20 个单元的生命周期矩阵(如图 8.5 所示)。

4. 进行战略选择

按照亚瑟·科特尔咨询公司的建议有四种战略选择即发展战略、选择性发展战略、收获或恢复战略与放弃战略,企业可根据具体情况予以选择见表 8.2。

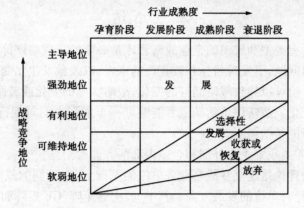

图 8.5　生命周期矩阵

表 8.2　行业成熟度各阶段不同竞争地位的战略选择

竞争地位	孕育阶段	发展阶段	成熟阶段	衰退阶段
主导	迅速增长战略 开创战略	迅速增长战略 成本领先战略 更新	成本领先战略、更新、迅速增长战略	防御战略、集中一点战略、更新、随行业增长而发展战略
强劲	开创战略 差异化战略 迅速增长战略	迅速增长战略、赶超获成本领先地位战略、差异化	成本领先战略、更新、集中一点战略、差异化战略、随行业发展增长战略	寻找新市场固守旧市场随行业发展而增长、收获战略
有利	开创战略 差异化战略 集中一点战略	差异化战略 集中一点战略 赶超、随行业发展而发展战略	收获战略、寻找新市场、固守旧市场,更新、转变战略、差异化战略、集中一点战略、随行业发展增长战略	紧缩战略、转变战略
可维持	开创战略 随行业发展而增长战略、集中一点	收获战略 赶超 固守阵地 转变、集中一点、随行业发展而自然增长	收获战略 转变方针 寻找避风地 紧缩战略	放弃战略、紧缩战略
软弱	寻找避风地 迎头赶上 随行业发展自然增长战略	转变战略 紧缩战略	撤退战略 放弃战略	撤退战略

本 章 小 结

战略评价对于所有类型和规模的企业战略管理是必要的。战略评价应能做到从管理的角度对预期和假设提出问题,引发对目标和较直观的审视,以及激发建立变通战略和判定评价标准的创造性。战略评价可以导致战略制订的变化、战略实施的变化或者两者的同时变化,也可能根本不导致任何变化。战略评价活动或者能够进一步加强人们对现行经营战略的信心,或者能够指出需要克服的某些弱点。

进行战略评价,需要收集企业外部和企业内部两方面的信息。

企业经营组合的理论是建立在战略业务单位的基础上,对不同的战略业务单位制订不同的战略,决定该战略经营单位的发展方向。其中,波士顿矩阵、GE 矩阵和生命周期法是其中最为著名的业务组合工具。

波士顿矩阵认为,多种经营的公司的整体战略是:为众多的业务单位寻找高速增长的市场,并使市场份额最大化。但这里有一个约束条件,就是公司的现金流入和现金流出必须保持平衡。因此,高级管理者的战略目标是在不同的产品之间分配有限的现金资源,从而使得公司利润最大化。

与波士顿矩阵比较,GE 矩阵因素分析上选择了更多的变量,在定位选择和战略选择上关注的是投资回报率而不是现金流。

产品或产业都是在不断发展变化的,即任何产品或行业都会经历四个阶段:孕育期、发展期、成熟期和衰退期。生命周期法提出行业成熟度也相应地形成四个阶段,划分的标准包括增长率、增长潜力、产品线范围、竞争者数目、市场占有率分布情况、市场占有率的稳定性、顾客稳定性、进入行业的难易程度、技术等。

思 考 题

1. 什么是经营组合?
2. 战略评价有哪些标准?
3. 战略评价有哪些方法?
4. 波士顿矩阵和 GE 矩阵有何异同? 各有哪些优势和劣势?
5. 生命周期法的形成依据是什么?
6. 试选择一个多元化企业,并利用波士顿矩阵对其进行业务单元的分析,并制订合理的战略方向。

【案例分析】

娃哈哈的发展之路

杭州娃哈哈集团有限公司创建于 1987 年,目前为中国最大的食品饮料生产企业,全球第四大饮料生产企业,仅次于可口可乐、百事可乐、吉百利这三家跨国公司。在中国29个省市建有100余家合资控股、参股公司,在全国除台湾外的所有省、自治区、直辖市均建立了销售分支机构,拥有员工近3万名,总资产达268亿元。公司拥有世界一流的自动化生产线,以及先进的食品饮料研发检测仪器和加工工艺,主要从事食品饮料的开发、生产和销售,主要生产含乳饮料、瓶装水、碳酸饮料、茶饮料、果汁饮料、罐头食品、医药保健品、休闲食品八大类近100个品种的产品,其中瓶装水、含乳饮料、八宝粥罐头多年来产销量一直位居全国第一。2007年,公司实现营业收入258亿元,娃哈哈在资产规模、产量、销售收入、利润、利税等指标上已连续10年位居中国饮料行业首位,成为目前中国最大、效益最好、最具发展潜力的食品饮料企业。2008年销售收入为325亿,增长约26%,利税66亿元,净利约40亿元左右。为促进经济和社会发展做出了积极的贡献。

1987年,娃哈哈前身——杭州市上城区校办企业经销部成立,娃哈哈创始人宗庆后带领两名退休老师,靠着14万元借款,靠代销他人的汽水、棒冰及文具纸张赚一分一厘钱起家,开始了创业历程;第二年为别人加工口服液,第三年成立杭州娃哈哈营养食品厂,开发生产以中医食疗"药食同源"理论为指导思想、解决小孩子不愿吃饭问题的娃哈哈儿童营养口服液,靠着确切的效果,靠着"喝了娃哈哈,吃饭就是香"的广告,产品一炮打响,走红全国。1990年,创业只有三年的娃哈哈产值已突破亿元大关,完成了初步原始积累,发生在小学校园里的经济奇迹开始引起社会和各级政府的广泛关注。

1991年在杭州市政府的支持下,仅有100多名员工但却有着6 000多万元银行存款的娃哈哈营养食品厂,毅然以8 000万元的代价有偿兼并了有6万多平方米厂房、2 000多名员工,并已资不抵债的全国罐头生产骨干企业之一的杭州罐头食品厂,组建成立了杭州娃哈哈集团公司。从此娃哈哈逐步开始步入规模经营之路。

1994年,娃哈哈投身对口支援三峡库区移民建设,兼并涪陵三家特困企业,组建了娃哈哈涪陵分公司,以成熟的产品、成熟的技术、成熟的市场,辅以雄厚的资金实力及娃哈哈固有的品牌优势,使涪陵公司一举打开了局面,产值利税连年快速增长,成为三峡库区最大的对口支援企业之一,跻身重庆市工业企业50强。

1997年以来,在西进涪陵的成功基础上,娃哈哈再接再厉,在三峡坝区湖北宜昌、国家级贫困区湖北红安、四川广元、吉林靖宇及沈阳、长沙、天津、河北高碑店、安徽巢湖等22省市建立了40余家控股子公司,均取得了较好的经济效益,外地分公司的产值占到整个集团公司的近一半,不仅成为带动当地经济发展的"火车头",同时也使娃哈哈发展成为中国最大、最强的饮料企业,取得了"双赢",达到了互惠互利的目的。

模仿跟进,是娃哈哈产品策略中的核心词汇。娃哈哈八宝粥、非常可乐、娃哈哈果汁饮料、瓜子、激活等产品属于典型跟进型产品。但仅仅跟进策略,很难解释娃哈哈的许多产品能够后来居上。跟进中创新,既减少市场风险,同时又差异化创新发展,这才是娃哈哈产品跟进策略的真正核心。

1991年，娃哈哈跟进广东果奶儿童饮料，对手只有两种口味，娃哈哈一下子推出"菠萝、荔枝、哈密瓜、草莓、苹果、葡萄"六种口味，六种口味为一组打包销售，增加顾客购买的便利性和选择性，再加上大手笔的电视广告轰炸，销量很快后来居上。随后，对手推出钙奶，娃哈哈马上推出AD钙奶，"维生素A+D更有助于钙的吸收"诉求更到位，迅速赶超对手。康师傅推出绿茶，"绿色好心情"，对公众进行普及教育，娃哈哈绿茶则以"水源地和原料"区隔，"天堂水，龙井茶"诉求，也快速进入行业三强。

1998年，娃哈哈经过十多年的历练，感到自己羽翼已丰，已具备了与世界大品牌进行竞争的条件，经过两年多的精心研制，推出"中国人自己的可乐——娃哈哈非常可乐"，在饮料界主动扛起了向国际大品牌挑战的民族工业大旗。自1998年5月投产以来，非常可乐异军突起，现年产销量已超60万吨，与可口可乐、百事可乐形成三足鼎立之势，打破了非常可乐推出市场时一些人"非常可乐，非死不可"、"非常可乐，非常可笑"的预言，也打破了可口可乐不可战胜的神话，鼓舞了广大民族品牌参与国际竞争的勇气和信心。

非常可乐的开发、推广成功进一步稳固了娃哈哈的发展基石，提高了娃哈哈的知名度和美誉度，为娃哈哈的新世纪发展开辟了崭新的领域。

2002年，娃哈哈继续秉承为广大中国少年儿童带去健康和欢乐的企业宗旨，选择了与孩子们生活、成长紧密相关的童装业作为跨行业发展的起点。引进欧美的设计人才，以一流的设备，一流的设计，一流的面料，高起点进入童装业，按国际"环保标准"组织生产，并采取零加盟费的方式吸引全国客商加盟，在全国首批开立了800家童装专卖店，一举成为中国最大的童装品牌之一，初步显示了娃哈哈跨行业经营的信心和决心，为开创企业发展新支点，进一步向多元化企业进军奠定了基础。娃哈哈童装有限公司秉承为孩子生产"健康童装"的宗旨，以"健康，舒适，漂亮"为产品理念，从童装的设计、面料的选择到童装的生产，各环节均严格执行欧美及国家有关环保要求，并在2003年1月24日获得"中国环境标志产品认证证书"，是服装业中通过认证的最年轻品牌；2006年5月娃哈哈童装又通过了"CQC生态纺织品"认证，确保娃哈哈童装与娃哈哈饮品一样成为广大少年儿童喜爱及信赖的伙伴。

杭州娃哈哈童装有限公司拥有先进的纺织品检测中心，并配有国际一流的SDL ATLAS实验设备，同时检测人员均为专业技术人员，都拥有良好的专业测试技术，确保每一件娃哈哈童装都是健康的。

娃哈哈童装以中国童装业的大众化知名品牌为发展方向，除了公司庞大的设计群作为主要技术支持外，还与法国、意大利、韩国的服装设计师及国内知名设计机构建立长期合作关系。2007年9月，杭州娃哈哈童装有限公司还与浙江省内一流高等院校浙江理工大学成立一个集童装教学、设计研发、销售管理等为一体的研发中心，开创国内童装产业校企结合的产、学、研教学模式之先河。这些合作都确保娃哈哈童装始终处于童装领先潮流。

娃哈哈童装采用特许经营方式开展销售网络建设。目前在全国发展了600余家童装专卖店，分布于30个省市。拥有90家A类城市商场自营专柜，500余家分布于各省省会、地级市、经济发达县城的特许加盟店。娃哈哈童装在稳定现有销售网络的基础上,将继续开拓省会及发达地区大中城市市场,设立大商场专柜。

(资料来源:罗建幸.宗庆后与娃哈哈[M].北京:机械工业出版社,2008.)

讨论题:
1. 娃哈哈集团成功的关键因素是什么?
2. 娃哈哈的不同业务之间存在哪些价值链匹配关系?
3. 对娃哈哈的发展战略进行评价。
4. 娃哈哈集团今后应如何进行战略定位?

【阅读资料】

为何众多企业战略雷同

苹果新一代 iPhone4 近日创下首日订单突破 60 万部的最高预订购数量单日记录。在全球智能手机市场主要被诺基亚占据的背景下,市场主要在美国的苹果能在循环中用户不断扩大市场的发展模式值得深思,也引发了坊间关于苹果 iPhone 正在蚕食诺基亚的预测。

美国心理学家乔治·米勒发现,人们在购买商品时,首先选择的是类别,如汽车、家电等,而在选择商品时,还须确定每一类商品中的代表性产品或品牌。

作为消费者,其头脑里商品的种类概念和企业对产品的分类有时候一致,但更多时候并不一致。例如,在汽车企业的产品分类里并不存在一个叫做安全轿车的类别,但在人们的头脑里安全轿车的类别十分清晰。作为企业,"定位"从来没有像现在这样被重视,甚至被重视到泛滥的程度。举凡企业的行为大多被冠以"定位",且企业向来习惯于从自身出发进行定位,消费者常常因此听到一些企业声称自己要成为某某行业的领导者。

事实上,这与定位的本意大相径庭。真正的定位不是企业对产品要做的事,而是对预期客户要做的事。更准确地说,定位是消费者的选择,企业要做的是去契合这个定位。三精制药就是契合定位的成功例子。

有人将三精制药奇迹般的崛起归功于广告,其实如果完全归功于广告,企业经营就被简单化了。葡萄糖酸钙口服液的成功就在于定位于令父母放心的专业儿童补钙剂。广告未必次次见效,三精制药随后大手笔投入的几个产品都折戟沉沙就是很好的证明。由于众多企业把战略当作方向,而没有搞清楚什么是定位、什么是战略,不清楚定位在先、战略在后的道理,从而导致战略无效和战略雷同。

定位与战略有着本质的区别。定位是在消费者的头脑里定位,关注的是消费者的心智、消费者的需求;而战略通常是竞争性战略,关注的是竞争对手。战略在定位之后,是用行动阶段性地实现定位,确定的是 3～5 年的事情。

定位用一句话可以说明白,如果用一句话不能够说明白,一定不是正确的定位。万科创始人王石说过:"能够用 2 秒钟说明白的企业是世界一流企业,说明白万科需要 6 秒钟,万科还不是世界一流企业。"一句话,6 秒钟,这是对定位的最好写照。

比较中国企业的战略规划案会发现许多企业的战略十分相似,其结果是导致企业多采取价格战等手段进行低层次竞争,微利甚至亏损经营。许多人将这类现象发生的原因归结为缺乏核心技术,但笔者并不认同这样的观点。

核心技术当然重要,但技术的重要性首先在于解决消费者的需求。苹果公司推出的 iPod,从技术层面上说只不过是 MP3 和硬盘的组合,但它通过创新设计和营销抓住了消费者的心。所以,重要的是改变思路,深入挖掘能够满足消费者需求的产品,用苹果公司的话说就是能"让消费者尖叫的产品"。

出现战略雷同的深层次原因,是企业对战略的误解:不是不知道怎么做战略规划,而是不知道定位在先,战略在后。

管理大师德鲁克曾经说过:"企业的目的只有一种适当的定义:创造顾客。"没有顾客,企业生产的产品就无人消费,企业也就无法获得利润。所以,首先要搞清楚谁是你的顾客,然后去了解顾客、创造顾客。

在顾客的心中占据一席之地,这是定位所要做的。而战略则是通过对资源的配置来达到企业的目标,如果没有明确的方向,战略目标往往会沦为臆想,在外部环境稳定时看不出来任何问题,一旦外部环境发生大的变化,缺少定位的战略往往会因为失去方向而无法坚定地被执行,导致企业走向危机。

(资料来源:董继业.为何众多企业战略雷同[N].中国工业报,2010-06-30(A01).)

第四篇　企业战略执行

企业高层管理者在缜密的战略分析的基础之上,对备选的各项战略进行评价,确定出适合本企业的战略以后,必须付诸行动才能实现。只有战略而不执行无疑是纸上谈兵,再好的战略也只能是空想。

战略执行是战略管理的直接目的所在,也是企业战略最终成败的关键。战略执行阶段分为实施与控制两个方面。一方面,在实施时要按照既定的战略具体去落实;另一方面,必须根据外界实际环境的变化和内部具体操作的信息反馈不断修正偏差,采取必要的措施改进和完善原来战略不合理与不适合的部分。如果有重大偏差需要修订,就会促成所谓的战略变革发生,企业将制订新的战略方案,进行新一轮的战略管理过程。

战略执行阶段既是第一轮企业战略管理过程的最后一个环节,又成为下一轮企业战略管理的起点。正因为如此,我们才说,企业战略管理是一个循环往复的、不间断的、动态的管理过程。

本篇要阐述的就是企业战略管理活动中,如何进行有效的战略实施和控制,以保证企业战略管理的成功。

第九章
Chapter 9

企业战略实施

对于企业来讲,制订正确的战略固然重要,但更重要的是战略的执行。能否将既定战略执行到位是企业成败的关键。

——联想集团 CEO 杨元庆

【教学目标】
1. 掌握战略实施的概念和原则及其与战略制订的关系;
2. 了解战略实施的任务以及面临的问题;
3. 掌握企业战略与企业内部的各种因素之间的匹配性;
4. 了解资源规划与配置的内容以及开展的层次;
5. 掌握资源规划与配置的原则;
6. 掌握组织设计的原则与随机制宜理论;
7. 了解不同领导理论的内容;
8. 掌握战略管理者的构成及作用;
9. 掌握战略管理领导者应具备的素质和能力;
10. 理解企业家类型与战略的匹配的三种模型;
11. 掌握企业文化的概念、层次及作用;
12. 掌握企业战略与企业文化的关系。

【引导案例】

联想：双拳战略见奇效

金融危机的影响，08/09 财年的业绩低迷，更加坚定了联想思变的决心。在经历了 08/09 财年的震荡之后，自 2009 年初开始，联想果断调整了管理团队，制订了新的"双拳"发展战略，实施了一系列的变革举措。

一年多来，联想发生了根本变化，不仅在 09/10 财年实现了业绩的彻底扭转，而且在全球的市场份额也创了历史新高。IDC 最新发布数据显示，联想的全球市场份额在 2010 年的第二季度首次突破了两位数，达到 10.2%，增长速度 47.3%，远高于市场的平均速度 22%，位居全球前五大个人电脑厂商之首。

"自收购 IBM 个人电脑业务以来，在 09/10 财年的下半年，我们首次成为全球主要个人电脑厂商中增长最快的公司。同时，我们还进一步巩固了在中国市场的领导地位，拉大了竞争对手的差距。"联想集团副总裁、中国区总经理陈旭东说。

在联想最新的组织架构中，去年联想设立的两个产品组别，Think 和 Idea 已经划归产品集团，由联想集团高级副总裁刘军统一管理。目的是更快、更好地实现端到端管理。Think 产品主要针对商用客户，Idea 产品主要针对家用客户。上一财年，两个产品的业绩增长幅度很大。与此同时，联想根据地区发展水平、人口特点等因素，将全球市场划分为成熟市场和新兴市场。此举让联想发挥出相似市场间的资源协同效应，显著提升了运营效率。

战略清晰促增长

联想的快速增长首先归功于正确而清晰的"进攻+保卫"双拳战略。"清晰的战略使我们能够更加专注于执行：一方面保护好核心业务，即中国业务和全球企业客户业务；另一方面向快速增长的领域进军，即新兴市场和全球交易型业务。"陈旭东说。

执行力强或者说基础管理水平高一直是联想的核心竞争力之一。战略清晰使得联想在这方面的优势得到更为充分的发挥。其主要体现在如下几个方面：

一是最高管理层建立起了一套行之有效的工作流程，通过充分的研讨，可以保证公司在战略规划与执行两方面均做到反应迅速。

二是对组织架构进行了调整，按照前端（新兴市场和成熟市场）和后端（Think 产品和 Idea 产品）重新进行了布局。新的组织架构可以更好地实现端对端整合，并使各个相关部门都能专注于执行。

三是深化了"说到做到，尽心尽力"的企业文化，让执行更加快速、高效。

专注执行的结果是创新不断。上一财年，联想推出了一系列面向细分市场的细分用户的新产品，包括笔记本电脑、一体机、上网本、智能本、智能手机等。

去年联想在渠道、服务创新方面的举措也极其引人注目。联想在各细分市场的新渠道策略都是围绕终端建设和管理制订的，其反映的是联想加强客户导向的经营理念。

抓住战略机遇

"我们将继续强化在中国市场的领导地位,同时简化针对全球企业客户的业务模式。另外,我们还将投入更多的人力、物力拓展主要新兴市场和全球交易型业务市场,同时进入新产品和新业务市场,抓住产业发展、升级的新战略机遇,如移动互联网带来的巨大商机。"陈旭东说。陈旭东道出了联想面对的新挑战,同时也道出了联想化解新挑战的信心。

"首席执行官杨元庆建立了一个敬业、进取、开放、高效的核心领导团队LEC(联想执行委员会)。他们采用中西合璧的工作方法,能够制订出适宜的战略,且让这个战略得到忠实而彻底的落实。这个核心团队的管理权限覆盖了集团所有的岗位,换言之,他们能够掌握集团内部的所有信息。他们有足够的经验、睿智和洞察力,能够把握住产业发展趋势。"陈旭东说。

这方面最有说服力的事例是今年4月移动互联网战略的发布与实施。众所周知,今年1月,联想完成了对联想移动的回购。受惠于国内宏观经济环境改善,加上3G牌照的发放与3G服务正式启用,国内智能手机市场将迎来爆炸式增长。

联想认为,一个数亿用户规模的移动互联网市场正在形成,对于包括联想在内的中国企业来说,这将是一次绝佳的发展机遇。联想预计,五年之内,移动互联终端市场将成为一个比传统PC更大的市场。正是基于这样的判断,联想早在几年前就开始与合作伙伴密切合作,整合适用于本地用户的、最流行的网络应用和服务,力争为用户提供最佳的端到端的互联网体验。乐Phone的上市即是这种合作的成果。

另外一个事例是面向云计算产品的研发。去年底,在商用产品技术大会上,联想推出了一批面向云计算的终端产品,其可以满足不同行业应用环境下的用户需求。从中可以看出,联想已为迎接云计算时代的来临做好了准备。

(资料来源:张凤岐.联想:双拳战略见奇效——在新的挑战面前,抓住战略机遇,获得持续增长的动力[N].电脑商报,2010-07-19(010).有删改)

第一节 企业战略实施的有效性

战略管理的实践表明,战略执行是企业战略管理最终成败的关键。这也促使越来越多的企业及其领导者把注意力从原来只注重战略指定转移到战略实施问题上。引导案例中,联想集团的"双拳战略"之所以能够"见奇效",正因为有赖于战略的有效执行。联想集团在实施中涉及组织结构、企业文化、团队领导等因素。如何使这些因素有效地帮助企业战略实施走向成功,就是本章要讨论的内容。

一、战略实施

（一）战略实施的概念

战略实施，是指执行达到企业战略目标的战略计划或战略方案，将战略付诸于实际行动的过程，是把美好的愿景变成现实的过程。这也是制订战略的目的所在。

在企业战略管理的前三个阶段：确定企业使命、企业战略环境分析、战略制订和选择的过程中，参与的人员主要是高层管理者。然而，在战略实施过程中，企业中的每一个人都要参与战略。并且在实施过程中，要具体涉及（而非仅仅从文字和纸面上）企业的人力、物力、财力等各种资源的分配、设置等。对一名企业的最高领导者来说，要领导全体员工把一幅看似完美的战略"画卷"变成管理现实的过程是一个极其艰苦的过程。因为，企业会面临很多问题要解决。

（二）战略实施阶段的主要任务

战略实施阶段要建立强有力的战略领导集体、根据战略的需要来优化资源配置、建立与战略匹配的组织结构、创造支持性企业文化、实现总体战略和职能战略的有效整合。具体表现在：

①制订战略实施的具体落实计划，包括总体计划和分阶段计划、公司规划、经营单位规划和职能部门规划。

②建立与战略相适应的组织结构。

③按战略的要求配置资源，确保有限的资源投入到对战略成功至关重要的关键价值链活动之中。

④建立对战略起支持作用的政策和运作程序。

⑤根据战略要求，对价值链活动进行优化，对业务流程进行再造。

⑥建立有利于战略实施的激励和诱导机制。

⑦建立与战略的要求相适应的沟通和协调机制。

⑧培育有利于战略实施的工作氛围和企业文化。

⑨加强对战略实施的领导，排除变革阻力。

⑩对战略实施过程加以控制，确保预期目标的实现。

从以上任务可以看出，战略实施与控制是战略执行的两个方面，是不能截然分割开来的。

（三）战略实施的基本原则

1. 适度合理性的原则

由于企业战略在制订过程中，受到信息、决策时限以及认识能力等因素的限制，对未来的预测不可能很准确，所制订的企业战略也不一定是最优的，而且在战略实施的过程中由于企业外部环境及内部条件的变化性和复杂性,所以只要在总体、主要的战略目标上基本达到了预定的战略目标,就应当认为这一战略的制订及实施是成功的。战略实施过程也可以是对战略的再创造过程。在战略实施中,战略的某些内容有可能改变,但只要不妨碍总体目标及战略的实现,就是合理的。

2. 统一指挥的原则

对企业战略理解最深刻的是企业的高层领导人员,他们掌握的信息多,对企业战略的各个方面的要求以及相互联系的关系了解得更全面,对战略意图体会最深,因此,战略的实施应当在高层领导人员的统一领导、统一指挥下进行,只有这样才能保证企业资源的分配、组织机构的调整、企业文化的建设、信息的沟通及控制、激励制度的建立等各方面相互协调、平衡发展,才能使企业为实现战略目标而卓有成效地运行,还能避免管理混乱、各自为政而扰乱了企业总体战略的实现。

3. 权变原则

该原则是指企业战略一旦形成不是一成不变的。企业战略的制订基于一定的环境条件的分析和假设。但是,在实际的战略实施中,事情的发展与原先的假设有所偏离是不可避免的,战略实施过程本身就是解决问题的过程。如果企业内外环境发生重大的变化,以致原定的战略的实现成为不可行,这时就需要对原定的战略进行重大的调整。其关键就是在于如何掌握环境变化的程度。这对一个企业战略管理能力是一个重大考验。

4. 循序渐进原则

企业战略实施是一个系统工程,在具体落实战略实施时,不能要求在短时间内完成这项庞大的工程,不能急功近利,要设立出分阶段的目标、循序渐进地稳步前进,这样才能保证企业的战略脚踏实地完成。

二、战略实施过程中企业面临的问题

亚历山大对美国93个公司总经理和事业部经理的调查结果表明,当这些公司试图实施一项战略计划时,半数以上公司都会面临下列问题或困难:

①实施过程比预定计划慢。
②出现没有预料到的主要问题。
③行动协调无效。
④出现了使公司的重心偏离实施的危机(比如:竞争对手的行为和企业自身的突发危机等情况的出现使企业的注意力从战略实施转移开)。
⑤参与员工的能力不足。
⑥对低层员工培训和指导不足。
⑦出现了不可控的外部环境因素(如金融危机的爆发)。

⑧部门经理领导缺乏足够的领导才能和引导。
⑨关键实施任务和行动描述不清晰。
⑩信息系统的监测活动不力。

三、战略实施与战略制订的关系——博拿马图

正反面的企业战略管理经验表明,对于很多失败的企业来说,他们往往不是没有良好的战略,其失败很多情况下是来源于没有很好的实施。正如联想集团 CEO 杨元庆所说的:"对于企业来讲,制订正确的战略固然重要,但更重要的是战略的执行。能否将既定战略执行到位是企业成败的关键。"正是由于杨元庆精于执行,在联想 2009 年应对金融危机的战略变革时,复出的柳传志重新任命杨元庆任联想的首席执行官。

博拿马(T. V. Bonoma)经过研究,用图表清晰阐明了战略实施与战略制订的相应关系(如图 9.1 所示)。从图中可以看出,即使是一个合适的战略,如果不能很好地实施,也会导致战略的失败。有的时候,一个好的战略实施,不仅可以使一个合适的战略取得成功,而且可以挽救一个不太适宜的战略。

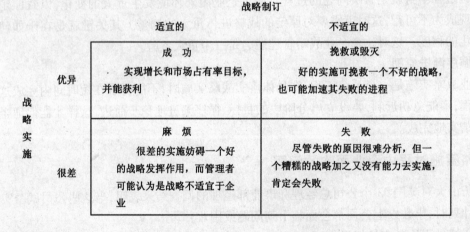

图 9.1　战略实施与战略制订的关系

四、如何有效地实施企业战略——麦肯锡 7-S 模型

企业家和学者们经过实践和研究得知,要想有效地实施一项企业战略,成功的管理者必须保持所制订的企业战略与企业内部的各种因素之间的互相适应和匹配。此时的战略实施才会成功。即所谓的没有最好的战略、只有最适宜的战略。

彼得斯(Thomas J. Peters)和沃特曼(Robert H. Waterman)在《追求卓越——美国企业成功的秘诀》书中认为,企业的战略匹配包含了 7 个因素,这 7 个因素又被称为麦肯锡 7-S 模型

(如图9.2所示)。这些因素是:

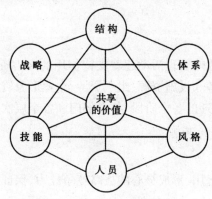

图9.2 7-S模型

1. 战略(Strategy)

旨在获得超过竞争对手的持续优势的一组紧密联系的活动。

2. 结构(Structure)

指组织结构图及其相应的部分,它表明报告的传递者及接受者、任务的分工及整合。

3. 体制(System)

指使日常工作过程及流程,包括信息系统、资本预算系统、制造过程、质量控制系统和绩效度量系统。

4. 风格(Style)

管理人员具有代表性的行为及活动的方式。

5. 人员(Staff)

企业所有人及其分布状况。

6. 共享的价值(Shared Values)

能使企业保持团结和一体的、具有指导性的观念、价值和愿望,即企业的哲学或文化。

7. 技能(Skills)

企业作为一个整体所具备的能力。

以上7个因素中,前三个是硬件要素,后四个是软件要素。他们之间的匹配与否决定了战略实施的成败。

五、战略实施中的资源规划与配置

资源规划与配置是战略实施的一个重要保障。在企业内部条件分析这一章详细阐述过企业资源的内容。由于资源是企业形成能力乃至核心竞争力的必备条件之一、是企业制订战略的基础,所以,企业对其无形资源和有形资源的规划与配置的优劣程度与合理程度,将会影响整个战略实施的成败。同时，提高资源的利用效率是企业战略管理的目标之一，战略实施应该促进资源的有效储备。

（一）资源规划的含义

资源规划是对企业开展战略管理活动起着支持作用的人力资源、财务资源、技术资源、生产资源、市场和营销资源、设备和设施资源、组织资源、企业形象资源、企业文化资源、信息资源等的整合、利用以及在战略管理的各个阶段、各个部门和各个层次间的合理配置的总体方案。

（二）资源规划与配置的原则

1. 整合性

进一步促进资源的整合运用、形成核心的战略竞争能力，保证战略实施的有效性。

2. 匹配性

注意各种资源在各个层次以及各个部门之间的合理配置，以利于发挥资源的最大效能。

3. 有效性

为了提高资源的有效性，除了重视有形资源的利用以外，还要充分重视企业形象资源、企业文化资源、信息资源等无形资源，挖掘其潜力，充分发挥其在战略实施中的作用。

4. 动态性

企业在战略实施的时候，要注意根据战略在不同阶段的实施情况，在利用现有资源的同时、注意挖掘资源的潜力，同时做好下一步战略实施的资源储备工作。使资源与战略动态性的配合。

5. 共享性

为了避免企业资源的浪费或不同部门之间资源的重复使用，就要在规划和配置的时候，做好协调，共享这些资源（如秘书服务、信息网络服务等），以节约战略管理成本。

6. 关键性

一项良好的资源计划应该保证能够清楚地确定支持战略的关键成功因素，同时能给关键任务赋以正确的优先级。

7. 一致性

在资源规划与配置时，要注意战略与现有资源的一致性以及资源间的一致性问题。

（三）资源配置开展的层次

大多数企业的资源规划与配置是在两个层次即公司层和经营层进行的。

1. 公司层的资源配置

公司层的资源配置，要解决的是企业资源在企业不同组成部门，如不同的职能部门或经营单位之间存分配问题，以支持企业的整体战略。

配置的方式有上级指定或本范围内自行决定两种方式。其方式的选择取决于企业原有资源基础的变化程度和优先级的集中程度。比如,在资金分配方面就可以采用以下原则:根据各单位、各项目在整个战略中的重要性来设置资金分配的优先权,以实现资源的有偿有效利用;努力开发资金在各战略单位的潜在协同功能。

2. 经营层的资源配置

战略实施的成功还取决于对经营层资源分配的周密规划。企业的价值链是确定战略资源要求的一个框架,可通过价值链调配和管理资源的方法进行。注意在确认资源的基础上,保证战略与现有资源的一致性以及资源间的一致性问题。

（四）战略与资源的动态组合

资源一定要与战略有机地相互配合,才能取得战略实施的成功,而这种组合或配合是具有动态性的。

1. 动态相辅效果

①这种动态相辅效果主要分为物的动态相辅效果和资金的动态相辅效果两个方面:

物的动态相辅效果,指企业的现有战略与将来的战略能在多大程度上共同利用物的资源,或者是现在战略运行中储备的战略资源能在多大程度上作用于将来的战略。

资金的动态相辅效果,要求企业在现有产品和市场机制上,必须同时具有不同类型的资金流动的产品与市场领域,在此基础上实现资金的流动平衡。

②业务的资源配置和战略的动态相辅效果可以体现在四种效果上。

2. 动态相乘效果

动态相乘效果指企业将来的战略能有效地使用现在战略运行中产生的资源集聚效应。这种效果不是简单的叠加、而是协同效应。具体应做到以下三点:

①企业在战略抉择上,应该使用无形资源较易积累的领域的战略,因为无形资产是形成企业核心竞争力的最重要源泉。

②战略设计不能忽视动态的企业战略管理活动阶段及程序。

③为了实现动态相乘的良性循环,有必要选择一些表面上不合理、在一定程度上缺乏资源保证的战略,这样有助于培养企业的内在动力,反其道而行之,常常可以获得意想不到的成功。

第二节　战略与组织结构

战略实施的主体是企业的员工,他们为达到企业的战略目标而分工和协作,形成企业组织。企业建立的组织结构是否适合于所选战略,将会促进或妨碍战略目标的达成。

从 7-S 模型中也可以看出,企业战略管理的有效实施的一个重要因素就是战略要与企业的组织结构相匹配。企业组织结构的设计类型要受到企业战略、环境、技术、企业规模等因素的影响。

一、组织结构类型概述

(一)组织结构

1. 组织结构

组织结构是组织中各种劳动分工与协调方式的总和,它规定着组织内部各个成员、组成单位的任务、职责、权利和相互关系。

2. 组织结构设计

组织结构的设计,就是规划和设计组织中各部门的职能和职权,清楚界定每个组织成员的职、权、责角色,确定组织中职能职权、参谋职权及直线职权的活动范围。

在企业战略管理中,组织结构的设计在组织设计中占有重要的地位,是组织设计活动及组织运行的重要方面和基础。恰当地设计组织结构,对于有效地实现组织战略目标非常重要,组织结构是否合理,直接影响到企业的效率。

(二)组织结构的类型及其适应的战略条件

1. 传统组织结构的形式

(1)直线型组织结构

直线型结构,是最早、最简单的一种组织结构形式,指组织中各种职务按垂直系统直接排列,各级主管人员对所属下级拥有直接的一切职权,组织中的每一个人只能向一个直线上级报告。它是一种集权式的组织结构形式,各级行政领导人执行统一指挥和管理职能,不设专门的职能机构。直线型组织结构的优点在于结构简单,上下级关系明确,命令统一;缺点在于等级森严,缺少弹性,下情难以上达,管理者负担过重、压力过大。其一般适用于规模很小、产品简单、生产技术简单的企业,对于产品多、业务复杂的大型企业组织不适用(如图9.3所示)。

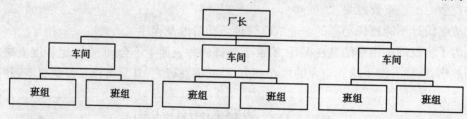

图9.3 直线型组织结构

(2)职能型组织结构

职能型结构,指按部门分工划分权责的组织结构。它通过工作专门化,制订非常正规的制度和规则;以职能部门划分工作任务;实行集权式决策,控制幅度狭窄;通过命令链进行经营决策,维持组织的日常运营顺利进行。

其优点在于:能够适应工业技术比较复杂和分工细致的特点;专业化管理具体深入,效率高,并能减轻管理者的工作负担;缺点在于:对下级形成多头领导,命令不统一,协调困难,责任不明确,造成生产管理秩序混乱。现代企业一般不采用职能制结构(如图9.4所示)。

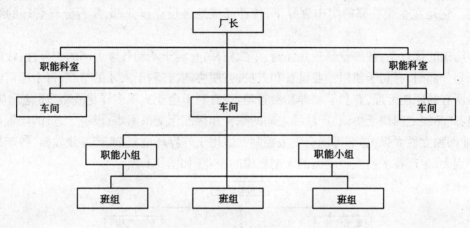

图9.4 职能型组织结构

(3)直线职能型组织结构

直线职能型组织结构把直线型结构和职能型结构有机结合,在直线型结构的基础上增加职能部门,作为直线指挥人员的参谋、顾问。但是职能部门只对下级直线部门提供建议和业务指导,而不能发号施令或作出决策(如图9.5所示)。

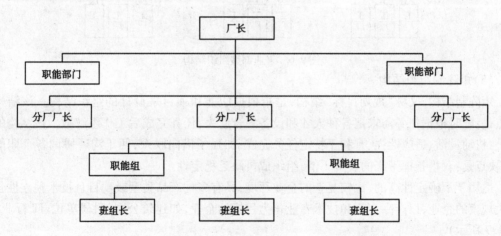

图9.5 直线职能型组织结构

其优点是:保持直线型集中领导、统一指挥的优点,又吸取了职能型结构发挥专业管理的优势,从而提高了管理工作的效率;缺点是:各职能部门自成体系,不注重信息的横向沟通,造成工作重复,加大管理成本;职能部门缺乏弹性,对环境变化的反应迟钝。该形式是比较常用的一种组织结构形式,适合处于不确定性低的、稳定的战略环境,规模中等的企业。

(4)事业部型组织结构

事业部型结构又称"斯隆模型"结构,是斯隆担任美国通用汽车公司副总裁时研究和设计出来的。它是在企业总部的集中领导下,按产品或地区设立事业部,实行分权管理的组织结构。

该结构的优点是:各事业部独立经营、单独核算,有利于调动各事业部的积极性;按产品或服务来划分部门,有利于使用专业设备和人员,方便协调,有利于人才的培养;每个部门经理都要接触所有的职能管理,有利于培养高层管理者;有利于企业实现多样化战略、环境适应性强。缺点是:产品线之间缺乏协调,产品线之间的整合和标准化变得困难;设备、人员的配置可能重复;事业部独立性太强,总部可能会失去控制。适用于外界环境复杂、产品线较多、各产品之间工艺差别大、生产技术独立程度高的大型规模的企业(如图9.6所示)。

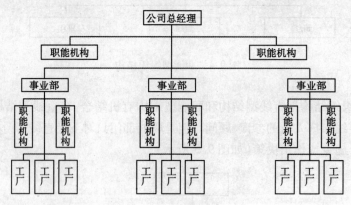

图9.6 事业部型组织结构

(5)矩阵制组织结构

矩阵制结构,又称"规划目标"结构,是指根据职能和项目来设计的组织结构。该结构的特点是:随时根据任务需求把各种人才和设备集合起来,任务完成后工作组解散。该结构的优点是:机动灵活、适应性强、有利于特定任务完成;加强了横向联系,便于沟通协调各个职能部门;缺点是:双重指挥带来的权责不清;组织成员缺乏稳定性。

适用于不确定性高的、比较复杂的企业环境,具有多种产品类型或项目且技术独立性强的较大规模的企业,以产品创新和技术专业化为目标的企业,如建筑公司、科研单位、IT行业(如图9.7所示)。

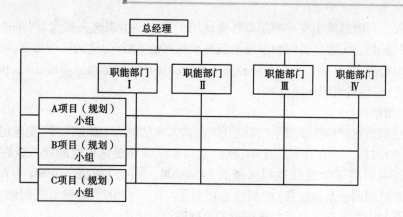

图9.7 矩阵制组织结构

2. 新型组织结构的形式

当今世界,企业处于极其不稳定的、动荡的战略环境,各种战略选择所依据的因素和条件的可测性越来越差。由此,组织结构的设计也打破了以上传统的模式,代之以新的模式或以新的模式作为传统组织结构的重要补充。这些新型组织结构更有助于企业战略管理的有效实施。

(1)团队结构

团队结构是现代企业经常采用的形式。它是管理人员运用团队作为协调组织活动的主要方式的结构。其主要特点是打破部门界限,可以快速地组合、重组、解散,促进员工之间的合作,提高决策速度和工作绩效,但要求团队员工既是全才又是专才。

在小型组织中,团队结构可以作为整个组织形式。在大型组织中,团队结构一般作为典型的职能结构的补充,这样组织既能得到职能结构标准化的好处,提高运行效率,又能因团队的存在而增强组织的灵活性。

(2)虚拟组织

虚拟企业概念,是1991年美国里海(Lehigh)大学的罗杰教授首次提出的。虚拟组织也称为网络型组织,是指以契约关系的建立和维持为基础,依靠外部机构进行制造、销售或其他重要业务经营活动的组织结构形式。虚拟组织围绕某一项目或技术问题开展攻关活动,其成员可以遍布在世界各地,彼此也许并不存在产权上的联系,不同于一般的跨国公司,相互之间的合作关系是动态的,完全突破了传统的以内部组织制度为基础的管理方法。

其主要优势在于其灵活性,不需要大规模的设备投资,不存在庞大的员工队伍以及由此产生的管理问题。主要不足是,公司主管人员对公司的主要职能活动缺乏强有力的控制,其中任何一个环节的失误,都会对整个组织造成极大的危害。它比较适用于服装、玩具、工艺品等受流行时尚影响大,消费者需求变化大的行业。

(3)无边界组织

通用电气公司前总裁杰克·韦尔奇首先使用了无边界组织这一概念,用来描述他理想中的通用公司的远景。无边界组织力求取消或减少指挥链,保持合适的管理幅度,取消公司内部的横向和纵向边界,并打破公司与客户和供应商之间存在的外部边界障碍,以授权的团队取代各种职能部门,以保持组织的灵活性。

(4)学习型组织

学习型组织是在发展中形成了"持续开发创造未来的能力的组织"。① 美国组织学家理查德·L·达夫特曾指出:"在许多行业中,比竞争对手学习和变化更快的能力或许是唯一有力的竞争优势。"麻省理工学院的彼得·圣吉(Pete. M. Senge)教授于1990年在《第五项修炼——学习型组织的艺术和实务》中系统地提出了"学习型组织"的理论及创建方法。此后,世界500强企业中几乎有一半运用该理论的原则来设计组织。

学习型组织是按照学习关系建立上下互动、内外互动的组织结构,是充分发挥员工的创造性思维能力而建立起来的一种有机的、高度柔性的、扁平化的、能持续发展的组织。建设"学习型组织"必须进行如下五项修炼:自我超越、改善心智模式、建立共同愿景、团体学习、系统思考。

二、战略与组织结构的关系

1. 钱德勒的观点

美国学者钱德勒最早研究了战略与组织结构的关系。他在1962年出版的《战略与结构——美国工业企业历史的篇章》一书中,研究了美国70家公司的发展历史。

他发现这些公司在早期倾向于建立集中化、层级式的组织结构,如直线-职能制结构,以适应其专业化分工,生产和销售有限的产品。随着企业产品多元化发展战略的实施,其组织结构就必须相应地发生变化,变为具有几个半自治性质的事业部式的分权式组织结构。他详细阐述了美国工业企业发展的四个阶段所产生的战略,以及伴随着这些战略所形成的不同的组织结构。这四个阶段是:数量扩大战略阶段、地区扩散战略阶段、纵向一体化战略阶段、多样化战略阶段。

钱德勒研究的结论是:组织结构服从于战略,公司战略的改变会导致组织结构的改变。最复杂的组织结构是若干个基本战略组合的产物。

2. 吉尔布莱斯和卡赞佳的观点

吉尔布莱斯和卡赞佳认为,采用适宜的组织结构可使企业具有竞争优势。并指出战略与组织结构配合的具体指导原则:

①单一业务和主导业务的公司(即公司主要在一个行业领域中经营),应当按照职能式的

---

① 彼得 圣吉. 第五项修炼——学习型组织的艺术与实践[M]. 新世纪最新扩充修订版. 张成林,译. 北京:中信出版社,2009:15.

结构来组织。

②进行相关产品或服务多样化的公司,应采用事业部的结构。

③进行非相关产品或服务多样化的公司,应采用复合式(或控股公司)的结构。

3. 战略与组织结构的关系

战略与组织结构的关系是组织结构要服从于战略的需要,企业所拟定的战略决定着企业的组织结构的变化;组织结构会影响企业战略的实施。

战略与组织结构的主从关系具体表现在:

①企业的战略选择规范着组织结构的形式。

②只有使组织结构与战略相匹配,才能成功地实现企业的战略目标。

③组织结构抑制着战略。一方面,与战略相适应的组织结构,会促进和推动战略的有效实施;另一方面,与战略不相适应的组织结构,将会成为限制、阻碍战略发挥其应有作用的巨大力量。所以,企业不能从现有的组织结构的角度去考虑企业的战略,而应根据外界环境的要求去制订战略,然后再根据新制订的战略来调整企业原有的组织结构。

④一个企业如果在组织结构上没有重大的改变,则很少能在实质上改变当前的战略。

⑤管理者要充分认识到战略的前导性与组织结构的滞后性

战略的前导性,是指战略变化要快于组织结构的变化。组织结构的滞后性,是指组织结构的变化,要慢于战略的改变。原因是新旧组织结构的交替有一定的时间和过程;另外,旧的组织结构都有一定的惯性,主要来自于管理人员的抵制,因为他们对原有的组织结构已经熟悉、习惯,且运用自如。

正确认识特性,可以帮助管理者在组织结构变革上既不能操之过急,又要尽量努力来缩短组织结构的滞后时间,使组织结构尽快变革,以适应企业战略的变革。

三、组织设计的原则

很多学者对组织设计进行了研究。19世纪末,德国的组织理论学家马克斯·韦伯认为官僚制度是最有效率的组织形式。亨利·法约尔最早提出组织管理原则观念的学者之一,在其14条管理原则中包含了一些组织设计的原则。

(一)哈罗德·孔茨14条原则

管理学家哈罗德·孔茨总结了学者们的研究成果,归纳出组织设计中应遵循的14条原则,它们是:目标一致原则;效率原则;管理幅度原则;分级原则;授权原则;职责的绝对性原则;职权和职责对等原则;统一指挥原则;职权等级原则;分工原则;检查职务与业务部门分设原则;平衡原则;灵活性原则;便于领导原则。

(二)管理学家德鲁克的观点

能够完成工作任务的最简单的组织结构就是最优的结构。

（三）彼得斯和沃特曼的组织设计三原则

彼得斯和沃特曼的研究也表明,成绩卓著的企业具有简单的组织结构,如大多数优秀的企业采用事业部制以保持组织结构简单。他们认为,未来的组织机构应满足企业经营的三方面的基本需要:稳定性原则,保证有效完成企业的基本任务。企业家精神原则,保持企业的不断革新。破除习惯势力原则,避免企业组织的僵化。

（四）组织设计的动态原则

针对原来相对传统的组织设计原则,无法适应当今技术发展迅速,市场变化莫测,激烈的竞争环境,有的学者提出了组织设计的动态原则。这些原则的指导思想是让组织结构具有弹性,能比较快地适应环境的变化,并迅速地做出决策。

1. 集权与分权相平衡的原则

集权与分权相平衡原则就是根据组织的实际需要来决定集权和分权的程度。集权是指组织中的决策权集中于最高层。一般来讲,如果组织的高层管理者不考虑或很少考虑基层人员的意见就做出重大决策,则这个组织的集权化程度较高。相反,基层人员参与程度越高,或他们能够自主地做出决策,组织的分权化程度就越高。集权和分权的程度完全是根据组织在不同时期、不同环境下为了完成组织目标的需要而决定的。

2. 弹性结构原则

组织设计应具有一定的弹性,不能墨守成规,一成不变,这样才能适应情况的不断变化。弹性结构原则就是指组织的部门结构、人员的职位和职责是可以随着实际需要而变动的,以便使组织能快速适应环境的变化。为了使组织具有活力,并快速适应环境的变化,在组织设计和结构维护过程中,应定期对已有部门机构进行功能审核。为了使职位保持弹性,应按任务和目标需要设立岗位,而不是按人设岗。因此,必须综合考虑当时具体的环境、技术、战略、人员情况,采用不同的组织设计或者对组织设计及时进行适当的调整改进,以求成功地实现组织的目标。

四、组织设计的随机制宜理论

组织结构设计的随机制宜理论认为,最适宜的组织结构虽然主要取决于企业的战略,但是组织结构也受企业的规模和所处发展阶段、所面临的环境状况,以及企业所采用的技术等因素的影响。

（一）企业规模、发展阶段与组织结构的关系

企业规模、发展阶段是确定其组织结构的关键因素之一。随着企业规模的扩大,需要不同的组织结构与之相适应。比如海尔从一个小企业发展成为跨国公司,其组织结构的变革经历了从直线职能式结构到矩阵结构再到市场链结构等等的变迁。总裁张瑞敏说:"整个组织结构的变化缘自我们组织创新的观点,就是企业要建立一个有序的非平衡结构。我们在建立一

个新的平衡时就要打破原来的平衡,在非平衡时再建立一个平衡。就像人的衣服一样,人长大了服装就要改,如果不改肯定要束缚这个人的成长。"

在学者们的研究中,最具代表性的是赛恩(Thain)、苏格特(Scott)和陶森(Tuason)等人的三阶段发展模型和加农(J. T. Cannon)的五阶段发展模型。加农的五阶段发展模型,把企业发展分为创业阶段、职能发展阶段、分权阶段、参谋激增阶段、再集权阶段五个阶段来研究。哈韦(Donnald F. Harvey 加农的五阶段发展模型,勾勒出美国公司主导性的发展道路,以及所采取的战略导致的新组织结构类型。

企业规模对组织结构的影响主要表现在:规范化程度、分权程度、管理的复杂性。

(二)企业环境与组织结构的关系

企业环境决定着组织结构,即企业的组织结构要服从和适应企业战略环境的变化而变化。在研究时,为简单起见,通常把企业环境分稳定环境与不稳定环境来分析。

伯恩斯和斯托克的研究,是将组织结构分成两种类型:机械系统,有机系统。机械系统是指,职责界限分明、工作程序精确、责权关系固定和组织等级制度严密。在稳定环境中,被成功企业倾向于采用。有机系统,是指工作程序不太正规、强调适应性、更多地实行参与制和权力不太固定。在不断发展变化的非稳定环境中,被成功企业倾向于采用。

劳伦斯(P. Lawrence)和劳什(J. Lorsch)的研究认为,为了取得成功,在动态环境中经营的企业需要相对灵活的结构;在稳定环境中的企业需要较固定的组织结构;处于中间环境中的企业需要一个介于两个极端结构之间的组织结构。

综合学者们的研究,可以得出以下结论:对于一个企业来说,最有效的组织结构在某种程度上取决于它所处的环境状态。

(三)技术与组织结构的关系

研究者们的结论是技术在决定组织结构类型中起着关键作用。

如伍德沃德(J. Woodward)等分析了美国100家公司认为:"对于每一个生产系统来说,有一个最适宜的具体组织形式。"其研究发现:①管理层次的数目随着技术复杂性的提高而增加。②如果使用前面所述的有机系统和机械系统的定义,则在采用单件或连续性生产方法的企业中,有机系统占优势;在采用大规模或大量生产方式的企业中,机械系统占优势。③在技术复杂性和企业的规模之间,没有发现显著的关系。④管理人员和监督人员占总人员的比重将随技术复杂性程度的提高而增大。⑤成功的绩效与公司的组织结构有密切关系。

技术因素主要是指组织中从投入到产出的过程。从企业的工艺技术特性来分,企业的类型可分为:单件小批量生产的企业、批量生产的企业和大批量生产的企业。组织中技术活动的不同决定了对组织结构有不同的管理和协调的要求。

单件小批量生产企业,在组织设计时,应采用分权的方式;对于大批量生产的企业,应采用相对集权的方式管理,采用传统的设计原则,明确层次结构和职责范围;对于批量生产的企业,应灵活掌握集权与分权的运用,同时考虑传统设计原则和动态的设计原则。

第三节 战略管理的领导者

从 7 - S 模型中谈到,战略实施的一个匹配因素是人员。而人员中起主导作用的是战略管理的领导者。战略管理是企业最高管理者的主要职责,无论是战略的制订和选择还是实施,都离不开企业的最高管理者的领导。一个强有力的战略领导者集体是企业战略成功的必备因素。研究和管理实践表明,不同类型的战略对企业最高领导者的素质、领导风格和行为的要求不同,企业战略管理要求战略管理的领导者及其行为与战略相匹配。

一、领导理论概述

(一)领导的概念

哈罗德·孔茨和奥唐奈综合专家学者们的研究认为,领导,简单地说就是影响力,是对人们施加影响的艺术或过程,从而可使人们心甘情愿地为实现群体的目标而努力。

对领导定义的这一表述包含了以下要点:

①领导的本质是影响。领导行为的实施、组织成员对领导者的信任和追随,都离不开领导者的影响力。

②领导是一个动态的过程,是领导者这个主体对下属引导、指导的过程。

③领导的方法是多样的,也正是因为领导方法的多样性,才使领导科学研究具有必要性和重要性,同时也构成了领导科学研究的重要内容。

④领导的目的是为了达到组织确立的目标。

(二)领导理论

领导理论的发展经历了特质理论、行为理论和权变理论三个主要阶段。

1. 领导特质理论

领导特质理论又称为特质论或品质论,主要研究杰出的领导者所具有的特征或品质。该理论的出发点是:领导效率的高低主要取决于领导者的特质,那些成功的领导者也一定有某些共同点。只要找出成功领导者应具备的特点,再考察某个组织中的领导者是否具备这些特点,就能断定他是不是一个优秀的领导者。

(1)传统特质理论

传统的领导特质理论认为,人的特性和品质是天生的,天赋是人们能否胜任领导者的根本因素。管理学家吉赛利在《管理者探索》中提出,领导者应具备八种个性特征和五种激励特征:才智、首创精神、督察能力、自信心、决断力、适应性、性别、成熟程度;五种激励特征为:对工作稳定的需求、对金钱奖励的需求、对指挥他人权力的需求、对自我实现的需求、对事业成就的需求。心理学家吉普(J. R. Gibb)的研究认为,天才领导应该具备七种特质:善于言辞、外表英俊、智力过人、充满自信、心理健康、支配趋向、外向敏感。

(2)现代特质理论

现代领导特质理论认为,领导者的特性和品质是在实践中形成的,是可以通过教育训练培养的。他们还结合组织的环境,用系统和动态的观点,因地、因时、因人研究领导特质。

包莫尔(W. J. Baumol)提出的领导者应该具备以下十个条件:合作精神、决策能力、组织能力、精于授权、善于应变、勇于负责、勇于求新、敢担风险、尊重他人、品德高尚。

日本企业界要求领导者应具有十项品德和能力。十项品德是:使命感、信赖感、诚实、忍耐、热情、责任感、积极性、进取心、公平、勇气。十项能力是:思维与决策能力、规划能力、判断能力、独创能力、洞察能力、劝说能力、对人的理解能力、解决问题能力、培养下级能力、调动积极性能力。

2. 领导行为理论

领导行为理论主要研究领导者的行为是否有独特之处,通过对领导者行为的研究找出领导者行为与领导效果之间的关系。他们按照领导行为的基本倾向加以划分,从而提出了不同的理论模式。这方面有代表性的研究主要有领导风格理论、领导行为四分图、管理方格理论、PM 理论等。

(1)勒温的领导风格理论

心理学家勒温(P. Lewin)通过试验研究不同的工作风格对下属群体行为的影响,他认为存在着三种极端的领导工作风格,即专制领导风格、民主领导风格和放任自流领导风格。放任自流的领导工作作风工作效率最低,只能实现社交目标,而实现不了工作目标。专制作风的领导虽然通过严格的管理实现了工作目标,但群体成员没有责任感,情绪消极,士气低落,争吵较多。民主型领导作风工作效率较高,不但实现了工作目标,而且群体成员关系融洽,工作主动积极,有创造性。

(2)领导系统模式

美国密执安大学的伦西斯·利克特(Rensis Likert)教授在 1961 年出版的《管理新模式》一书中,提出了领导的四系统模型。该模式划分的四类领导风格为:剥削式的集权领导、仁慈式的集权领导、协商式的民主领导和参与式的民主领导。

他认为只有第四系统——参与式的民主领导才是领导一个组织的最有效方式,因为这种领导风格采取了激励人的办法。有效的领导者应面向下属,依靠人际沟通使各方团结一致地工作。组织全部成员都采取相互支持的态度,并具有共同的需要、价值观、抱负、目标和期望。

(3)俄亥俄州大学研究的领导行为四分图[①]

1945 年美国俄亥俄州大学商业研究所霍尔平(Halpin)维纳(Winer)将领导行为用两个构

---

① 张一纯.组织行为学[M].北京:清华大学出版社,2006:219.

面加以描述:关怀(consideration);定规(initiating structure)。该理论又称之为"领导双因素模式"或"二维构面理论"(two dimension theory)。

"关怀"是指一位领导者对其下属所给予的尊重、信任以及互相了解的程度。从高度关怀到低度关怀,中间可以有无数不同程度的关怀。"定规",也就是指领导者对于下属的地位、角色与工作方式,是否制定了规章或工作程序。这也可有高度的定规和低度的定规。因此,二维构面可构成一个领导行为坐标,大致可分为四个象限,也就形成了四种领导方式。如图9.8所示。

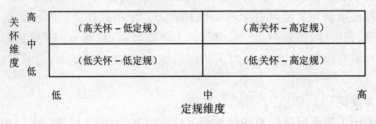

图9.8 领导行为的二维构面

研究证明,高关怀高定规的领导者并不总是产生积极效果。在生产部门内,工作绩效与定规程度呈正相关;而与关怀程度呈负相关。但在非生产部门内,这种关系恰恰相反。一般来说,低关怀高定规的领导方式效果最差。其他三种类型的领导行为普遍与较多的缺勤、事故、抱怨及离职有关系。

(4)密歇根大学(Michigan)研究的领导行为四分图

密歇根大学的利克特等人的研究,找出了两种非常典型的领导风格:以工作为中心的领导风格,近似俄亥俄州立大学的"定规"维度;以人为中心的领导风格,这近似俄亥俄州立大学的"关怀"维度,也属于领导导向型领导风格。由这两方面形成四种类型的领导行为,就是领导行为四分图(如图9.9所示)。研究认为,以人为重和以工作为重,这两种领导方式不应是相互矛盾、相互排斥的,而应是相互联系的。一个领导者只有把这两者相互结合起来,才能进行有效的领导。

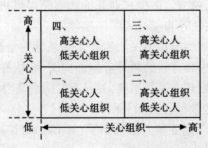

图9.9 领导行为四分图

两所大学研究的不同点在于:俄亥俄州立大学把"关怀"与"定规"视为两个独立的维度,因而一个领导者在这方面可分别表现为高或低;密歇根大学则把以工作为中心和以人为中心的两类领导风格视为一个单一维度的两个端点,可从一个极端沿这个连续统一体过渡到另一极端,因而就不可能有"双高"或"双低"式的组合。

(5)管理方格理论①

在俄亥俄州立大学提出的领导行为四分图的基础上,美国著名行为科学家布莱克(Robert R. Blake)和莫顿(Janes S. Moaton)在1964年出版的《管理方格》一书中,提出了管理方格图理论,又称管理坐标理论。他们将四分图中的"以人为重"改为"对人的关心度",将以"工作为重"改为"对生产的关心度",将关心度各划分为九个等分,形成81个方格,从而将领导者的领导行为划分成许多不同的类型(如图9.10所示)。在评价领导者的领导行为时,应按他们这两方面的行为寻找交叉点,这个交叉点就是其领导行为类型。纵轴的积分越高,表示他越重视人的因素,横轴上的积分越高,就表示他越重视生产。

管理方格把领导风格分成五种基本类型。即贫乏型管理、俱乐部型管理、任务型管理、团队型管理、中庸之道型管理。其中,团队型管理为最佳领导方式。

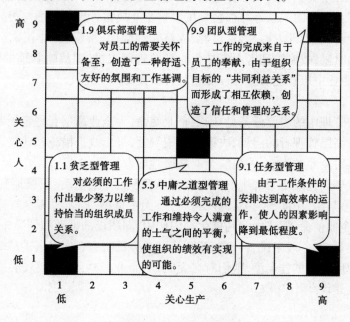

图9.10 管理方格图

3. 菲德勒(Fred Fiedler)的权变领导理论

菲德勒是第一个把人格测量与情境分类联系起来研究领导绩效的心理学家,提出了一个

---

① 张一纯.组织行为学[M].北京:清华大学出版社,2006:220.

"有效领导的权变模式",也叫菲德勒模式。

他认为,没有一成不变的和适应于一切情况的最好的领导风格,领导的有效性依赖于领导者所处的情境因素或条件。领导效果的好坏受三种情境因素的影响:一是领导者与被领导者的关系,即领导者对下属信任、信赖和尊重的程度,或者是下属爱戴、信任领导者和情愿乐于追随领导者的程度;二是工作任务是否明确;三是领导人的职务权力。有效的领导应该做到以下几点:首先是确定领导风格,其次是确定情境、即对情境进行评估,最后是领导者与情境的匹配。即有效的领导风格必须与所处的领导环境相适应或匹配。

4. 领导理论的当代发展

当代领导理论更多地把领导视为是一种对组织意义的管理、愿景规划的描述和界定。这些理论有:魅力型与工具型领导理论、交易型领导与变革型领导理论、愿景领导理论、领导归因理论、认知资源理论、领导－成员交换理论等。

二、战略管理者的构成及作用

企业战略管理者是实施企业战略管理的主体,其构成、管理风格、素质和能力、各自的参与方式和程度以及相互之间的关系等等都会直接影响企业战略管理的成败与否。企业战略管理者通常包括董事会、高层管理者、中层管理者、战略管理部门、智囊团、非正式组织的领导。在战略分析和选择的时候,战略管理者主要是企业高层管理人员,即战略管理的领导者;在企业的战略实施阶段,企业中层管理者参与程度相对有所提高。

1. 董事会

董事会在战略管理中的主要任务是:确定企业使命,为企业高层管理者划定战略选择的具体范围。审批企业高层管理者的建议、决策和实施纲领,提出改进措施和建议。监测企业内外部环境的变化及其对企业的影响,并提醒企业高层管理者注意。

研究者们把董事会在战略管理中的参与程度从高到低(或主动、积极地到被动、消极地)分为促进型、积极参与型、中度参与型、低度参与型、无主见型、挂名型。参与程度最高的是促进型,他们在确定企业使命、战略中起到催化剂的作用,即积极的推动和领导作用,并设有一个积极负责的战略委员会,一般来说,会定期召开董事会会议研究企业发展的战略问题。而另一个极端就是参与程度最低的挂名型,他们有名无实,对企业战略漠不关心、从来没有对企业的战略提出过积极的建议。

2. 高层管理者

企业高层管理者在企业战略管理中起着关键的重要作用。他们是企业战略的制订者、战略的实施者、战略管理的领导者。

3. 企业中层管理者

企业中层管理者虽然因其地位的局限性而限制了其思维和能力,但是他们是企业一个特定职能部门或某一个战略经营单位的领导者,他们是某一个技术、生产或管理领域的专家,所以对企业基层情况更了解。他们在企业战略分析和制订的时候,往往能提出切实可行的建议,为企业总体战略规划提供有价值的信息。在战略实施阶段,他们更是企业战略的具体执行者。

4. 战略管理部门

一些大型企业为了便于高层领导者摆脱繁重的战略制订细节问题、集中精力考虑企业战略发展方向问题,成立一个专门的战略管理部门或战略领导小组。他们专门负责收集和分析各种数据和信息,提出和评价企业可行的战略选择,帮助高层管理者制订企业的战略目标,审查、指导和协调各个战略经营单位的战略规划及实施,设计战略管理系统等工作。

5. 智囊团

智囊团一般是由外部高级管理咨询人员组成的参谋集团。其成员由来自大学、科研单位、科技情报机构、政府官员、社会名流等各类专家组成。有的企业有固定的参谋机构,很多企业还经常求助于大型的管理咨询公司。

6. 非正式组织的领导人

企业中非正式组织的领导人的力量也是不可忽视的。企业战略管理的制订和实施可能会影响一些小团体的利益。企业领导人要积极引导、有效沟通和掌控,消除非正式组织的领导人的消极影响和对企业战略实施的阻碍和干扰,团结他们共同实现企业的战略目标。

三、战略管理领导者能力与战略的匹配

菲德勒领导的权变理论对企业战略管理的重要启示就是,有效的领导风格必须与所处的领导环境相适应或匹配。企业战略管理实践成功的经验和失败的教训也表明,战略管理领导者的能力必须与企业的战略相匹配。它包括两方面内容:企业家的能力与战略类型相匹配;企业高层领导班子中每个人的能力互相匹配。

(一)战略管理领导者的素质和能力

优秀的企业家是企业的领袖,是企业战略管理活动的主要决策人和战略实施的主要指挥者,也是战略管理的积极实践者。所以,他们的素质和战略能力直接影响到企业战略管理的成败。他们一般应该具备如下主要素质和能力:

1. 品德高尚

企业家的品格魅力包括诚信、正直、自信、意志坚强、勤奋、尽职尽责、善于学习勤于思考、宽容仁爱、胸怀坦荡、公平公正、信念坚定、勇于承担社会责任等等。企业领袖的这些优秀的道德品质是其企业员工、消费者、股东以及社会各界对他的追随、信任和支持的重要原因。其高尚的价值观和先进的理念会影响企业核心价值观念的形成和优秀企业文化的塑造。其内在的高尚品格,可以赢得人们的信赖,从而形成凝聚力和感召力。如尊重员工的理念,可以激发员工们发自内心的爱企业和工作积极性;勇于承担社会责任,可以获得社会公众的良好口碑;公平竞争、童叟无欺,可以赢得顾客、甚至是竞争者的尊重。

2. 远见卓识

企业战略管理的一个重要特点是着眼于未来、视野宽广,而非只顾眼前的既得利益。远见卓识来自于企业家广博的知识、丰富的管理经验、对企业所处的战略环境清醒的认识、对未来市场的变化正确的预测、对企业集体智慧的有效综合。

3. 统筹全局

优秀的战略领导者要从文山会海和繁杂的报表中脱离出来,既要看到"树木"、又要看到"森林"。即要着眼于企业的总体情况,处理好全局(公司总体战略)与局部(各个战略经营单位、各个职能部门的战略)的关系,统筹和协调好各个战略经营单位、各个职能部门的战略规划与实施。

4. 勇于创新

企业的发展是不断开拓进取和创新的过程。企业家要有勇于创新的意识和积极探索的行动能力。故步自封和思想僵化会把企业带入停滞不前、甚至走向灭亡的泥淖。

5. 善于沟通

优秀的战略领导者要善于与自己领导班子的成员、中层领导人甚至普通员工和公众媒体进行沟通。这包括三个方面:善于表达自己的主张和思想、积极推行思考成熟的战略意图;注意倾听来自各个方面的意见和建议,补充和完善到战略方案中;对来自员工、社会各界的建议、意见要及时反馈,这是战略管理控制的需要、也是取得公众理解和支持的手段。

6. 机智应变

全球化给企业带来了巨大的挑战,企业始终处于剧变的环境之中。优秀的战略领导者要有敏锐的洞察力,有对外界突变的环境和事件机智果敢的判断力和决策能力,审时度势、带领企业适应市场的变化、避开企业经营和管理的危险和威胁。

7. 精于授权

优秀的战略领导者要善于授权而不是事必躬亲。一方面,可以节省时间和精力、集中思考企业的战略问题;另一方面,可以调动下属的工作积极性、培养他们的工作能力和创造力。

8. 身心健康

优秀的战略领导者要有健康的体魄和良好的心理品质。在心理素质方面,注意正确认识自身的人格特点、扬长避短,提高自身的以及领导班子成员的情商能力。

(二)企业家类型与战略的匹配

有研究认为,每一种企业的战略都要求企业家有特定的能力与之相匹配,企业家的自身能力要适合特定的战略。换言之,如果企业的战略有所调整,那么,原本适合的企业家就与之不相适应了,这也是国内外很多优秀的职业经理人不会在一个企业永远工作下去的原因之一。以下是几种不同的研究。

1. 企业家六种类型与六种战略的匹配

研究者们根据企业家从服从性、社交性、能动性、成就压力、思维方式等五个方面表现出来的特征,把企业家的分为开拓型、征服型、冷静型、行政型、理财型和交际型六种类型。根据产品市场寿命周期、竞争强度、技术特征等因素,把企业战略划分为:剧增战略、扩充战略、连续增长战略、巩固战略、收获战略和收缩战略六种类型。以此来判断企业家的类型与战略类型相配合的关系和成功的机会。

以开拓型和交际型的企业家两种典型的类型为例。图9.11表明,开拓型企业家在剧增阶段发挥的优势最大,而随着扩充、收缩战略的实施,其作用呈现出递减趋势,在巩固战略、收获战略和收缩战略这三类战略中,开拓型企业家很难发挥作用。图9.12表明,交际型的企业家由于缺少必要的创造力,在剧增战略和扩充战略方面一般不会起多大作用,但在其他战略的实施中能或多或少地发挥作用。

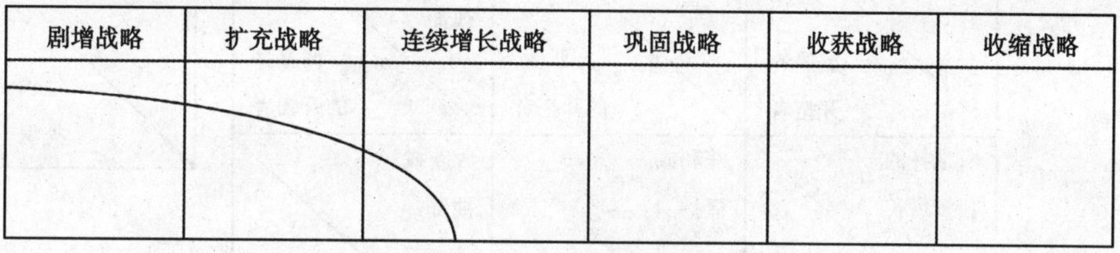

剧增战略	扩充战略	连续增长战略	巩固战略	收获战略	收缩战略

图9.11 开拓型企业家的效应

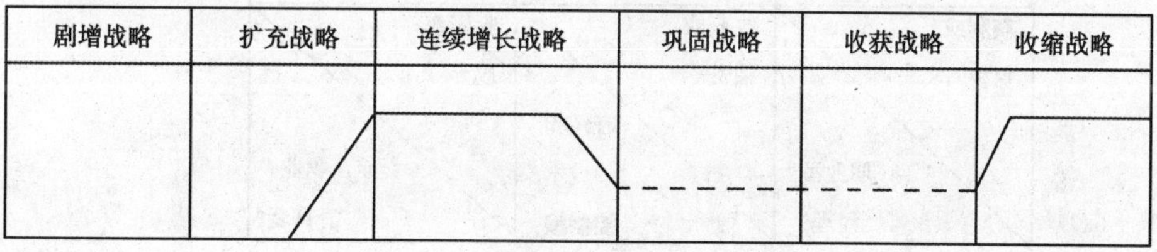

剧增战略	扩充战略	连续增长战略	巩固战略	收获战略	收缩战略

图9.12 交际型企业家的效应

2. 日本学者的研究[①]

日本学者小野丰广在其所著的《日本企业战略和结构》一书中,把企业家分为四种类型:革新分析型(攻势型的革新者和良好的组织者)、革新直觉型(攻势型的,但也是独裁型的革新者)、保守分析型(是追求完美、不做冒险事情的理论家型)、保守直觉型(倾向于传统的一贯做法)。

显然,革新分析型企业家最适合做企业家。然而,在挑选与战略相匹配的企业家时,还应考虑企业所处的发展阶段。在企业发展的初期,企业规模小、产品简单、决策相应地也比较简单,此时革新直觉型企业家比较适合。随着企业发展和实行多样化经营战略,革新分析型企业

---

① 小野丰广.日本企业战略和结构[M].吕梦仙,等,译.北京:冶金工业出版社,1990:33-36.

家更适合。随着企业走向成熟和稳定,企业更需要保守分析型的企业家管理企业。

3. 不同战略单位领导者能力与战略的匹配

霍福尔(C. W. Hofer)和达沃斯特(M. J. Davoust)根据美国通用公司和麦肯锡公司研究的行业吸引力-竞争地位矩阵法(见本书第八章)认为,采取不同战略的战略经营单位应该由不同类型的领导者来领导(如图9.13所示)。这个模式为战略管理者们提供了一个参考工具。

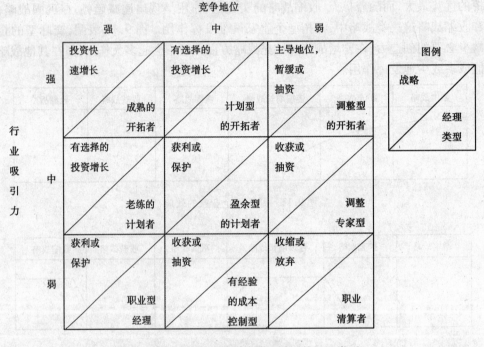

图9.13 不同经营单位战略所需要的经理类型

(三)企业高层战略领导班子集体的构建

企业战略的分析、选择与实施不能只依靠企业总经理一个人的力量,而是要依靠一个领导班子团队的集体智慧和力量来实现。特定的企业和战略,总会有不同的具体要求。为了提高企业高层领导班子集体的绩效和战斗力、保证企业战略的制订和实施,在组建班子的时候,应遵循以下的主要原则。

1. 选择合适的人员

①注意班子成员的个人价值观与企业价值观的吻合程度。这也包括他对企业战略使命、战略目标的认同和完成的意愿。

②注意班子成员知识和专长的多元化以及个人能力的互补性。他们的能力是完成战略任

务所必需的,又各有所长、优势互补。罗宾斯提出①,一个有效运作的团队,需要三种不同技能的人。第一,需要具有技术专长的成员;第二,需要具有发现问题、解决问题和决策技能的成员;第三,需要具有善于聆听、反馈、解决冲突、平衡人际关系技能的成员。

③注意班子成员人格特点,注意其个性的互补性、相容性以及与工作职位的匹配性。不同气质类型的成员组合在一个集体中,分别让他们担任适合的不同角色,有利于构成和谐的组织氛围、有利于工作的协调发展和战略的制订实施。

④注意吸收来自于不同的岗位、部门、地域的人。不同背景、经历、职务的人,由于其思维方式的多元化以及工作风格迥异,会给企业战略管理工作带来更多创意和创新。

2. 倡导共享的团队学习

积极倡导和鼓励成员们达成在学习中工作、在工作中学习的共识。由于信息、知识、工作经验等的共享和充分的交流,使班子成员增强责任感、使命感和归属感,培育良好的团队精神,提高领导班子的凝聚力和战斗力。

3. 设立有效的激励机制

有效的激励机制包括公平、公正的绩效评估、奖酬体系等,也包括领导对成员的信任、授权、支持和关爱。这对于充分调动班子成员的积极性和创造性是一个有效而必要的方式。

4. 构建和谐的组织氛围

建立彼此信任、互相尊重、坦诚相待、开明和开放思维、积极创新、勇于开拓、和睦融洽的组织氛围,可以使每一个班子成员都心情舒畅地工作,发挥出其聪明才智,群策群力做好企业战略管理工作。

第四节 战略与企业文化

从麦肯锡 7-S 模型中,可以看出,关系到战略管理成功与否的另一个重要因素是"共享的价值"。"共享的价值"集中体现在企业文化之中。管理实践和研究表明,企业文化与企业战略的匹配性,关系到企业战略管理的成败。

一、企业文化概述

(一) 企业文化的概念

企业文化是企业在长期的发展过程中所形成的、为组织多数成员所普遍认可和共同遵循的、具有本组织特色的价值观念、基本信念和行为规范等群体意识的总和。

国内外许多学者从各自不同的角度对企业文化的概念予以了阐述。如迪尔和肯尼迪在他

---

① 斯蒂芬 P 罗宾斯. 组织行为学[M]. 10 版. 孙健敏,李原,译. 北京:中国人民大学出版社,2005:291.

们合著的《企业文化》一书中指出:"企业文化由价值观、神话、英雄和象征凝聚而成,这些价值观、神话、英雄和象征对公司的员工具有重大的意义。"[①]日裔美籍教授威廉·大内指出:"公司文化是由其传统风气所构成的。同时,文化意味着一个企业的价值观,如进取、保守或灵活,这些价值观成为企业员工活动、建议和行为的规范。管理人员以身作则,把这些规范灌输给员工,再一代代传下去。"[②]

(二)企业文化的内容

企业文化可分为三个层次:精神层、制度层和物质层。上述三个层次构成了一个有机系统,它们互相制约、互相影响,形成了每个企业独特的文化体系。

1. 精神层

精神层是企业文化的深层或内隐层,主要是指企业在生产经营活动过程中形成的具有组织特征的文化观念和意识形态,企业员工共同信守的基本信念、价值观、职业道德及精神风貌,它是企业文化的核心,是一个企业长期积累和沉淀的结果。精神层通常包括:企业精神、企业使命(包括企业哲学和企业宗旨)、企业的核心价值观、组织道德、组织风气等。

2. 制度层

制度层是企业文化的中间层次,指对企业员工的行为产生规范性、约束性影响的部分,它集中体现了企业文化的物质层和精神层对企业员工行为的要求。制度层通常包括:企业内部的各种规章制度、行为习惯、经营风格、行为规范、员工修养以及一些特殊的礼仪、风俗等。这些内容以固定或者不固定的方式为企业所有的员工所共同遵守。

3. 物质层

物质层是区别于其他企业文化的、最显著的外部特征。它是组织和员工的理想、价值观、精神面貌的具体反映,它集中体现了企业的社会公众形象。它由企业员工创造的产品和各种物资设施所构成。物质层通常包括:产品的样式和包装、企业容貌、设备特色、建筑风格、旗帜、服装、标识、歌曲、纪念品和文化设施建设等。

(三)企业文化理论产生的背景

1970年,美国波士顿大学组织行为学教授戴维斯在其所著的《比较管理——组织文化的展望》一书中率先提出"组织文化"(Organization Culture)的概念。

进入20世纪70年代后期,世界上最早拥有完善的企业管理理论和丰富的管理经验的美国企业在世界市场上连连受挫,特别是进入20世纪80年代,美国企业的产品质量大大下降。日本的产品大举进入世界市场,所向披靡,许多欧美产品的传统市场被日本的产品挤占,在家电和汽车行业尤为突出。

---

① 余凯成.组织行为学[M].3版.大连:大连理工大学出版社,2006:411.
② 余凯成.组织行为学[M].3版.大连:大连理工大学出版社,2006:412.

为找出日本经济短时间里迅速崛起的原因,美国两次派出了几十位学者前往日本考察。结果发现,日本企业制胜的秘诀是管理的先进性。日本的企业注重群体意识和团队精神,出色地将现代技术和管理方法与本国文化传统结合起来,有效地调动了人的积极性,发挥了集体的力量。在美国和日本管理差异的背后存在着文化差异,正是这种日本企业内部的强大精神因素,即企业文化和企业精神,在推动着日本经济的崛起。

帕斯卡和阿索斯的《日本的管理艺术》、日裔美籍人威廉·大内的《Z理论——美国企业如何迎接日本的挑战》、奥图的《未来企业》、迪尔和肯尼迪的《组织文化——现代企业的精神支柱》、彼得斯和沃特曼的《追求卓越》、布雷德福和科恩的《追求卓越的管理》、彼得斯和奥斯汀的《追求卓越的热情》、戴维斯的《公司文化和管理》、米勒的《美国企业精神》等研究成果表明,企业成功的关键在于企业文化,只有建设优秀的企业文化,才能充分调动人的积极性,从而提高企业的效率。

(四)影响企业文化的因素

企业文化的影响因素主要包括民族文化因素、外来文化因素、行业文化因素、组织传统因素和领导者文化因素。

二、企业文化的作用

美国管理学家法兰西斯曾说过:"你能用钱买到一个人的时间,你能用钱买到劳动,但你却不能用钱买到热情,你不能用钱买到主动,你不能用钱买到一个人对事业的奉献。而所有这一切,都是我们企业家可以通过企业文化的设置而做到的。"成功的企业管理实践证明,优秀的企业文化可以激发员工的潜能,增强企业的凝聚力和战斗力,推动企业的发展。具体主要表现在以下方面。

1. 导向作用

企业文化作为员工的共同价值观念一旦形成,就会产生一种精神力量,对员工具有强烈的感召力,将员工的思想和行为引导到企业的既定目标上来。

2. 凝聚作用

企业文化能使组织成员在统一的思想指导下,产生对组织目标、行为准则、经营观念等的"认同感"和作为组织成员的"使命感",进而产生对于本职工作"自豪感"和对组织的"归属感"。企业文化像黏合剂一样,把整个组织的能量聚合起来,产生向心力,团结全体成员为企业目标共同奋斗。

3. 激励作用

优秀的企业文化可以激励员工的工作积极性和热情。比如,海尔集团提倡的"人单合一的双赢文化",体现了"人本主义",在为员工提供了更有挑战性的工作的同时,帮助员工成长、促进员工成功,极大地激发了员工的主动性和创造性。

4. 规范作用

企业文化的规范或约束作用是通过员工自身感受而产生的认同心理过程而实现的,它不同于外部的强制机制,它是通过员工的内省,产生一种自律意识,从而自我遵守组织管理的各种规定,例如厂规、厂纪等。自律意识比强制机制的优点在于员工是心甘情愿地接受无形的、非正式的和不成文的行为准则,自觉地接受组织文化的规范和约束,并按照价值观念的指导进行自我管理和控制。

5. 协调作用

企业文化可以促使组织内部各个部门之间、成员之间、成员与组织之间的有机配合。在此过程中,还可以对组织的各种资源,如人力资源、物力资源、财力资源、知识资源、社会资源等进行有效整合,形成组织的竞争力。

6. 辐射作用

优秀的企业文化应该达到外塑形象、内提素质的作用。即在企业内部,通过优秀企业文化的建设,提高企业成员乃至整个企业的素质和竞争能力;在企业外部,以其个性化的特点和内涵,对公众展示出企业的良好形象,提高企业的知名度和美誉度。

三、企业战略与企业文化的关系

企业文化对于企业战略实施的关系表现在以下几方面。

1. 优秀的企业文化促进企业战略的顺利实施

优秀的企业文化就能发挥出前面所述的作用,统一员工们的意志和愿望,凝聚全体成员的力量,推动企业战略实施顺利进行。

2. 低劣的企业文化会阻碍企业战略实施

如果一个企业的企业文化是落后的,那么,它将会以其陈旧的管理理念、僵化的思维方式、失败的管理协调和规范,打击企业员工的积极性和创造性,从而阻碍企业的战略实施。

3. 企业文化与企业战略的匹配性影响企业战略实施

理论上优秀的企业文化固然很好,但是管理者必须注意到企业文化与一个特定的企业及其战略的匹配性,即企业文化对于当前企业战略是否适宜、互相匹配的问题。企业管理者字在学习其他企业先进经验的时候,不能照搬照抄,而是要根据本企业的特定战略的特色,来带领大家创建具有本企业特色的企业文化。对于不适合本企业战略部署的企业文化内容要加以改革和改进。企业文化与企业战略都需要在管理实践中不断调整、达到互相协调和适应,只有这样,企业文化才能达到促进和推动企业战略实施的成功进行。

本 章 小 结

战略执行是企业战略管理最终成败的关键。战略执行分为战略实施与战略控制两个方面。战略实施,是指执行达到企业战略目标的战略计划或战略方案,将战略付诸于实际行动的过程,是把美好的愿景变成现实的过程。这也是制订战略的目的所在。战略实施阶段要建立强有力的战略领导集体、根据战略的需要来优化资源配置、建立与战略匹配的组织结构、创造支持性企业文化、实现总体战略和职能战略的有效整合。

战略实施应遵循以下基本原则:适度合理性的原则、统一指挥的原则、权变原则、循序渐进原则。

博拿马用图表清晰阐明了战略实施与战略制订的相应关系:即使是一个合适的战略,如果不能很好地实施,也会导致战略的失败。有的时候,一个好的战略实施,不仅可以使一个合适的战略取得成功,而且可以挽救一个不太适宜的战略。

要想有效地实施一项企业战略,成功的管理者必须保持所制订的企业战略与企业内部的各种因素之间的互相适应和匹配。此时的战略实施才会成功。这七个因素又被称为麦肯锡7-S模型,它们是:战略、结构、体制、风格、人员、共享的价值、技能。

资源规划与配置是战略实施的一个重要保障,是企业形成能力乃至核心竞争力的必备条件之一、是企业制订战略的基础,会影响整个战略实施的成败。同时,提高资源的利用效率是企业战略管理的目标之一,战略实施应该促进资源的有效储备。资源规划与配置的原则是整合性、匹配性、有效性、动态性、共享性、关键性。大多数企业的资源规划与配置是在两个层次即公司层和经营层进行的。资源一定要与战略有机地相互配合,才能取得战略实施的成功,而这种组合或配合是具有动态性的。

企业战略管理的有效实施的一个重要因素就是战略要与企业的组织结构相匹配。企业组织结构的设计类型要受到企业战略、环境、技术、企业规模等因素的影响。

战略与组织结构的关系是组织结构要服从于战略的需要,企业所拟定的战略决定着企业的组织结构的变化;组织结构会影响企业战略的实施。最适宜的组织结构虽然主要取决于企业的战略,但是组织结构也受企业的规模和所处发展阶段、所面临的环境状况,以及企业所采用的技术等因素的影响。

战略管理是企业最高管理者的主要职责,不同类型的战略对企业最高领导者的素质、领导风格和行为的要求不同,企业战略管理要求战略管理的领导者及其行为与战略相匹配。它包括两方面内容:企业家的能力与战略类型相匹配;企业高层领导班子中每个人的能力互相匹配。

企业战略管理者通常包括董事会、高层管理者、中层管理者、战略管理部门、智囊团、非正式组织的领导。在战略分析和选择的时候,战略管理者主要是企业高层管理人员,即战略管理的领导者;在企业的战略实施阶段,企业中层管理者参与程度相对有所提高。战略管理领导者应该具备如下主要素质和能力:品德高尚、远见卓识、统筹全局、开拓创新、善于沟通、机智应变、精于授权、身心健康。

企业文化是企业在长期的发展过程中所形成的、为组织多数成员所普遍认可和共同遵循的、具有本组织特色的价值观念、基本信念和行为规范等群体意识的总和。企业文化可分为三个层次:精神层、制度层和物质层。上述三个层次构成了一个有机系统,它们互相制约、互相影响,形成了每个企业独特的文化体系。

企业文化具有导向、凝聚、激励、规范、协调、辐射的作用。由于企业文化对于企业战略实施有促进或阻碍的作用,所以企业文化与企业战略的匹配性影响企业战略实施。

思 考 题

1. 什么是战略实施? 战略实施的任务是什么?
2. 战略实施有哪些基本原则?
3. 企业在战略实施中经常会面临哪些问题?
4. 图示博拿马图,并简述战略实施与战略制订的关系。
5. 图示麦肯锡7-S模型,并简述企业战略与企业内部有哪些因素之间应具备匹配性。
6. 简述资源规划与配置的内容以及开展的层次。
7. 资源规划与配置的原则是什么?
8. 简述战略与资源的动态组合。
9. 组织结构设计的概念什么?
10. 试述组织结构的类型及其与企业战略的关系。
11. 简述组织设计的原则与随机制宜理论。
12. 简述不同领导理论的内容。
13. 战略管理者的构成及作用是什么?
14. 举例说明战略管理领导者应具备的素质和能力。
15. 试述企业家类型与战略匹配的三种模型。
16. 如何构建企业高层战略领导班子集体?
17. 简述企业文化的概念及层次。
18. 企业文化有什么作用?
19. 企业战略与企业文化有什么样的关系?

【案例分析】

以强大的文化驱动力打造"百年杭钢"

2010年10月29日,主题为"企业文化引领战略转型与创新发展"的"2010全国企业文化(杭钢集团)现场会"在杭州隆重举行,杭钢集团被授予"全国企业文化示范基地"称号。

作为上世纪50年代创办的老企业,杭钢的企业文化有着深厚的历史底蕴和丰富的人文内涵。在新的历史时期,杭钢集团由于地缘因素,失去了扩张钢铁主业规模的发展机遇,面对这种发展障碍,杭钢集团提出了"钢铁主导、适度多元、创新应变、做大做强"和"做精做强钢铁主业、做大做强非钢产业"的发展战略,在坚持战略创新和发展方式创新的同时,大力推动企业文化创新,以市场导向的战略执行文化为引领,以多元统一的开放式文化为目标,以人企合一的价值观管理为驱动,以可持续发展为共同愿景,充分发挥了企业文化对企业发展和经济发展方式转变的巨大牵引作用,极大地增强了企业的市场化意识和市场化发展能力,为企业突破发展障碍实现跨越式发展提供了动力源泉。

多年来,在市场化发展目标的引领下,杭钢集团一面通过内涵挖潜做精做强了钢铁主业,一面展开适度多元发展战略做大做强了多元产业,赢得了钢铁主业与多元产业并举并强的良好发展局面,实现了经济发展方式的转变,取得了跨越式发展成果,使企业连续6年跻身中国最大500家企业集团的前100位。

《中国企业报》记者采访了杭钢集团董事长、党委书记童云芳。

以市场导向的战略执行文化为引领

记者:企业文化专家在点评杭钢经验时指出:"企业使命、愿景要回答企业存在的理由,蓝图和方向,是战略的源头,企业有了战略谋划以后,正是通过文化来培育企业的战略执行力。"你如何理解在杭钢长期的战略转型过程中的这种文化先导作用?

童云芳:杭钢集团的特色在于,一是杭钢是创办于上世纪50年代的传统工业企业,二是杭钢是在市场化转轨过程中由于主业规模受到限制而形成了发展障碍,被迫选择战略转型,即市场化背景下的战略转型。这两种情况表明,杭钢要发挥文化的先导作用,必须正确处理文化的传承与创新,同时必须形成文化的市场导向。

在共和国第一个五年计划中,杭钢应运而生,当时条件艰苦、百废待兴,杭钢人表现的是"勒紧裤腰带、定要建个钢铁厂"的坚强意志和拼搏精神。这是杭钢文化的基因,也是杭钢在整个计划经济年代形成的文化血脉。无论我们在新时期遇到什么情况、陷入何种困局,也无论文化如何蜕变,这种坚强意志和拼搏精神都是杭钢文化的灵魂,不能丢弃也无法舍弃,这可谓我们处理文化传承与创新的根本原则。正是在这种精神的传承下,面对钢铁主业不能扩张的困局,我们喊出了"钢铁主业可以不扩张,但是杭钢不能不发展"、"杭钢一定要发展"的口号。所以,强烈的发展意识不仅是我们对杭钢文化的最好传承,而且也一直是我们新时期战略创新和发展方式创新的根本动力。

继承优秀文化的过程,也是扬弃不良文化的过程,创新是在这样的过程中实现的。新时期的发展困局,迫使我们只能选择两种发展方式,一是必须做精做强钢铁主业,以强搏大;二是必须发展多元产业,实现发展突围。这两条战略途径,都是以市场化能力为根本前提的,这也是我前面强调的,我们的战略转型是市场化背景下的战略转型的原因。

市场化能力,是一个复杂的系统。从文化支撑的角度讲,除了我前面强调的"坚强意志和拼搏精神"以及由此形成的"强烈的发展意识"之外,杭钢传统文化形成的党组织的强大政治核心优势、班子团结和作风过硬、员工凝聚力强和敢打硬仗等等,不仅对科学辨析局势、确保决策的前瞻性科学性形成了强有力的支撑,而且也成为政令畅通、一呼百应、团结一致、艰苦卓绝的全面进军的动力源泉。

我们所强调的市场导向的战略执行文化，也正是在这样的起点上、前提下和氛围中逐渐养成、形成并日益强盛的。我一直强调，没有脱开执行效果的单纯的战略，没有执行效果作为衡量依据和保障的战略，只是一纸空文。杭钢战略转型的核心内涵，不在目标层面，目标一目了然，而在执行层面上，对执行层面和执行过程的复杂性的有效应对，考量战略含量和战略能力。执行战略的市场化转型是我们企业整体市场化能力转变的根本标志。当然，这个过程也是我们不断向企业文化注入新鲜血液的过程。

以多元统一的开放式文化为目标

记者：企业文化专家点评杭钢经验时说："杭钢虽然面对多元产业和不同的体制、机制与管理方式，但是没有发生文化割裂的现象，通过文化渗透和传播，造就杭钢队伍，应对各种矛盾和问题。"请你谈谈多元化过程中的多元统一的开放式文化建设的意义。

童云芳：建设多元统一的开放式文化，是由杭钢集团特殊的发展战略和特殊的发展方式所决定的，是我们企业文化格局建设的重要目标。"多元统一"，是指以杭钢优秀文化为核心和灵魂，兼顾不同产业、不同体制、不同管理乃至不同地域的文化特性，形成既突出杭钢文化标记，又富于各种特有特色的"大杭钢"文化。"开放式文化"，既是时代的要求，也是市场经济对企业文化属性的要求。此外，对杭钢而言还有特殊意义，是我们多元化发展的需求，也是大力推进市场化进程的需求。

这种格局的文化建设，我们起步比较早。1995年，杭钢与浙江省冶金工业总公司合并重组，接受十几家非钢产业企业，同时承担全省的冶金行业管理职能。这种变化，使我们在重组之后的集团内部整合中，必须加快文化先行的步伐，既要注重"多元统一"，也要推进"开放式文化"建设。这对我们90年代末期形成全方位的"适度多元"发展战略，提供了有力的文化支撑。

这次合并重组是省政府经济管理部门职能转换改革的结果，是政府行为主导的，我们对所接收企业的文化整合，带有被动性。而我们形成"适度多元"发展战略时，情况就发生了本质的改变。这是我们完全站在市场化和产业化的高度的自觉战略选择，文化的输出、整合和建设，本身就是战略的重要部分，是有意识、有方式、有目标的建设。这应该是我们实施"多元统一的开放式文化"的战略起点。

我们的多元产业，既有与主业相关的冶金贸易、矿产资源类产业，也有房地产、酒店、城市水务、黄金开采冶炼等新兴和传统产业，还有科研设计和高职教育等事业性产业。从企业制度看，有独资的也有与各种性质资本合资的，有控股的和参股的，也有项目合资合作的，并且跨多个城市和地区。这种跨行业跨地区跨所有制的多元产业发展格局，是我们建设"多元统一的开放式文化"的根本出发点。

同时，我们多元产业发展还有一个特点，就是集中在几年时间，多方位、多产业、多种制度形式快速进入和协调发展，尤其是采取了大量并购、重组的资本运营方式和手段。这种高速发展的方式，是我们赢得多元产业迅速壮大的成功之处，但是，也对我们的企业文化整合和再造提出了更高的要求,不仅要避免文化割裂现象的发生,而且要尽快形成新的文化力,以应对激烈的市场竞争。

所以说,多元统一的开放式文化建设,是我们多元产业快速发展的制胜法宝。当然,企业的文化建设是没有止境的,这只能说是我们文化建设的坚持方向,随着杭钢多元产业的不断发展,随着产业竞争和产品竞争的不断升级,随着企业发展战略和竞争战略的不断升级,多元统一的开放式文化建设,是我们永恒的主题和永远需要面对的课题。

以人企合一的价值观管理为驱动

记者:企业文化专家在点评杭钢经验时认为:"杭钢文化体现出'人的价值高于物的价值'的取向,并注重员工作为文化建设的主体地位,尊重员工的参与,创建学习型组织,全面提升员工素质。对人尊重,必须有公正的制度以及公正地执行制度。"你如何认识人本文化?

童云芳:企业文化是企业发展的动力源泉,企业文化决定企业的发展方向和目标、发展方式和手段。那么,企业文化自身的动力源泉又是什么呢?是什么决定文化的品质、品位,决定企业的凝聚力、员工的向心力和员工群众的精神面貌以及对行为准则的信守?我认为,文化建设的以人为本,是基础的基础。

杭钢集团新时期的人本文化建设,也是在继承优秀传统文化的基础上起步的。杭钢的文化传统包括:尊重员工群众的首创精神和创造热情,尊重员工主人翁地位和作用,关心群众疾苦,密切联系群众,坚持集体决策,坚持决策的民主化方式,坚持耐心细致的思想政治工作等等,即便是在各种社会思潮风云变幻时期和国企改革方向众说纷纭的迷茫时期,这些传统和作风也没有丢弃过。这些优良的文化传统构成了杭钢新时期人本文化建设的基础。

这些传统也可以概括为国企文化的优良传统,杭钢的不同之处在于,勇于坚持这些传统,从未放弃、从未松懈,经受住了复杂时期和迷茫时期的严峻考验。这是杭钢优秀文化的根基和一脉相承的脉络。文化的演变总是脱不开一脉相承的。制度的公正,是对员工的最大尊重。没有先进、公正的制度,就不可能有先进、优秀的文化。坚持推动企业改革,充分发挥企业的创新和探索精神,致力于先进制度建设,致力于制度的公正化建设,是杭钢新时期人本文化建设的重要着眼点。

先进与公正的制度建设,不仅包括劳动制度、用工制度、分配制度、人才和干部选拔制度,还包括责任机制、考核机制、激励机制建设;更为重要的,是民主化建设,包括党内的民主建设、决策的民主化建设和员工群众参与决策的制度保障建设。民主化制度建设,是制度的公正化建设的着重点和牵动点。

如果说杭钢的文化体现出了"人的价值高于物的价值"的取向,那么,制度的公正化是这种价值取向的前提。制度的公正,是对人最大的和最根本的尊重,而尊重人,是人本文化的根本内涵。

我们新时期的战略转型,其成败在于两点,一是遵循科学发展观,确保决策的前瞻性、科学性、正确性,实现的方式除了坚持党的领导和国有企业的集体领导制度,必须最大限度地依靠员工群众,调动群体智慧,充分实现决策的民主化。二是对战略实施而言,必须最大限度地依靠员工群众的首创精神和创造热情,形成高度的凝聚力和向心力,形成优秀的战略执行能力。这两个方面的表现,我们是欣慰的,也可以视为我们文化先行的重要方面。当然,人本文化建设的内涵是非常丰富的,也包括共同的价值观和愿景建设、发展成果与员工共享、扶危济困的制度化建设等等。我们所说的人企合一的价值观管理,以人为本是前提和核心,在这个基础上才能拥有共同的价值观和愿景。

以可持续发展为共同愿景

记者:企业文化专家点评杭钢经验时还指出:"企业注重循环经济,不惜高成本地控制污染,企业可持续发展的势头强劲。每逢企业利益与社会责任相矛盾时,杭钢依然会坚持自己的价值观,这也是杭钢文化的亮点。"你如何看待企业的可持续发展与企业文化的关系?

童云芳:企业的可持续发展,既是落实科学发展观的内在要求,也是新时期企业发展的最高使命,这取决于时代的进步和文明的发展。企业本来就是以发展为使命,然而,传统的发展观与可持续发展观具有本质不同。后者要求,企业在谋求自身发展的同时,必须把社会的可持续发展摆在首要位置,承担社会责任,在有利于社会可持续发展的前提下,实现自身发展。

这样的发展观,使企业使命发生了本质改变,与之相应,企业的发展方式和行为方式也发生了重要改变。这种改变,也首先和必然使企业文化的本质和方向发生根本改变,冲击企业的价值观,并通过这种冲击和在冲击的过程中,使价值观发生转变获得提升和升华。这是我国企业有史以来一场最大的价值观变革,是一场文化的蜕变,空前考量企业的自省能力、创新应变能力、自我提升能力和与时俱进能力。这是时代的大潮和一场文明的洗礼,企业的价值观必须转变和升华。

事物发展都具有两面性。杭钢集团新时期遭遇的发展障碍,直接源于这种冲击,我们的战略转型也由此开始。这种冲击在导致我们走上转变经济发展方式之路的同时,也推动了我们的价值观转变,使我们可以一直走在这场价值观变革的前列。

导致杭钢集团在国内钢铁行业当中较早走上转变经济发展方式的道路,有许多外在因素,首先是因为地处国际旅游城市,不仅钢铁产业规模受到限制,而且必须以更高的环保标准要求自己付出更大的环保代价。同时,我们也清醒认识到钢铁始终是杭钢集团的根基,虽然我们钢铁主业在规模上没有优势,但完全可以通过内涵发展以做精做强赢得竞争优势,并且展开适度多元实现更大的发展目标。

与这些外在因素相比,更重要的是内在因素,内在因素是根本的驱动力量。一是我们必须对城市发展负责,作为国有企业对社区负责、对城市负责,是对党和国家负责的起点,我们必须担起这份责任。二是我国钢铁产业长期产能过剩结构性矛盾日益突出,选择集约化发展方式,不仅是应对竞争的需要,也是对行业加快转变发展方式的一份责任。三是我们的企业拥有自己的使命和愿景,我们立志打造"百年杭钢",可持续发展观是我们的不二选择。这些内在因素就是文化的因素,是文化的力量。

伴随着战略转型的实施,我们重新梳理了企业精神、理念和价值观。总结提炼出"以钢铁意志做人、建业、报国"的企业精神,"是钢铁就要成脊梁"的企业价值观,"创造财富、贡献社会、造福员工"的企业宗旨,"诚信、双赢"的企业道德,"托起杭钢就是托起我们自己的未来"的企业格言,"尽心尽职、守法守信、勤学勤为、创效创新"的员工行为规范等等,形成了具有杭钢特色的企业文化理念系统。在此基础上,2007年,值杭钢创建五十周年之际,我们提出了建设"百年杭钢"的共同愿景,指明了杭钢的发展方向。

百年企业靠文化。共同的价值观和共同的愿景与追求,是企业文化的旗帜。我们深信,在这面旗帜的召唤和引领下,杭钢集团的企业文化驱动力会日益强盛。

(资料来源:付石林. 以强大的文化驱动力打造"百年杭钢"——杭钢集团董事长、党委书记童云芳访谈录[N]. 中国企业报. 2010-11-16(02). 有删减)

讨论题:
1. 试分析杭钢集团企业文化的内容和特点。
2. 杭钢的文化是如何体现"人的价值高于物的价值"的取向的?
3. 杭钢为什么没有发生文化割裂的现象?

【阅读资料】

他将比韦尔奇更受尊崇

不久,商学院最流行的案例不再是让GE十年双位数成长的韦尔奇,也不是能让IBM这头大象跳舞的郭士纳,而是54岁的路易斯·乌尔苏亚。以前所未有的工作难度和无以比肩的精神高度来衡量,乌尔苏亚带领的32位智利矿工创造了只有登月之旅可以相比的人类奇迹。回顾智利圣荷塞铜矿矿难救援的整个过程,没有乌尔苏亚非凡的领导力,就不可能出现这次救援的奇迹。在危机四伏的商业环境中,乌尔苏亚的领导力有让我们学习和效法的现实意义。

2010年8月5日,像往常一样,54岁的领班乌尔苏亚带领32位矿工兄弟下井采矿。下午14时许,头顶突然传来巨大的震动和轰鸣声。待尘埃稍落,乌尔苏亚和他的矿工兄弟发现,他们遭遇了生平最严重的塌方事故。塌方的尘埃充斥了隧道,矿工们双眼像被灼烧一样剧痛,看不清周围任何东西。通过互相呼喊,乌尔苏亚让大家在黑暗中排队摸索着寻找通风隧道。不幸的是,塌方导致的岩层变化把通风口完全堵塞。接下去的17天中,在2 000英尺的地下,33位矿工与地面完全失去了联系。地面的营救人员也根本无法判断是否有任何一位仍然存活着。他们暂时"死了"!

没有比你还呼吸着,却清醒地意识到你暂时"死了"更让人窒息,更让人抓狂。凭着几十年的采矿经验和对地面现有的救援设备的了解,他们每一位都很清楚,等救援人员挖到2 000英尺下,找到的只能是腐烂的躯体了。所以,他们每天可以看着自己和同伴一分一秒地暂时"死去"。与"死了"相比,这种清醒的绝望可以让他们痛恨所有的人,做最疯狂的事,并得到上天的宽宥。在这17天中,人类所有悲天悯人的词汇都无法描述他们的心理绝境,都显得苍白、小气、浅薄。

在乌尔苏亚的带领下,他们从避难所中找到120罐金枪鱼罐头,一些饼干,还有当天带下井的几罐牛奶。33个人很容易把这些仅有的食物换算成能活下去多久的分分秒秒。我们不知道乌尔苏亚说了些什么,做了些什么。但第一个奇迹发生了,这些习惯了酒肉过活,不受约束、过一天是一天的矿工愿意接受每人每天1勺金枪鱼、1口牛奶、再加上半块饼干。文明的最高形式体现在自觉的自制行为中。在生存无虞的条件下,自觉的自制也只能是间断的辉煌,所谓仓廪实,而后知礼节。在分秒如年、饥肠辘辘的条件下,33位矿工自觉地接受严酷的自制要求。如果没有乌尔苏亚的领导能力,只有圣徒才会如此。

乌尔苏亚的个人领导品性仍然是一个谜。但我们知道他做了一个卓越的领导者应该做的几件大事。首先,让每个人参与,让每个人看到个人贡献通过集体合作而获得放大效果,让每个人在集体合作中感受到临时的集体心理身份。63岁老矿工马里奥·戈麦斯成为临时的牧师,每天带领大家祈祷。乌尔苏亚和戈麦斯还将33名矿工分成11组,3人一组,所有的组都被委派了收集水源、打扫卫生、分配补给等工作任务。他们不仅互相监督,也相互竞争。有医疗救护技能的矿工被指派看护有疾病症状的矿工,仿佛执行着社会救助系统的工作。在繁忙的集体互动中,一个地下的小社会形成了。集体的力量让单薄的个人感觉到依靠,产生了希望。

乌尔苏亚和他的"高管"做的第二件大事就是保全生存资源。他们集中了可以找到的各种设备。在有经验的老矿工指挥下,大家收集了井下一切照明资源。有了光,新的生命就开始了。经过大家的努力,他们用一台可钻破岩层的机械成功挖出了地下水。有了水,生命就可以延续。在暂时稳定生存资源后,乌尔苏亚的团队做的第三件大事是不断派出有经验的矿工出去打探周围环境,寻找任何可能求生的机会。矿工们花费了大量的时间绘制出一份周围地形的详细地图。在紧迫的生存环境下,做如此细腻的规划活动,这似乎非常荒诞。但正是这些充满希望的荒诞行动点点滴滴地溶解了人心深处的绝望。在沙漠上开垦,永远不会有稻麦的收获。但在忘我的开垦活动中,希望的绿芽不知不觉地从心田里发了出来。只有曾经绝望的人,才可以理解荒诞行动之外的价值。

8月20日左右,乌尔苏亚和他的同伴们听到了头上传来熟悉的钻井声。而且这个声音越来越大,越来越近。"我们有希望了。"希望的曙光让所有人欣喜若狂。但经过17天地下创世纪的洗礼,他们很快冷静下来。作为这个临时地下社会的精神牧师,戈麦斯用红色的笔迹在纸上写出:"我们33人都在避难所内,全部安好。"此后的活动就是大多数领导者可以胜任的管理了。

10月14日,在矿难69天后,作为最后一位被救的矿工,乌尔苏亚重新回到了地面。智利总统紧紧地拥抱住他:"头,您可以下班了!"

(资料来源:鲍勇剑. 他将比韦尔奇更受尊崇[N]. 21世纪经济报道. 2010-10-22(023).)

第十章
Chapter 10

企业战略控制

故兵无常势,水无常形,能因敌变而胜者,谓之神。

——《孙子兵法》

【教学目标】
1. 掌握战略控制的定义和类型;
2. 掌握战略控制的必要性;
3. 了解战略控制的过程;
4. 掌握战略控制的原则;
5. 理解战略控制的方法;
6. 理解战略变革的本质;
7. 了解战略变革的过程;
8. 了解战略变革失败的原因;
9. 掌握管理战略变革的原则;
10. 了解有效领导战略变革的方法。

【引导案例】
三星:变革管理战略铸就电子消费巨头

历经了四十多年风风雨雨,如今的三星公司已成为世界上最大、最赚钱的消费电子产品制造商,产品线涉及手机、家用电器、商用、网络等各个领域。为什么三星能够迅速崛起,成为继索尼之后又一家全球最有价值的消费电子品牌?一切都归功于变革和创新。三星的变革战略,使自己始终走在市场前沿,三星的创新能力,使自己在竞争中始终处于主动地位。

金融危机中的胜出者

2009年,金融危机后,许多市场都露出疲态,三星却在逆境中脱颖而出。三星胜出的优势在于,从战略到策略,再到技术、到营销实现全面主动变革。

与其说服别人改变,不如自己改变。这是三星近几年来一直努力尝试并做到的,三星每年至少会推出30多个样板,供运营商作为定制模板来选择,不仅自己承担设计角色,还通过与运营商沟通,了解运营商的需求,并对这些需求尽快执行。而运营商在与诺基亚、苹果等强势品牌的合作过程中,往往处于被动局面,大多要遵循这些强势品牌的固有操作流程,甚至要不断向他们做出让步,才能达成进一步合作。

一位与三星合作的运营商说:"在与三星公司的合作过程中,他们不但全面配合和支持,甚至在非工作时间,三星的工程师也会加班给予最大的支持。"这是其他强势品牌做不到的。

面对三星的发展势头,诺基亚与苹果公司着手改善营销策略上的不当之处。三星则立足于不断拓展新的市场,加速产品创新,集中发布比竞争对手更多的新品,以期掌控流行趋势,获取更大的市场占有率,成为全球手机行业的胜出者。

创新再造电子消费巨头

几年前,格兰仕集团有意进入新的业务领域,公司副总裁俞尧昌曾带队去韩国三星总部考察,当他看到三星的技术研发部门早已有了数百种超前于市场的产品和技术储备时,惊叹之余,放弃了进入手机行业的想法。

从原本单纯的产品开发,到现在的产品研究,三星已经完成了它的另一大变革。本着走在市场前端的宗旨,三星通过技术和产品创新,已经开始主导消费电子产品市场潮流,从手机到各类电子产品,始终处于市场的领军地位,一步步扩大市场,吸引了更多的消费者。

三星另一个迅速发展的原因在于,主要产品的全部电子部件,几乎都是自己制造。生产一款新产品对三星来讲,只是将这些部件进行新的组合。这不但节省了时间成本,更大大地节省了人员成本,带动三星不断深入更多新的产品领域。

能坚持做到这一点并不容易。近十年来,为什么曾经闻名全球的日本消费电子产品制造商陷入集体沦落?放弃制造、产能外移是他们的最大败笔。大规模的产能外移,使众多日本消费电子产品制造商成为空壳企业,失去了产能依托的日本企业,出现了"技术空心化"现象,导致这些企业即使有了好的技术和产品,也无法进行商业价值放大。

三星的快速成长,不是偶然因素造成的。敢于变革,先于变革,是这个企业一直保持稳健成长的直接动因。

新闻链接:2010年5月12日,三星公布了一个针对新产业的多元投资计划,到2020年,将在包括LED、环保能源、医疗健康等领域投资23.3兆韩元(1兆韩元约合60.4亿元人民币)。这个决策,是李健熙重返三星董事会主席职位50天内作出的。这一举措,被业界视为三星历史上的第二次重大变革。按照李健熙的说法,未来十年,三星将淘汰目前的大部分业务和产品,在其他全球性企业还在犹豫不决时抓住机遇。

这次变革会给三星带来什么变化?业界对李健熙领导下的这次大变革,充满了关注和期待。

(资料来源:林洛溪.三星:变革管理战略铸就电子消费巨头[N].经理日报,2010-10-13(A02).)

第一节 战略控制的类型及过程

一、战略控制的含义

1. 战略控制的含义

战略控制与战略实施都是战略执行的组成部分。战略控制是为了保证战略实施的过程符合原定的战略计划、方案的要求,通过对战略环境和战略执行的监控与反馈、对战略实施过程发生偏差的修正、调整、变革的动态过程。战略控制是对企业战略管理的内容和手段再创新的过程。

2. 战略控制必要性

如前所述,一个好的战略计划必须有好的战略执行,战略决策固然重要,然而,战略执行的失误和偏差,可能会给企业带来致命的危害。修正偏差、改正战略失误就成为战略管理执行中不可缺少的内容。

企业战略出现偏差一般来自于在战略实施过程中的两个方面:一方面企业中各级战略管理人员的能力、认识和信息缺乏,造成执行行为上的偏差;另一方面由于原来战略制订的不当或环境的变化与原来的预测不同,造成战略在局部或整体上已经不符合企业的内外部环境的要求。为了保证战略管理实际的成果符合预先制订的目标要求,就必须有战略控制。

二、战略控制的类型

(一)企业战略控制的层次类型

劳瑞格(P. Lorange)认为,在企业中有三种类型的控制:战略控制、战术控制、作业控制。战略控制主要把握企业战略方向性的趋势和问题;战术控制主要侧重战略的实施问题;作业控制是实施战略目标或计划的具体的和短时间的活动。

正如战略结构中有公司战略、经营战略、职能战略一样,企业战略控制同样存在着层次结构。在各个层次结构,战略控制的重点不同。如图10.1所示。在公司级层次,管理控制的重点是战略控制和战术控制,重要的是使企业内的各种活动保持整体平衡。在事业部层次,注重战术控制,主要任务是维持和改进经营单位的竞争地位。在职能部门层级,比较注重作业控制和战术控制,主要任务是开发和提高以职能为基础的显著优势和能力。

企业战略管理者对企业的这三个层次结构的控制运作,既要依据不同的管理角度或范围,侧重于不同的控制方式,同时,又要有整体的把握,促进其融合、协调,这样才能达到战略管理控制的目的。

(二)从战略控制的时间来分类

从战略控制的时间来分类,企业战略控制分为:①事前控制,即在战略执行结果尚未实现

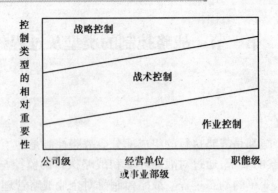

图 10.1　企业控制层次结构

之前,通过预测、分析发现可能出现的偏差,以便及时修正措施。②事中控制,即在战略执行过程中,各级管理者对战略执行的实时监控和纠正偏差。③事后控制,即在战略执行一个阶段或一个完整的过程完成后,把执行结果与原定的标准对比,总结战略管理的成果,找出漏洞予以弥补,找出差距予以改进。

(三) 从战略控制的关键节点来分类

在战略控制中,企业的战略管理者要把握的关键点是:①时间节点,即按照战略规划的具体要求,一般分为五年、一年、一个季度、一个月,甚至是一周或一天来审视战略实施的情况,以此来考察企业战略的推进速度和效果。②成果节点,即按照企业总体战略的要求,对每个子战略的实施具体结果进行检查,以保证总体战略的推进成果。③资源约束节点,即战略管理中,对关键资源在企业各个职能部门和经营单位的配置、补给和协调情况进行定期检查和控制,以保持资源在企业各个部门的平衡,保证企业总体战略的成功实施。

(四) 从战略控制的切入点来分类

主要有财务控制、生产控制、销售规模控制、人力资源控制、质量控制、成本控制、企业公关形象与品牌控制等。

(五) 从战略控制的对象来分类

企业战略控制可以分为行为控制和产出控制。行为控制是直接对人们进行的具体生产经营活动的控制,它基于直接的个人观察,如考勤、打卡、迟到、早退;产出控制是检查战略活动成果是否符合战略计划或评价标准的要求而进行的控制。

三、战略控制的过程

(一) 战略控制的关键要素

为了保证战略控制的有效性,战略控制过程中有三个关键要素需要战略管理者把握:确定评价标准、评价工作成绩、反馈。

1. 确定评价标准

企业要建立一个战略控制的评价标准体系,在战略管理的各个层次都应该制订评价标准。如公司层的企业总体评价标准、各个部门的战略评价标准直至企业每名员工个人制订的目标或生产作业计划。这些标准应当可定量、易于衡量和评价。合适的评价标准体系,取决于企业所确定的战略目标及战略。如,实施发展战略的与实施防御战略的企业评价标准体系可能完全不同。

大多数企业选择的评价标准的定量因素一般有三大类9项:第一类是财务指标:股息支付;每股平均收益;股票价格。第二类是员工行为控制指标:雇员的跳槽、旷工、迟到和满意率。第三类是市场与投资指标:销售增值率;市场占有率;净利润额或增长率;销售利润率;投资收益率。

一些专家建议,最应常用的评价标准是:投资收益率(即以税前净收益除以投资总额)、每股收益、股东权益收益率、附加价值收益率(附加价值率 ROVA = 税前净收益/附加价值 × 100%,附加价值 = 销售收入 − 原料及所购部件的总成本)。

2. 评价工作成绩

评价工作成绩是将实际成绩(即控制系统的输出)与确立的评价标准相比较,找出实际活动成绩与评价标准的差距及其产生的原因。该阶段是发现战略实施过程中是否存在问题和存在什么问题,以及为什么存在这些问题的重要阶段。在比较的时候,除了要与企业自身制订的标准相比较以外,还要与竞争对手的业绩相对照,目的是发现自身的优势和弱势,以图改进工作,避免战略中的"陷阱"。此项工作要注意评价的频率、合理性和及时性。

3. 反馈

通过评价工作成绩发现偏差以后,必须把问题及时反馈给有关部门并针对其所产生的原因及时采取纠正措施,这是战略控制的目的所在。

(二)控制过程

战略管理的控制过程,就是将实际工作成绩与评价标准进行对比,如果二者的偏差没有超出容许的范围,则不采取矫正行动;反之,找出原因,并采取纠正措施。战略控制过程包括设立企业战略目标、制订效益标准、评价工作成绩、监控反馈或采取纠正措施。典型的控制过程图如图10.2所示。

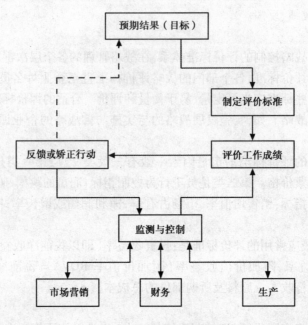

图 10.2　战略控制过程

第二节　战略控制原则和方法

一、战略控制的原则

有效的战略控制依赖于建立有效战略控制系统。企业战略管理者可以根据企业的具体情况，如企业文化的特点等因素来确定是否设立非常正式的战略控制系统。为保证战略控制的有效性，在建立战略控制系统以及战略控制的时候，主要应遵循以下原则：

①效益与效率的统一性。战略控制系统的设计和运行应是既节约又高效的，实现效益与效率的统一。

②有价值性。战略控制系统应对于战略控制具有意义和为管理者提供有价值的信息。

③及时性。战略控制系统应当为各级战略管理者适时地提供信息。

④预测性。战略控制系统应提供关于发展趋势的定性的、前瞻性的信息。

⑤可行性。战略控制系统的设计应切实可行，有利于各级管理者采取战略行动。

⑥实用性。战略控制系统应当是简单的而非复杂或含混不清的。

⑦灵活性。战略控制系统应当能够适应环境的变化而改变，具有一定的弹性和伸缩性。

⑧创新性。战略控制活动是一个管理创新的过程，战略控制系统及其运行活动应当有利

于战略管理的创新和变革。

⑨关键性。战略控制活动应针对企业战略管理具有关键性的因素,而不是面面俱到。

二、常用的战略控制方法

(一)传统的方法

1. 预算控制

预算是一种以财务指标或数量指标表示的有关预期成果或要求的文件。它能起到在企业内各部门之间分配资源的作用,也是企业战略控制一种方法。

2. 审计控制

审计是客观地获取有关经济活动和事项的论断的论据,通过评价弄清所得论断与标准之间的符合程度,并将结果报知有关方面的过程。

3. 个人现场观察

企业各阶层管理人员(尤其是高层管理人员)深入各生产经营现场,进行直接观察,从中发现问题,并采取相应的解决措施。

(二)战略平衡记分卡(BSC)

战略平衡记分卡(Balance Scorecard),是由美国著名的管理大师罗伯特·卡普兰(Robert S. Kaplan)和复兴方案国际咨询企业总裁戴维·诺顿(DavidP. Norton)在总结了12家大型企业的业绩评价体系的成功经验的基础上提出的具有划时代意义战略管理业绩评价工具。它是近年来很多企业广泛应用实施战略控制的有效工具之一。

1. 战略平衡记分卡的基本内容

战略平衡记分卡把企业的战略总体目标转化为可衡量的指标,以此来进行战略实施的绩效管理,达到战略控制的目的。这些指标分为四个方面:财务、客户、内部运作流程、学习与成长,各部分被细化为若干指标。通过这个全面的衡量框架,帮助企业分析哪些是完成企业使命的关键成功因素,哪些是评价这些关键成功因素的指标,促使企业员工完成任务。如图10.3所示。

平衡记分卡从四个不同的视角,提供了一种考察价值创造战略的方法:

①财务视角:从股东角度来考察,企业增长、利润率以及风险战略。企业经营的直接目的和结果是为股东创造价值。

②客户视角:从顾客角度来考察,企业创造价值和差异化的战略。如何向客户提供所需的产品和服务,从而满足客户需要,提高企业竞争力。

③内部运营流程视角:使各种业务流程满足顾客和股东需求的优先战略。企业是否建立起合适的组织、流程、管理机制,在这些方面存在哪些优势和不足?

④学习和成长视角:从为了达到企业目标的角度来考察,企业的成长与员工能力素质的提

高息息相关,企业唯有创造一种支持学习、创新和成长的企业文化,才能实现长远的发展。

总之,平衡计分卡表明了企业员工需要什么样的知识、技能和系统(学习和成长角度),才能创新和建立适当的战略优势和效率(内部流程角度),使公司能够把特定的价值带给市场(顾客角度),从而最终实现更高的股东价值(财务角度)。

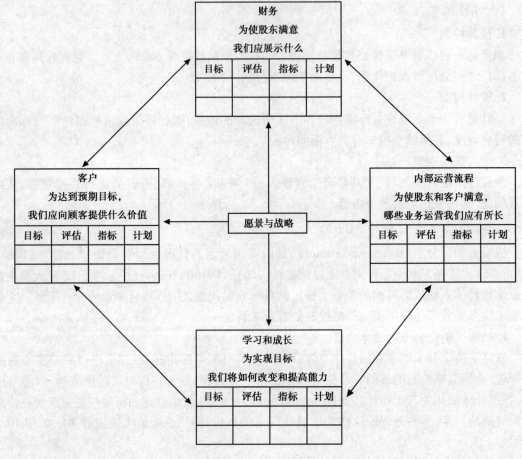

图10.3 战略平衡记分卡

2. 战略平衡记分卡的优势及作用

(1)克服了传统财务工具只重视结果的局限性

战略平衡记分卡克服了以往单纯地利用财务手段进行绩效管理的局限性。以往的财务报告传达的是已经呈现的结果、滞后于现实的指标,但是并没有向公司管理层传达未来业绩的推动要素是什么,以及如何通过对客户、供货商、员工、技术革新等方面的投资来创造新的价值。

(2)同时测量财务业绩和驱动因素

利用该卡,公司的管理人员可以测量自己的公司如何为当前以及未来的顾客创造价值。在保持对财务业绩关注的同时,它清楚地表明了卓越而长期的价值和竞争业绩的驱动因素。这种"测量"已经超出了仅仅对过去的业绩进行报告的范围。因为管理人员所选择的测量方法能告知公司什么是重要的,所以测量工作把焦点放在了未来。为了充分利用这种优势,它把测量方法整合成一个管理体系。成为一种战略管理体系的组织框架。

(3)重新定位企业与顾客的关系

它代替预算成为管理过程的核心,成了新战略管理过程的运作体系。平衡记分卡管理体系使整个公司把焦点都集中在战略上。为了达到这种高度的战略集中性,公司制订综合的、循序渐进的变革步骤。他们重新定义了自己与顾客之间的关系、重新设计了基本的经营过程,向自己的员工传授了新的技能,并且配置了新的技术基础设施。一种新的企业文化也由此出现。

(4)促进适应战略需要的新型企业文化形成

这种新文化不以传统的功能为核心,而是以支持战略所需要的团队努力为核心,管理体系提供了一种能够引发和指导变化过程的机制。创造了一种基于战略要求的新型组织形式——"以战略为核心的组织"。

3. 建立平衡记分卡指标体系的步骤

①准备阶段:说明企业战略规划;与企业内外部利益相关者沟通和联系,听取他们的建议;设计四类测评指标:财务类指标、顾客类指标、内部运作类指标、学习和成长类指标。

②实施阶段:根据企业具体情况选择合适的信息系统,建立数据库;帮助下属经营单位开发二级指标体系;将测评指标体系与员工薪酬体系有机联系。

③完善阶段:定期考察其是否真正有助于企业实现战略目标,找出其中存在的问题,并提出解决问题的方法。

4. 平衡计分卡的不足

平衡计分卡虽然有很多优点,但存在不足之处,所以应与其他战略管理工具结合使用。它存在以下不足:

①企业战略管理的部分指标是难以量化和考核的。

②企业在具体实施时,人力、物力的成本很大。

③目标多元可能会干扰企业战略决策,管理者可能无所适从。

(三)关键绩效指标法(KIP法)

1. 关键绩效指标法的定义

关键绩效指标法,是通过对企业内部流程的输入端、产出端的关键参数进行设置、取样、计算、分析,来衡量流程绩效的一种目标式量化管理方法,是把企业的战略目标分解为可操作的工作目标的工具,是企业绩效管理的基础。它符合"二八原理"这个管理学的重要原理,即抓住了20%的关键员工和关键行为,对之进行分析和衡量,就能抓住管理控制绩效评价的重点。

2. 关键绩效指标的内容

①关键绩效指标是用于评估和管理被评估者绩效的定量化或行为化的标准体系。

②关键绩效指标体现了对企业战略目标有增值作用的绩效指标,这样可以保证对企业发展有贡献的行为受到鼓励。

③通过在关键绩效指标上达成的承诺,员工与管理人员就可以进行工作期望、工作表现和未来发展等方面的沟通。

3. 关键绩效指标的类型

主要有数量指标、质量指标、成本指标和时限指标。

4. 确定关键绩效指标的原则(SMART 原则)

①具体(Specific),指绩效指标不能笼统,要针对具体的工作。

②可度量(Measurable),指绩效指标的验证数据或信息是可量化和行为化的。

③可实现(Attainable),指绩效指标可以经过努力而实现,不能太高,也不能太低。

④现实性(Realistic),指绩效指标是确实存在的,能够证明和观察。

⑤有时限(Time - bound),指绩效指标是有完成期限要求的。

5. 关键绩效指标制订步骤

关键绩效指标制订是把企业的战略规划转向战略实施和控制,在各个战略层次具体落实的过程。建立指标体系的所有内容,都是为企业总体战略目标实现服务的。其基本步骤有四个:开发业务"价值树";确定影响大的"关键业绩指标";将"关键业绩指标"分配给有关部门;将"关键业绩指标"落实到每个相关人员。

第三节 战略变革过程

一、战略变革的本质

企业战略管理是一个动态的过程。在这个过程中,由于企业实施新的战略、企业战略环境的巨变或者在战略实施的反馈中发现企业战略需要做重大的调整等的时候,企业就面临一个战略变革的形势。所以,企业战略管理包括对战略变革的有效管理。实践表明,一些著名的或者大型的企业在其成长的过程中都有过战略变革的经历。战略变革的成功与否,在特定的时期会决定企业的生存或灭亡。在第一章的引导案例《断臂求生,柯达数字化战略转型》中,我们看到,为了应对数字时代对传统胶片市场的致命打击,柯达不得不从 2003 年开始,在全球范围内进行了长达 7 年的艰难但大刀阔斧的数码转型的变革,即从一家"以胶片为主的单一业务公司转型为一家以数码业务为主的多元化公司",以此来获得企业的"新生"。

战略变革的本质,就是战略管理创新的过程。

二、战略变革的过程

通常,战略变革要经过:解冻、转向实施变革、再次冷冻三个阶段来实现。如图10.4所示。

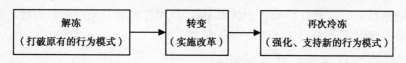

图 10.4　战略变革实施过程

1. 解冻阶段

该阶段是打破企业原有的行为模式阶段。此时,企业高层管理者认为企业现有的战略已经不能适应现有的或预期的未来环境,必须变革才能生存。

解冻的重点是采取措施解冻过去的企业文化,必须让人们认识到原来的思维方式、感知方式、行为方式已经不能适应当前的环境和时代的发展。解冻的最有效方法是通过与企业竞争对手的比较,向员工展示有关企业成本、利润、质量等业绩的差异,以及原有企业管理模式的落后之处,以形成企业变革的推动力。业绩差异的对比,也可以体现在不同部门和个人之间,激发他们变革的内在要求。

2. 转向实施变革阶段

该阶段是变革的具体实施阶段。首先要重新构建企业发展方向的战略远景,进而通过企业战略、组织结构、人力资源、企业文化等各个方面的调整与改革去实现。

3. 再次冷冻阶段

该阶段是对支撑起这一变革的新行为的强化过程。变革形成的新的行为模式要在企业中贯彻并达到稳定状态,再次冷冻就是要建立起支持该变革的控制体系。必要时,对没有达到预定改革目标的行为采取更正措施,强化变革日程中所支持的行为和表现。变革管理部门应对所有顺应趋势的转变给予支持和奖励。要锁定关键的、能增进企业活力的企业价值观、核心能力和战略使命,不必要逐一锁定具体的管理方法和步骤,以保持企业战略管理的弹性和持续适应力。

第四节　战略变革的有效管理

战略变革不能有效实施的原因有很多。针对导致战略变革失败的原因,战略管理者就应该遵循相应的原则、采取相应的措施,有效地实施和管理企业战略变革。

一、战略变革失败的原因分析

（一）战略变革计划不恰当

由于企业对所处的战略环境分析和认识不清，战略变革计划对企业针对性不强等原因，导致制订的战略变革计划不恰当或不符合企业现实情况。

（二）不能有效地实施战略变革计划

在企业实施战略变革计划时，由于人员、物资、财力、环境、企业文化等因素，导致一个很好的战略变革计划不能得到有效实施。

（三）企业的利益相关者抗拒和阻碍变革

企业的利益相关者，特别是来自企业内部的员工、股东、董事会的人们反对，甚至抗拒战略变革的主要原因有：

①惰性。通常人们不希望打破现状和常规去尝试新方法和新思想。

②时机。管理者在错误的时机引进新举措，会遭到员工们的反对。

③突然性。人们、特别是员工在不知情的时候，突然得知企业要有重大战略变革，最初的抗拒往往是反射式的抗拒。

④群体压力。组织行为学理论告诉我们，在一个凝聚力强且有反管理倾向的群体中，人们迫于来自同事的压力，会放弃个人本不十分反对变革的愿望，而服从群体的想法。

⑤个人利益。通常，企业的战略变革会或多或少地触及个人利益，如减少薪金、管理严格、竞争压力增大、地位动摇等。人们认为个人利益受到威胁，就会反对变革。

⑥误解。战略变革通常会使企业从长远上发展、个人利益也会相应的增加，但人们往往不能很好地认识到这一点。

⑦评价角度不同。由于基层和管理层信息的不对等性，导致企业员工对变革的看法评价的角度与管理者不同。

⑧被动性。企业大多数员工因为没有参与战略变革方案的制订，所以，他们完全是被动的知道、被动的执行，由此造成了逆反心里。

二、管理战略变革的原则

1. 引导与沟通

战略管理者应该在变革之前，做好对员工的教育、引导和沟通工作。通过说明、演示、报告、讨论等形式传递变革的内容、性质、原因、变革后企业美好的未来前景和员工的利益提高等。消除他们的抵触情绪。

2. 鼓励参与

让员工亲身参与到变革方案的制订和实施中来。倾听他们的建议和想法。一方面，让员工感到自己在变革中的重要性,鼓励他们的积极投入,在参与中更好地理解变革的重要性;另一方面,能提醒管理者注意那些先前被忽视了的重要问题。

3. 提供支持

对于开展变革的决策、执行等方面,高层管理者要为基层多提供便利以及物质和精神上的支持。特别是在企业面临困难和特殊转型的关键时刻,要多理解和切实解决员工和普通管理工作人员的困难,使他们放下包袱、轻装前进。

4. 协商对话

对于涉及个人利益与企业全局性利益发生冲突的问题,高层管理者要主动与他们对话、协商,力求取得众人的理解和支持。

5. 协调统一

在战略变革的时候,高层管理者要力求取得企业利益与个人利益的相对平衡,取得企业总体利益与各个部门局部利益的相对统一。

三、有效领导战略变革的方法

成功的战略变革需要管理者积极地领导它。企业战略管理者本身参与,也可以通过企业转型管理团队的协助来实现战略变革的有效领导。转型管理团队是企业用来保持战略关键平衡的一种工具,是一群向CEO汇报的企业管理者,他们投入全部的时间和精力来管理变革的过程,当变革过程稳定后就宣告解散。他们负责监控企业的变革,并保证领导者和追随者能团结一致,共同创造企业的未来。

(一)转型管理团队的重要职责

1. 建立变革的环境并提供指导

转型管理团队传播企业的远景和竞争形势,以保证个人和部门能够使自己的活动同企业的整体方向准确地保持一致。

2. 激发对话

加强信息沟通,特别是激发跨级别和跨部门的对话。

3. 提供恰当的资源

一方面,分配资源,控制时间和预算。另一方面,终止不具有优先性的、分散人们精力、浪费资源的旧项目,成为狠心的终结者。

4. 协调和统一项目

对于战略变革中的各种任务小组、工作团队、各种项目等进行协调和统一。

5. 确保信息、活动、政策和行为的一致性

监视和监督容易破坏变革信用的任何不一致情况。保证信息、措施、行为和奖励的匹配性。

6. 提供联合创新的机会

通过授权,使企业中每名员工都具有真正的机会来共同创造企业美好的未来。

7. 预期、确认及解决人的问题

人是变革的核心。变革会触及诸如降职、改变职务、革新薪酬政策等,沟通和调配人力资源是变革成功的关键。

8. 让关键的多数(团队)做好准备

多数战略变革的具体实施团队需要指导和培训。

(二)领导战略变革的具体做法

在变革期间,领导的真正贡献在于管理整个动态系统,而非处理各个事务性的片断。他要能够使变革所释放的力量和谐一致,从而使企业通过战略变革具有更强大的竞争力。具体的活动和做法有:

1. 树立紧迫感

战略变革的领导者要自己并带领企业员工认清企业所面临的危机和机遇,树立变革的紧迫感。要向员工坦诚指出,本企业同竞争对手相比的弱点,并运用数据来支持自己的论断;订立企业战略发展目标、让员工直接接触那些发牢骚的客户和股东,让所有员工了解那些不利的消息、取消额外的津贴等。提出企业迫在眉睫的引发变革的真正原因。

2. 建立领导联盟

组织起强有力的领导联盟。包括建立战略转型管理团队并赋予它领导变革的足够的权力,中层管理团队和基础管理者团队。把他们变成变革的各项努力的黏合剂、传达变革的媒介、实践新行为的途径。

3. 制订企业战略

制订企业战略、明确企业愿景有助于引导变革的方向。对未来蓝图的勾画可以引导人们前行。

4. 沟通变革远景

运用一切可能的机会和渠道讨论和强化企业愿景和战略。沟通来自言和行两个方面,领导者一定要言行一致。

5. 广泛授权

授权是把领导层企业战略变革的意愿变成企业全体人员行动的最好方式。领导者通过提供信息、知识、权力、激励,促成战略变革的计划变为现实。

6. 分阶段实施

战略变革的总体计划要分阶段逐步实施。在取得阶段性胜利时,就要公开奖励为夺取胜利作出贡献的人,把积极的影响带到整个企业,激励大家前进。

7. 巩固成果

利用日益提高的信誉,改变与远景规划不适应的体制、结构和政策,对能执行远景规划的员工进行聘用、晋升,开发利用新项目、新论点和变革推动者,再次激活整个变革过程,进一步深化变革。

8. 凝练企业文化

运用企业文化的强大力量推动战略变革,同时把战略变革中产生的新思想、理念、方法融入企业文化,凝练出其新内涵,巩固企业战略变革的成果。

本 章 小 结

战略控制与战略实施都是战略执行的组成部分。战略控制是为了保证战略实施的过程符合原定的战略计划、方案的要求,通过对战略环境和战略执行的监控与反馈,对战略实施过程发生偏差的修正、调整、变革的动态过程。战略控制是对企业战略管理的内容和手段再创新的过程。

战略控制的类型:从企业战略控制的层次看,分为战略控制、战术控制、作业控制三种类型。从战略控制的时间来分类,企业战略控制分为事前控制、事中控制、事后控制。从战略控制的关键节点分为时间节点、成果节点、资源约束节点。从战略控制的切入点来分类主要有财务控制、生产控制、销售规模控制、人力资源控制、质量控制、成本控制、企业公关形象与品牌控制等。从战略控制的对象来分类,可分为行为控制和产出控制。

战略控制过程中有三个关键要素需要战略管理者把握:确定评价标准、评价工作成绩、反馈。战略控制过程包括设立企业战略目标、制订效益标准、评价工作成绩、监控反馈或采取纠正措施。

战略控制,应遵循以下原则:效益与效率的统一性、有价值性、及时性、预测性、可行性、实用性、灵活性、创新性、关键性。常用的战略控制方法有:预算控制、审计控制、个人现场观察、战略平衡记分卡、关键绩效指标法(KIP 法)。

战略变革的一般过程是要经历解冻、转向实施变革和再次冷冻三个阶段。成功的战略变革需要管理者积极地领导。企业战略管理者本身参与,也可以通过企业转型管理团队的协助来实现战略变革的有效领导。

转型管理团队的重要职责是:建立变革的环境并提供指导,激发对话,提供恰当的资源,协调和统一项目、确保信息、活动、政策和行为的一致性,提供联合创新的机会,预期、确认及解决人的问题,让关键的多数(团队)做好准备。

为了有效地领导企业战略变革,管理者还要了解导致战略变革失败的原因并予以避免,坚持引导与沟通、鼓励参与、提供支持、协商对话、协调统一的原则。具体做到:树立紧迫感、建立领导联盟、制订企业战略、沟通变革远景、广泛授权、分阶段实施、巩固成果、凝练企业文化。

思 考 题

1. 什么是战略控制?它有什么作用?

2. 简述战略控制有哪些类型。
3. 战略控制的三个关键要素的内容是什么?
4. 图示战略控制的过程。
5. 战略控制应遵循哪些原则?
6. 传统的战略控制方法有哪些?
7. 简述战略平衡记分卡的内容和作用。
8. 战略变革的本质是什么?
9. 图示战略变革的过程。
10. 战略变革失败有哪些原因?
11. 简述管理战略变革的原则。
12. 有效领导战略变革有哪些方法?

【案例分析】

太平洋保险:IT撑起企业战略转型

IT如何支持太平洋保险实现"以客户为导向"的战略转型?在战略转型中,如何实现与业务的融合,并进一步提升IT能力?

2010年10月,太平洋保险集团公司(以下简称"太平洋保险")正式提出战略目标:实现"以客户为导向"的转型,在未来3~5年内,太平洋保险将围绕"挖掘客户价值"、"实施细分战略"、"提升服务品牌"、"打造后援平台"等战略抓手,构建转型框架与实施路径,进一步提升客户满意度。

从传统的"以产品为导向"到"以客户为导向"全面转型目标,无疑是来自于国内保险市场的竞争压力和企业的长期发展需要。但"以客户为导向"是一个说起来容易做起来难的事情。目前,国内许多的大型金融机构都面临着转型,由产品导向转型为客户导向,由保守转向创新,在转型的过程中,挑战不可避免。

太平洋保险信息技术总监黄雪英告诉记者:"集团明确提出了战略转型,由此引伸出很多配合实施的支点,IT就是其中一部分。与战略转型相配合的IT规划也同时紧锣密鼓地跟进。"

"于2010年10月完成的IT规划是今后3年太平洋保险信息化建设的蓝图,它将围绕提升服务的能力,提升营销能力,打造透明化的理赔,针对客户的真实需求开发产品和营销产品等方面加强基础设施的建设。"

新的IT规划一方面是对太平洋保险战略转型的支持,另一方面也是对IT部门的中长期定位。如今,太平洋保险正在按部就班地实施。

唤醒"沉睡的数据"

"为了更好地实现以客户为导向,我们需要非常准确和真实的客户数据,而且要保证数据能够及时更新，基于此，才能进一步挖掘和利用。"

对于IT在转型中起到的作用，黄雪英的理解是：IT既是对公司战略转型的支持，同时也是一种工具、一个推动力。在新的IT规划中，数据的开发利用成为了一个重点。

"为了更好地实现以客户为导向，我们需要非常准确和真实的客户数据，而且要保证数据能够得到及时更新，基于此，才有挖掘和利用价值。"黄雪英表示。

在过去的3年里，太平洋保险新一代核心业务系统已经完成上线，逐步实现了数据大集中，总共37家分公司，已经有30家完成了数据集中。但数据集中只是基础，如何把沉睡的数据唤醒，从中发现商业价值才是真正有意义的事情。

为了开发数据这块宝藏，黄雪英率领的IT团队正在研发客户数据分析平台。该平台能够把客户的历史信息，例如产品购买信息、客户中心的服务电话信息、以及客户与公司进行互动的信息都收集到一起，然后进行分析和预测，并以此展开更个性化的服务。

数据应用的另一个方面是企业内部的管理。

"目前我们集中了大量的交易数据，交易数据一方面跟财务有关，另一方面可以形成很多供公司管理层使用的管理仪表盘，通过仪表盘，管理层就可以对公司的整个经营情况有更及时、深入的了解，把积累的大量交易数据变成一种真正可用的决策信息。"

让产品与客户"匹配"

"以客户需求为导向的战略转型，需要我们从积累的客户数据里面发现他们的真实需求，通过对客户的了解来支持销售人员的活动和产品设计，那么我们的营销人员才能摆脱以前的盲目销售，还有所谓的强力销售。"

传统的保险产品经常由于保险公司与客户之间缺乏足够的了解和信任，导致在销售过程中，一方面保险代理人需要强力推销，但是命中率很低，结果适得其反；另一方面客户觉得不放心，双方产生了许多的误解。由此也使得目前很多保险销售口碑不佳。

这其实是保险产品设计与客户需求脱节的一种表现，这在保险业是一个很普遍的问题，也是一道难题。黄雪英和IT部门的同事在制定新一代IT规划时决心消灭这种脱节，解决的办法仍然是从数据中寻找突破口。

"以客户需求为导向的战略转型，需要我们从积累的客户数据里面发现他们的真实需求，通过对客户的了解来支持销售人员的活动和产品设计，我们的营销人员才能摆脱以前的盲目销售、所谓的强力销售。"

据介绍，今年太平洋保险在上海和西安已经开始试点，IT部门与营销部门一起通过数据分析挖掘客户的潜在需求。"产品销售不再像天女散花一样——随机性地挑选，而是有针对地选择目标客户，推销的总量比以前少了，但是命中率明显提高了。"

在试点销售的背后，IT起了巨大的作用——通过数据模型细分客户人群，再针对不同的人群推销不同的保险产品，推销的结果信息再次回馈给销售部门和产品研发部门，形成对客户的持续跟踪和服务能力。

据了解,太平洋保险经过前三年的努力,已经建立了"产品配置引擎"。这也是太平洋保险新一代核心业务系统的特点之一——核心系统里融合了产品配置引擎,通过引擎开发新产品,研发周期大大缩短了,有利于抢占市场先机。

"我们现在不需要消耗大量的时间去做研发工作,只是在原来的模板上进行修改。配合产品引擎的快速开发,能够迅速推出符合客户要求的产品。"黄雪英表示。

而近年来,新型移动终端的出现和迅速普及,使得移动商务升级,这给保险公司的服务也带来巨大变化,太平洋保险在IT规划中也采取了紧跟趋势的做法,以此提升服务的手段、增加客户的体验。

黄雪英告诉记者:"太平洋保险正在建设新渠道信息平台,包括对互联网电子商务、移动互联网商务的支持,通过对智能手机的支持增加服务和营销手段。更重要的是,代理人使用的渠道系统会与客户管理系统对接,把客户的潜在需求呈现出来,代理人再向客户推荐产品时,是依据系统的数据分析,而不是仅凭经验、感觉来做。"

展望未来,代理人的展业将有更多的选择,太平洋保险已经在PC上安装了应用系统,代理人可以由此上网查询资料、查询业绩,为客户演示保险计划书、计算收益率曲线等等。而通过对新渠道的支持,这些代理人系统将移植到智能手机等终端上来,展业将更加便捷。

让IT与业务"握手"

"既懂IT,又懂业务,还能主动支持业务的优化和发展,只有做到这样,我们IT人员的价值才是不可替代的。"

在企业的战略转型过程中,包括产品、流程、渠道在内的企业资源会发生很多变化,甚至组织机构都会发生调整,这就带来了资源整合的问题,而如何有效地推动企业内部跨部门的整合?这既是太平洋保险公司层面需要面对的问题,也是CIO要去思考和攻克的难关。

黄雪英的思考是:着眼于IT与业务融合的大背景,在每一个IT项目的建设过程中,培养一批有整合意识的员工。"转型中会遇到种种问题和挑战,只有业务部门才能真正解决问题,IT部门则是发现问题和表述问题,以引起业务部门的足够重视。"

在太平洋保险内部,有一批既懂IT,也懂业务的人群,被称作"需求分析师",这些人在IT部门工作。

"在项目建设过程中经常会暴露出一些问题——原有的流程和系统需要进行变革,而首先发现问题的往往是IT部门的员工。这是因为IT部门的工作着眼于整个公司的运营系统,而不是某个具体业务,所以对整体流程更加敏感,这时候,需求分析师就起到了沟通的作用,把问题及时、有效地提出,并协助业务部门去解决。"黄雪英说。

目前,太平洋保险的IT部门还在不断强化需求分析师的培养,并着力打造IT需求规划群组,以保证与业务部门的有效融合、沟通。IT部门还会通过需求搜集模板及项目提案模板来获取业务部门的需求,达到主动的IT需求获取与优化的目的。

在新的流程、规范被认可后,落地的工作也要由IT来实现。"战略转型的过程中一定会涉及到流程的重建、或是优化,而IT意义就是为业务提供工具,把流程和标准固化到系统中来。"

"既懂IT,又懂业务,还能主动支持业务的优化和发展,只有做到这样,我们IT人员的价值才是不可替代的。"为了更好地支撑公司战略转型,做好服务型的IT组织,黄雪英认为,太平洋保险的IT部门要着重发展两大能力——专业化能力和协作沟通能力。

近年来,太平洋保险的IT专业化能力得到了持续的提升。例如,太平洋保险IT运行中心于2008年4月正式启动了ISO20000IT服务质量管理体系认证工作。经过努力,该中心于2008年12月26日以优秀成绩正式通过BSI(英国标准协会)的审核,获得了ITSMF和UKAS的双资质认证,成为国内首家通过此项认证的全国性保险企业。

2009年12月19日,太平洋保险新一代数据中心的关键应用系统全部成功迁移,这标志着始于2008年7月设计建设的新型数据中心正式完全投入使用,这使得客户服务环节得到了更加强大而又稳定的信息技术支持。

这些都是太平洋保险IT专业化水平的体现。但相比专业化能力,黄雪英认为一个服务型的IT组织,协调沟通能力同样重要,而且这也是目前IT部门急需提升的一个环节。

"专业化强调的是在相对较短的时间内,完成质量更高、更稳定的工作,而协作沟通能力会使得这种专业化更加有效。因为如果你只强调某个单项能力,缺乏协同工作的能力,企业就会形成新的信息孤岛,为以后的发展带来隐患,这也是我们建设太平洋保险的服务共享中心时,要去提升的地方。"黄雪英说。

做业务部门的最佳合作伙伴

对于今后IT部门的定位,黄雪英有着清晰目标:做业务的最佳合作伙伴,做服务型的IT组织。

"在我们的3年IT规划中,IT部门要成为业务最佳的合作伙伴,支持业务部门,用前瞻的视野来支持新业务的落地和实施。我们把IT部门定义为共享中心,共享中心不是一个职能部门,而是服务部门。"黄雪英表示。

像许多集团型金融机构一样,太平洋保险的IT部门作为总部的职能部门传统上更强调管理职能。而黄雪英认为,企业的发展对IT提出了更高要求,IT部门更多应该是服务职能,服务的对象是集团以及各个子公司。

IT部门定位的转变,其实反映了太平洋保险在整体战略发生转型的同时,也对IT部门进行了重新的角色定位。

定位的不同,必然会造就完全不一样的IT治理结构,对于一个服务型组织来说,考核它的方法自然与管理型组织不同,"你的服务水平是什么,服务对象对你的服务水平是怎样评价的,这是我们要考虑的重点。从组织架构上我们今年要做的就是建立几个服务中心来满足不同的服务需求,而且人员数量也与服务水平挂钩,通过外聘的方式,不受限制于传统的人员编制。"

(资料来源:谌力. 太平洋保险:IT撑起企业战略转型[N]. 计算机世界,2011-04-11 (026).)

讨论题：
1. 结合案例谈谈你对 IT 如何支持太平洋保险实现"以客户为导向"的战略转型的认识和建议。
2. 分析太平洋保险的战略新部署。

【阅读资料】

后危机时代企业战略如何布局
——中国企业家调查系统发布《中国企业战略：现状、问题及建议——2010·中国企业经营者成长与发展专题调查报告》

在中国经济转型发展的新时期，企业是推动经济转型的主体，企业家的战略思考和企业的战略选择对中国企业把握发展机遇、应对转型挑战具有重要意义。中国企业家调查系统24日发布了《中国企业战略：现状、问题及建议——2010·中国企业经营者成长与发展专题调查报告》，全面了解了中国企业在企业战略方面的现状与问题，反映了企业经营者的战略决策能力及对企业战略的认识、评价及建议，分析了转型经济下中国企业战略的影响因素。

本次调查是由中国企业家调查系统组织的第17次全国性企业经营者年度跟踪调查。本次调查发放问卷16 000份，回收问卷5 113份，其中有效问卷5 016份。

调查显示，对"本企业非常重视企业社会责任"和"在追求获利的同时，本企业很注重对环境的影响"表示"非常同意"或"比较同意"的企业经营者占八成左右。86.4%的企业对"本企业有意识地通过各种方式降低资源消耗及减少污染来节约成本"表示"非常同意"或"比较同意"。5%的企业表示正在"有意识地追求绿色商机（开展与环保相关的新业务）"。

这表明，从中国的制度环境的演变趋势和长远发展看，重视绿色战略和企业社会责任，正在成为中国企业可持续发展战略的重要组成部分，企业不仅需要遵从政府法规或追求降低成本，而且要有意识地追求绿色发展新商机，从而在未来竞争中取得先机。

在被问及企业国际化中面临的主要困难时，64.5%的企业经营者选择了"缺乏合格的国际化人才"，40.4%选择"企业缺乏高端的产品"，37.3%选择了"缺乏合适的销售渠道和品牌知名度"。而选择"不了解国外法律和市场"、"国际市场的贸易壁垒及准入限制"和"国外政治环境不稳定"的企业经营者分别为28.9%，19.3%，14.5%。调查表明，目前中国企业进入海外市场依赖的主要是低成本生产要素优势以及部分技术优势。

调查显示，中国企业大都采用了低价格竞争手段，但对于中小企业来说，低价格竞争并不一定提升企业绩效。企业经营者对于低价格手段的认同程度较高，评价值为3.22，高于中值3，这说明低价格也是企业比较注重的竞争手段之一。同时，不同规模、不同经济类型和不同行业企业之间没有显著差异。

当被问及"企业未来3至5年所面临的最大外部威胁"时，选择"国内原材料和劳动力成本提升"的企业经营者占77.9%，排在第一位。其他选择比重较高的还有"行业政策变化与政府干预加剧"（28.9%）、"顾客需求变化"（28.5%）、"发展中国家企业的低成本竞争"（26.3%）。对于"企业未来3至5年所面临的外部机遇"，75%的企业经营者选择"国内市场需求的增长"，明显高于其他选项。此外，选择"国际市场需求重新复苏"和"新行业/新产品的出现"的比重也较高，分别为36.8%和31.2%。

报告认为，后危机时代企业战略如何布局至关重要，并为企业经营者提出了四大建议：

第一,大力推进差异化战略发展,重视开发国内和国际两个市场。中国企业需要从以生产要素低成本优势为主的低成本、低价格竞争,走向兼顾国内、国际两个市场的产品与技术创新型的差异化竞争,这是我国企业在全球化背景下的"后危机时代"的基本战略走向,而提高企业的战略决策能力、自主研发能力、融资能力是实现这一战略转型的重要基础。

第二,改善企业国际化竞争方式,提升全球竞争能力。从总体上看,中国企业的国际化程度逐渐提高,但是在国际分工中仍主要处于生产加工环节和低附加值状态,需要尽快实现产品的升级换代,提高品牌知名度及附加值,逐步走向产业链的中高端位置,才能在全球化竞争中持续发展。目前,培养更多的国际化人才和拓展国际市场是中国企业国际化的当务之急。

第三,提升企业家战略思维能力,优化高管团队构成,从个人英雄时代走向企业群英时代,提高企业战略决策水平和执行能力。

第四,大力弘扬企业家精神,以制度创新、管理创新推动企业全面可持续发展。特别是对于国有及国有控股企业来说,产权优化、治理制度改革和领导人的观念创新尤为重要。

此外,还应当进一步完善企业外部环境,加快政府行政体制改革,建设服务型政府,坚持市场取向的改革,加速推进社会主义市场经济体制建设,为企业发展和企业家成长提供良好环境和制度保障;完善法律法规和制度体系,切实保护企业和企业家的合法权益;努力营造有利于企业家成长和企业发展的良好社会舆论和文化氛围,为企业家应对转型挑战、把握发展机遇、确立和调整企业发展战略创造有利条件和良好环境。

(资料来源:段树军.后危机时代企业战略如何布局[N].中国经济时报,2010-04-26(01).)

参考文献

[1] 陈国海.组织行为学[M].3版.北京:清华大学出版社,2009.

[2] 丁宁.企业战略管理[M].北京:清华大学出版社,北京交通大学出版社,2005.

[3] 冯志强.创新战略[M].北京:中国市场出版社,2009.

[4] 高红岩.战略管理学[M].北京:北方交通大学出版社,2006.

[5] 高志坚.杰克·韦尔奇的53个管理秘诀[M].北京:人民邮电出版社,2007.

[6] 韩秀云.宏观经济分析[M].北京:财政经济出版社.2006.

[7] 黄丹,余颖.战略管理(研究注记·案例)[M].北京:清华大学出版社,2005.

[8] 黄锡伟.打造核心竞争力[M].北京:人民邮电出版社,2004.

[9] 金占明.战略管理——超竞争环境下的选择[M].北京:清华大学出版社,1999.

[10] 雷银生.企业战略管理教程[M].北京:清华大学出版社,2006.

[11] 黎群.战略管理[M].北京:清华大学出版社,北京交通大学出版社,2006.

[12] 李福海.战略管理学[M].成都:四川大学出版社,2004.

[13] 李玉海.企业文化建设实务与案例[M].北京:清华大学出版社,2007.

[14] 刘平.企业战略管理——规划理论、流程、方法与实践[M].北京:清华大学出版社,2010.

[15] 刘颖.企业战略管理[M].北京:中国电力出版社.2007.

[16] 罗建幸.宗庆后与娃哈哈[M].北京:机械工业出版社,2008.

[17] 马瑞民.新编战略管理咨询实务[M].北京:中信出版社,2008.

[18] 谭力文,吴先明.战略管理[M].武汉:武汉大学出版社,2006.

[19] 唐华山,霍春辉.管理大师如是说[M].北京:人民邮电出版社.2009.

[20] 王绚皓.组织行为学[M].哈尔滨:哈尔滨工业大学出版社,2010.

[21] 王玉.企业战略管理教程[M].上海:上海财经大学出版社,2005.

[22] 吴伯凡,阳光,等.企业公民:从责任到能力[M].北京:中信出版社,2010.

[23] 吴慧涵.企业战略管理[M].北京:清华大学出版社,2010.

[24] 席酉民.企业外部环境分析[M].北京:高等教育出版社,2001.

[25] 肖海林.企业战略管理[M].北京:中国人民大学出版社,2008.

[26] 徐二明.企业战略管理[M].北京:中国经济出版社,2002.

[27] 杨锡怀,冷克平,王江.企业战略管理——理论与案例[M].2版.北京:高等教育出版社,2004.

[28] 杨锡怀,王江.企业战略管理——理论与案例[M].3版.北京:高等教育出版社,2010.

[29] 张德. 企业文化建设[M]. 3版. 北京:清华大学出版社,2009.

[30] 张德. 组织行为学[M]. 3版. 北京:高等教育出版社,2008.

[31] 周兵. 企业战略管理[M]. 北京:清华大学出版社,2006.

[32] 朱博湧. 开创蓝海[M]. 北京:人民出版社,2006.

[33] (加)亨利 明茨伯格. 明茨伯格论管理[M]. 闾佳,译. 北京:机械工业出版社,2007.

[34] (加)亨利 明茨伯格. 战略规划的兴衰[M]. 张猛,钟含春,译. 北京:中国市场出版社,2010.

[35] (加)亨利 明茨伯格,布鲁斯 阿尔斯特兰德,约瑟夫 兰佩尔. 战略历程——纵览战略管理学派[M]. 刘瑞红,徐家宾,郭武文,译. 北京:机械工业出版社,2002.

[36] (美)H 伊戈尔 安索夫. 战略管理[M]. 邵冲,译. 北京:机械工业出版社,2010.

[37] (美)彼得 圣吉. 变革之舞——学习型组织持续发展面临的挑战[M]. 2版. 王秋海,苗争芝,张秀珍,译. 北京:东方出版社,2006.

[38] (美)彼得 圣吉. 第五项修炼——学习型组织的艺术与实践[M]. 新世纪最新扩充修订版. 张成林,译. 北京:中信出版社,2009.

[39] (美)彼得 德鲁克. 21世纪的管理挑战[M]. 朱雁斌,译. 北京:机械工业出版社,2009.

[40] (美)彼得 德鲁克. 管理的实践[M]. 齐若兰,译. 北京:机械工业出版社,2006.

[41] (美)彼得 德鲁克. 创新与企业家精神[M]. 蔡文燕,译. 北京:机械工业出版社,2009.

[42] (美)彼得 德鲁克. 管理:使命、责任、实务. 实务篇[M]. 王永贵,译. 北京:机械工业出版社,2009.

[43] (美)彼得 德鲁克. 管理:使命、责任、实务. 使命篇[M]. 王永贵,译. 北京:机械工业出版社,2009.

[44] (美)彼得 德鲁克. 管理:使命、责任、实务. 责任篇[M]. 王永贵,译. 北京:机械工业出版社,2009.

[45] (美)大卫 凯琴,艾伦 伊斯纳(Alan B. Eisner). 战略——基于全球化和企业道德的思考[M]. 孔令凯,译. 北京:中国人民大学出版社,2009.

[46] (美)罗杰 法米萨诺. 战略管理[M]. 北京:机械工业出版社,2005.

[47] (美)迈克尔 A 希特,罗伯特 E 霍斯克森,R 杜安 爱尔兰. 战略管理:赢得竞争优势[M]. 2版. 薛有志,张世云,译. 北京:机械工业出版社,2010.

[48] (美)迈克尔 A 希特,R 爱德华 弗里曼,杰弗瑞 S 哈里森. 布莱克威尔战略管理手册[M]. 闫明,胡涛,潘晓曦,译. 北京:东方出版社,2008.

[49] (美)迈克尔 A 希特,R 杜安 爱尔兰,罗伯特 E 霍斯基森. 战略管理[M]. 8版. 吕巍,译. 北京:中国人民大学出版社,2009.

[50] (美)迈克尔 波特. 竞争论[M]. 刘宁,高登第,李明轩,译. 北京:中信出版社,2009.

[51] (美)迈克尔 波特. 竞争优势[M]. 陈小悦,译. 北京:华夏出版社,2005.

[52] (美)迈克尔 波特. 竞争战略[M]. 陈小悦,译. 北京:华夏出版社,2005.

[53] (美)南妮特 伯恩斯. 百事的健康转型[J]. 商业周刊,2010,3:74-75.

[54] [韩]W 钱 金,[美]勒妮 莫博涅. 蓝海战略——超越产业竞争,开创全新市场[M]. 吉宓,译. 北京:商务印书馆,2005.

[55] (美)斯蒂芬 P 罗宾斯,贾奇. 组织行为学[M]. 12版. 李原,孙健敏,译. 北京:中国人民大学出版社,2008.

[56] (美)斯蒂芬 P 罗宾斯. 组织行为学精要[M]. 8版. 郑晓明,葛春生,译. 北京:电子工业出版社,2009.

[57] (美)威廉 大内. Z理论——美国企业界怎样迎接日本的挑战[M]. 孙耀君,王祖融,译. 北京:中国社会科学出版社,1984.

[58] (美)希尔,琼斯. 战略管理[M]. 孙忠,译. 北京:中国市场出版社,2008.

[59] (美)约翰 科特,詹姆斯 赫斯克特. 企业文化与经营业绩[M]. 曾中,李晓涛,译. 北京:华夏出版社,1997.

[60] (美)约翰 科特. 变革[M]. 罗立彬,翟润梅,李猛,译. 北京:机械工业出版社,2005.

[61] (美)珍妮特 洛. 杰克·韦尔奇如是说[M]. 李秀杰,王建霞,译,北京:机械工业出版社,2008.

[62] (日)名古屋QS研究会. 突破式战略管理[M]. 向秋,译. 北京:经济管理出版社,2005.

[63] (日)小野丰广. 日本企业战略和结构[M]. 吕梦仙,等,译. 北京:冶金工业出版社,1990.

[64] (英)保罗 格里斯利. 管理价值观:企业经营管理的变革[M]. 徐海鸥,译. 北京:经济管理出版社,2002.

[65] (英)马丁 所罗门. 培训战略与实务[M]. 孙乔,任雪梅,刘秀玉,译. 北京:商务印书馆国际有限公司,1999.

[66] GOOLD M, CAMPBELL A, ALEXANDER [M]. Corporate Level Strategy[M], New York:Wiley, 1994.

[67] HENRY MINTZBERG. Strategy Safari:The Complete Guide Through the Wilds of Strategic Management[M]. FT Press,2008.

[68] HOFSTEDE G. Cultures and Organizations:Software of the Mind [M]. New York:The McGraw-Hill Companies, Inc., 1997.

[69] M E PORTER. Competitive Strategy:Techniques for Analyzing Industries and Competitiors [M]. New York:Free Press, 1980.

[70] M E NPORER. Cmpetitive Advantage [M]. New York:Free Press,1985.

[71] M E PORTER. The Competitive Advantage of Nations [J]. Harvard Business Review,March-April,1990:77.

[72] PETE M SENGE. The Fifth Discipline:The Art and Practice of the Learning Organization

[M]. New York: Random House, 1990.
[73] STEINER G A. Strategic Planning[M]. New York: Free Press, 1979.
[74] STEPHEN BUNGAY. How to Make the Most of Your Company's Strategy [J]. Harvard Business Review. 2011,1:10.
[75] STEPHEN P ROBBINS. Organizational Behavior[M]. 10th ed. New York: Pearson Education, Inc. ,2003.

读者反馈表

尊敬的读者：

您好！感谢您多年来对哈尔滨工业大学出版社的支持与厚爱！为了更好地满足您的需要，提供更好的服务，希望您对本书提出宝贵意见，将下表填好后，寄回我社或登录我社网站（http://hitpress.hit.edu.cn）进行填写。谢谢！您可享有的权益：

☆ 免费获得我社的最新图书书目　　☆ 可参加不定期的促销活动
☆ 解答阅读中遇到的问题　　　　　☆ 购买此系列图书可优惠

读者信息
姓名_____　□先生　□女士　年龄_____　学历_____
工作单位_____　职务_____
E-mail _____　邮编_____
通讯地址_____
购书名称_____　购书地点_____

1. 您对本书的评价

内容质量　□很好　　□较好　　□一般　　□较差
封面设计　□很好　　□一般　　□较差
编　　排　□利于阅读　□一般　□较差
本书定价　□偏高　　□合适　　□偏低

2. 在您获取专业知识和专业信息的主要渠道中，排在前三位的是：
①_____　②_____　③_____
A. 网络　B. 期刊　C. 图书　D. 报纸　E. 电视　F. 会议　G. 内部交流　H. 其他：_____

3. 您认为编写最好的专业图书（国内外）

书名	著作者	出版社	出版日期	定价

4. 您是否愿意与我们合作，参与编写、编译、翻译图书？
_____

5. 您还需要阅读哪些图书？
_____

网址：http://hitpress.hit.edu.cn
技术支持与课件下载：网站课件下载区
服务邮箱　wenbinzh@hit.edu.cn　duyanwell@163.com
邮购电话　0451-86281013　　0451-86418760
组稿编辑及联系方式　赵文斌（0451-86281226）　杜燕（0451-86281408）
回寄地址：黑龙江省哈尔滨市南岗区复华四道街10号　哈尔滨工业大学出版社
邮编：150006　传真 0451-86414049